瀏陽歷史文化叢書

浏阳名人

汤锐 著

岳麓書社·长沙

浏阳历史文化丛书

编纂工作领导小组

组　　长　黎春秋　朱东铁
副 组 长　吴新伟　邱山东　吴　震　李家喜　秦跃平
成　　员　邓阳锋　李爱民　喻　辉　邓雪琴　周　明　张葵红
　　　　　谢建国　廖伟平　刘来宏　寻院豪　陈　静

编纂委员会

总 顾 问　谭仲池
顾　　问　黎春秋　朱东铁
主　　任　李家喜　秦跃平
副 主 任　廖伟平
执行主任　夏剑钦
成　　员　王　斌　王桃文　刘正初　刘美成　汤　锐　寻春林
　　　　　李永伯　李兆佳　李贤美　罗业永　洪佑良　胡晓江
　　　　　唐学雷　彭晓玲　赖明汉　熊　剑

序

黎春秋

在全面建成小康社会、实现第一个百年奋斗目标，迎接中国共产党成立100周年的前夕，中共浏阳市委决策、市政协主持编撰的“浏阳历史文化丛书”即将付梓，这是具有深远历史意义、重要现实意义的大事、好事。

浏阳地处湘东，位于吴头楚尾的湘赣边界。周边与铜鼓、万载、宜春、上栗、长沙、株洲、醴陵、平江等市县为邻。境内山丘绵亘，西、南稍平衍，东、北半山谷，浏阳河横贯其中，萦回百折，西流注入湘江。以城区为中心，浏阳自古被分为了东南西北四乡。东乡、西乡分别为浏阳河流域的上游和下游地区，捞刀河流域为北乡，南川河流域为南乡。全市面积5007平方公里，现有人口150万。

“江海狂澜尽东倒，却输浏水尚能西。”这里气候温和、雨量充沛、山川秀美，自古以来钟灵毓秀、物华天宝、人杰地灵。在远古时代，境内已有人类活动，他们留下了原始社会的踪迹。考古出土文物证明，距今约15万年前，浏阳土著居民已繁衍生息在这块土地上。《三国志》记载，东汉建安十四年（209），孙权拜周瑜为偏将军领南郡太守，以浏阳为其四俸邑之一。浏阳之名始见于此，千年古县从此启航。

建县以来，人文蔚起，人才辈出，薪火相传，弦歌不绝。晋代易雄，忠义千古；宋代汤璹，清风峻节；元代欧阳玄，文章道德卓然名世；明代张武，南征北战屡建奇功。清代自欧阳中鹄、刘人熙、涂启先三先生，尤其是从谭嗣同开始，浏阳人民参与了中国历史上追求解放和真理的每一个进步活动浪潮，涌现了一代又一代的杰出人物。从戊戌变法到自立军起义，从萍浏醴起义到辛亥革命，从土地革命到抗日战争，从社会主义革命到改革开放，浏阳人民始终站在时代发展的前列。谭嗣同、唐才常为探索救国救民的道路，不惜流血牺牲，肝胆相照，气壮昆仑；焦达峰、陈作新接过谭、唐的接力棒，“首应”武昌起义，“浏水堕泪”“十日千秋”；毛泽东同志三次踏上浏阳的土地，把革命的火种播撒在浏阳河两岸，无数浏阳儿女追随毛泽东同志走上了革命道路。在艰苦卓绝的革命战争年代，浏阳人口减少 20 万人，被追认为革命烈士的有 2 万人，一部分幸存者成长为党和国家的栋梁之材，如胡耀邦、王震、宋任穷、王首道、杨勇等。正如浏阳著名的特产烟花爆竹一样，浏阳以自己的牺牲和奉献，写进了中国近现代历史的长卷中，形成了“自强不息、敢为人先”的浏阳精神。

浏阳还是礼乐诗歌之邦，保存至今的浏阳祭礼雅乐被誉为“中国古代音乐的活化石”，举行祭祀的文庙至今享有盛名。一首《浏阳河》脍炙人口，唱遍全中国，传唱全世界。诸如浏阳文庙、文家市秋收起义旧址和大围山、浏阳河等名胜山川，以及众多的文物保护单位，都是浏阳享誉全国、走向世界的宝贵资源。

中华人民共和国成立以来，浏阳经济、社会、文化等各个领域蓬勃发展，成就骄人。在改革开放的伟大征程中，浏阳从实现“进百强、冠三湘”到“挺进三十强、再创新辉煌”，再到“建设两个中心、进军全国十强”，每走一步都创造了历史性的成功经验，走出了一条县域经济发展的特色之路。特别是近年来，我们坚持以习近平新时代中国特色社会主义思想为指导，认真贯彻中央、省、市决策部署，深入实施创新引领开放崛起战略，牢牢把握“在区域谋发展、在全国争地位、在全球引资源”战略定位，推动县域发展迈出新步伐。2020 年，全市实现地区生产总值 1493 亿元，增长 4.7%；地方一般公共预算收入 93.4 亿元，增长 5.33%。在全国百强县排名中，浏阳县域综合发展、县域经济基本竞争力、工业百强县、营商环境百强县分别跻身第 9 位、第 11 位、第 11 位、第 19 位。

抚今追昔，我们倍感先辈们留下的历史文化遗产无比厚重，中华人民共和国成立以来社会主义建设的成就无比辉煌。值此中国共产党成立一百周年之际，编辑出版一套全面、系统反映浏阳历史文化的丛书，既是全市开启建设现代化城市大局的需要，也是全市人民的期盼。浏阳文史工作者在浩如烟海的古籍文献中爬罗剔抉，在写满故事的浏阳大地掇菁撷华，耗时三年，终于编撰成一部“浏阳历史文化丛书”。丛书一共 10 册，约 300 万字，近千幅图片，内容包括简史、名人、名胜、非遗、文物、诗文和民俗七大类，从多方面揭示了浏阳悠久历史的渊源和深厚、独特的文化底蕴，让人从中感触到浏阳历尽沧桑而始终保持着青春活力的千年律动和文化之魂。全书以史为据，选材真实、准确，文字生动，可读性强，可说是一部知我浏阳、爱我浏阳的百科全书，更像一座谱写浏阳人民艰苦奋斗历史壮丽华章的里程碑。全市人民定能从中汲取力量，推动浏阳经济文化大发展大繁荣，在实现社会主义现代化的历史征程中阔步前进，走向新的辉煌。

是为序。

2021 年 6 月

作者系怀化市委副书记、市长，长沙市委原常委、浏阳市委原书记

序

朱东铁

"五十里水路到湘江"，《浏阳河》这句朴实却又意境深远的歌词，一下就抓住人心，给我们展示了浏阳河袅袅婷婷、不舍奔流的秀美和沉稳，以及源于历史、开拓未来的深度和力度。

它更大的惊喜在于，当我们去关注、了解这片古老土地时，一座华美的文化殿堂赫然山立，悠远深邃，步步皆景，让人流连忘返：吴楚交会，是为通达之地；三山纵横，写尽雄浑之姿；樟树遗址，见证文明滥觞；浏阳八景，凝聚厚重人文；变法志士，开启近代呼喊；红色记忆，留存历史风云……

在生生不息、守望传承中，我们的祖先历尽艰辛，寻找、开垦、建设这块乐土；历史恢宏的阵仗里，杰出的人物光彩熠熠，灿若星河。三国周瑜少年英雄，羽扇纶巾，谈笑破敌；东晋易雄力抗叛军，杀身成仁，忠义流传；明代邓巍忠于谏议，弹劾严嵩，直面廷杖；清代谭嗣同力主维新，以身殉国，警醒世人。这，是浏阳之刚烈。

"元四学士"，文章道德，卓然名世；邱之稑精研音律，大胆质疑，修正古乐；"浏阳三先生"严谨治学，各有大成，世人推崇。这，是浏阳之风雅。

工农大纛淬炼于秋收烽火，革命精神激扬于历史风云。因为小石头可以砸破大水缸的信念，无数浏阳人选择了跟党走，跟红旗走，在艰苦卓绝的革命斗争中，这片红色的土地涌现了党和国家领导人胡耀邦、王震，以及30位开国将军；江山多娇养育铮铮风骨，文史流芳结出累累硕果。在风起云涌的大背景下，浏阳人既能睁眼看世界，也能俯身做学问，欧阳予倩、王人美等一大批教科文卫名人在各自领域的成就令世人瞩目。这，是浏阳之风骨。

风云长啸，江山留痕。到铁岩关下，石霜寺前，找一个时空割不断古今的理由；入浏阳文庙，金江书院，倾听文化发轫的律动；在伟人故居，革命遗存，接受前赴后继革故鼎新的精神洗礼。因为眷恋，我们记录；因为热爱，我们歌颂。于是，礼乐诗歌成为了这片土地另一张亮丽的名片，成为了湖湘文化举足轻重的一极。

所以人们说，“一方水土养一方人”。沧海月明，蓝田日暖。在浏阳的山山水水之间，从久远走来，向深远迈进的一切，或沉吟于丘壑，或闪耀于典籍，或传播于街巷，或激荡于人心。凡此种种，都是历史对浏阳的眷顾，在这座山城的煌煌千年之旅中，烙下了深深的印痕。而古往今来的文化交汇，兼收并蓄的包容心境，胸怀天下的广阔视野，博采众长的学习能力，勇立潮头的担当精神，敢为人先的磅礴气度，成就了浏阳人文不可复制的个性和特质。

联合国教科文组织提出：“发展最终应以文化概念来定义，文化的繁荣是发展的最高目标。”浏阳的文化，扎根于围山之下、浏水之滨，从刀耕火种一路走来，裹满了历史的伤痕和荣光。而它不可遏抑的前行，又记录和推动了社会经济长足的进步。从国家级贫困县迈入全国百强县前列，从偏处湘东一隅到崛起为湘赣边重镇，是传承千年的浏阳文化，给我们筑好了瑰丽的精神家园，赋予了独特的思维方式，呵护了历次果敢的出征，激发了强大的创造能力。

《周易》有言：“观乎天文，以察时变；观乎人文，以化成天下。”我们由衷感谢“浏阳历史文化丛书”的编撰——长揖历史，仰望人文，朝圣的路上有了向导；抚今追昔，振奋精神，幸福的大业有了底气。组织编撰这套丛书，内容涵盖了山水风物，历史人文，民俗风情，文学艺术等方方面面；组织编撰这套丛书，深入挖掘了浏阳的历史文化资源，全面展现了浏阳绚烂的历史文化风貌。这是文化自觉和责任担当的体现，是梳理历史和整合文化资源的结晶。

2021年是中国共产党成立100周年，是“十四五”规划的开局之年，浏阳发展将翻开崭新的篇章。积极融入省（长沙）市发展大局，践行“三高四新”战略，在新发展阶段和新发展格局下，充分发挥“自强不息，敢为人先”的精神，主动作为，创造作为，有力作为，这是浏阳的历史使命。“浏阳历史文化丛书”的出版，正当其时，它记录下浏阳色彩斑斓的千年征程，凝聚起千万人开拓进取的宏伟力量，必将为浏阳的城市建设和经济社会发展提供强有力的文化支撑。

是为序。

2021年6月

作者系长沙市委常委、浏阳市委书记

前言

千年名邑，多彩浏阳。浏阳为湘东明珠，山川秀美，钟灵毓秀。自古以来，一位位浏阳英杰宛如璀璨星辰，在历史的天空中熠熠生辉！

东晋永昌元年（322），王敦之乱爆发，浏阳人易雄忠烈不屈，杀身成仁。《晋书》卷八九《忠义传》为之立传。易雄是第一位名垂青史的浏阳人。千余年来，易雄的忠义精神在浏阳代代相传。南宋大臣汤璹立朝蹇谔，被赞清风峻节。明代御史邓巍弹劾奸相严嵩，甘受廷杖酷刑。明末刑部尚书胡应台听闻亡国的消息，竟绝食殉国。清代御史邹焌杰守正不阿，上奏参劾宰相贾桢。近代“浏阳二杰”更是为国捐躯的铮铮铁汉：谭嗣同甘愿为变法而流血，视死如归；唐才常领导自立军起义失败，从容就义。其后焦达峰、陈作新领导了辛亥革命湖南起义，出任中华民国湖南军政府首任正、副都督，仅十天便惨遭毒手，并称为“三湘二杰”。抗日战争中，上校团长秦庆武在淞沪会战中血战殉国，少将师长彭士量在常德会战中壮烈牺牲。忠义之邦，实至名归！

不少浏阳籍的儒林硕彦、诗人学者，具有全国性的影响。欧阳玄是著名文学家、史学家，元代中后期的文坛领袖，与吴澄、虞集、揭傒斯并称为“元四学士”，文章道德，卓然名世。清嘉道时期的布衣学者朱文炑，是一位“宗主程朱，源探孔孟”的理学大儒；邱之稑敢于怀疑，“精探正乐”，订正了历代以来音律方面的错误，其著作《律音汇考》被上呈光绪帝御览。被谭嗣同称作“浏阳三先生”的涂启先、欧阳中鹄、刘人熙，在事业、学问上各有建树，受人推崇。他们的后辈中，刘善涵是博学君子，黄征主编《浏阳乡土志》，刘善泽是著名诗人。民国时孔昭绶两度担任湖南第一师范学校校长，是著名教育家。

浏阳名人中，多有勤政爱民、卓有政绩的名臣干吏：南宋李揆任上高县令，为官清明，政修民悦；明初周幹建言献策，去除病民弊政，曾奏请停开七宝山冶场；湖北巡抚谭继洵是晚清重要的封疆大吏；江西巡抚、署理两江总督李兴锐是曾国藩得意弟子，清廉务实，大力改革，是清末名臣，被称赞为天下“第一穷官”。也不乏血战沙场、建功立业的名将：明代张武跟随燕王朱棣“靖难”，封成阳侯；清代襄阳镇总兵彭之年有儒将风度，宜昌镇总兵罗缙绅经历传奇，湖南提督娄云庆是霆军名将。至于周国虞领导征义堂起义，龚春台、姜守旦领导萍浏醴起义，丁静庵开拓浏阳鞭炮海外市场，李熙雅改进创新烟花制作技艺，亦值得大书特书。

本书共收录中华人民共和国成立前历史名人40位，晋代1位、南宋2位、元代1位、明代4位，其余32位为清代、民国人物。正文共36篇，大体按人物生年排序，多为一人一篇，有三篇采用合传的形式。

在本书的撰写过程中，我们广泛搜集史料，再进行考证和创作，介绍人物的经历、思想、成就及历史影响，力求做到史实准确、评价客观、叙述生动。曾在历史上产生过较大影响，但以前没有引起足够重视，或因资料缺乏而未写有详细传记的人物，此次都挖掘史料，为之立详传，共计有李揆、汤璹、张武、周幹、邓巍、胡应台、彭之年、瞿家鏊、黄婉璚、朱文炑、邹焌杰、任贵震、陈长櫺、罗缙绅、李兴锐、娄云庆、黄征等17位，占全书人物总数的四成以上。虽不敢云筚路蓝缕，呕心沥血，但殚精竭虑，甘苦自知。

需要说明的是，在本书编撰过程中，参考并引用了一些专家学者的成果，谨致谢忱！本书中的邓巍、瞿家鏊、朱文炑、娄云庆、刘人熙、谭嗣同、刘善涵、孔昭绶、刘善泽、彭士量等十人之传，乃特请著名学者、本丛书编委会执行主任夏剑钦先生撰写，再由汤锐按全书体例风格进行了修改。

愿读者能够从这本书中，感受到来自浏阳先贤的精神力量！

2020年3月30日

目 录

晋 / 1

易 雄 / 3

国之忠臣，第一位名垂青史的浏阳人

南宋 / 9

李 揆 / 11

爱民如子的好官

汤 璹 / 15

清风峻节的大臣

元 / 23

欧阳玄 / 25

著名文学家、史学家，“元四学士”之一

明 / 37

张 武 / 39

永乐皇帝爱将，“靖难”功臣

周 幹 / 45

明仁宗心腹，受命巡视江南的广西布政使

邓 巍 / 53

弹劾奸相严嵩的名御史

胡应台 / 59

“生有文采事业，死为全人”的两广总督、刑部尚书

清·民国 / 73

彭之年 / 75
一代儒将，襄阳总兵

瞿家鏊 / 84
名教授、贤知县、大诗人

邱之稑 / 92
浏阳祭孔“古乐”创始人

朱文炑 / 104
学醇品卓，布衣大儒

邹焌杰、任贵震、陈长櫺 / 109
清代浏阳三翰林

黄婉璚 / 124
清代享有盛名的才女

周国虞 / 134
征义堂起义领袖

谭继洵 / 141
晚清重要的封疆大吏

娄云庆 / 150
英勇善战的霆军名将

李兴锐 / 154
清末名臣，粹然循吏

涂启先 / 168
上东“圣人”，大围先生

罗缙绅 / 174
传奇将领，宜昌总兵

丁静庵、李熙雅 / 183
浏阳鞭炮烟花界巨子

刘人熙 / 187
近代著名学者和政治活动家

欧阳中鹄 / 198
湖南维新先驱，“浏阳二杰”恩师

龚春台、姜守旦 / 206
从会党首领到革命先驱

谭嗣同 / 216
维新壮士，思想彗星

唐才常 / 231
英勇献身的爱国志士，自立军起义领袖

刘善涵 / 242
维新志士，博学君子

黎尚雯 / 250
辛亥革命志士，民国参议院议员

陈作新 / 257
中华民国湖南军政府首任副都督

黄　征 / 267
清末民初学者，《浏阳乡土志》主编

孔昭绶 / 275
两度担任湖南一师校长的教育家

罗介夫 / 285
有“铁面御史”之称的民国监察委员

刘善泽 / 292
湖外诗人第一刘，诗才如海纳群川

焦达峰 / 300
中华民国湖南军政府首任都督

秦庆武 / 311
淞沪会战中血战殉国的上校团长

彭士量 / 316
抗日殉国伟烈士，死而何憾大丈夫

晋

易雄

国之忠臣，第一位名垂青史的浏阳人

唐太宗贞观二十年至二十二年，宰相房玄龄等人编纂《晋书》。《晋书》是我国二十四史之一。该书卷八九是《忠义传》，专门记述晋朝为国捐躯的忠臣烈士。卷首小引说："古人有言：'君子杀身以成仁，不求生以害仁。'……故能守铁石之深衷，厉松筠之雅操，见贞心于岁暮，标劲节于严风，赴鼎镬其如归，履危亡而不顾，书名竹帛，画像丹青，前史以为美谈，后来仰其徽烈者也。"在这些"书名竹帛，画像丹青"的忠臣义士之中，有一位浏阳人——易雄。易雄是第一位正史为之立传的浏阳人。

湘州别驾

易雄（257—322），字兴长，居浏阳城西巨湖山（又名西湖山）下。有资料称其生于三国曹魏甘露二年、蜀汉延熙二十年、东吴太平二年。

易雄年轻时当县吏，自觉地位卑贱，发达无望，于是摘掉头巾挂在县署门上离去。从此，易雄学习法律条令及旧日的行事制度，结交豪强大族，州郡人逐渐认可称许他，这才到郡上做官，任长沙郡主簿。主簿典领文书，参与机要，办理事务，地位比较高。

此时，西晋王朝的统治已是风雨飘摇。晋惠帝时期，税役繁重，民不聊生，流民四起。太安二年五月，晋廷急征荆州壮勇赴益州，遭到荆州民众的强烈反抗。曾任县吏的义阳（今河南信阳西北）蛮民首领张昌，在安陆（今湖北云梦）石岩山聚众起义，荆州地区的流民和逃避戍役的丁壮纷纷参加。起义军趁晋廷诸王争夺朝权之机，攻州夺郡，势如破竹，先后攻克江夏、武陵、零陵、豫章、武昌、长沙等郡。晋平南将军、镇南大将军和南阳、武昌等五郡太守相继被斩。

起义军攻克长沙后，抓捕了太守万嗣，即将斩杀之时，易雄挺身而出，与义军首领争论是非曲直。对方发怒，大声呵斥让把易雄拉出去斩首，易雄泰然自若，快步走出。义军首领又叫住他问话，易雄对答如初。这样反复三次，义军首领被易雄的忠直所感动，于是放了他们。万嗣因此免于一死，易雄也名声大振。同年秋，义军与晋将陶侃作战失利，起义失败。

此后，易雄被州郡举荐为孝廉。西晋永嘉元年，晋廷分荆州、江州八郡（荆州之长沙、衡阳、湘东、邵陵、零陵、营阳、建昌，江州之桂阳）置湘州，治临湘县（今湖南长沙市境）。大约在此年，易雄任湘州主簿。后又升任别驾。别驾是州刺史的佐官，地位较高。可是易雄自认为门第寒微，不适合长期在州上担任高级僚佐，便辞职回家了。

易雄画像

清嘉庆《浏阳县志》所刊浏阳县城图中的别驾祠

慷慨不屈

建兴四年，长安失守，西晋灭亡。次年，司马睿在建康（今南京）重建晋廷，是为晋元帝，史称东晋。大约在此时，易雄出任舂陵（今湖南宁远县）县令。

东晋建国五年之后，便发生了王敦之乱。

司马睿能立国于江南，是因为得到了南北门阀大族的支持。琅琊王氏在其中更是起到决定性作用，故而在东晋建立后权势极盛。王导内掌朝政，王敦外握兵权，王氏子弟皆位居要职，以致有“王与马，共天下”的说法。王敦为镇东大将军，都督江、扬、荆、湘、交、广六州诸军事，兼任江州刺史，镇守武昌，权倾一时。他飞扬跋扈，“手控强兵，群从贵显，威权莫贰，遂欲专制朝廷，有问鼎之心”。司马睿为防御王敦，采纳心腹刘隗建议，暗中进行军事部署，充实中央军事力量，派王室亲信担任地方军政首脑，以分王敦之势。由谯王司马承出任湘州刺史，驻长沙（今湖南长沙），控荆、交、广三州之会；又任命心腹戴渊为征西将军、刘隗为镇北将军，分驻合肥、淮阴，以防备王敦。

永昌元年正月，王敦以讨刘隗和刁协为名，在武昌（今湖北鄂州）起兵，王敦之乱爆发。

王敦当时派遣使者劝司马承支持自己，与他一同进兵建康。司马承决意支持皇室，与长史虞悝、虞望，建昌太守王循，衡阳太守刘翼等共同盟誓，囚禁来使，在长沙举兵声讨王敦，宣告全州，并攻杀了王敦的姐夫湘东太守郑澹。当时零陵太守尹奉首先响应并出兵营阳（今湖南道县），于是湘州众人都响应。王敦命南蛮校尉魏乂、将军李恒等率两万兵马攻打长沙。

司马承原拟出兵进击巴陵，以抵王敦之背。虞悝说：“鄙州荒弊，粮器空竭，舟舰寡少，难以进讨。宜且收众固守，传檄四方，其势必分，然后图之，事可捷也。”司马承采纳虞悝建议，固守长沙。

易雄接到司马承的命令，草拟檄文，传送到各地，列举王敦的罪恶。他在县境内宣传招募，几天之中，就有上千人背粮扛戈跟从他。易雄带着这些人赶到长沙，帮助司马承。

当时长沙“城池不完，资储又缺，人情震恐”，“地荒民寡，势孤援绝”。有人劝司马承到广州投靠广州刺史陶侃，有人建议退守零陵和桂阳。司马承不从，遂与易雄等人督率军民，加固城池，日夜坚守。

三月，王敦攻陷建康，完全控制了朝政。四月，王敦回镇武昌，遥控朝政，魏乂加紧对长沙的围攻。司马承在魏乂的猛烈攻击下死守不降，魏乂于是将王敦送来的朝廷文件射入城内，城内人民得知建康失陷后都十分惆怅惋惜。后来衡阳太守刘翼又战死了。易雄以忠义激励将士，保城御敌数十天，“士卒死伤者相枕”。虽然伤亡惨重，但无一人叛逃、投降。敌众我寡，两军攻守一百多天后，四月癸巳，长沙陷落，司马承、易雄等被俘。易雄“意气慷慨，神无惧色”。

魏乂用槛车囚司马承及易雄等送武昌。司马承被杀害于途中。易雄被送到武昌后，王敦派人拿檄文给易雄看并责问他。易雄说：

此实有之，惜雄位微力弱，不能救国之难。王室如毁，雄安用生为！今日即戮，得作忠鬼，乃所愿也。[1]

王敦见易雄义正词严，内心既恐惧又惭愧，遂将易雄释放。众人都为易雄庆贺，他却笑着说："昨夜我梦见乘车，车旁挂着肉。有肉必定有筋，筋就是斤，车旁有斤，我将被杀。"不久王敦派人杀害了易雄。当时见过易雄的人，无不伤心叹惋。

易雄的妻子潘氏惊闻噩耗，悲痛欲绝，在家门口的浏阳河樟树潭跳河殉节。

王敦之乱被平定后，易雄遗体被运回浏阳，与妻合葬于浏阳西乡将军洞（今属枨冲镇嘉园村坪上组）。

名垂千载

"疾风知劲草，板荡识诚臣！"易雄忠义凛然，名垂青史，后人对他的纪念和表彰从未停止过。

东晋时，浏阳人为他立有表忠坊。人们还在巨湖山下的易雄故居建了祠堂纪念他，称别驾祠（后来又称易忠愍祠）。元代至治二年，追赠侯爵，加谥忠愍。明洪武年间，追赠"宜阳别驾之神"，命当地官员每年在八月十四易雄诞辰那天去祠堂致祭。易忠愍祠有一副对联，传说是明太祖朱元璋御赐的。联云：

骂贼而亡，千古奸雄长愧恧；
立庙以祀，万年俎豆永馨香。[2]

嘉靖年间，浏阳知县郑汝清曾修葺其祠堂。嘉靖四十年，训导马岳参加祭祀，作有《辛酉仲秋祀易别驾》诗云："山亦摧，川亦竭。惟公忠节名，垂久不磨灭。……丹衷炯炯凌白日，虹光直上干苍冥。易忠愍侯诚磊落，生平慷慨重然诺。宜阳别驾锡褒封，居民祠宇还新作。御灾捍患为乡人，血食蒸尝宜永若。我来瞻拜诞生辰，赋得哀衷记高阁。"[3]

后来，浏阳士绅公买土地，将祠堂迁建到西城外，祭祀如故。清康熙年间，秀才周臣作有《谒易别驾祠》诗：

① 《晋书》卷八九《易雄传》。

② 同治《浏阳县志》卷一二《县城祠庙·易忠愍祠》。

③ 同治《浏阳县志》卷二三。

挂帻投京洛，挥戈起永阳。勤王心独壮，骂贼齿何刚！
血化千年碧，名留万古香。至今瞻庙貌，精爽曜虹光。[①]

除了专祠，易雄还入祀浏阳乡贤祠。

清代浏阳举人、武陵县教谕周忠恕撰有易雄像赞：

公之气概，可以壮山河；公之精诚，可以光日月。仰公之像，如闻骂贼之声；叩公之灵，恍睹锄奸之烈。英风历百世而如生，芳名播千秋而莫灭。庙貌重光，馨香允睫。后之闻风兴感者，畴不怦怦然抚怀尽忠而报国！[②]

道光十二年，易雄后裔重修其墓，请知县刘名锋撰《墓志铭》。刘名锋高度赞扬易雄舍身赴义、为国尽忠的壮举：

从来正气充周于天地，精光炫耀乎古今，大忠大节，有弥天塞地之气，而后配天地而悠久无疆；有照古腾今之光，而后亘古今而永终不敝。……窃念公官晋室，遇贼死难，死且不朽。夫人闻公被害，一同尽节。公死国事，夫人死公，迄今千百余年，太湖烟雨，中洲风月，皆公夫妇精诚劲气贯注其中，凛凛然此景千古，此人千古也。[③]

咸丰十年，其后裔又加立神道碑。

易雄的后裔、浏阳人易炳奎于光绪三年中进士，在北京做官，公余根据易雄夫妇事迹，写成戏剧剧本《将军洞传奇》，共四十出，于光绪十年作序。光绪十八年，易炳奎卒于北京，《将军洞传奇》未能完稿，其残篇后亦遗失。

千余年来，易雄的忠义精神、浩然正气在浏阳代代相传，成为浏阳儿女身上不可磨灭的文化基因。

① 同治《浏阳县志》卷二三。

② 易武兴主编：《易雄研究初探》，香港银河出版社，2007年版，第2页。

③《易雄研究初探》，第50页。

南宋

李 撲

爱民如子的好官

进士出身

李撲（生卒年不详），字起宗，南宋孝宗乾道二年进士。包括嘉靖《浏阳县志》、《清一统志》、同治《浏阳县志》、光绪《湖南通志》在内的史志资料都称李撲是乾道二年举人（“中乡举”“乾道二年领乡荐”），这是不准确的。宋佚名《南宋馆阁续录》卷九明确记载：“李撲，字起宗，潭州浏阳人。乾道二年萧国梁榜进士出身，治《春秋》。”进士出身是科举时代按照中式等第赐予的一种资历称号。南宋孝宗时改为第一、二甲为进士及第，第三、四甲为进士出身，第五甲为同进士出身。李撲中进士后，被授官宁远县尉。宁远即今湖南永州市宁远县。县尉主管治安。一次，李撲抓获了十多名盗贼。有人对李撲说：“抓了这么多盗贼，如果向上申报，可以免铨选而直接授官。”李撲严词拒绝说：“凭借杀人来升官，这种事我不做！”

李撲与同时代的著名学者、教育家张栻（1133—1180）有过交往。据明张鸣凤编《桂胜》（清钞本）卷六，广西桂林曾公岩有一则题名云：

淳熙五年，广汉张栻敬夫时以闰六月朔旦北归湖湘。前三日，与长安周椿伯寿来游水东诸嵓，以致其欲去之意。宾客相追寻于山间者，阳武万俟立中不倚，建安黄德琬廷瑞，八桂张仲宇德仪、蒋砺良弼、唐弼公佐、李化南夫，延平张士佺子真，邯郸刘乘晋伯，长沙李撲起宗、吴猎德夫，宜春李逢源造道，东莱吕修年永叔。

张栻于南宋孝宗乾道元年主管岳麓书院教事，从学者达数千人，初步奠定了湖湘学派规模，成为一代学宗。淳熙五年，张栻在知静江府、经略安抚广南西路任上，即将离任。李撲应是其学生或友人，前来送行，因而同游曾公岩。

又据同书卷十一，桂林隐山有一则题名云：

招隐之胜，冠绝桂林。淳熙五年仲秋辛亥，建安黄德琬廷瑞、昭武龚总会叟、延平张士佺子真、邯郸刘乘晋伯、莒国宋虞卿元凯、琅琊王文若谓之、长沙李（逵超）[揆起]宗、关中马宁祖奉先泛舟来游。郑廷臣书。

由此可见，此年八月，李揆还在桂林，并与黄德琬等人一起游览了隐山。

上高县令

绍熙元年，李揆升任上高县令。他为官清明，县境大治，“政修民悦，讼简庭空”，因此有闲暇吟诗作赋，“日以吟咏为乐”[①]。他在《登县楼有感》一诗中写道：“太平官府元无事，聊放衰翁一日闲。”此句被上高县的老百姓传诵一时，直至明清两代，依然流传不绝。

他在上高作有《行乡》（一作《劝农》）诗云：

园林二月春才半，朝日曈昽天气暖。
东风放尽柳梢青，已有黄鹂娇睍睆。
波翻嫩麦绿连坡，露入夭桃红满眼。
笋舆乘兴入招提，苾刍留我炊香饭。
山泉煮茗更味长，又得禅林半朝款。
突兀丰碑三百年，古人事迹今苔藓。
临风抖擞簿书尘，倚杖须臾归已晚。
耕夫夹道看长官，百钱赠汝聊旌劝。
从容后骑毋疾驱，要数前山苍翠点。[②]

作为县令，李揆没有深居简出，高高在上，而是平易近人，经常下乡与农夫们聊天，了解民间疾苦。二月的时候，春暖花开，柳梢青青，黄鹂叫声悦耳，麦浪连坡，桃红满眼。李揆坐着竹轿子下乡了。先来到一所禅院，细品山泉水煮的茶，偷得半日闲。沐浴在春风之中，抖去衣服上的尘土，公务带来的疲劳消失不见。转眼天色已晚，李揆拄着拐杖，慢慢地往回走。一路上，农夫们夹道迎候县令，李揆亲切地与他们闲话，还赠送他们一些铜钱，奖励他们及时务农。与农夫告别后，李揆并不急着回去，前方苍翠

① 同治《重修上高县志》卷七《李揆传》。

② 同治《重修上高县志》卷一三。

的群山，在夕阳的照射下更显壮丽，他要好好欣赏一番。

李撰用优美的诗句，记录了一次下乡“调研”之行。对此，同治《浏阳县志》卷一八《李撰传》评价说：“令与民亲，斯风土易谙，教化易入。撰诗如此，其无绌被放衙之陋习乎！”意思是说：县令与老百姓亲近，才能熟悉风土人情，感化百姓，从而治理好一县。从李撰的诗中可以看出，他没有高高在上、作威作福的官僚陋习，是一位亲民爱民的好官。

他的另外一首诗《元夕值雨》也是在上高所作，“亦见政简刑清之意”[①]。诗云：

山县逢元夕，东风雨溅灯。
渔篝临远浦，鬼火附寒藤。
酒市可罗雀，官寮当曲肱。
狂歌吾老矣，犹忆旧时能。

据正德《瑞州府志》卷四，绍熙三年，李撰修理了上高县文庙。同年，他任期届满，调任他职。

中书舍人

据《宋会要辑稿》二一之八，庆元六年二月，李撰的官职是大理寺主簿。

大约在嘉定元年，李撰从四川回京后，被任为吏部郎中。宋人蔡幼学《育德堂外制》卷四载有朝廷任命李撰的诏书：

朕垂意人材，博采详试，内外远近，务适其平，所以昭示至公，期于责实。尔禀资温厚，临事疏明。比佐理官，折狱惟允；驱驰蜀道，宣力有年。朕固不以远外而汝忘也，召登郎省，越在铨曹。其悉厥心，以赞而长，朕将有考焉。[②]

嘉定三年五月，李撰以国子司业兼国史院编修官、实录院检讨官。九月，为起居舍人。在嘉定三年九月的一件公文中，他的官衔是“朝请大夫、新除起居舍人、兼国史院编修官、兼实录院检讨官、兼权中书舍人李撰”[③]。次年三月，升为中书舍人；四月，以中书舍人升兼同修国史、实录院同修撰。

① 同治《浏阳县志》卷二四。

②《李撰吏部郎中制》。

③ 陆心源:《皕宋楼藏书志》卷二一《史部·编年类二·建炎以来系年要录》。

唐、宋时中书省掌政令决策，为中央最高权力机关，凡军国要政，皆由中书省预先定策，并草为诏敕，交门下省审议复奏，然后付尚书省颁发执行。中书舍人是中书省的核心官员，品级虽不甚高，但因有执掌诏令、参与机密、审议奏章之权，故在朝廷决策中扮演着重要角色。唐、宋时由中书舍人或知制诰所掌的皇帝诰命称外制，由翰林学士所掌的诰命称内制，任中书舍人者多为知名文士。

嘉定四年十一月，朝廷封汪华（隋唐时期割据势力，唐朝大臣）为昭应显灵英济广惠王的诰书，即出自李揆的手笔，后被刻在杭州吴山汪华庙内，“楷书，十三行”。诰书全文如下：

敕，凡有功于一时，必垂休于百世，此庙食之无穷也。然威灵气焰炳炳在人耳目，而封爵未隆，岂所以示揭虔妥灵之意欤？徽州忠显庙信顺显灵英济广惠王，聪明正直，广被四方，凡有祈祷，应如响答。比年两旸时若，五谷丰登，宝神之赐也。肆加美（足）[号]，以示褒扬。肸蠁之间，无忘嘉报。可特改封昭应显灵英济广惠王。

嘉定四年十一月二十日，中书舍人李揆行。①

与李揆同时的大臣、文学家楼钥（1137—1213）曾为李揆写过一首《李起宗舍人悠然亭》，赞咏李揆在家乡浏阳所建的悠然亭。全诗如下：

远游蜀道历艰难，径上甘泉豹尾间。
荷橐忽思辞北省，拂衣自喜见南山。
当时旁舍基犹在，回首垂髫鬓已斑。
先友碑阴尽陈迹，寒空依旧湿烟鬟。②

① 丁丙辑：《武林坊巷志》卷一〇《丰下坊三·汪王庙》引《武林石刻记》。

② 楼钥：《攻媿集》卷一一。

汤璹

清风峻节的大臣

清代乾隆三十八年，由于编修《四库全书》，从明代《永乐大典》中发现了一本奇书，名为《守城录》。此书记载了北宋、南宋之交德安知府陈规守城之事。乾隆皇帝因此书“备载守御机宜”，特命“将书载各条钞寄各路将军等阅看”[1]，让他们参考其中捍御之法，以用于实战。乾隆帝还在书前题诗一首：

摄篆德安固守城，因而失事论东京。
陈规屡御应之暇，汤璹深知纪以精。
小县傍州或可赖，通都大邑转难行。
四夷守在垂明训，逮迫临冲祸早成。[2]

“陈规屡御应之暇，汤璹深知纪以精。”陈规、汤璹都是《守城录》的作者。鲜为人知的是，被乾隆题诗称赞“深知纪以精”的汤璹是浏阳人，而且是浏阳历史上第一位有著作传世的人。

高中省元

汤璹（1160—1228），字君宝，浏阳人。生于南宋绍兴三十年。年轻时曾游学江西清江。淳熙十三年，汤璹参加乡试，中第三名。次年参加省试，高中第一。殿试赐进士出身。在此之前，浏阳历史上只出过一两位进士，更别说省元了。汤璹高中省元，可谓是“破天荒”的大喜事，是浏阳文化教育走向兴盛的一个里程碑。此后的宋元近两百年间，浏阳文化的发展达到了第一个高峰。

这次省试的主考官为南宋著名文学家、《容斋随笔》作者洪迈（1123—1202）。《宋会要辑稿·选举一》之二〇记载：“（淳熙）十四年正月二十日，以翰林学士知制诰兼侍讲兼修国史洪迈知贡举，权刑部尚书兼侍讲兼太子詹事葛邲、右谏议大夫陈贾同知贡举，得合格奏名进士汤璹以下二百七十九人。”后来，洪迈在其著作《夷坚志·支甲》中专门写有一篇《汤

①《清高宗圣训》卷五四。

② 清文渊阁《四库全书》本《守城录》卷首。

汤璹像

载清刊本《浏阳东乡金坑汤氏族谱》卷一

省元》：

浏阳汤璹君宝，为士人时，游学于清江，每往来必过宜春。淳熙甲辰（淳熙十一年），谒仰山二王（庙）祈梦。……但一僧在旁相问讯，拉诣别馆，见一钟绝大，挂于架，汤拊摩之，谓僧曰："试扣之如何？"僧曰："钟虽成，俟经洪炉陶铸，乃可击，今未也。"又问其故，曰："今击之，其声止闻一方，若得洪炉坯冶之力，然后鸣蒲牢以撞之，当播宣四方，非兹日比也。"遂惊寤。岁在丙午，潭州秋试，以第三名中选……丁未南省，汤魁多士，予实典贡举，乃悟洪炉之兆，盖默寓姓字。

巧的是，这年的殿试状元王容也是长沙人，而淳熙十二年（1185）的释褐状元（太学考试第一名）易祓也是长沙人。汤璹和王、易被称为"长沙三俊"。长沙人特意建了"三元坊"，以纪念人才之盛。宋周密《齐东野语》卷一六《省状元同郡》篇说："抡魁、省元同郡，自昔以为盛事。……淳熙丁未，省元汤璹、状元王容皆长沙人。"元代佚名编《氏族大全》卷二一记载："宋淳熙乙巳，（易）祓为释褐状元。丁未，汤璹为省元，王容为状元。潭州有三元坊。"

清风峻节

《宋史》虽为汤璹立传（卷四一一），但记载较简单。洪武《苏州府志》卷三五《人物 · 名臣》中的《汤璹传》，较完整地记述了其生平事迹。现以该传为基础，参考《宋史》《宋会要辑稿》《南宋馆阁续录》等文献，梳理出汤璹的任官经历：

中进士后任德安府教授，后入朝为主管吏部架阁。绍熙四年，除国子录，转太学录。五年，迁太学博士。庆元初，通判赣州。又改吉州。三年四月，以枢密院编修官兼实录院检讨官。嘉泰初，迁国子博士。三年四月，又兼国史院编修官。十一月，除秘书丞兼权礼部郎官。四年四月，出知台州。

开禧元年五月，以朝奉郎改知常州，在任转朝散郎。三年十月罢，降三官，谪居赣州。嘉定初，丁父忧，特旨自便。四年，叙复原官，寓居平江（今苏州），主管台州崇道观、亳州明道宫。十七年，起知信州，又除驾部郎官，未赴。除太府寺、大理寺二少卿。未两月，以疾请郡，待次赣州。封浏阳县开国男。宝庆初，又告病请求退休，遂以中大夫、直徽猷阁致仕。

汤璹致仕三年后，于绍定元年卒，享年 69 岁。

任朝官之时，汤璹以正直敢言著称。

绍熙五年八月，朝廷任著名学者、理学家朱熹为焕章阁待制兼侍讲。十月十四日，朱熹奉诏进讲《大学》，反复强调"格物、致知、诚意、正心、修身、齐家、治国、平天下"八目，希望通过匡正君德来限制君权的滥用，引起宋宁宗和执政韩侂胄的不满。因此，朱熹在朝仅 46 日，即被宋宁宗罢去了待制兼侍讲之职。十一月，朱熹还居建阳。

对此，汤璹上奏说："熹以正学为讲官，四方颙望其启沃之益，曾未逾时，辄听其去，必骇物论。宜追召熹还，仍授讲职。"汤璹所说的"正学"，即程朱理学。

此举使汤璹直声大著，他也因此得罪了当时的权相韩侂胄、陈自强等人，此后一直被压制，仕途不顺，闲居的日子多，任实职的时间短。《宋史》本传说："璹负直概，与韩侂胄、陈自强不合，故屡嗾言者中伤。璹生平奉祠闲居之日，多于扬历。……璹属辞务持大体，不为阿曲，言者摭其语涉讪上，而朝廷实知其无他，故起复制词有‘清风峻节’之语。”

后代史家评价说：“璹以一博士，上言留之，风雨如晦，胡能白乎？然其直气峻声，固已浩然与衡岳洞庭争名胜已。赞曰：晦翁卫道，一代名儒。奸邪妒正，群訾以趋。汤璹卑官，倡议不回。清风峻节，湘国文腴。”[①]

嘉泰四年三月，京城临安发生大火，时任秘书丞兼权礼部郎官的汤璹应诏直言，矛头直指太师韩侂胄、丞相陈自强：

> 左氏说：“天火曰灾，人火曰火。”后世遂谓出于天者乃谴告之昭彰，不可不畏；出于人者由防微之不谨，可以无惧。不知《春秋》书法虽因天人以变文，而“天明畏，自我民明威”，其为谴告则一也。……夫自上而降者，天火；滥炎妄起者，人火也。二者虽异，其失均本于人，其变均之为火失其性也。推原今日天变之由生，而归之于郡守、监司之贪黩，执政、台谏之非其人。[②]

宋宁宗因火灾“自责”避正殿，汤璹负责起草《宰执率百僚请皇帝御正殿三表》，引“善则称君，过则归己”之义，更是直接批评宰执之失。（宋佚名《两朝纲目备要》卷八、明田汝成《西湖游览志余》卷二五都存有这三篇《表》。《全宋文》卷六四〇九定为陈自强所作，是因为《备要》《志余》都只记载三《表》是由当时的宰相陈自强领衔而上，并未提及撰者是谁。《西湖游览志余》评价云：“葩藻骈丽，亦可纪焉。”）韩、陈怀恨在心，找了个理由将汤璹贬为外官。

开禧初年，韩侂胄在准备不足的情况下发兵伐金，汤璹虽任外官，但心系国家安危，接连写信给韩侂胄，批评“侂胄用兵、任人之失，侂胄益怒”，汤璹后被“降三官，谪居赣州”。后来，宋军惨败，韩侂胄等人身败名裂，汤璹才得以开复原职。

在任地方官时，汤璹勤政爱民，卓有政绩。庆元初年任赣州通判时，当地发生饥荒，常平仓减价售谷赈灾。汤璹到宁都县审囚犯，有灾民向他告状，赈灾谷米都卖给了“胥吏有产之家”，贫民没有得到实惠。汤璹及时纠正，“尽发余廪，移文巡尉劝分，全活饥民以万数”。他任常州知州时“修器械，积粮料，葺城寨，谨江防，究水利，恤流散”，百废皆兴。

《宋史》卷四一一论赞称“汤璹立朝蹇谔”。元代著名文学家、史学

① 廖道南：《楚纪》卷二七《汤璹传》。

② 洪武《苏州府志》卷三五《汤璹传》。

家欧阳玄曾作《宋直徽猷阁汤公像赞》："中山毓秀，湘水钟灵。三朝待漏，先正典型。峻节清风，瀛洲领袖。遗像俨然，永留俎豆。"[①]高度评价这位乡贤。后人为纪念汤璹，将其入祀浏阳乡贤祠。

同治《浏阳县志》及浏阳《汤氏族谱》记载，汤璹之墓在浏阳大围山白面石狮子窝。洪武《苏州府志》卷四四《冢墓》记载："宋大理少卿汤璹墓在长洲郡安宁村万安山，子仁和知县谊伯、孙宣教郎梦夔附焉。"所记各异。一为其故乡，一是其寓居地，到底孰是，尚待考证。

①《欧阳玄全集》下册，第784页。

名著传世

汤璹对《春秋》很有研究，"治《春秋》"[②]，"以《春秋》第进士"。洪武《苏州府志》本传称汤璹"所著《春秋要论》、诗文奏议凡百卷"。然而这些著作绝大多数都已失传。

②《南宋馆阁续录》卷七"秘书丞"门。

宋魏天应所编《论学绳尺》卷四收有汤璹的一篇文章《帝王顾所行何如》。《论学绳尺》是一部收集南宋时期省试优秀"论"作的选文点评集，《帝王顾所行何如》当是汤璹参加省试时所作的"论"。

汤璹的著作《建炎德安守御录》被收入《守城录》中，得以流传至今。《守城录》是我国现存最早的城邑防御专著，由陈规的《靖康朝野佥言后序》《守城机要》和汤璹的《建炎德安守御录》三部分组成。陈规的《靖康朝野佥言后序》主要针对北宋汴京失陷的教训，阐述城防之策；《守城机要》"皆论城郭楼橹制度，及攻城备御之方"，记述了守城军民的组织编制、力量运用和守御方法等内容。

陈规（1072—1141），字元则，密州安丘（今山东安丘）人。北宋、南宋之交任德安知府。陈规虽是文臣，却谙熟兵法，精于武略，尤善守城。靖康元年冬，金兵攻陷汴京。宋朝溃军起而为盗，四处流窜，攻占城邑，烧杀抢掠。新成立的南宋朝廷根本无力控制这一局面，各郡县只能组织武装，据城自保。处于长江以北的德安府，当南北之冲，成为各种兵匪集团频繁侵扰、攻夺的对象。自靖康二年正月至绍兴三年四月的六年多时间里，陈规带领德安军民积极措置，巧用战法，随机应变，连败王在、党忠，张世、李孝义，杨进等围城之敌。当时旁郡皆失守，唯德安一城岿然独存。

《建炎德安守御录》是汤璹任德安府教授时，在德安寻访陈规守城遗事撰写的，详细记述了陈规九次守御德安的战斗经过。"绍熙四年，璹除太学录，表上其书。”[①]《建炎德安守御录》不光为陈规的《靖康朝野佥言后序》和《守城机要》提供了实战例证，文中所记各种攻守城方法和战具的运用，也真实地反映了宋代城市攻防战的战术与技术概况，为研究宋代城垒作战的规律提供了重要史料。无怪乎乾隆帝要写诗称赞“汤璹深知纪以精”。

后来，《守城录》被完整收录在明代《永乐大典》卷八三三九中（归入“兵”字韵下“兵守”类）。中华书局1960年影印本《永乐大典》存有此卷，我们由此可以见到《守城录》现存最早的版本。

①《建炎德安守御录》书末跋语。

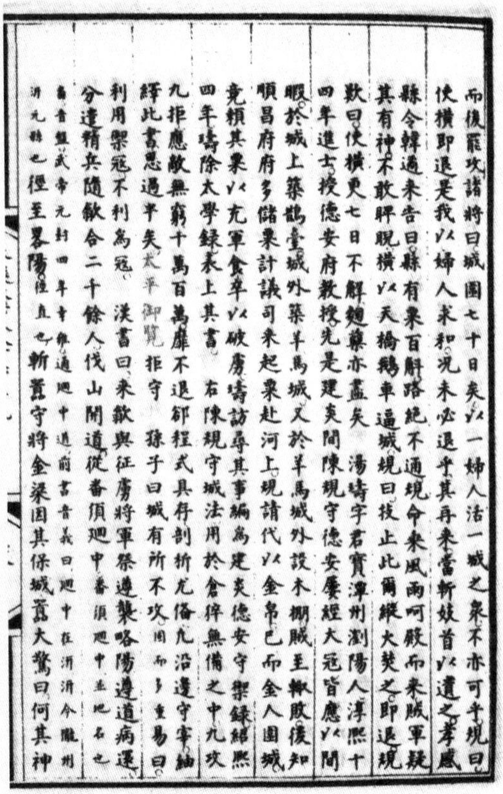

而復罷攻諸將曰城圍七十日矣以一婦人活一城之衆不亦可乎規曰
使横即退是我以婦人求和況未必退乎其再來當斬妓首以遣之孝感
縣令韓適來告曰縣有衆百斛路絶不通規命衆風雨河般而來賊軍疑
其有神不敢睥睨横以天橋鵝車逼城規曰技止此爾縱大焚之即退規
歎曰使横更七日不解麯蘗亦盡矣 湯璹字君寶潭州瀏陽人淳熙十
四年進士授德安府教授先是建炎間陳規守德安屢挫大寇皆應以閒
暇於城上築鵲臺城外築羊馬城又於羊馬城外設木棚賊至輒敗後知
順昌府府多儲粟計議司來起粟赴河上規請代以金帛已而金人圍城
竟頼其粟以充軍食卒以破虜璹訪尋其事編爲建炎德安守禦録紹熙
四年璹除太學録表上其書 右陳規守城法用於倉猝無備之中九攻
九拒應敵無窮十萬百萬靡不退郤程式具存剖析尤備凡沿邊守宰紬
繹此書思過半矣太平御覽 拒守 孫子曰城有所不攻因而多重易曰
利用禦寇不利爲寇 漢書曰來歙與征虜將軍祭遵襲略陽遵道病還
分遣精兵隨歙合二千餘人伐山開道從番須廻中番須廻中並地名也
番音盤武帝元封四年幸雍通廻中道前書音義曰廻中在汧汧今隴州
汧元縣也徑至略陽徑直也斬囂守將金梁因其保城囂大驚曰何其神

《永乐大典》卷八三三九所载《守城录》末页

元

欧阳玄

著名文学家、史学家，“元四学士”之一

民国时，浏阳修筑四条绕城马路，分别取名圭斋路、嗣同路、才常路、达峰路，以纪念四位浏阳历史名人。谭嗣同、唐才常、焦达峰都是近代维新革命志士，唯独圭斋欧阳玄是元代著名文学家、史学家，“元四学士”之一。

浏阳偏居湘东，开化较晚。唐、宋以前，文化教育发展缓慢。南宋以后，经济文化重心南移，浏阳文教才开始兴盛，并在元代达到了鼎盛时期。欧阳玄是这一时期的浏阳人中具有全国影响的佼佼者。

书香世家

欧阳玄（1283—1357），字原功，号圭斋，晚年号霜华山人、平心老人。

欧阳玄祖籍江西分宜防里，与北宋大文学家欧阳修同宗。欧阳玄很推崇欧阳修的为人和文章，欧阳修是庐陵人，欧阳玄在写文章时也曾自称“庐陵欧阳玄”。

欧阳玄高祖欧阳安时，南宋淳熙年间到湖南参加考试，十分喜欢浏阳的山水，遂从江西迁居浏阳马渡，成为迁浏始祖。

曾祖欧阳新，字仲齐，号宜轩，以经学著称，取堂名为“经训堂”。南宋末年任岳麓书院讲书。当时，其江西同宗欧阳守道任岳麓书院副山长，听了欧阳新的讲课之后，赞叹道：“湖南有欧阳新，我还来做什么！”

祖父欧阳逢泰，字忠叟，号澹轩。“经术行业，师表一方”，跟随他学习的弟子经常有几百人。后任潭州学录（学官，协助教授、学正教育所属生员），为长沙的教育事业出了不少力。宋代考进士都要作赋，南宋末年福建、浙江的学子最擅长作赋，因此参加科考中进士的人多。欧阳逢泰与长沙好友尹谷、刑天荣等人经常切磋作赋，题材典雅，文藻华丽，学子争相学习，于是湖南学子的赋可与福建、浙江媲美，进士辈出。由此可见他对湖南文化教育的影响和贡献。

南宋德祐二年，元将阿里海牙率军攻破长沙城。当时欧阳逢泰的好朋友尹谷已是衡州知府，但居住在长沙城中，城破之前，纵火自焚，一家殉难。

欧阳逢泰怀着悲伤的心情回到浏阳隐居著书。三年后，宋朝就灭亡了。

欧阳玄父亲欧阳龙生（1252—1308），南宋国学生，湖南考生三千多人，他考了第二名。元军攻破长沙后，他与父亲回浏阳，隐居十七年，保守气节。

浏阳有座文靖书院，是为纪念宋代理学家、浏阳知县杨时而建的，宋亡后废弃多年。浏阳县尹想恢复书院，公推欧阳龙生任山长，于是县尹亲自登门请欧阳龙生出山。欧阳龙生将书院改建在猿啼山南侧，资金不够就自己出钱补贴。第二年，书院修成，学者云集，欧阳龙生亲自讲授《孟子》。元代浏阳科举文化的兴盛，与文靖书院的重建有着直接关系。

元成宗元贞元年，浏阳由县升为中州，例设儒学教授一员，欧阳龙生因兴学之功，被授为浏阳州儒学教授。欧阳龙生选拔优秀的学子，"躬亲教督，诸生皆勤勉自力。科场既辟，进士辈出，实公权舆之"①。从延祐二年到至正十一年的三十多年时间里，浏阳就涌现了欧阳玄、何元同、何贞立、彭宗复、李焘、周镆、周镗、王恕、汤荧、勲渊、韩复生、黎圭、陈颐孙、彭宗益等十多位进士，这种情况空前绝后。他们中的很多人，都是欧阳龙生任儒学教授时培养的弟子。

之后，欧阳龙生升任道州路儒学教授。别人说路途遥远，欧阳龙生说："那是周夫子（周敦颐）的故乡，我求之不得，哪能怕远呢？"于是欣然赴任。57岁那年，因为公事过于劳累，病逝于道州。

欧阳玄的母亲李氏，知书达礼。她的祖上在南宋时建有浏阳著名的藏书楼——遗经阁，藏书万卷，著名学者朱熹、张栻都曾写诗赞颂，诗人杨万里为撰《重修遗经阁记》。欧阳龙生重建文靖书院时，李氏用自己的嫁妆"助其经费"。

① 张起岩：《欧阳龙生神道碑铭》。

一鸣惊人

元世祖至元二十年五月，欧阳玄出生在这样一个文化教育世家。小时候，母亲就教他读《论语》《孝经》和杜诗。他 8 岁能背诵，而且开始做文章。欧阳玄 10 岁时，有一位道士评价他说："这个孩子骨格不凡，目光如炬，可惜本朝还没有科举考试，否则一定是状元。不过以后也会文章冠世，名满天下，是栋梁之材！"

欧阳龙生任文靖书院山长时，有位官员来书院拜访，见欧阳玄年纪小而聪明，于是让欧阳玄以梅花为题写诗。欧阳玄不假思索，马上写成十首。

晚上回家，又凑成百首。这位官员啧啧称叹，赞为奇才。接下来几年，欧阳玄又广拜名师，认真学习。从20岁那年开始，他在家里苦读，几年不出门，经史百家，无所不读，还潜心研读宋代诸儒的著作，满腹经纶。

学成之后，欧阳玄来到长沙城，湖南廉访使、著名元曲作家卢挚见他仪表不凡，文章出色，十分赏识，与他唱和，还推荐他当官，欧阳玄力辞不就。江东廉访使乌古孙泽、长沙学官虞汲也都对他赞扬有加。乌古孙泽与他结为忘年交，并向朝廷推荐说，欧阳玄的才华足以入翰林院。虞汲的儿子虞集当时在北京任国子助教，擅长诗文，虞汲将欧阳玄的文章寄给虞集，并说“此人将来会与你齐名”。因此，欧阳玄虽未到京师，名声却已在朝廷传开了。他在等待一个机会，好充分展示自己的才华和学识。

元仁宗皇庆二年，元朝开始施行科举制度，欧阳玄被推荐参加乡试。次年八月，欧阳玄以《天马赋》中湖广乡试第一，一鸣惊人。

延祐二年，欧阳玄33岁，赴京参加会试、廷试。元代科举进士分左右二榜，右榜取蒙古人、色目人，左榜取汉人、南人，左榜的难度要高于右榜。欧阳玄廷试中左榜第二名（榜眼），后被任命为岳州路同知平江州事。

延祐六年，欧阳玄任安徽芜湖县尹。他为官清正，平反冤案，打击豪强。经过治理，芜湖农桑兴盛，教化大行，道不拾遗。百姓对欧阳玄感恩戴德，树碑颂其政绩。任期届满后，欧阳玄调任湖南武冈县尹。此地民风彪悍，欧阳玄上任不久，山区的两个村寨聚众互相攻杀，形势危急，别的官员都慌了，手足无措。欧阳玄沉着冷静，只带两个随从到山区进行劝谕，“宣布德威，明示信义，归理其讼”[①]，很快平定了这场动乱。

① 危素：《欧阳玄行状》。

泰定二年，已升任国子司业的虞集向朝廷举荐欧阳玄，于是朝廷召欧阳玄为国子博士，43岁的欧阳玄赴京任职。

玉堂学士

泰定四年，欧阳玄升任国子监丞。这年三月举行廷试，右榜状元阿察赤、左榜状元李黼都是欧阳玄的学生。大都官员张罗鼓乐旗帜，热热闹闹地带着两位状元来国子监谢师，阿察赤、李黼双双在明伦堂给欧阳玄下拜。京城为之轰动，上万观众将国子监围得水泄不通。欧阳玄自己是榜眼，又教出两个状元，真是前所未有的斯文盛事。孟子说“君子有三乐”，其中一乐便是“得天下英才而教育之”。作为一位老师，还有什么事比两位弟子都高中状元而值得高兴的呢！欧阳玄写下《喜门生中状元》绝句四首，以纪其事。第一首云：

昔被仁皇雨露恩，三朝五度策临轩。
小臣报国无他伎，馆下新添两状元。

致和元年，欧阳玄升任翰林待制，兼国史院编修官。同年九月，文宗即位，改元天历，郊庙、建后、立储、肆赦等诏书都由欧阳玄撰写。欧阳玄还针对时事写了几十条建议，也多被采纳。文宗向往汉族文化艺术，尤其喜欢古代字画，对汉族文臣儒士加以重用，还专门设立了奎章阁学士院，令勋贵大臣子弟进院学习，下设艺文监，管理校译儒家典籍等事务。艺文监的正副职为大监、少监。定艺文少监人选时，大臣举荐了一个人，文宗不满意，他问："以前听说芜湖县尹欧阳玄为官廉明，如今在哪里？"于是亲点欧阳玄为艺文少监。文宗很器重欧阳玄，阅览古今字画，或赐翰墨给群臣，都令欧阳玄撰写叙赞。至顺三年秋，文宗又亲点欧阳玄为艺文大监。

元顺帝即位后，欧阳玄历任佥太常礼仪院事、翰林直学士兼国子祭酒、翰林侍讲学士等职。至元六年二月，欧阳玄的儿子欧阳达老逝世，年仅22岁，欧阳玄很悲痛，想携柩归葬，皇帝不允，升他为翰林学士。

至正元年九月，欧阳玄回浏阳。次年十一月，到江西分宜防里祭扫祖墓。从祭祖时发生的两件事，可以看出欧阳玄高尚的品格。

当时欧阳玄已经是正二品的翰林学士了，按说荣归故里，可以大张旗鼓，吹吹打打，前呼后拥，热闹一番。可是欧阳玄并没有这样做，他轻车简从，"屏谢导吹，车徒稀寂"。当地的一位名士孙春洲，不禁写诗感叹道：

圭斋只是一圭斋，不带些儿官样回。
若使他人官二品，门前车马闹如雷。①

意思是，圭斋还是原来的圭斋，并没有因为做了大官就带了官架子回来。如果换作别人，门前早就车水马龙，闹翻了天。

一天，欧阳玄抽空来到一条狭窄的巷子里，打听一个人的名字。大家一听，不是一个织草鞋的人吗，于是很惊讶地问，为什么要拜访这么一个

① 正德《袁州府志》卷九《遗事》。

地位低下的人。欧阳玄答道："这个人也来拜访过我，我要答礼。"对此，明末陈继儒赞叹道："前辈重风谊而忘贵贱如此！"

至正三年三月，朝廷决定修辽、金、宋三史，任命欧阳玄、揭傒斯、张起岩等六人为总裁官。至正五年，元顺帝升欧阳玄为翰林学士承旨。元顺帝说："此人在翰林院多年，制作甚多。现在修三史，尤有功劳。"还赐宴史馆，为其庆贺。

至正六年，欧阳玄再次回到浏阳，隐居南山（今天马山），优游山水之间，谢绝世务，准备从此颐养天年。可是，四年后，朝廷又任命他为翰林学士承旨。他屡辞无果，只得赴京任职。

至正十四年，欧阳玄担任会试主考官、廷试读卷官。他这时才得到消息，浏阳老家此前已被起义军烧毁，二兄一弟相继去世，亲属四百人死亡大半。妻子谢氏避难长沙，也过世了。欧阳玄十分悲痛。元顺帝和皇太子先后赏赐钱币、御酒慰劳他，皇太子还亲自书写"经训"两个大字赐给他（欧阳新取堂名为"经训堂"）。

至正十七年，大赦天下，皇帝召欧阳玄草诏，而此时欧阳玄因病不能步行，皇帝便令丞相传旨，让欧阳玄乘坐轿子到内廷。这是前所未有的待遇。当年十二月，欧阳玄在大都崇教里寓舍逝世，享年 75 岁。权葬京西宛平县，后归葬浏阳天马山。元廷追赠他为大司徒、柱国，追封楚国公，谥曰文。

欧阳玄像

欧阳玄是元代重要文臣，与吴澄、虞集、揭傒斯并称为“元四学士”。他凭借自身才智成为元朝首科进士之一，从此步入仕途，担任平江州同知、芜湖县尹等地方官，为政廉平，关爱百姓，政绩卓著。泰定初，因虞集等人的力荐，被召为国子博士，从此一直在朝任职，官至翰林学士承旨、光禄大夫，登上了元代文学侍从之臣的最高地位，被尊为文坛宗主，文采风流，震耀一世。时人评价：“其宠其荣，国朝百年以来一人而已。”[①]他位高望重，却谦和好礼，尤喜奖掖后进，因此受到天下人的敬重。

欧阳玄为元代文化、教育的发展作出了重要贡献。危素在《欧阳玄行状》中说：“历官四十余年，在朝之日居四之三，三任成均，而两为祭酒，六入翰林，而三拜承旨。……片文只字，流传人间，咸知贵重。文章道德，卓然名世。引拔善类，赞化卫道，黼黻治具，与有功焉。于是中外莫不敬服。”

文坛领袖

欧阳玄是元代著名的文学家、元中后期的文坛领袖，诗文俱佳，散文成就尤高，深为时人及后世所推崇，影响颇大。身后单谥一个“文”字，是古代臣子崇高的荣誉，韩愈、王安石、朱熹都是谥“文”，没有杰出的文学成就，是不可能获得此谥号的。元代获得此谥号的只有姚燧、欧阳玄等寥寥数人。明代方孝孺说：“元兴，以文自名者相望于百年之间。为世所称者，曰姚宽甫（燧）、虞伯生（集）、黄晋卿（溍）、欧阳原功（玄）。”[②]他将姚燧、虞集、黄溍和欧阳玄评为元文四大家，是比较客观的。元代文学研究专家邓绍基提出元文六家之说：“姚燧、元明善、虞集、欧阳玄、黄溍和苏天爵，足堪并列。”[③]由此可见欧阳玄在元代文坛的重要地位。

欧阳玄论文，提倡学习欧阳修文章的“温柔敦厚”、苏轼文章的“明辩闳隽”。欧阳玄虽然学欧学苏，但并非亦步亦趋，而是追求独出心裁的创作。用他自己的话说，就是“规矩蔑一定之用，文章怀无穷之巧”[④]。

欧阳玄久在翰苑，所作文章多为碑铭、传记一类的鸿篇巨制。由于欧阳玄“博学多识，故其文繁多而不迫”，且具有雄浑弘畅、雍容典雅的特色。他为许衡、赵孟頫、贯云石、虞集、阿里海牙等人所撰碑铭墓志，以及《高昌偰氏家传》《赵氏乡学碑记》《中书右丞相领治都水监政绩碑》等文，都气沛而文赡，事核而言直，洋洋洒洒，一气贯注，不愧为盛世之文、治世之音。一方面，其议论驰骋雄快，有“黑云四兴，雷电恍惚”[⑤]般的动态

① 孔齐：《静斋至正直记》卷一《议立东宫》。

② 方孝孺：《逊志斋集》卷一二《张彦辉文集序》。

③ 邓绍基：《我对元代散文的探索》，载《中国文学史的理论维度：全国古代文学研究方法创新专题论文集》。

④ 欧阳玄：《刘桂隐先生文集序》。

⑤ 宋濂：《欧阳文公文集序》。

美；另一方面，其叙事平实流畅，有“长空万里，一碧如洗”般的静态美。

他为好友、元文学家贯云石所写的神道碑，是散文名作。贯云石是元代开国大将阿里海牙的孙子，出身富贵，却不好做官，喜欢游山玩水、写诗作曲，是位疏放旷达、特立独行的才子。文章中有一段是这样写的：

尝过梁山泊，见渔父织芦花絮为被，爱之，欲以䌷易被。渔父见其以贵易贱，异其为人，佯曰：“君欲吾被，当更赋诗。”公援笔立成，竟持被往。诗传人间，号“芦花道人”。公至钱塘，因以自号。[1]

① 欧阳玄：《元故翰林侍读学士中奉大夫知制诰同修国史贯公神道碑》。

大意是：一次，贯云石经过梁山泊，看见一位渔翁织芦花絮为被子，十分喜欢，就想用绸布交换。渔翁看他用贵重的绸布换便宜的芦花被，就假装说：“那你还要作一首诗。”贯云石立马写成，最终得到了那件雪白的芦花被。这件事被传为佳话，别人都称他为“芦花道人”。贯云石到杭州后，便自号“芦花道人”。

这与王羲之写字换鹅的故事有些相似。欧阳玄用短短数十字，就生动刻画了贯云石风流才子的形象。

欧阳玄的小品文章，立意不落窠臼，叙事简洁，抒情真挚，说理畅达，具有相当高的艺术感染力。如《芳林记》云：

兰生深林之中，未尝不自闷其芳也。人以为有国香而服媚之，兰欲自远于当时，其可得乎？君子修其身于暗室屋漏之地，而声流于四方万里之外，亦岂所愿哉？

作者以兰作比，借物言志，表达了做人要始终如一，秉持高尚人格的观点。

欧阳玄现存诗作不多，成就不如散文，但不论是写景咏物，还是纪事抒情，都清新典雅。如《为所性侄题小景》三首之三：

浦口归帆落，沙头行客回。
林间酒旗出，快着一篙来。

这首诗写归舟帆落，尚未靠岸，而行客因酒渴喉急，一见林间露出酒旗一角，便催促舟人撑篙，其急不可耐之状毕现。

又如《京城杂咏》七首之六：

京城走马听晨钟，我欲宵征仆兴慵。
却忆江南春睡美，小楼欹枕听村舂。

这首诗写作者早朝，未明即起，走马听钟，仆人却睡意未消，慵懒倦怠。作者由此回想起江南之春的美丽乡村，在小楼卧听清脆的捣米声的画面。诗中透出浓浓的思乡之情。末句有陆游名句“小楼一夜听春雨”的意境。

又如《题捕鱼图》：

太湖三万六千顷，灵槎倒压青天影。
大鱼吹浪高如山，小鱼卷鬣为龙盘。
群渔联艘伐桴鼓，势同三军战强虏。
长网大罟三百尺，拦截中流若环堵。
吴王宫中宴未阑，银丝斫脍飞龙鸾。
大官八珍奉公子，猩猩赪唇鲤鱼尾。
洞庭木落天南秋，黄芦满天飞白鸥。
江头吹笛唤渔舟，与君大醉岳阳楼。

此诗前八句描写太湖宏大的捕鱼场面，境界阔大，气势雄壮；中四句描写吴王在宫中宴会食鱼的情景，形象生动；末四句转而描写洞庭湖的秋景，落木、黄芦、白鸥、吹笛、渔舟、岳阳楼，有声有色，充满诗情画意。一句“与君大醉岳阳楼”，表现了作者豪放旷达的气概。全诗生气勃勃，引人入胜。

欧阳玄还撰有《渔家傲南词》12 首，为其仅存于世的词作。该词描绘元大都从一月到十二月的景物、风俗，内容充实，富有生活气息，像一幅幅清新明丽的风俗画，“读之如亲见六百年前景物也”[①]。其中“八月”一首云：

① 瞿兑之：《杶庐所闻录·元代燕京风俗》。

八月都城新过雁，西风偏解惊游宦。十载辞家衣线绽，清宵半，家家捣练砧声乱。　等待中秋明月玩，客中只作家中看。秋草墙头萤火烂，疏钟断，中心台畔流河汉。

词中，西风、过雁、清宵、砧声、明月、秋草、萤火、疏钟、河汉，构成了一幅都城秋景图，营造了萧瑟的氛围，烘托了游子落寞、思乡的心情。“八月都城新过雁，西风偏解惊游宦”和“等待中秋明月玩，客中只作家中看”两句，写无奈、沉重的心情，作者却故以平淡之语出之，令人叫绝。全词情景交融，有较强的艺术感染力。

欧阳玄的诗文，中进士后就写有一百多册，可惜元末毁于兵火。后来流传下来的只有《圭斋文集》十五卷。四川大学出版社于2010年出版了汤锐整理编校的《欧阳玄全集》。该书是收录欧阳玄作品及其研究资料最全的版本，正文共三十卷，包括《圭斋文集》《圭斋文集补编》各十五卷，共收诗217首、佚句5则、词12首、文312篇。

史学巨匠

欧阳玄史学成就卓著，是一位优秀的史学家。欧阳玄供职翰苑近三十年，“演论玉署，黼藻帝猷”[①]，致力于元朝官方的撰述工作，其中主要是史学撰述。他主持编修宋、辽、金三朝正史，纂修《经世大典》《太平经国》，编纂四朝实录，修订《至正条格》，撰定“国律”，元代中后期几乎所有重大的史学工程都凝聚着他的心血和智慧，而他卓越的史学、史才、史识也在其中得到了充分发挥和具体展现。欧阳玄自著的《至正河防记》《唐书纂要》和《圭斋文集》等著作也具有重要的史学价值。“作为元皇朝历次重大史书修纂活动中的核心人物，他的史学思想和实践构成了以官方撰述为主体的元代史学的重要内容，深深影响着元代史学之发展。”[②]

欧阳玄在史学上最为突出的贡献和成就是主持编修宋、辽、金三史，并且撰写三史论赞。编修宋、辽、金三朝正史，是元代历史上规模最大的史学工程，而其成就和影响也远在元代其他官修史书之上。欧阳玄是三史的实际主编，他的作用主要体现在以下几个方面：

一是建言搜集史料、遴选史官。《行状》记载：“庙堂问修史之要，

① 张起岩：《欧阳龙生神道碑》。

② 江湄：《欧阳玄与元代史学》，载《北京师范大学学报·社会科学版》1997年第3期。

公曰：‘是犹作室，在于聚材择匠。聚材则先当购书，择匠则必遴选史官。’于是用公言，遣使购书，增设史官。”欧阳玄把修史比喻为建房子，建房子要准备材料和选择工匠，修史就要买书收集资料和增设史官。朝廷听从了他的建议。二是确定三史凡例。“立三史凡例，又为便宜数十条，俾论撰者有所依据。”三是裁定删正史稿。史官写成草稿后，由欧阳玄删正定稿。四是撰写三史论、赞和相关表、奏。

在欧阳玄的主持下，史馆诸人共同努力，共计七百四十七卷的三史工程仅用两年半时间便大功告成。有专家评价说：“主持编修宋、辽、金三史是欧阳玄对元代史学发展和中国古代史学作出的不朽贡献，这足以使他跻身于中国古代著名史家之列而无愧。”[1]

欧阳玄曾参与纂修《经世大典》和编纂四朝实录。《经世大典》是元代官修的规模最大的政书，囊括了元代政治、经济、法律等各项典章制度。元文宗至顺元年二月下诏纂修，至顺三年三月成书，共八百九十四卷。全书分为十篇，其中君事四篇：《帝号》《帝训》《帝制》《帝系》；臣事六篇：《治典》《赋典》《礼典》《政典》《宪典》《工典》。该书进表为欧阳玄所撰。

《经世大典》中的《宪典》是欧阳玄和友人揭傒斯共同纂修的，共二十二篇，是对元代刑法制度的总结。元文宗览读《宪典》后，惊讶地说：“这不是《唐律》吗！”《唐律》是古代法律典章的典范之作，元文宗将《宪典》比作《唐律》，评价很高。《经世大典》原书今已佚失，仅有各篇序录和部分佚文流传至今。但《经世大典》为明初编修《元史》带来了极大的方便，《元史》诸志主要是根据《经世大典》各篇修成的。《元史·刑法志》即以《宪典》为蓝本，前者与后者的篇目结构几乎完全相同。

元顺帝元统二年，欧阳玄和张起岩等人奉敕编修四朝实录。四朝实录是指《泰定帝实录》《明宗实录》《文宗实录》和《宁宗实录》。四朝实录都已佚失，但明初所修《元史》中的泰定帝、明宗、文宗、宁宗四朝本纪，实际上就是根据四朝实录改编而成的。

欧阳玄的史学成就还体现在他自撰的《至正河防记》等著作上。至正四年，黄河发大水，在白茅及金堤决口北流，泛滥七年，沿岸百姓流离失所。至正十一年四月，工部尚书贾鲁为总治河防使，率民夫十万、军夫二万开始治理黄河。同年十一月，工程完毕，黄河复归故道，南汇于淮河，又东入于海。朝廷特命欧阳玄撰《河平碑》，表扬功绩。写完《河平

① 江湄：《欧阳玄与元代史学》。

碑》后，为了让这次治水经验流传后世，69岁的欧阳玄亲自调查走访，获得第一手资料，写成《至正河防记》。《至正河防记》全文约四千字，忠实详细地记录了这次治河（主要是堵白茅决口）的全过程，较系统地记述和总结了贾鲁治河的指导思想、施工方法和主要经验，为研究当时的治河策略、堵口技术提供了翔实珍贵的史料，对后世治河有较高的参考价值，是古代水利理论的重要著作。

除了文学、史学造诣以外，欧阳玄还是元代书法大家，留下了不少精彩的书法作品。前人评价其“行草略似苏文忠（苏轼），而刚劲流畅，风度不凡”[1]。他的书法代表作有《春晖堂记》《杨公墓碑铭》《题李白上阳台帖》《跋陆柬之文赋帖》等。

① 陶宗仪：《书史会要》卷七《欧阳玄传》。

明

张 武

永乐皇帝爱将，“靖难”功臣

明建文元年至四年，明太祖朱元璋第四子燕王朱棣起兵反抗中央政府，最终攻下帝都应天（今江苏南京），史称“靖难之役”。朱棣即位，是为明成祖。

攻下应天后，朱棣大封功臣。据《明太宗实录》记载，是年九月初四日，朱棣“升赏奉天靖难诸将”，对跟随自己浴血征战的武将加官晋爵：

封都督佥事丘福为奉天靖难推诚宣力武臣、特进荣禄大夫、右柱国、中军都督府左都督、淇国公，食禄二千五百石，子孙世世承袭，赏银四百两、彩币四十表里、钞四千贯；都督佥事朱能为奉天靖难推诚宣力武臣、特进荣禄大夫、右柱国、左军都督府左都督、成国公，食禄二千二百石，子孙世世承袭，赏银四百两、彩币四十表里、钞四千贯；都督佥事张武为奉天靖难推诚宣力武臣、特进荣禄大夫、柱国、中军都督府都督同知、成阳侯，食禄千五百石，子孙世世承袭，赏银三百五十两、彩币三十表里、钞三千贯……

被封赏的功臣中，位列第三、受封为成阳侯的张武（？—1403）是浏阳人。当时一共封了十三位侯，张武排在第一，仅次于被封为公的丘福和朱能。“万里觅封侯”，对于封建时代的文臣武将来说，侯爵是崇高的荣耀。张武有何功勋，为什么能获得这份荣耀呢？

乱世从军

张武是一位农家子弟。同治《浏阳县志》记载，浏阳西乡青草市附近有一座将军山，传说张武小时候就在这里砍柴。

元末明初，天下大乱，在历史洪流的裹挟中，张武得以建功立业，名留青史。

嘉靖《浏阳县志》记载：“张武，本县西乡四十三都人，豁达有勇力，稍涉书史。元末，同父被伪将欧祥拘，充袁州卫军。后任常山卫百户。”

欧祥，又名欧普祥，是元末徐寿辉红巾军的重要将领，湖北黄州人，元至正十一年跟随徐寿辉起兵，为元帅。次年二月，欧祥领兵入江西，攻克袁州。此后多年据守袁州，称雄一方，徐寿辉封他为袁国公、大司徒。至正二十年，陈友谅杀徐寿辉，欧祥不服，转附朱元璋，朱元璋命他仍以本部人马守袁州，至正二十四年六月病故。

欧祥攻克袁州那年，也占据了邻近的浏阳。为躲避战乱，“浏阳县民入山寨，立长自保”。浏阳西乡有谭荣在龙虎岭结寨避寇，“合里人保障乡间”。龙虎岭就在张武的家乡（他死后也葬在龙虎岭）。不过，张武未能逃过劫难，与父亲一起被掳至袁州充当兵士。而欧祥转附朱元璋后，张武就变成一位为大明王朝效力的军人。为人豁达、既勇武有力又懂一些书史的张武，在军中受到重用，洪武年间便升任为常山卫百户。百户是正六品的军官。

建功封侯

跟随朱棣“靖难”时，张武的官职是燕山右护卫百户。燕山左护卫、燕山右护卫、燕山中护卫，称北平三护卫，是燕王朱棣的亲军，护卫燕王府邸。

洪武二十五年，太子朱标病死，朱元璋没有从其他儿子中另外选择一个继承人，而是立太子的嫡子朱允炆为皇太孙。洪武三十一年，朱元璋去世，朱允炆即帝位，是为建文帝。朱允炆在做皇太孙时，就对诸藩王专权不满，曾与他的伴读黄子澄商量削藩对策。即帝位后，采纳了大臣齐泰、黄子澄的建议，决定先削几个力量较弱的藩王的爵位，然后再向力量最大的燕王朱棣开刀。皇族内部矛盾由此迅速激化。

燕王朱棣早就对朱元璋不立自己为继承人不满（朱标死时，二子、三子已死，四子朱棣是事实上的长子），于是密谋反叛。建文元年七月，朱棣以计诱杀了中央派来监视自己的布政使张昺、都指挥使谢贵，迅速占领北平九门，遂据北平。后以遵祖训，诛“奸臣”齐泰、黄子澄，为国“靖难”为名，誓师出征。

北平三护卫是朱棣起兵的主要军事力量。张武凭借在战斗中的优异表现，迅速成为朱棣最信任的军事指挥官之一，屡立奇功。《明太宗实录》记载：

从靖难，率众克蓟州，取雄县，斩获首将，据月漾桥，败都督杨松、潘忠，乘胜追至鄚州而还。已而与诸将败长兴侯耿炳文于滹沱河。

朱棣起兵后，张武等人攻占了北平以东的蓟州，进而攻占遵化、永平等州县。与此同时，其他部队也先后攻取了北平以北的居庸关、怀来、密云等地，扫平了北平的外围，解除了后顾之忧，可以从容对付朝廷的问罪之师。

朱允炆起用年近古稀的幸存老将耿炳文为大将军，率军30万伐燕。八月，南军进至河北滹沱河地区。燕军在中秋之夜发动突然袭击，突破雄县，尽克南军的先头部队。张武在此战中率先攻破雄县，“斩获首将”，并追击到月漾桥，活捉南军大将都督杨松、潘忠等，继而一鼓作气追赶南军到鄚州（在今河北任丘市北，西北邻白洋淀），斩获无算。当时耿炳文大军尚有数万，而且已经于滹沱河北岸摆开阵势。张武与其他将领一起，率军冲入敌阵，南军气馁，纷纷后退，自相践踏，损失惨重。耿炳文无奈，只好率残部退守真定城内，闭门不出。朱允炆遂以勋戚李景隆取代耿炳文，调兵50万伐燕。李景隆乘虚攻北平，但不能克。

建文二年四月，双方战于白沟河，李景隆战败，燕军乘胜围攻济南。山东参政铁铉固守济南，以逸待劳，燕军久攻不下，败还。九月，朝廷升铁铉为山东布政使，改命盛庸取代李景隆。十二月，盛庸率师与燕军会战于东昌（今山东聊城），燕军大败，主将张玉战死。

建文三年二月，燕军再度南下。三月初一日，燕军在滹沱河沿岸扎营。二十日，盛庸率军进驻于武邑县南的夹河。次日，燕军也开进于此，两军相距仅四十里。二十二日清晨，燕军开始向夹河列阵而进，至午时抵达夹河。盛庸列阵坚严，阵旁火车、锐弩齐列。燕王朱棣先以轻骑三名掠阵而过，再以步卒五千攻击敌阵左掖，骑兵万余冲其中坚。盛庸的战阵严整，燕军攻冲受挫。以骁勇著称的燕将谭渊见敌阵躁动尘起，便一马当先冲入阵中；盛庸部将都指挥庄得不甘示弱，率众迎击。混战之中，谭渊马蹶跌落在地，庄得赶上举刀斩杀。《明太宗实录》记载：

中军将谭渊望尘起，遽出兵迎之，鏖战而死，朱能、张武等率诸军并进。上以劲骑掩击敌背，冲贯阵中，与能等合势，斩刈甚众，杀其都指挥庄得、骁将楚智、皂旗张等。

燕军大将谭渊战死后，幸亏朱能、张武等率军并进，朱棣以精骑掩击敌后，往来穿插阵间，互相配合，斩杀甚众，才保住了士气。二十三日，两军再次展开拼杀。“张武率壮士为前锋，突敌阵，佯败而走，敌追其后，张武率众还击之，敌遂溃。”燕军取得了夹河之战的胜利。

夹河之战后，燕军在藁城击败南军，追杀到真定，进而攻占彰德、定州；又攻破西水寨，打败驻守衡水的南军。攻西水寨时，张武再次立下大功。“攻西水寨，前军遇夜失道，敌追之急，张武潜率众伏要路，敌不敢进。”

建文三年年底，朱棣得知南京空虚可图，决计改变战略。建文四年正月，朱棣率师南下。四月，燕军营于小河（即睢水）。十四日，朱棣令燕将陈文筑桥南渡。十五日，南军何福、平安分两路夺桥，陈文被斩。朱棣率军迎战，南军围之数重，并夺桥而北。千钧一发之际，“我将张武率勇敢士自林间突出击之，与上骑兵合，大败敌众，斩首二万余级，溺水死者不可胜计，尸积于河，水为之不流，生擒敌将丁良、朱彬”。张武率兵自林间突出奋战，与朱棣率领的骑兵会合，大破南军。于是南军退守桥南，燕军驻扎桥北，两军隔河相持。

之后，燕军连破何福、平安师。五月，克泗州、扬州。六月，江防都督陈瑄以舟师降燕，燕军渡江，下镇江，直逼南京。十三日，谷王朱橞与李景隆开金川门降，南京城陷，宫中火起，朱允炆不知所终。十七日，朱棣登基。二十一日，朱棣“升指挥使丘福、朱能、郑亨、徐忠、张武、陈圭、孟善、李彬、王忠、火真、陈贤、李远、郭亮、房宽、徐理、唐云、陈旭、刘才俱为都督佥事”。次日，朱棣下诏给“奉天征讨诸将士”说：“尔等从朕征讨，被坚执锐，万死一生，勤劳至矣。今朕已即帝位，尔将士之功，岂尝暂忘？”他“命礼部定征讨并守城功次”，规定“凡对敌之际，冲入敌阵，搴旗斩将者……或鏖战之际，胜败未决，能出奇制胜者，或以少击众，或别队为敌所制而能率众救援克敌者，皆为奇功，升二级”。

九月初四日，朱棣论功行赏，升张武为中军都督府都督同知，封成阳侯。同时封侯的还有陈珪、郑亨、孟善等十二人，张武排在第一。朱棣命张武返回北平防守。

死后哀荣

一年之后，永乐元年十月初四日，张武“以疾卒”。朱棣得知张武死去的消息，十分悲痛。《明太宗实录》记载：

上辍视朝三日，遣官赐祭，赠潞国公，谥忠毅，出内厩鞍马赙之，令有司治葬具。

即停止临朝听政三天，派官员赐祭，追赠张武为潞国公，谥号忠毅，拿出内厩的鞍马作为赙仪，命令有关部门办理葬具。

张武没有儿子，成阳侯的世袭爵位被取消。

张武去世32年后，宣德十年十二月二十五日，“行在户部奏，成阳侯张武已故，其禄米一千五百石，先蒙太宗皇帝给赐其半，今番无应袭之人，止合与二百石养赡。上以勋臣之家，所宜优恤，不从”[①]。此时在位的是明英宗朱祁镇。户部上奏说，张武原本享受禄米一千五百石，去世后，永乐帝赐发一半给他家人，而今张武已过世多年，他的爵位无人承袭，依照规定，只应该发二百石养赡他的家人。明英宗认为，张武是大功臣，理应从优抚恤其家人，下令仍旧发七百五十石。

①《明英宗实录》卷一二。

张武墓

正统十四年十二月十一日，“礼部奏，成阳侯、追封潞国公张武夫人何氏卒，宜赐祭葬。帝以军民艰窘，令自造坟第，遣官祭之”[1]。此时在位的是景泰帝朱祁钰。张武夫人何氏去世，礼部奏请赐祭葬。因为正值军民经济困难之时，皇帝令张家自造坟墓，派官员祭奠。

从浏水之畔的农家子弟到燕王朱棣的麾下骁将，张武身经百战，深得朱棣信任，在“靖难”诸将中充当前锋、“奇兵”的角色，每每在关键时刻出奇制胜，力挽狂澜，立下不朽功勋，成为一代名将。《明史》卷一四六的第一篇传即为《张武传》。史家评价说：

张武、陈珪诸人，或从起藩封，或率先归附，皆偏裨列校，非有勇略智计称大将材也。一旦遘风云之会，剖符策功，号称佐命，与太祖开国诸臣埒，酬庸之义不亦厚欤！

①《明英宗实录》卷一八六《废帝郕戾王附录第四》。

周 幹

明仁宗心腹，受命巡视江南的广西布政使

浏阳东乡的七宝山，相传出产铅、铁、硼砂、青矾、胆矾、土黄、针石等七种矿石，因而得名。明代洪武初年，官府在此开冶场，“造官铁解京”，但铁矿的产量达不到规定的数量，质量也欠佳。如此，既劳民伤财，又破坏环境。浏阳人周幹是明初的一位大臣，很有才干，官至布政使，是明仁宗朱高炽的心腹，曾受命巡视江南，兴利除弊。他向皇帝上奏，请求停开冶场。皇帝同意了他的请求，浏阳人民得以减轻负担。

辅翊太子，主政一方

周幹（生卒年不详），字济才，浏阳东乡人。他是明洪武三十一年岁贡生，在国子监学习后，授官山西布政司照磨，“廉慎有为，大著才名”[①]。

① 嘉靖《浏阳县志》卷下《人物志·周幹传》。

永乐元年九月，周幹被提升为山东道监察御史。御史是言官。周幹正直敢言，不畏权贵。在巡按北京时，他受到皇太子朱高炽的赏识。

明朝正式确立了御史巡按制度，设十三道监察御史一百一十人，再从他们中选派巡按御史。巡按御史代表皇帝行使监察权，各省及府、州、县行政长官皆为其考察对象，“大事奏裁，小事立断”，能够“以小监大”“以卑督尊”。

据《明太宗实录》卷二七记载，永乐二年正月，“巡按北京监察御史周幹劾奏都指挥张镛纵肆贪奸，受镇朔等卫白金，命鞫之”。当时北京的最高军事长官都指挥使张镛胆大妄为，贪污受贿，收受下级的白银。周幹上奏弹劾张镛，朝廷下令将张镛逮捕审问。

永乐七年五月，皇太子朱高炽升周幹为詹事府左春坊左中允，“幹尝巡按北京，宽厚有大体，见知皇太子，故擢置左右”。詹事府是管理东宫事务的官署，主要职责是辅翊太子。左春坊是詹事府的一个部门。周幹巡按北京时的所作所为，留守在北京的太子朱高炽都看在眼里，很赏识他，所以将他召进东宫，“职备赞翊”。

永乐七年十二月，周幹上奏弹劾吏部右侍郎师逵。《明太宗实录》卷九九记载：

左春坊左中允周幹等劾奏，吏部右侍郎师逵承命往湖广采木，不体朝廷爱民之心，务行刻薄，向者上念民劳，欲罢采运，逵言民乐于趋事，乞不罢，而严程督，致激变良民从李良法为叛。今年奉敕停罢采木，命将已采之木随处堆垛，散遣军夫，逵又言岸高水急，难以停息，宜留军夫，顺流起运，方命虐民，敛怨于下。大臣如此，乞正其罪。皇太子曰："逵诚可罪，然皇上所遣，须其还日，奏请罪之。"

吏部右侍郎师逵奉命到湖北、湖南采运木材，不体恤民劳，激起民变。永乐帝下令停止采木，师逵却找理由说难以停止。于是周幹上奏弹劾师逵，请治其罪。当时永乐帝率军出征，皇太子朱高炽监国，他说："师逵确实有罪，但他是皇上派去的，要等皇上回来，再奏请治他的罪。"

此后，周幹历任刑部主事、郎中。永乐十六年四月，周幹被提拔任命为浙江右布政使，一下官升五级。布政使是地方最高行政长官，掌一省民政、财政事务。《明一统志》卷六三称周幹"有惠政及民"。永乐十九年初，迁都北京。同年五月，朝廷改命周幹为广西右布政使。

巡视江南，兴利除弊

永乐二十二年正月初一日，永乐帝在奉天门接受朝贺，大宴文武群臣及四夷朝使。可是初五日，来北京朝贺的周幹等人却被逮捕关进了锦衣卫监狱。《明太宗实录》卷二六七记载：

下广西右布政使周幹等狱。时天下布政司、按察司及府州县官来朝者二千四百七十二人，刑部右侍郎张本、都察院左都御史刘观及浙江等道监察御史、六科给事中交章劾奏幹等旷官弃政，请置于法，敕付锦衣卫狱。寻命输作赎罪。

当时全国共有两千多名官员来朝见永乐帝，刑部右侍郎张本等人弹劾周幹等人"旷官弃政"，请皇帝治罪，永乐帝下令将周幹关进锦衣卫监狱，不久又令他花钱赎罪，将他释放。此事或许与永乐帝次子、汉王朱高煦对"太子党"大臣的打压有关。

当年七月，永乐帝朱棣在北征返京的途中病逝，九月，太子朱高炽登基，并定次年为洪熙元年。

"江南熟，天下足。"朱高炽即位后，对江南的局势十分忧心。洪熙元年元月，他派遣周幹和广西按察使胡概、四川参政叶春前往江南巡视，"巡行应天、镇江等八府，察民利病"，并赐敕谕云：

朕祇奉鸿图，君临兆庶，惓惓夙夜，康济为心。而南方诸郡，尤厪念虑。诚以民众地远，情难上通。今特命尔等巡视应天、镇江、常州、苏州、松江、湖州、杭州、嘉兴八府。其军民安否何似，何弊当去，何利当建，审求其故，具以实闻。尔等必公必勤，毋徒苟应故事，庶副朕忧悯元元之意。钦哉！[①]

①《大明仁宗昭皇帝宝训》卷一。

周幹等人积极建言献策，兴利除弊。当年七月，周幹上奏说：

嘉兴府海盐县地临大海，数被倭寇。洪武中，设海宁卫及澉浦、乍浦二千户所，陡置烟墩，水置海舡，官军往来巡警，昼夜有备，盗贼屏息，百姓安堵。永乐七年，革去烟墩，移置海舡于沈家门水寨，相去一千余里，卒有寇至，消息难通，及官军至，贼舡已退，官军既回，贼舡复入，军无休期，民无安枕。若旧仍各守地方，及量发附近官军助守，每岁差廉干都指挥一人，总督操备，庶几倭贼知惧，军民两便。[②]

②《明宣宗实录》卷四。

浙江嘉兴海盐县地临大海，屡次被倭寇骚扰。洪武时设立海宁卫及澉浦、乍浦二千户所，山顶有烽火台，水里有海船，官军往来巡警，倭寇不敢来犯。永乐七年烽火台被撤，海船被移到了千里之外，防备松懈，倭寇肆无忌惮。周幹认为，应该恢复旧制，酌派附近官军助守，每年指派一名廉干的都指挥总督操备，以防倭寇。

洪熙元年闰七月，周幹等三人结束巡视调查，回到北京。这时明仁宗朱高炽已于五月去世，皇太子朱瞻基在六月二十七日登基，改第二年为宣德元年。周幹于闰七月二十日上奏，详细报告了江南地区存在的主要问题。《宣宗实录》记载：

广西右布政使周幹自苏、常、嘉、湖等府巡视民瘼还，言：

“臣窃见苏州等处人民多有逃亡者，询之耆老，皆云由官府弊政困民及粮长、弓兵害民所致。

“如吴江、昆山民田，亩旧税五升，小民佃种富室田，亩出私租一石；后因没入官，依私租减二斗，是十分而取其八也。拨赐公、侯、驸马等顷田，每亩田输租一石；后因事故还官，又如私租例尽取之。且十分而取其八，民犹不堪，况尽取之乎？尽取则无以给私家，而必至冻馁，欲不逃亡，不可得矣。又如杭之仁和、海宁，苏之昆山，自永乐十二年以来，海水沦陷官、民田一千九百三十余顷，逮今十有余年，犹征其租。田没于海，租从何出？常州无锡等县，洪武中没入公侯田庄，其农具车牛，给付耕佃人，用纳税。经今年久，牛皆死，农具及车皆腐朽已尽，而有司仍责税如故。此民之所以逃也。

“粮长之设，专以（推）[催]征税粮。近者，常、镇、苏、松、湖、杭等府无藉之徒，营充粮长，专掊克小民以肥私己。征收之时，于各里内置立仓囤，私造大样斗斛而倍量之；又立样米、抬斛米之名以巧取之，约收民五倍；却以平斗正数付与小民运赴京仓输纳，缘途费用，所存无几，及其不完，着令赔纳，至有亡身破产者。连年逋负，倘遇恩免，利归粮长，小民全不沾恩。积习成风，以为得计。巡检之设，从以弓兵，本用盘诘奸细，缉捕盗贼。常、镇、苏、松、嘉、湖、杭等府巡检司弓兵，不由府县佥充，多是有力大户，令义男、家人营谋充当，专一在乡设计害民，占据田产、骗要子女，稍有不从，辄加以拒捕、私盐之名，各执兵仗围绕其家擒获，以多桨快舡装送司监收。挟制官吏，莫敢谁何，必厌其意乃已。不然即声言起解赴京，中途绝其饮食，或戕害致死。小民畏之甚于豺虎。此粮长、弓兵所以害民而致逃亡之事也。

“臣等覆勘，信如所言，若欲斯民各得其所，必命有司将没官之田及公、侯还官田租，俱照彼处官田起科，亩税六斗；海水沦陷田地与农具车牛无存者，悉除其税。如此则田地无抛荒之患，官府无暴横之征，而细民得以安生矣。乞禁约粮长，不许置立仓囤，私造大样斗斛，止是催征，毋得包收揽纳。巡检司弓兵，从府县佥充，将佥过姓名榜示，以革其弊。民人出入，不许带伴当五人以上、乘四橹多桨船只。如此则粮长无侵渔之弊，豪强无暴虐之毒，而细民安业矣。此事虽小，而为害实大。

“不特此也，豪强兼并、游惰无赖之徒，为民害者尤重。究其所以，亦由府县官多不得人。乞敕所司慎选贤才，授守令之任，抚字存恤。仍命在廷大臣一员往来巡抚，务去凶顽，扶植良善，而后治效可兴也。”

幹又言：“治农左通政岳福老疾不任事，宜别委任，庶使耕种以时，民免饥馁，而流亡可归。”

上命行在吏部尚书蹇义与户部、兵部同（义）[议]行之。[1]

[1]《明宣宗实录》卷六。

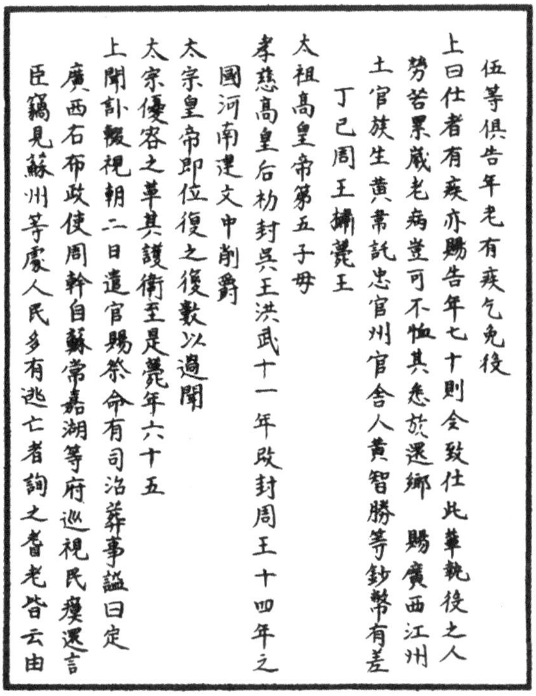
伍等俱告年老有疾乞免役
上曰仕者有疾亦賜告年七十則令致仕此輩執役之人
勞苦累歲老病豈可不恤其悉放還鄉　賜廣西江州
土官族生黃常託忠官州官舍人黃智勝等鈔幣有差
丁巳周王橚薨王
太祖高皇帝第五子母
孝慈高皇后幼封吳王洪武十一年改封周王十四年之
國河南建文中削爵
太宗皇帝即位復之復數以過聞
太宗優容之革其護衛至是薨年六十五
上聞訃輟視朝二日遣官賜祭命有司治葬事謚曰定
廣西右布政使周幹自蘇常嘉湖等府巡視民瘼還言
臣竊見蘇州等處人民多有逃亡者詢之耆老皆云由

《明宣宗实录》卷六关于周幹的记载

在此奏疏中，周幹指出，苏州等地之所以出现“人民多有逃亡”的情况，是“由官府弊政困民及粮长、弓兵害民所致”。官府横征暴敛，即便是已经被海水淹没十多年的农田，仍然征租；粮长剥削小民，巧取豪夺，弓兵霸占田产，为虎作伥，“小民畏之甚于豺虎”，不得不背井离乡，将田地抛荒。不仅如此，“豪强兼并、游惰无赖之徒，为民害者尤重”。之所以产生这些问题，是因为知府、知县等官员多不称职。因此，周幹等建议，降低“没官之田及公、侯还官田”的税则，免除“海水沦陷田地与农具车牛无存者”的税，革除粮长、弓兵制度中的弊端，以使百姓安居乐业。还要慎选府县官员，并“命在廷大臣一员往来巡抚”，惩恶扬善，澄清吏治。

周幹又上奏说，在江南提督农事的通政司左通政岳福年老多病，不理政事，应该改派他人。

皇帝命令吏部尚书蹇义与户部、兵部共同讨论周幹的奏疏。后来，蹇义等人议奏，请按照周幹的建议施行。次月，皇帝命广西按察使胡概为大理寺卿，同四川参政叶春复往直隶及浙江诸郡巡视，“再有犯者，悉治以罪，必使小民皆得其所”，并将岳福召还，后又令其致仕。宣德五年，工部右侍郎周忱被任命为应天巡抚，总理粮储，提督军务。皇帝告诫周忱：“今命尔往总督税粮，区画得宜，使人不敢劳困，输不后期，尤须抚恤人民，扶植良善。”宣德年间，江南的赋税得以大为减轻。这与周幹的上奏建言之举有很大关系。

复任广西，九载考最

洪熙元年八月十八日，宣德皇帝“命广西右政布使周幹复任”。在翰林院任职的习经为周幹作送行序——《送广西右布政使周公还治序》。文中说：

广西之境周数千里，郡凡十有一，州县以百计。境之西北邻衡湘，而文教诞被东南，则与六诏、安南及诸夷蕃相□□犬牙。其地极幽远，其人性轻悍，其鄙俗尚狃于故态，□有所疏违，而朝廷不至切责之者，盖先世柔远之义□。由是承流宣化，重膺方面之任者，恒难其人。今右布政使长沙周公，践任为有年，施政本之平恕，尤务大体，且适宽猛相济之宜，以故蚁聚之众安之。……皇上嗣登大宝，一新治化，抚宁万方，意谓广西荒服而地旷，其人素已德公，遂俾还治，以终其惠，而慰远人之思焉。昔者，陕东密迩周邦，必由召伯宣布，而后化行江沱汝汉之间。矧今之广西，去京师又万里哉！然则公之兹往，所系不已甚重乎？所以副宸眷、宣德意、致召南之化者，盖公之素志，当世之人亦皆以是而愿望也。式遄其行，故因举以为赠云。[1]

① 习经：《寻乐习先生文集》卷一二。

习经说，广西偏远，风俗鄙陋，很难治理，布政使主管一省民政，十分关键，周幹任广西右布政使，施政平恕，宽猛相济，民赖以安。于是宣德帝令他复任，“以终其惠，而慰远人之思”。

宣德九年五月，因“九载考最”，周幹被升为本司左布政使。所谓“九载考最”，即周幹在官员九年通考的考核中，政绩考列上等。习经集中有一首《送布政周幹复任》诗，应当作于此时：

旬宣九载复如何，又见辞朝振玉珂。
重去炎方承宠命，暂过南陌听离歌。
化超铜柱春风远，梦入瑶墀夜月多。
好是过家荣昼锦，洞庭秋早水增波。[2]

② 习经：《寻乐习先生文集》卷七。

习经还有一首《莲湖清趣为广西布政周幹作》，是为周幹所藏《莲湖清趣》图作的题画诗。诗中写道：

濂溪珍重无极翁，爱莲不与世俗通。
芬芳从此遍伊洛，若人百岁怀宗风。
宦游一自东西去，南服旬宣重回顾。
何当尽取藕如船，顿愈沉疴慰黎庶。[3]

③ 习经：《寻乐习先生文集》卷二。

正统元年正月，吏部上奏说，周幹托故不亲自来京朝觐，令下属都事代行，请治他的罪。皇帝因广西偏僻，况且周幹又是独员任事（时广西无右布政使），姑且饶恕他，但仍下令让巡按监察御史责备周幹的罪状，使其警醒。

后来，周幹辞职回家养病，在家中去世。入祀浏阳乡贤祠。同治《浏阳县志》收有曾棨、熊彦初《送周藩宪幹致仕归浏》诗各一首。然而，曾棨卒于宣德七年正月，而周幹正统元年还在职，因此，这两首诗应当存疑。

从意气风发的国子监学生、小试牛刀的布政司照磨，到初试锋芒的北京巡按御史、极受皇太子器重的左中允，再到成为封疆大吏，主政一方，巡视江南，建言献策，周幹身历洪武、永乐、洪熙、宣德、正统五朝，凭借其出色的学识才干，在明初的政治舞台上博得了一席之地。他以人为本，体恤百姓，不管是上奏弹劾师逵不体恤民劳、岳福不理民事，指出江南官府弊政困民，粮长、弓兵害民，还是请求停开浏阳七宝山冶场，无不是爱民之心使然。他不愧为一位忧国爱民的大臣。

浏阳文庙乡贤祠

邓巍

弹劾奸相严嵩的名御史

明代嘉靖年间，浏阳县城里新建了一座牌坊——“绣衣使者坊”。汉武帝时朝廷设置直指一职，专管巡视、处理各地政事，也称“直指使者”。因出巡时穿着绣衣，故又称“绣衣直指”或“直指绣衣使者”。绣衣直指本由侍御史充任，故亦称“绣衣御史”。浏阳城里的“绣衣使者坊”是为时任御史邓巍修建的。邓巍任御史时正直不阿，曾巡视京城和边关，巡按苏松，还曾上疏弹劾奸相严嵩而被处以廷杖的酷刑，直声震动朝野，不愧为一位称职的“绣衣使者”。

科考曲折成进士

邓巍（1507—1591），字惟成，号南湖，生于明正德二年正月初七日。浏阳北乡白洲段（今属沙市镇）人。邓家家境殷实，邓巍伯父邓凤阳出资在捞刀河上建石桥，以利行人，人称之为邓家桥。

邓家桥（民国时重建，今存）

邓巍自幼聪慧，其青少年时代，与所有参加科举考试的士子一样，经历了熟读“四书五经”，学作试帖诗，然后参加童试获得秀才资格，才能参加乡试的艰难过程。据嘉庆《浏阳县志 · 志余备考》卷上记载，邓巍在这一过程中还发生过一段较为惊险的波折。说他童年时，县令某率随从到他家催收租税，全家人都惊慌躲避，唯独他不躲，作长揖出迎县令。县令暗暗惊异他有胆量。当时大雨初停，沟水清而深，县令便指着积水出一上联“积水无鱼空作浪”，要邓巍对下联。邓巍应声对曰：“浮云不雨枉依天。”县令默然不语，认为邓巍暗含讥讽之意，怀恨在心。

明代科场有个定例，凡本县诸生，即使已够格录取，县令仍有权呈报试官，取消其录取的名额。后来，邓巍参加乡试中式了，县令马上出面阻止录取。但负责写录取名单出榜的人说：“‘邓’字已成，‘巍’字且半。”即“邓”字已写成了，“巍”字也写了一半。于是县令的报复没有得逞，邓巍得中举人。

这个故事的真实性无法考证，但《嘉靖二十年进士登科录》上记载着：“邓巍，贯湖广长沙府浏阳县军籍，府学生，治《诗经》。”“湖广乡试第十八名。”他是嘉靖十六年以长沙府学秀才身份赴武昌参加湖广乡试的，那一年他已 30 岁，说明他考中举人确实经历了多年的艰苦努力。

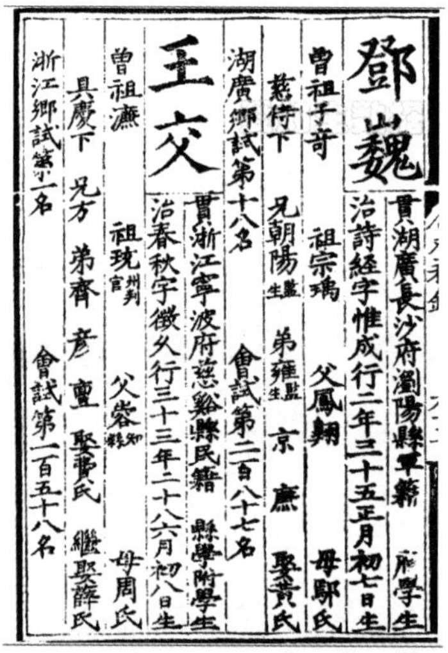
鄧巍
貫湖廣長沙府瀏陽縣軍籍 府學生
治詩經字惟成行二年三十五正月初七日生
曾祖子奇 祖宗瑀 父鳳翔 母鄢氏
慈侍下 兄朝陽監生 弟雍監生 京 麃 娶黄氏
湖廣鄉試第十八名 會試第二百八十七名
王交
貫浙江寧波府慈谿縣民籍 縣學附學生
治春秋字徵久行三十三年二十八六月初八日生
曾祖濂 祖玧州判官 父峇知縣 母周氏
具慶下 兄方 弟齊 彥 壐 娶黄氏 繼娶薛氏
浙江鄉試第十一名 會試第一百五十八名

《嘉靖二十年进士登科录》
明嘉靖刻本

嘉靖二十年春，邓巍考中进士，被任命为溧水知县，那年他 34 岁。邓巍会试的名次为第二百八十七名。发榜后，会试考官江阴人张衮（1487—1564）见到邓巍“端居而静守，寡辞而息营”的稳健持重神态，十分赏识他，认为他是“聪明才智，持之以默，硕大笃良，居之以谦，高朗洞晰，处之以晦”，以这种才干与胸怀施之于政事，肯定能“图艰应遽，缓急有条”，于是发出“以之处天下之事，吾见其无难也”的感慨。

溧水知县政绩显

明代洪武初建都南京，以应天等府为直隶。永乐帝迁都北京后，直隶南京的地区为南直隶，简称南直，相当于今江苏、安徽、上海两省一市。溧水县是应天府下辖七个县之一，它在南京东南部，是“王畿之股肱，天府之肩髀”，地位十分重要，且又人口众多，“地辟民聚，蠹弊丛生”。“天下之民事皆领于县”，知县是掌管一县民事、刑罚、教化等事务的要职，所以像溧水这样的畿辅要县，多从进士中挑选有才望的人来担当。邓巍适当其选。时人记载道：

> 自邓子之令溧水也，纲举而目张，领挈而裘不乱。问其田野，则民务耕殖也；问其保伍，则民知相恤，如救兄弟，外侮其御也；问其学校，则礼让兴行，士知游习，经明行修，为时造俊也。[①]

邓巍在溧水政绩显著，受到应天巡抚喻茂坚、巡按监察御史杨宜等人的推许，“皆以邓子才廉节惠，交相论许，如出一辞”。张衮特意为他作文章《贺邓子宪台书绩序》，认为从邓巍治理溧水县的政绩来看，“台省廊庙，循资以致，邓子善自为阶，吾见其能升也”，邓巍将来升任朝廷重臣的希望很大。

任溧水县知县期间，邓巍还担任过嘉靖二十二年应天府乡试誊录官（负责誊录考生试卷事务）、嘉靖二十五年应天府乡试弥封官（弥封，把试卷上填写姓名的地方折角或盖纸糊住，以防止舞弊）的差事。

① 张衮：《张水南文集》卷四《贺邓子宪台书绩序》，明隆庆刻本。

御史巡城再巡关

嘉靖二十六年六月初一日，邓巍从知县升任“试(用)御史”，分在陕西道，成为一名京官。[①]御史，即监察御史，正七品。明代中央政府设有全国最高监察机构都察院，共置十三道监察御史一百一十人（每道七至十一人不等）。监察御史分道负责，因而分别冠以某某道地名。各道分任本省纠察，兼察内府监局、南北两京直属诸官署，弹劾官吏，整肃政纲。诸道御史在京有查核诸司档案，巡视京营、内库、仓场、皇城、五城，监临乡、会试及武举等差遣；在外有巡按京畿、边防、各省，清军，提督学校，巡盐，茶马，巡漕，巡关等差遣。诸道监察之职责虽有地域、官署范围之划分，实际上纠弹并无限制。其差遣分三等：两京畿道、提学道，巡按顺天、真定、应天、苏松、淮扬与各省及巡视京营为大差，巡按辽东、宣大、甘肃及清军、印马、屯田、巡盐等为中差，巡视皇城、马房、十库、卢沟桥、五城等为小差。

嘉靖二十七年，邓巍担任北京巡城御史。巡城御史负责巡查京城内东、西、南、北、中五城的治安管理，审理诉讼，缉捕盗贼等事，并设有巡城御史公署。在巡城御史任上，他发现宛平县节妇王氏的事迹感人，便向朝廷上奏，朝廷同意其奏请，于嘉靖二十七年二月下诏旌表王氏。[②]

康熙《长沙府志》卷一二《人物下·明·邓巍传》说：“晋御史，疏劾权贵救忠辅，上命廷杖，直声凛然。”《邓氏族谱》卷首之二《列传·南湖公传》：“会奸臣严嵩擅权，边庭仇鸾肆害，公不顾利害，弹劾不讳，忤上命，廷杖。”嘉靖二十七年，内阁首辅夏言因支持收复河套，遭严嵩诬陷，于当年十月被斩首。据《明史》卷一九六《夏言传》记载，严嵩曾代仇鸾起草上书，诬蔑夏言收了陕西总督曾铣的贿赂，插手关市，牟取暴利。夏言将被处死时，刑部尚书喻茂坚、左都御史屠侨等援引高官、能吏量刑时可以减免的条款上书请求免除夏言的死刑，嘉靖帝没有同意，还严厉责罚了喻茂坚等人，扣发了他们的薪俸。可见，所谓“疏劾权贵救忠辅”，当是指邓巍曾上奏疏弹劾严嵩、救夏言，却违背了皇帝旨意，而遭受廷杖的处罚。廷杖是明代皇帝惩处官员的一种酷刑，杖责朝臣于殿阶下，至有当廷被杖死者。此事使邓巍“直声大振”。

据万历《保定府志》卷七记载，邓巍在嘉靖二十七年还曾奉命巡视边关。明代从正统七年开始，朝廷即命御史巡视边关，“自居庸抵紫荆诸关，隆庆卫各守御所，大小隘口、城台屯堡各数十处，自京师至涿州、房山、

①《明世宗实录》卷三二四。

②《明世宗实录》卷三三三。

真保河间三郡地方，延袤数百里，文武诸司皆隶焉”[①]。可见巡关范围之广、责任之大。他一到边关，即尽职尽责，不惧风险，单骑巡视各地军营，还曾“缮修城堡”[②]，“登城御寇”，即登上城楼指挥抵御北方游牧民族的侵袭。

① 万历《保定府志》卷七《职官表·巡关察院》。

② 雍正《浏阳县志》卷三。

宦海沉浮难久留

约在嘉靖二十八至三十一年间，邓巍任苏松巡按御史。上文已说过，监察御史在外有巡按京畿、边防、各省的差遣，而巡按苏松是御史差遣中等次最高的大差。巡按御史虽然品级仅为正七品，但职权却很重。据《明史·职官志》记载：“而巡按则代天子巡狩，所按藩服大臣、府州县官诸考察，举劾尤专，大事奏裁，小事立断。按临所至，必先审录罪囚，吊刷案卷，有故出入者理辩之。诸祭祀坛场，省其墙宇祭器。存恤孤老，巡视仓库，查算钱粮，勉励学校，表扬善类，翦除豪蠹，以正风俗，振纲纪。凡朝会纠仪，祭祀监礼。凡政事得失，军民利病，皆得直言无避。”[③]在明中期，巡抚、巡按实际上取代三司成为地方省级最高权力中心。但巡按御史的责任也重，“出按复命，都御史覆劾其称职不称职以闻。凡御史犯罪，加三等，有赃从重论”。邓巍任巡按御史，又回到了南直隶。苏松巡按御史全称为巡按苏松等处监察御史，负责苏州、松江、常州、镇江等府的监察事务。邓巍在苏松巡按任上，曾上疏推荐苏州府常熟人、前山东按察司副使顾玉柱“可大用”[④]。邓巍重视地方教育，于嘉靖二十九年出资为苏州府吴江县学田“捐置计撰名下田四亩九分二厘，上下荡一亩五分八厘，中上荡二亩四分二厘”（荡，浅水湖或积水长草的洼地），共八亩九分二厘。学田，旧时办学用的公田，以田地收益作为学校基金。邓巍所捐学田一直传到了清代，康熙年间“定各项田租额及折租银额”，“邓巍捐置计撰名下田皆每亩征租七斗八升五合七勺，无论贵贱，每石（征）[折]银四钱一分”。[⑤]

③《明史》卷七三《职官志二》。

④《松石斋集》卷一八《进阶亚中大夫山东副使一江顾公墓志铭》，明万历刻本。

⑤ 乾隆《吴江县志》卷八《学校·学田》。

邓巍苏松巡按三年任满，曾有大臣打算推荐邓巍到朝廷任职，但因为邓巍得罪了严嵩，“卒为权贵所抑”，出任地方官，先后任保定、凤阳（嘉靖《浏阳县志》《邓氏族谱》等资料作“凤翔”）知府。知府为正四品官员，掌一府之政务、民事等。任凤阳知府时，正值灾年饥荒，他上任后放粮赈济灾民，甚至不惜倾家荡产，救活了数万人。之后，邓巍改任南京吏部考功司郎中（同治《浏阳县志》等资料称邓巍“迁南考工司员外郎”。而据《明史》卷七五，南京吏部设“文选、考功、验封、稽勋四清吏司，各郎中一人，主事一人”，并无员外郎，故邓巍所任官职应是考工司郎中）。南京六部是明成祖朱棣迁都北京后，仍然在南京保留的吏、户、礼、兵、刑、工六部，官员的级别和北京相同。考功清吏司“掌官吏考课、黜陟之事”[①]，其职责是考核官员。南京地区官员的考核由南京吏部考功司掌管，“凡南京官，六年考察，考功掌之，不由北吏部”[②]。

自得罪奸相严嵩而被抑制，出守地方，供职南京吏部（相比于北京官员，南京官员是闲职），使邓巍感到有些厌倦与疲惫。他深知宦海沉浮，风波难测，实难久恋，便于嘉靖三十六年左右辞去官职，告老还乡，当时只不过50岁上下。嘉靖四十一年严嵩倒台后，徐阶、高拱、张居正等人相继任首辅。张居正自隆庆六年起，任内阁首辅十年，一切军政大事均由他主持裁决。邓巍和张居正是湖广同乡，又是旧交，如果他想复出是完全有可能的，但邓巍“因与张居正为旧交，务自远嫌，终不究用”[③]。他家居三十五年，杜门谢客，从不轻易到公庭见官。家乡人崇敬他德高望重，推举他作为乡饮酒礼的大宾。乡饮酒礼，周代乡学三年业成大比，考其德行道艺优异者，荐于诸侯。将行之时，由乡大夫设酒宴以宾礼相待，谓之“乡饮酒礼”。历朝沿用，成为地方官按时在儒学举行的一种敬老仪式，推举年高德劭者一人为宾，也称大宾。同治《浏阳县志》卷八记载：“乡饮酒礼，岁孟春望日、孟冬朔日举于学宫，以知县为主人，以乡之年高六十以上有德行者一人为宾，其次一人为介，又其次为众宾。”

邓巍于万历十九年去世，享年85岁。浏阳士绅为纪念他不畏权贵，为正义而敢于直言、甘受廷杖的忠义精神，将其入祀忠义孝悌祠。

①《明史》卷七二《职官志一》。

②《明史》卷七五。

③ 迈柱等监修，夏力恕等纂：乾隆《湖广通志》卷五〇《邓巍传》。

胡应台

“生有文采事业，死为全人”的两广总督、刑部尚书

明崇祯十七年三月十九日，崇祯帝朱由检在北京景山树上自缢身亡，明亡。消息传到数千里外的浏阳，胡应台这位已经卸任在家的大臣悲愤交加，在当年八月二十一日绝食殉国而死。胡应台是万历朝的应天巡抚、天启朝的两广总督、崇祯朝的刑部尚书，官至正二品。虽然《明史》没有为之立传，但有人评价他“生有文采事业，死为全人”[①]。

① 王岱：《与高节培论三楚文献》，见光绪《湖南通志·杂志十三·摭谈三》。

祖孙相继成进士

胡应台的祖父胡廷鯆，字元素。据《嘉靖三十八年进士登科录》，他是“湖广长沙府浏阳县军籍，国子生，治《书经》”，“行十七”，即在叔伯兄弟中排行第十七。嘉靖《浏阳县志》卷上《选举志》记载他是浏阳“西乡人”。胡廷鯆出生于嘉靖二年。父亲胡大韶，是嘉靖十九年的岁贡。胡廷鯆还有两个弟弟，二弟廷皾万历十年参加顺天乡试中举人，官刑部司务。

胡廷鯆“幼颖异，长好修力学”[②]。20岁时，胡廷鯆跟随父亲到南京游学，拜湖广京山人高岱为师，有文名。嘉靖三十一年中举人（湖广乡试第六十六名），嘉靖三十八年中进士（会试第二十八名），授官户部主事。他居官清正，大力整顿仓储积弊，“声动京师”。升为工部员外郎，参与兴建皇极殿，因为勤劳而被皇帝赏赐金币。又升为都水司郎中。都水司，即都水清吏司的简称，是明代工部四司之一，“典川泽、陂池、桥道、舟车、织造、券契、量衡之事”[③]，掌管河渠水利、海塘堤防、桥道舟车等事。隆庆皇帝登基时，举行谒陵、郊祀典礼后颁赏大臣，胡廷鯆虽官位不是很高，却每次都得到了赏赐。

② 同治《浏阳县志》卷一八《胡廷鯆传》。

③《明史》卷七二《职官志一》。

胡廷鯆尽职尽责，“居官遇事敢为”，内阁大学士们遇到重要的军国大事，常与他一起商讨，听取其意见，让他草拟方案，“移文疏稿，多出其手”。胡廷鯆还曾上奏请求废止苏杭监造，每年为国家“省费数千金”。后来，他被任命为南雄府（今广东韶关南雄市）知府，赴任时顺道回浏阳，因病在家中逝世。入祀浏阳乡贤祠。

明代近三百年时间，浏阳仅有四位进士。胡廷鯆中进士之前，只有刘

宗海（洪武十八年进士）、邓巍（嘉靖二十年进士）两人。胡廷黼后的那位进士，就是他的孙子胡应台。胡应台是明代浏阳第四位也是最后一位进士。

督学江西，大计卓异

胡应台（1574—1644），字征吉，号泰六。生于万历二年。“生而岐嶷，耿介特立，至性过人”[1]。父亲胡尚宁。9岁那年，母亲去世。万历二十五年，胡应台参加湖广乡试中举。

万历二十六年，胡应台中进士，年仅25岁，授官中书舍人。“中书科

胡应台像
载浏阳横冲《胡氏族谱》，民国壬午四修

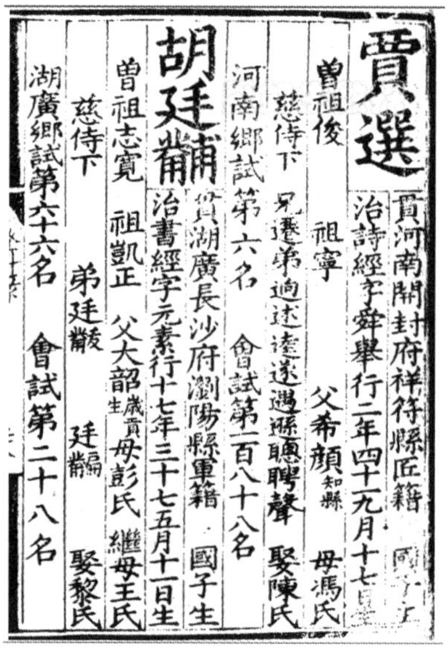

賈選
貫河南開封府祥符縣匠籍　國子生
治詩經字舜舉行二年四十九月十七日生
曾祖俊　祖寧　父希顏知縣　母馮氏
慈侍下　兄遷　弟適述達遂遇遜聰聘聲　娶陳氏
河南鄉試第六名　會試第一百八十八名

胡廷黼
貫湖廣長沙府瀏陽縣軍籍　國子生
治書經字元素行十七年三十七五月十一日生
曾祖志寬　祖凱正　父大部歲貢生　母彭氏　繼母王氏
慈侍下　弟廷黻　廷[illegible]　娶黎氏
湖廣鄉試第六十六名　會試第二十八名

《嘉靖三十八年进士登科录》
明嘉靖刻本

舍人掌书写诰敕、制诏、银册、铁券等事。”[2]万历三十六年八月，补吏科给事中。明代六科是一个独立的机构，分设吏、户、礼、兵、刑、工六科给事中。“六科，掌侍从、规谏、补阙、拾遗、稽察六部百司之事。凡制敕宣行，大事覆奏，小事署而颁之；有失，封还执奏。凡内外所上章疏下，分类抄出，参署付部，驳正其违误。”[3]各科的长官都给事中不过是正七品，

① 《泰六公传》，见胡春芳、胡海、胡树萌主编：《世界胡氏通谱》总谱首卷，作家出版社，2010年版，第395—396页。下文未注出处之引文，皆出此传。

② 《明史》卷七四《职官志三》。

③ 《明史》卷七四《职官志三》。

下有左、右给事中为从七品，另还有给事中若干人。给事中与御史同为谏官，故又称给谏，虽品级低，但地位重要。万历三十八年二月会试，胡应台为房考官之一，所取进士有湖广武陵（今湖南常德）人杨嗣昌等。同年六月，转兵科右给事中。

胡应台任给事中时，正直敢言，“君德时政，国本藩封，尤娓娓抗论”[①]。他“纠弹不避贵近”，曾上奏弹劾内阁大学士朱赓、李廷机等人，由此得罪了权相，被外放为江西参议、分守湖东道，万历三十九年到任。万历四十二年九月，胡应台由江西分守湖东道、左参议升为江西按察司副使、提督学道。胡应台“藻鉴公明、时称得人”[②]，在江西得才甚多，王绩灿、姜曰广、罗大任、李明睿、艾南英、陈际泰等人都是他选拔的。

胡应台还与明朝著名科学家、《天工开物》作者宋应星有过一段缘分。万历四十三年，江西奉新人宋应星与其兄应昇参加江西乡试，在一万多名考生中，兄弟同时中举，故称“奉新二宋”。他们想起了已故祖母顾氏大半生守寡、养育子孙的艰难困苦，遂趁着中举的势头，恳请胡应台对其祖母节行给予表彰，“遂得题旌，给建坊银三十两”[③]。

万历四十四年正月，举行大计（明清两代考核外官的制度叫大计，每三年举行一次），胡应台被会举为“卓异”（大计中政绩突出、才能优异者称为卓异），调京任通政司参议。之后升太仆寺少卿。万历四十六年十一月，升太仆寺卿。胡应台仕途较顺，当官后仍坚持读书，积累了深厚的理论基础和政治智慧。他常说：“吾早达，幼时所习皆经生业。比入官，读书如诸生，自汉唐诸书以迄朝章国典，披览大遍。厥后数历中外，当大任、决大疑，批郤导窾，其素所蓄积也。”

巡抚应天，总督两广

万历四十七年七月二十六日，皇帝“敕胡应台巡抚应天地方，总理粮储，提督军务”[④]。胡应台任应天巡抚时才46岁，他“振纲肃纪，执法不阿”[⑤]，“正己率属，不畏强暴，十四郡震慑威名，狼山巨寇，鼠窜鱼潜，江淮晏然”。万历四十八年七月，苏州府吴县城中有游民抢劫米铺，且纵火烧面店，“米麦罢市月余”，胡应台“擒为首三人笞毙”，平息了动乱，“乡绅大户亦将蓄米平粜接济民饥”[⑥]。

丁绍轼纪述胡应台的政绩道：“应天为陪京重地，襟带大江，又时值

① 丁绍轼：《丁文远集》卷一《赠应天巡抚胡泰六升总制两广兵部侍郎序》，明天启刻本。

② 雍正《浏阳县志》卷三《胡应台传》。

③ 宋应昇：《思南公传》。

④《明神宗实录》卷五八四

⑤ 嘉庆《大清一统志》卷三五七《胡应台传》。

⑥ 崇祯《吴县志》卷一一。

建夷倡乱，征兵征饷无宁日。公谓吾职在抚，吾曷以抚之？于是涤烦苛，崇宽大，如兵饷诸务，日与二三长吏嘀确调停其间，令下不病民，上不病国，诸郡邑有应之速者，有应之缓者，皆酌量其远近难易，而不使其及于罪愆。大司农以是殿最天下有司，独嘉与江南，皆公赐也。余在公宇下，不能悉名公治状，以所闻于诸吏若民，真有赖公为帡幪、为襁褓不能一日去公者，而公政治流闻。”[①]

泰昌元年十二月二十日，“升应天巡抚胡应台为兵部右侍郎兼都察院右佥都御史，总督两广”[②]。两广总督兼广东巡抚，驻地在广东肇庆府。胡应台直到天启二年三月才到广东任职。皇帝命其任两广总督的圣旨写道：

制曰：维天著象，胡越有门。天下为总督四，胡门三而越门一。一者，两广也。两广置督而兼抚任，益重焉。非壮犹伟节，盖益弗之胜也。尔某官某天才闳敏，国典精详，得于纶阁之旧章，载在掖垣之说论。违时劲特，暂纡践于旬宣；揭日昭明，亟召还于封驳。衡士甫期而永推宗匠，纳言有望而洊陟冏卿。式眷留京，特咨开府。属东师之召饷，民力殚于全吴；纪南国以绥猷，帝泽熙然旧镐。三江帖席，百粤建旄。枢府升华，效九卿之忧国；宪台增峻，统六察以安民。伫镌岭海之勋，入作庙堂之镇。适覃大庆，可后崇褒。兹特授尔阶某官，锡之诰命。於戏！虏骄在外，蛮阻在内。虏突驰则节短，蛮窃发则孔多。饬边塞之备易，清郡县之治难。朕故谓越门重。夷氛未靖，海警宜销。尚奏敉宁，用资挞伐，实惟尔司马之略。钦哉！[③]

当时，两广地区内忧外患，内有少数民族起事，外有荷兰、英国、葡萄牙等外国兵船在广东沿海的争夺，“粤苗鸱鸮抵张，红番交讧海上”，胡应台“选将厉兵，一鼓荡平，不致老劳师匮材”。天启二年，荷兰舰队进攻广东澳门，企图以武力打开对明朝贸易的大门，在澳门的葡萄牙人抵抗。胡应台采用以夷制夷之策，利用葡萄牙人抵抗荷兰人。时任内阁首辅叶向高在写给他的信中说：“红夷犯粤，澳夷御之，则澳夷于粤亦有助矣。如其弃之，是又一红夷也。台下酌量处置甚合机宜，敬服敬服。”[④]

任两广总督期间，胡应台做了一件意义深远的事——将“红夷大炮”解送北京。

明朝末年，女真人崛起。努尔哈赤统一女真各部，万历四十四年在赫

①丁绍轼：《赠应天巡抚胡泰六升总制两广兵部侍郎序》。

②《明熹宗实录》卷四。

③ 李光元：《市南子》制诰卷一《总督两广军务兵部右侍郎兼都察院右佥都御史胡应台》，明崇祯刻本。

④ 叶向高：《后纶扉尺牍》卷七《答胡泰六》。

图阿拉称汗，建立后金，割据辽东，建元天命，公开反叛明朝政府。萨尔浒战役后，席卷辽东，攻下明朝在辽东七十余城。早在任吏科、兵科给事中时，胡应台就对女真人的崛起感到忧虑。辽东战事日益激烈，作为封疆大吏，胡应台积极思索对敌之策。“工欲善其事，必先利其器。”应天巡抚任上，胡应台曾向朝廷提出《防守采石六议》，在“议兵器”中提出：“火器制造，俱宜如法，并募善用火器之人以为教师。”[①]这说明他注意到了火器的重要性。

任两广总督后，胡应台写信给同年进士、福建连江县人董应举（1538—1625），咨询制造火器等方面的事情。董应举在回复胡应台的信中说：“敝乡制火器伎俩，无甚高下。闻有罗成者，稍伶俐，未之试也。大都火药以捶炼精熟为工，火器以火筒、火球为便，掷船无不焚也。记虞允文尝用此法。若火箭有穿过篷之时，未必一一能焚矣。水战以抛石为长技。镇东之工者，两石相击，交于中道而坠。能得十人为师教之，可当舟之铁骑也。陆战之法，亦在用之何如。”[②]

早在万历四十八年，一艘名为“UNICORN（独角兽）”号的英国商船在广东阳江附近海域遭飓风袭击而沉没。时任广州府推官的邓士亮组织打捞起了沉船上的大炮，“除中小铳外，获取大铳（即大炮）三十六门”[③]。

天启二年，胡应台将其中二十二门解送北京。目前还留有数门当年的实物。其中两门原放置在北京旧城垣上，后入藏中国历史博物馆。炮为铁铸前装滑膛炮，口径12.5厘米，全长300厘米。炮身前细后丰，管壁较厚。炮身带有准星、照门，中部有炮耳，可架设在炮车上调整射击角度和射击范围。尾部收敛有球形突起。炮身原铸有徽章和后加的刻款。徽章作盾形，下面为三艘四桅帆船，上部为两顶皇冠和两只雄狮，是英国东印度公司的徽记，这批大炮应是由英国铸造。炮身刻款为：“天启二年总督两广军门胡题解红夷铁铳二十二门。”其左下方刻有编号，一为“第六门”，一为“第十四门”。[④]

明人通常将英国与荷兰统称为“红毛夷”或“红夷”，将英国、荷兰及其他西方国家的一种大型舰炮统称为“红夷炮”，或称“西洋炮”。

由胡应台题解进京的二十二门“红夷铁铳”，是当时世界上最先进的火炮，这种以射程远、威力大而闻名的前装滑膛加农炮，无论在威力、射程、精度和寿命上，都是明军当时火力最强的佛朗机炮无法比拟的。胡应台派人押运大炮的时间是天启二年十一月，到京时间是天启三年四月。胡应台

①《明熹宗实录》卷七。

② 董应举：《崇相集》卷一二《答胡泰六》，明崇祯刻本。

③ 邓士亮：《心月轩稿》卷一七《粤东铳略》。

④ 周铮：《天启二年红夷炮》，载《中国历史博物馆馆刊》总第5期，1983年。

还在澳门招募了一批葡萄牙炮手和工匠，一同到达北京。《明熹宗实录》卷三三记载，天启三年四月十二日，“两广总督胡应台遣游击张焘解送夷目七名、通事一名、傔伴十六名赴京听用”，即配有西人头目 7 人、翻译 1 人、随从人员 16 人。

此前不久，兵部尚书董汉儒等上奏说：

澳夷言，红夷大铳须夷人点放。……今据督臣录解二十四人，容臣部验其技能，果工于铸炼点放者，以一教十，以十教百，半发山海，半留京师，以收人器相习之用。若夫彼中处置澳夷之法，则督臣胡应台已言之，彼虽夷性，服属日久，若谓澳夷叵测，则红毛番更叵测，弃久服属之夷，而使悍番实逼处此，非计也。督臣为之声援，彼宁不感激？[1]

①《明熹宗实录》卷三〇，天启三年正月戊申条。

葡萄牙炮手和工匠到达北京的四月十二日，董汉儒等人又上奏说：

澳夷不辞八千里之程，远赴神京，臣心窃嘉其忠顺，又一一阅其火器刀剑等械，俱精利，其大铳尤称猛烈神器，若一一仿其式样精造，仍以一教十，以十教百，分列行五，卒与贼遇于原，当应手糜烂矣。今其来者，夷目七人、通事一人、傔伴十六人，应仿贡夷例，赐之朝见，犒之酒食，赉以相应银币，用示优厚。臣等尽试其技，制造火药，择人教演，稍俟精熟，分发山海，听辅臣收用。[2]

②《明熹宗实录》卷三三。

这个建议得到了皇帝的批准。这批葡萄牙炮手和工匠被留下来教习明朝军队。于是，明政府不仅有了“红夷大炮”，也得到了铸造和使用大炮的先进技术。“红夷大炮”成为明清之际最主要的重型火器。

天启四年四月，广州因米贵而发生民变，民众殴击知府程光阳，辱及巡按御史陈保泰。胡应台时在肇庆，距广州颇远，接到报告后，“瞑坐片刻，援笔属草，命写安民榜数十通，开陈祸福，谕以如常安业。仍檄远近各属，勒限运粮接济”。次日亲自到广州。下属说要派重兵才足以平定，胡应台却单骑而往，只命斩杀为首者五人，果断地平息了此次变乱，威信大著。谢肇淛在代人撰写的《制台胡公晋南大司寇序》赞扬胡应台总督两广的政绩说：

司马胡公之督两粤也……简将练士，募精兵，建两教场，制飞船艚舰，旌旗壁垒烨然改观。于是琼男之妖王擒，崖山之盗魁获，青洲之澳夷款，八排之猺寇剿。戢红夷，获其神锐，进之榆关。至援黔之役，与西抚协力同心，调土汉兵以数万计，发帑饷以数十万计，守黄沙，战中泽，拔狼羊等寨，粤兵为诸道冠，威神振黔粤，而桑土周二东，海波不扬，山箐宁戢，伊谁之力也？日者，羊城蚩蚩，一语不合，辄辱熊车、击绣斧，乱形章矣。公即单车抚戢，聚粮艘以安众志，擒戎首数人戮之藁街，而民大定。盖公淡泊无愧葛隆，而精勤不啻陶甓，率先吏士，身为之型。昼则揆文讲武，夜则焚香读书。月俸之余趣捐以养士，投醪挟纩，沦洽群心，以故所当必克。为政务持大体，驭吏若严不可犯，而坦然推腹贤者，体貌士大夫，周详温挚，而不能以非谊干。为公属者，凛若神明照而父师式之。[1]

① 谢肇淛：《小草斋文集》卷一。

得罪阉党，革任回籍

天启三年十月，胡应台向朝廷辞职，“引疾乞归”，皇帝没有批准。天启四年二月，朝廷改任他为南京刑部尚书。

天启一朝，太监魏忠贤专擅朝政，气焰熏天，海内争相献媚依附，督抚大臣如阎鸣泰、刘诏、姚宗文等，争相为魏忠贤建生祠，唯恐不及。而胡应台秉持士人风骨，没有依附阉党，两广地区没有建一所魏忠贤生祠，因此得罪了魏忠贤。天启五年七月初二日，御史庄谦攻击胡应台，“奏为邪党”，“南京刑部尚书胡应台革任回籍”[2]。对此，谈迁《国榷》卷八七记载：“南京刑部尚书胡应台罢，御史庄谦劾其党赵南星。”赵南星（1550—1627），字梦白，号侪鹤，万历二年进士，明朝后期著名的政治家，官至吏部尚书，是东林党的首领之一，此时已被魏忠贤逐出朝廷。

② 《明熹宗实录》卷六一。

就在胡应台被革任回籍的次月，胡应台的好友兼亲家熊廷弼被杀。熊廷弼（1569—1625），湖广江夏人，字飞百，号芝冈，万历二十五年湖广乡试第一名，又与胡应台同年中进士。胡应台与熊廷弼结成了亲家，熊廷弼的女儿嫁给胡应台的小儿子胡叔瓒。熊廷弼任辽东经略，与广宁巡抚王化贞不和，终致兵败溃退。加上他与东林党关系密切，魏忠贤必欲置之死地，因而被杀，并传首九边。熊女得知凶耗，“椎胸长号，触阶而死”[3]。

③ 同治《浏阳县志》卷二〇《列女二·烈·明·胡熊氏》。

天启七年秋八月，明熹宗朱由校驾崩，信王朱由检即位，是为崇祯帝。

崇祯打击惩治阉党，魏忠贤自缢而亡，包括胡应台在内的一批被阉党打压的正直大臣得以起用。当时很多人都上疏推荐胡应台，江西道御史徐扬先上疏称“敏异之才、卓练之识如胡应台、邬雷鸣、熊明遇”[①]，吏科给事中邓英《推荐贤能疏》称“至在宇内，如功高总制，望重肃宪，则有胡应台、陈于庭、郭尚宾”[②]。

崇祯元年六月二十一日，“起改胡应台为南京兵部尚书，参赞机务”[③]。南京六部的权力虽然远不如北京六部，但也有一定职权，其中又以兵部的权力最重。南京兵部尚书一般挂“参赞机务”衔。《明史》卷七五《职官志四》说：“成化二十三年，始奉敕谕，专以本部尚书参赞机务，同内外守备官操练军马，抚恤人民，禁戢盗贼，振举庶务，故其职视五部为特重云。”

崇祯三年三月初八日，胡应台上疏请求催解兵饷：

国家当此多事，恒苦钱粮不敷，与其额外议增，何如额中核实？本部额设定数，有（二）[工]料银八万七百余两、黄快丁银一万（人）[八]千余两，以备年例上供、黄马快舡修造差价之用；有草场租银一万三千五百余两，以备各营火药军器操赏修理丁札之用；有马价五千二百余两，以备营伍骑操马匹之用；有会同馆马夫银三千余两，以备谒陵出表奉差往来驿递之用；有柴直银二万五千二百余两，以备各衙门值堂柴薪之用：共计额设银十四万五千六百余两。万历年间，每岁所入在于十万之外，用度有经，故数十年间积至九十余万。自辽、黔有事以来，助饷募兵，解过七十余万，近年藩封借铸又费一十余万，积藏为之一空。天启以来，所入日少，每岁不过七八万，以充常用犹然不足，况有以备不虞乎？自臣到部，见总库册载存银尚有十四万四千四百余两，其中用过未销、借过未补者尚居十之六七，实存库银不过四万八千六百余两耳。一一查核，挨年逐项，各求着落，不敢因循故套。但事在本部者，臣得实实举行，独外解不至，虽行文守催，颖秃舌敝，其如州县之不应何也。如工料一项，额设八万，而解到不过三万三千，逋欠如此，经费当从何出？今将外解自天启六年起算至崇祯二年止，工料银共[欠]二十三万四千一百一十九两零，马价银共欠一万七千七百六十六两零，柴直银共欠五万二千八十六两零奇，合之三十万有奇，岂皆逋负在民，必有征在官而不解者，有州县解府、府解司而不转者，有

①《明熹宗七年都察院实录》。

② 乾隆《安福县志》卷一七。

③《崇祯长编》卷一〇。

起解在途而不到者，宁得任其侵隐而不问乎？请严敕各省巡抚，将天启六年以后钱粮，通限一年内解部，照万历十三年例，备造完欠文册咨部，本部年终摘出欠多官员指参，住俸勒限完至九分，报部核实，方许给由升取，庶有司稍加警惕，不至以旧额付之罔闻也。[1]

①《崇祯长编》卷三二。

崇祯帝批准其请求，“章下所司覆行”。

保护善类，殉国以终

②《崇祯长编》卷三二。

崇祯三年三月庚寅（初十日），朝廷“调胡应台为刑部尚书”[2]。崇祯帝刚愎自用，用法严苛，“自九卿以及督抚方面，有罪辄下诏狱”。厂卫太监借此大肆罗织，陷害善类，“请旨下部，不曰从重究拟，则曰加等治罪”。胡应台坚持遵守原有的法律，为被陷害的人力争，“以祖宗法律不容意为轻重，持成宪力争，虽严旨切责，期期不奉。迨上怒稍霁，仍从初拟，小大之狱多所平反”。每年朝审，“三法司”就疑案向崇祯帝面奏减轻治罪，他人“惧于威严，噤不出声”，胡应台“从容剖析，条对详明，开释甚多”。钱龙锡等案便是胡应台力争的结果。

钱龙锡（1579—1645），字稚文，号机山，松江府华亭县人。万历三十五年进士，天启年间官礼部右侍郎。因触怒魏忠贤，被罢官。崇祯帝即位，起用为礼部尚书兼东阁大学士。定魏忠贤逆案，主要意见都是钱龙锡提出的，因此列名逆案的人对他恨之入骨。

崇祯二年冬，后金兵入关围逼北京。崇祯帝认为督师蓟辽的兵部尚书袁崇焕作战不力，逮袁下狱。御史高捷等和钱龙锡有私怨，乘机诬劾钱龙锡曾同袁崇焕议杀平辽总兵毛文龙，并收受重贿等。崇祯三年八月，袁崇焕被凌迟处死。十二月，钱龙锡被逮下狱。于是列名逆案者，聚谋指袁崇焕为逆首，钱龙锡等为逆党，欲更立一“逆案”以相抵，乃议龙锡死罪。崇祯帝因龙锡并无逆谋，命长期监禁。

至崇祯四年正月，右中允黄道周上疏说“龙锡不宜坐死罪”，违逆帝旨，被降职外调。夏五月，天气大旱，胡应台等人趁机上奏，请求宽减钱龙锡的罪，给事中刘斯琜接着上奏，崇祯帝下令重新审判定罪，最后将钱龙锡从狱中释放，改刑罚为“戍定海卫”[3]。

③《明史》卷二五一《钱龙锡传》。

当时有位名叫韩闰昌的人，在袁崇焕麾下任都司。袁崇焕下狱后，闰昌忠心不二，“独自投于狱”。袁崇焕被杀后，胡应台“怜闰昌，审谳再四，仅拟戍陕之镇番卫”[①]。

① 民国《东莞县志》卷六一《袁崇焕传》附《韩闰昌传》。

后金兵围逼北京之时，囚犯刘仲金等一百七十人乘机越狱，准备逃出城，最后被抓获。崇祯帝震怒，下令逮捕刑部尚书乔允升及左侍郎胡世赏、提牢主事敖继荣，准备问死罪。中书沈自植借机弹劾乔允升的其他罪状，欲置之死地。左副都御史掌院事易应昌出手相救，“以允升等无死罪，执奏再三”②。崇祯帝更加恼怒，将易应昌也逮捕治罪。后乔被免除死刑，“与继荣俱戍边，世赏赎杖为民”。

②《明史》卷二五四《乔允升传》。

崇祯三年九月初五日，刑部尚书胡应台向崇祯帝奏报给易应昌拟定的罪罚，崇祯帝认为所拟偏轻，“严旨切责，降一级照旧供职”[③]，将胡应台降级留任，同时“杖（刑部）郎中徐元嘏于午门，削其籍”，下令重拟易应昌之罪。崇祯四年四月，天气久旱，崇祯帝下诏求言，大臣们纷纷为易应昌等人求情，崇祯帝这才免了易应昌等人的死罪。

③《崇祯长编》卷三八。

胡应台任刑部尚书时，一面为遭受冤屈的大臣平反，一面又不屈服于权贵，秉公执法。国丈周奎（崇祯帝正妻周皇后的父亲）的儿子周镜任金吾指挥（负责皇帝大臣警卫、仪仗以及徼循京师、掌管治安的武职官员），他家的奴仆杀了人，官府不敢过问，被杀者的家属击鼓鸣冤。胡应台集法司会审，判周镜家的奴仆死罪。崇祯帝看到审判的奏报后，大为震怒，问:“谁是主笔？”其他人都害怕，唯独胡应台上奏说：“臣以谫劣待罪正卿，身为执法臣，恩威取自上裁，何敢以戚畹故而骫法取容？今日之事，臣实主笔，不敢逃死。”意思是说：“我作为刑部尚书，唯有依法办事，不敢因为周镜是皇亲国戚就枉法来讨好他。今日之事，我是主笔，皇上要治罪就治我的罪。”崇祯帝知道胡应台不会屈服，于是依照胡应台拟的罪名治了周家奴仆的死罪。周皇后为此大为怨恨，对皇帝诽谤说：“胡尚书独无姻亲乎？徒借我家博风力耳。”崇祯帝将他降级三等。胡应台虽被降级，但“上下以重，谓前此执法所未有，舆论推服”。

崇祯七年八月二十一日，崇祯帝在平台召见“内阁、九卿、科道及翰林院等官，令各举堪任吏部尚书者”，会推吏部尚书。吏部尚书是六部尚书之首。胡应台呼声较高，得到定国公徐允桢，吏部右侍郎贺逢圣，都察院左都御史田惟嘉、左佥都御史帅众，大理寺左右少卿李日宣、钟炌，翰林院掌院詹事吴士元等人的支持。但时任内阁首辅温体仁把持朝政，党同伐异，推荐同党的谢升。两天后，崇祯帝下诏任谢升为吏部尚书。[④]

④ 孙承泽：《春明梦余录》卷三四《吏部·附载》。

就在崇祯帝任命谢升的同一天，胡应台卸任刑部尚书。《崇祯实录》卷七记载："（崇祯七年八月）乙亥，召南京吏部尚书谢升为吏部尚书、右都御史唐世济为左都御史。刑部尚书胡应台终养去，以冯英为刑部尚书。"（胡应台终养时间，谈迁《国榷》、万斯同《明史》均记载为闰八月乙未。）对此，《泰六公传》说，当时胡应台的父亲胡尚宁年过八十，胡应台乞求回乡照顾年迈的父亲，先后五次上奏，崇祯帝见其"情词恳切，特允侍养"。

《明史》卷二五六《刘之凤传》说："计崇祯朝刑部易尚书十七人。薛贞以奄党抵死。苏茂相半岁而罢。王在晋未任，改兵部。乔允升坐逸囚遣戍。韩继思坐议狱除名。胡应台独得善去。冯英被劾遣戍。郑三俊坐议狱逮系。之凤论绞，瘐死狱中。甄淑坐纳贿下诏狱，改系刑部，瘐死。李觉斯坐议狱削籍。刘泽深卒于位。郑三俊再为尚书，改吏部。范景文未任，改工部。徐石麒坐议狱，落职闲住。胡应台再召不赴。继其后者张忻，贼陷京师，与子庶吉士端并降。"《明史》卷二五四《乔允升传》也有相同记载。所谓"胡应台独得善去"，即指终养之事。

胡应台回浏阳五年后，父亲去世。当时他已经65岁，不打算出山了。

据记载，崇祯十五年八月癸丑，朝廷命"胡应台为南京工部尚书"[①]。十六年正月丁酉，"复以胡应台为刑部尚书"[②]；十六年三月丁巳，"胡应台改南京户部尚书"[③]。十六年五月乙未，"胡应台病不赴召，以张忻为刑部尚书"[④]。十六年七月辛亥，"南京兵部尚书熊明遇罢，史可法为南京兵部尚书，高弘图为南京户部尚书。改胡应台为南京刑部尚书"[⑤]。

以上任命，胡应台都没有赴任。《明史·刘之凤传》所说"胡应台再召不赴"，盖指此而言。事实上，当时战乱严重，交通、通信都梗阻不通，朝廷的旨意很难传达给胡应台。

崇祯十六年八月，张献忠攻破长沙，九月，分陷浏阳，农民起义军窜入浏阳。《泰六公传》说，当时益阳人郭都贤（1599—1672）任江西巡抚，胡应台走小道到江西见郭，准备到北京觐见，向皇帝面陈湖南的情形，但时局很乱，无法成行。次年，胡应台回到浏阳，"乃知有大司农之命"，才知道朝廷命他为户部尚书（实际上是南京户部尚书，且后来又有改任南京刑部尚书之旨），急忙准备行李北上。当年三月，李自成攻入北京，崇祯帝上吊自杀，明亡。胡应台听闻此消息，悲愤交加，"北向长号，朝夕遥拜，昏踣不知人生，损胃绝粒，溘焉长逝"，崇祯十七年八月二十一日逝世，享年71岁。

①《国榷》卷九八。

②《明史》卷二六。

③《国榷》卷九九。

④《明史》卷二六。

⑤《国榷》卷九九。

南明朝廷工部尚书何应瑞、户部尚书贺世寿都是胡应台万历三十八年担任会试房考官所取的进士，是其门生，他们认为，胡应台经常得到皇帝的褒奖，曾有“清慎素著”之语，准备向朝廷请求赠给胡应台“文恪”或“文清”的谥号，但因时局纷乱而未果。

胡应台“生平拟述，脱稿即随手散去”。其奏疏“清通简畅”，当时被誉为可以比肩唐宋名家陆贽、苏洵。任应天巡抚、两广总督时刻印有奏疏集，今已失传。

其子评价他说：“忠孝性直，学有本源，言动准诸古人……性命深而不树礼学之帜，经济宏而不饰功能之名，文章力追欧、苏而弗侈华谈”。虽有过誉之词，然大体是符实的。

清代浏阳诗人贺祥麟在《前明胡尚书牙笏歌》诗中赞颂胡应台说：

一朝东厂盛貂珰，委鬼茄花贝锦昌。
宦者星高逼帝座，郎官列宿寒无光。
党碑重向东林刻，一百八人名姓勒。
眼看缇骑逮群公，恨不司农笏击贼。
烈皇赫怒群阉除，牛毛法密转难疏。
崔魏有名罹逆案，韩袁何罪入爰书。
尚书慎狱求全活，想见君前多指画。
乌台奏免乔西曹，定海生存钱阁学。

另一首同题诗云：

尚书筮仕神宗时，三朝恩遇多隆施。
内而台垣外节钺，君前受命皆以之。
九锡文成盛阉党，冕旒金铸生祠像。
当朝几辈缙绅家，甘心执笏朝东厂。
尚书植节何森森，孤立不倚冰山阴。
嗟哉尚书笏，可见尚书心。
铮铮此骨劲且直，随所指画披丹忱。
不学丞相笏拄颊，不学司农笏击贼。

只凭一疏进祥刑，苦谏君王罢罗织。
乔刑部、钱阁学，爰书末减邀全活。
可知此笏真甘棠，冤海同游恩荫阔。
一朝飞矢射承天，破碎金瓯不复全。
华表鹤归浏水月，鼎湖龙去蓟门烟。
汉廷洒尽铜山泪，家巷尚传天庙器。
锦囊飒飒起潇风，犹见西山来爽气。[①]

胡应台长子胡伯玉，官生（明代高级官员所请荫之子称官生），崇祯间历任贵州安顺、平越知府。[②]

① 潘世恩:《有真意斋诗集》卷一。

② 见乾隆《贵州通志》卷一七《秩官·职官·明·安顺府·知府》、崇祯《长沙府志》卷三《选举·恩荫·国朝》。

清·民国

彭之年

一代儒将，襄阳总兵

乾隆五十五年八月十三日，是乾隆皇帝的八十寿诞，照例各省文武大臣都要到北京给他祝寿。但如果各省大吏同时来京，“恐地方营伍事务管理乏人，或有贻误”。于是乾隆帝在正月下旨说：“朕于各省将军、督、抚、副都统、提、镇、藩、臬内，每省各酌派二三员，均于八月初五日以前到京。”[①]当时湖北的文武大员有将军、总督、巡抚、副都统、总兵、布政使、按察使等共九员，乾隆帝在名单上点了将军图桑阿、巡抚惠龄、襄阳镇总兵彭之年、宜昌镇总兵马定鼐四个人的名字。于是，这四人遵旨赴京祝寿。其中，襄阳镇总兵彭之年是浏阳人。

当年七月，彭之年抵达北京。乾隆帝召见他，在他的引见单上写下“中平”“明白”的评语。[②]

这不是彭之年第一次见乾隆帝。从武举人到正二品的总兵，彭之年每一次升迁，几乎都要觐见皇帝，接受考察。

效劳西北，总镇襄阳

彭之年（1724—1804），字鹤龄，号松斋，浏阳南乡山田段（今属澄潭江镇）人。他文武双全，传说他本来想考文秀才，可是屡考不中，才弃文从武。彭之年22岁时成为一名武秀才，后中乾隆十五年武举人。次年会试未中。乾隆十八年，他由武举挑补为兵部差官。二十三年，他在兵部效力满六年，选授甘肃固原八营守备。二十八年三月，升陕西安边堡都司。三十四年九月，升补陕甘督标前营游击。四十二年正月，升补甘肃兰州城守营参将。四十五年十二月，补授陕西神木协副将。四十六年，曾署理陕西延绥镇总兵。

从任守备起，彭之年在西北军营任职二十多年。据史料记载，他曾“解送军需、羊只至库车、阿克苏、叶尔羌军营，以军功议叙”[③]。库车、阿克苏、叶尔羌今皆属于新疆维吾尔自治区。库车，今库车县，位于天山中部南麓、塔里木盆地北缘。阿克苏，今阿克苏市，位于塔克拉玛干沙漠西北边缘。叶尔羌，今莎车县，位于新疆西南边陲、昆仑山北麓、帕米尔高原南面。乾隆年间，先后在此三地设办事大臣。彭之年负责将军需物资、牛羊食品

① 《乾隆朝上谕档》。

② 《清代官员履历档案全编》第2册第280页。

③ 清国史馆撰：《满汉大臣列传》卷六三《彭之年传》，民国东方学会印行。

从内地运送到西北边疆，路途数千里，要穿越荒漠戈壁，如果途中遭遇沙尘暴等意外，便有生命危险。这个任务是非常艰苦的，故彭之年虽未作战，也“以军功议叙”。

彭之年自己后来回忆道：

当余在库车、阿克素、叶尔羌时，极目异地，风霜野帐，凄凉欲绝，惊沙毒瘴，熏蒸倾扑，如马伏波之在浪泊、西里间，倍切井里之念。[①]

所谓“马伏波之在浪泊、西里间”，是用东汉马援的典故，形容在西域之艰苦。马援官至伏波将军，世称“马伏波”。《后汉书·马援传》记载，马援南击交祉获胜后，对下属说：“当吾在浪泊、西里间，虏未灭之时，下潦上雾，毒气重蒸。”

大约在乾隆四十一年至四十四年，彭之年曾被“派往叶尔羌屯田一次”，驻防边疆。屯田，利用戍卒或农民、商人垦殖荒地。他在叶尔羌“教耕教读以中国礼乐制度，风俗一变，羌人感之，立庙以祀”。嘉庆元年进士、诗人陈圭曾赠诗给彭之年道：“曾分竹使建旌旗，西出秦关万里遥。坐见农桑成内地，采来球璧入中朝。”[②]所咏即为此事。叶尔羌距和田不远，陈圭说彭之年“采来球璧入中朝”，或许彭之年曾负责运送和田玉到内地。

乾隆四十八年十一月十九日，乾隆皇帝在简用福建建宁镇总兵时发现，绿营的高级军官中，满人、汉人的数量极不平衡：“各省参将、副将等缺，满员居多。各该督抚保送，亦多满员”，“现在记名副将，竟无汉员”，“若仍前由各该处拣发，不定以限制，行之日久，标营均系满员，于绿营升迁之途必致壅滞，殊非满、汉一视之道。”他下令让“各省总督及兼管提督之巡抚于各省汉员副将内秉公遴选堪胜总兵者，出具切实考语，送部引见，候朕酌量记名简用”。

陕甘总督李侍尧接到这道谕旨后，在陕甘两省副将内精心挑选。陕甘两省副将十七员，有两个空缺，其余十五员内，汉员副将只有五位。在这五位副将之中，他挑中了彭之年。他在当年十二月二十六日上奏说：

查总兵为方镇大员，必须才识明晰，管辖严肃，遇事不涉依违，方足以资整顿。臣于各协副将内详加察看，查有神木协副将彭之年，年五十四岁，湖南人，由守备洊历今职。上年四月内，经臣于分别副、

①《仲文公暨德配李孺人合传》，载浏阳《墨庄何氏族谱》卷首。

②《浏南山田彭氏族谱》卷二。

参等第案内保列一等，送部引见，奉旨："彭之年准其一等注册。"钦此。该员心地明白，熟谙营伍，管辖处亦好，在陕、甘汉员副将中洵为出色之员，堪胜总兵之任。[1]

乾隆四十九年四月，彭之年经兵部带领引见，乾隆帝对他进行了考察后下旨："彭之年着交军机处记名。"[2]清制，官吏有功绩，交吏部或军机处记名，以备提升。这样一来，彭之年成为记名副将，改变了"现在记名副将，竟无汉员"的现状。

当年十二月十四日，乾隆将原任襄阳总兵伸泰撤职，升彭之年为襄阳镇总兵。任命的上谕如下："伸泰因徇庇营员，现在交部严加议处，且其人糊涂，清语生疏，久在外任，深染绿营习气，难胜总兵之任，着在三等侍卫上行走。所有襄阳镇总兵员缺，着彭之年补授。"[3]

襄阳镇总兵，全称为"镇守湖广襄阳等处地方总兵官"，也作"镇守湖北襄郧安总兵官"，管辖襄阳、郧阳、安陆三府各州县及汉阳府属之沔阳州，共十九州县（后又增加荆门州，共二十州县），驻地在襄阳府谷城县。总兵之职始于明代，明代遣将出征，别设总兵官、副总兵官以统领军务。其后总兵官镇守一方，渐成常驻武官，简称总兵。清袭明制，于各省置提督，提督下分设总兵官及副总兵官（即副将）。总兵所辖者为镇，故亦称总镇。

在清朝前期，汉人要当上总兵这样的高级武将并不容易。乾隆帝出于笼络人心和巩固统治的目的，有意提拔汉人军官，而彭之年凭着多年的艰苦历练和优异表现，得以在汉族武员中脱颖而出，荣升总兵，时年61岁。

乾隆五十年二月，彭之年上奏谢恩。三月，他赴京觐见乾隆帝，乾隆在他的引见单上写下"似可"的评语。四月十五日，彭之年抵达谷城县，接印任事。

射箭称旨，赏戴花翎

总兵负责"整饬戎行，宁谧地方"，彭之年除管理绿营军务外，也部分参与民政，要负责督缉辖区内的案犯，还得按时向皇帝奏报辖区内的雨雪、收成情况。

乾隆五十一年十一月，台湾爆发了林爽文起义。清廷大震，调兵遣将赴台镇压。湖广总督舒常奏派彭之年统领湖北官兵赴台征剿，"听候檄调

① 李侍尧：《奏报遵旨遴选堪胜总兵之副将彭之年》，"台北故宫博物院"藏"军机处档折件"，文献编号：035354。

②《乾隆朝上谕档》。

③《清高宗实录》卷一二二〇。

起程”。乾隆五十三年正月，林爽文起义被平定，彭之年未去台湾。

乾隆五十四年正月二十五日，彭之年上奏请求觐见：“查奴才所属营汛去岁收成丰稔，现在地方宁谧，叩恳皇上恩允奴才趋赴阙庭，跪聆圣训，庶营伍操防有所遵循，而依恋之忱亦得以少遂矣。”乾隆帝批道：“准汝来。”[①]当年五月，彭之年到达北京。乾隆帝两次召见他，并在引见单上写下“似可晓事”的评语。

一次乾隆帝来了兴致，命彭之年开弓射布靶子，看看这位总兵的弓箭技艺如何。一发，中！二发，又中！……彭之年五发皆中靶！乾隆帝龙颜大悦，奖励彭之年戴花翎。花翎，即孔雀翎，清朝以孔雀羽制成拖在帽后表示官品的帽饰，由皇帝赐给建有功勋的人或贵族。

除了亲自召见考察，乾隆帝还征询别人对彭之年的看法。他在湖广总督毕沅的奏折《奏查阅襄阳镇标营伍情形一折》上问道：“彭之年人如何？”让毕沅回奏。乾隆五十四年闰五月十九日，毕沅据实密奏说：“臣查彭之年历任甘肃参、游，陕西副将，曾派往叶尔羌屯田一次，随臣十有余年，向称明白谨饬，历练戎行，系臣所深知之人。近到楚后，复留心体察，见其于所辖标营，颇能约束士卒，勤于操防，虽非强勇折冲之才，而训练严明，实心整饬，为总兵中晓事奋勉之员。”[②]

① 彭之年：《奏为恭恳圣恩俯准陛见事》，“台北故宫博物院”藏“宫中档奏折”，文献编号：403056371。

② 毕沅：《奏为恭奉朱批据实密奏彭之年居官情形事》，“台北故宫博物院”藏“宫中档奏折”，文献编号：403057410。

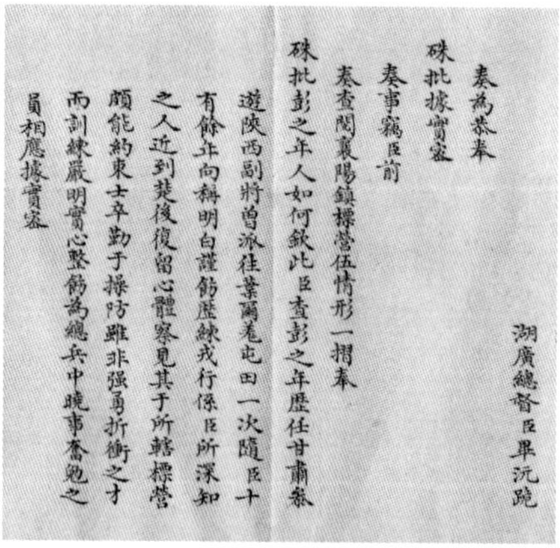
湖廣總督臣畢沅跪
奏為恭奉
硃批據實密
奏事竊臣前
奏查閱襄陽鎮標營伍情形一摺奉
硃批彭之年人如何欽此臣查彭之年歷任甘肅參
遊陝西副將曾派往葉爾羌屯田一次隨臣十
有餘年向稱明白謹飭歷練戎行係臣所深知
之人近到楚後復留心體察見其于所轄標營
頗能約束士卒勤于操防雖非強勇折衝之才
而訓練嚴明實心整飭為總兵中曉事奮勉之
員相應據實密

毕沅《奏为恭奉朱批据实密奏彭之年居官情形事》
“台北故宫博物院”藏“宫中档奏折”

乾隆帝在这道奏折上朱批道："公论！"表示认可毕沅对彭之年的评价。

乾隆五十九年，彭之年发现下属襄阳镇标中营游击梁国贞等挪移兵饷一千多两，即向总督毕沅禀报。毕沅如实上奏，并参劾彭之年失察之过，请交部议处。当年五月初一日，乾隆下旨："游击梁国贞，守备陈嘉谟、杨全俱着革职拿问。至此案系由总兵彭之年访闻揭报，若一并参处，将来遇有此等私挪之案，该管官员必至回护处分，不肯据实禀报。彭之年失察之咎尚属可宽，着于定案后查明办理。"[1]并没有追究彭之年的责任。后来，毕沅上奏说，彭之年"年逾七十，不能得力"。乾隆六十年闰二月初三日，乾隆帝下旨："彭之年着以原品休致，所遗襄阳镇总兵员缺，着马瑀调补，并着驰驿前赴湖南军营，随同带兵剿贼。彭之年仍着暂留襄阳，办理本镇事务，俟军务完竣，马瑀回任后，再行回籍。"[2]

72岁的彭之年已任襄阳总兵整整十年，他得到了原品休致的待遇。时任湖北巡抚惠龄、安襄郧荆道王奉曾分别赋诗送给彭之年。

惠龄的诗如下：

矍铄精神态自然，襄阳坐镇靖风烟。
山公载酒停车处，羊傅轻裘缓带年。
久历边疆身益壮，老谙方略胆弥坚。
五溪余孽经销甲，端好归来赋乐全。

待棹沧浪水一篙，诏仍驻阃扼江涛。
君恩稠叠难言报，臣力经营敢惮劳？
自昔翠翎尊珥饰，即今白发励戎韬。
为公感激书长句，泚笔临风首重搔。[3]

王奉曾写道：

从来叔子镇襄阳，见说仁威已十霜。
谷伯城中开细柳，岘山头上试穿杨。
太平无事将军老，稚子能文家学长。
赠我挥毫比屈铁，珠玑珍重挂高堂。

①《乾隆朝上谕档》。

②《乾隆朝上谕档》。

③惠龄：《赠彭松斋总戎致仕归里》，载同治《浏阳县志》卷二三。

忆昨温纶下九天，许教释甲乐林泉。
伏波待整临江纛，少伯犹迟泛月船。
进退从容儒者度，须眉皓白地行仙。
我方未了尘缨事，为赋骊歌意怅然。[1]

[1] 王奉曾：《赠彭松斋总戎致仕归里》，载同治《浏阳县志》卷二三。

惠龄和王奉曾都将彭之年比作羊祜。羊祜（221—278），字叔子，魏晋时期著名战略家、政治家和文学家。西晋初年，羊祜坐镇襄阳，任荆州诸军都督。羊祜“在军常轻裘缓带，身不被甲”，从容闲适。在坐镇襄阳的十年里，羊祜屯田兴学，以德怀柔，深得军民之心，同时缮甲训卒，广为戒备，做好了伐吴的军事和物质准备。彭之年任襄阳总兵，才兼文武，又精通书法，有儒将风范，颇似羊祜。同治《谷城县志》卷五《名宦·彭之年传》说他“精书法，有儒将风”，“有功谷邑，至今士民犹颂其德”。

分剿白莲，解甲归田

本来湖南军务平定，马瑀来接任后，彭之年就可以解甲归田。可是一波未平，一波又起。嘉庆元年正月初十日，白莲教徒张正谟、聂杰人等在湖北宜都洋郑畈聚众起义，紧接着襄阳地区的教众也发动了起义，向清政府开始了大规模的斗争。

聂杰人等起义后占据枝江灌湾脑，分兵“侵掠当阳县属马家河、远安县界之望家山等处”。彭之年奉命带兵赶往支援。二月，聂杰人被捕，彭之年又带兵到南漳、保康两县搜捕零“匪”。二月十五日，各路起义军联合攻下当阳县城，杀知县黄仁，踞城坚守。彭之年和副都统成德、总兵阿克栋阿等“奋力攻击，歼戮甚众”，嘉庆帝奖赏他大小荷包一对。

三月底，将军恒瑞、都统永保等率兵攻下起义军占据的保康县五虎垭等处，起义军转移到七里湾。“七里湾路通谷城”，当时彭之年在谷城防守，“闻信率兵迎剿”。起义军遭受夹击，无路可退，翻过山脚，转移到保康东北之白云寺山。四月初一日，清兵进抵白云寺山，“连日攻打，剿杀甚多。贼匪不能支持，退入山后之黑龙沟内”。恒瑞等督兵占据白云寺山，黑龙沟东北面的山叫作长岭，由彭之年带兵和谷城乡勇把守。

就在清兵进抵白云寺山的同一天，嘉庆帝谕示军机大臣，调兵遣将，分路进剿白莲教起义军：

恒瑞虽已将竹山贼匪剿散，尚有前往房县、保康剿贼事宜，郧县、郧西俱在汉江以北，势难回顾。宜绵驻扎商州，距彼不远，所有郧县、郧西一带贼匪，着责成宜绵督饬百祥等实力剿办。其自竹溪以至保康一带贼匪，即责成永保、恒瑞剿办。当阳、远安、东湖一带贼匪，责成毕沅、成德、阿克栋阿、舒亮剿办。枝江、宜都一带贼匪，责成惠龄、富志那剿办。襄阳、谷城、均州、光化贼匪，即交鄂辉同彭之年等办理。来凤与四川接壤，该处一带贼匪，即责成孙士毅督办。总之，贼匪蚁聚蜂屯，官兵分投掩捕，办一处必须肃清一处，不得因贼匪逃散潜匿，即为完事，以致兵过之后，遗孽复萌，又复潜出滋扰也。将此各传谕知之。[1]

[1]《清仁宗实录》卷四。

即陕甘总督宜绵、总兵百祥负责郧县、郧西一带；乌鲁木齐都统永保、西安将军恒瑞负责竹溪、保康一带；湖广总督毕沅、杭州将军成德、阿克栋阿、舒亮等负责当阳、远安、东湖一带；湖北巡抚惠龄和富志那负责枝江、宜都一带；副都统鄂辉和彭之年负责襄阳、谷城、均州、光化一带；大学士署四川总督孙士毅负责川、楚交界的来凤一带。嘉庆帝要求各路“官兵分投掩捕，办一处必须肃清一处”。

四月十四日，恒瑞、永保等“由白云寺山分兵四路下压”，攻击黑龙沟内起义军，“剿杀贼匪无数，将贼巢纵火焚烧”。十五日，起义军“争赴东山长岭”。长岭东北面由彭之年带兵堵御，东南面由南漳县乡民把守。恒瑞等知会彭之年，“约定于十六日五鼓时齐力攻剿”，“由长岭罗圈山、小儿垭、鱼梁寨等处四路围剿，杀死贼匪男妇一千余名”，“获旗帜、枪炮、刀矛多件”，“其余贼匪俱逃上喇吧洞山顶”。

喇吧洞山顶地形险要，“此处山形多系立陡石崖，树木稠密，所有山梁俱有贼卡。官兵扑攻各卡，贼人不过几十名，因占山势险要，垒石如雨，官兵不能扑上”。彭之年和原署兴汉镇总兵、副将文图负责指挥进剿。彭之年先是用招安之计，“出示晓谕，不但被贼掳去之难民，即被邪教骗哄之人及早投出，均免其罪，令其各归原业”。这招果然管用，“从各卡投出男妇大小四百余人”。招安之后，文图率领满汉官兵由南路攻打，彭之年自带襄阳镇标及河南官兵由东南白水峪攻打，委署参领佛宁、都司王化龙带兵在北路徐家坪攻打，游击闪煜龙、都司朱进廷带兵从西北黄草坝攻打。强攻的效果并不好，彭之年便令都司陈戴德偷偷带枪兵四十名，行营外委李发春带兵十名，从石坎这个地方爬上山，此处起义军并无准备，清兵“连放鸟枪，一齐呐喊，山上贼人内乱，四路官兵一拥齐上，贼人不能支持，乱逃滚崖跌毙者约有七八百人，杀死三百余名，活捉教头庄正朝、张宗玉等”。[①]

此仗之后，彭之年、文图于五月初六日联衔上了一道报捷奏折，快马加鞭，日行五百里驰送京城。嘉庆帝看到奏折后大喜，升文图为兴汉镇总兵、陈戴德为游击。

六月，起义军进逼钟祥县的东南方，“连营数十里，势张甚”。彭之年率同参将广福赴援，带领兵丁五百余名，竭力守御钟祥县城，并派兵截击起义军下游之路。后来永保等人率兵到达，打败起义军。八月，嘉庆帝下旨：彭之年守城有功，“赏玉搬指、大小荷包”。

之后，彭之年仍回谷城防御。据记载，他和谷城县知县谢士廷“传檄各村设卡，集乡勇捕贼，按簿搜获即诛之，解城戮者，掘巨坑十余所填埋，皆满，境内获安焉”。十一月，有起义军至谷城张家集焚掠，“将军庆成、永保追之，知县谢士廷扎太平店防守，总镇彭之年率勇沿河堵御”。[②]

嘉庆二年三月，彭之年派人将襄阳总兵印信送给马瑀，正式卸任。因马瑀统兵在外，他继续留在谷城，“募乡勇竭力守御”，曾“获贼党入城纵火者三人”。有一次“贼乘间夜侵”，看见号火（军中为传信号而举的火）便离开了。在彭之年的积极防御下，谷城县城未曾失陷。

嘉庆四年，皇帝命彭之年回籍，76岁的彭之年回到阔别已久的家乡。他置祀田六石，敦睦宗族。又曾与南乡附贡生刘开宁等三十余家募捐祭祀文昌帝君的费用，“兼为子弟科名旌奖之用”[③]。

嘉庆九年九月十七日，彭之年逝世，享年81岁。浏阳诗人瞿家鏊作挽诗二首：

要害襄阳镇，威名自古闻。
轻裘羊叔子，武库杜将军。
泪堕残碑口，兵精左氏文。
至今耆旧在，离恨满江濆。

① 彭之年、文图：《奏闻剿灭白云寺黑龙沟贼匪事》，“台北故宫博物院”藏“宫中档奏折”，文献编号：404000582。

② 同治《谷城县志》卷八《纪事》。

③ 见浏阳南乡《刘氏支谱》，世綵堂，民国十五年。

澄潭江镇山田段彭氏家庙内彭之年及其夫人牌位

定远生还日，廉颇老病年。
公忧戎伏莽，帝曰汝归田。
报国心仍壮，抽身节亦全。
应留名不朽，浏水岘山巅。[1]

① 瞿家整：《挽彭松斋总戎》，载同治《浏阳县志》卷二三。

清国史馆为彭之年立传，其传后来还被收入《满汉大臣列传》卷六三。

瞿家鳌

名教授、贤知县、大诗人

刘人熙《大围山房文集叙》认为“浏阳文运，至清季而始昌”，他列举了嘉庆、道光之际的邱之芬、邱之稑、朱文炑等一批崛起浏阳文运的人物。嘉道时期，浏阳有一位与道光名臣陶澍同科举人、晚三年二甲进士出身的名教授、贤知县、大诗人瞿家鳌，却未被刘人熙论及。其实，瞿氏的《微雨春草书屋小草》四卷在道光中即已出版，蜚声湖湘，邓显鹤选编的湖南诗歌总集《沅湘耆旧集》收录瞿诗达六十一首之多，这在浏阳文士中是独一无二的。

苦读成名

瞿家鳌（1773—1841），字敦夫，浏阳人，世居永安市。曾在浏阳道吾山读书，自号道吾山人，学者称吾山先生。幼时受读，即知嗜学。因家贫，17岁时父亲命他学做生意，他一边做生意一边读书，手不释卷。祖母见他能奋志读书，高兴地把自己积蓄的钱拿出来作“膏火费”，助他负笈外出读书。两年刻苦攻读，学问猛进。又因父亲客游川陕，家中人口增多，“逋欠累累”[①]，他19岁便开始在乡里塾学授课，以贴补家用。白天教授生徒，夜间攻读，每每深夜还点一炷香照字（为节省，不点蜡烛或油灯），“默而诵之”，其刻苦发奋，好似古代的“囊萤映月”读书人。乾隆六十年，他23岁，参加府试，“五试皆冠军”，中秀才，次年又岁试一等，成为廪生。于是学问日邃，声望日起，跟从他读书的人日益增多。

嘉庆五年恩科乡试，瞿家鳌与陶澍、喻宣孝等四十五人中式举人，但随后两次赴京参加会试都没有中进士，于是“襄幕于贵州，主讲于醴陵，岁无暇日”。所过名山大川，流连累日，奇秀之气，每每发于诗文。嘉庆八年会试，他考中二甲进士，引见，以知县即用。但他因亲老家贫而请求不远仕，于是改任教职，吏部选授他为本省常德府教授。

① 瞿鸿声等：《吾山瞿公行述》，载《义台瞿氏族谱》卷二。

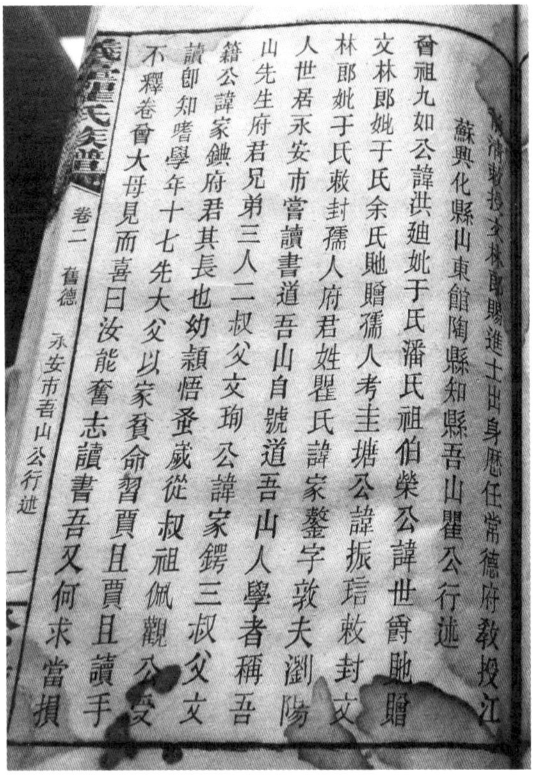

清敕授文林郎賜進士出身歷任常德府教授江
蘇興化縣山東館陶縣知縣吾山瞿公行述
曾祖九如公諱洪廸妣于氏潘氏祖伯榮公諱世爵貤贈
文林郎妣于氏余氏貤贈孺人考圭塘公諱振瑄敕封文
林郎妣于氏敕封孺人府君姓瞿氏諱家鏊字敦夫瀏陽
人世居永安市嘗讀書道吾山自號道吾山人學者稱吾
山先生府君兄弟三人二叔父文瑜公諱家鍔三叔父文
籥公諱家鉞府君其長也幼頴悟蚤歲從叔祖佩觀公受
讀卽知嗜學年十七先大父以家貧命習賈且賈且讀手
不釋卷曾大母見而喜曰汝能奮志讀書吾又何求當損

瞿氏族譜 卷二 舊德 永安市吾山公行述

《浏阳义台瞿氏族谱》（民国四年修）卷二所载瞿家鏊行述

理学育才

在常德教授任上，瞿家鏊“端士习，励人材，尤以培植寒畯为汲汲”。学员中的可成之才，贫困不能自给的，他提供衣食让其在学舍读书。通过瞿家鏊十二年的努力，常德人才蔚起，以至学舍都嫌太小而容不下。

他一边培养人才，一边潜心研究理学，“自宋五子下逮元明暨清朝汤文正公、陆清献公、李二曲先生之书，靡不默识而究其异同得失，以反诸心、证诸身”，即对宋代以来的理学著作，从宋代周敦颐、程颢、程颐、张载、朱熹，至清朝汤斌、陆陇其、李颙，他都要探究他们之间的异同得失，然后反过来用自己的身心体验去求证。他曾经采集圣贤经典中论述心性的格言，辑为《醒心录》二卷，又选取经典中论述理政治事的要言，辑为《建事录》二卷，用以教育学子。

他曾向学员们论说汉代以来的儒学，说“汉儒专门训诂，其时经学盛行”，“宋儒寻求义理，则有践履笃实之功”。对于持崇尚汉儒而贬低宋儒观点的人，瞿氏不以为然，因为他教育学子也跟宋儒一样，特别注重品行修养。他因材施教，不论贫贱，连书吏和学舍中的仆役都用心培养。他有“独愧斋夫称孝子，兼收书吏作门生”的诗句，就是纪实。他笃于爱士，还为地方做了一些善事，如筹捐育婴堂费用、重修文庙、创建考棚、纂修府志等，他都出力颇多。

道光元年，湖南巡抚左辅向朝廷上奏保荐瞿家鏊，得旨以知县用。是冬因父去世，于是守制服丧三年后才进京办补缺手续。他的弟子有不少在京城，喜与恩师、同门聚首，绘《春风得意图》，遍征题咏，一时称盛。从京城回来，瞿家鏊先在浏阳南台书院主讲。后被吏部选授为江南兴化知县。他还未到任，先被委任为道光十一年江南乡试同考官。试毕，又因发生了水灾而留办江宁、扬州赈灾事务。他不畏劳苦、查核户口，事必躬亲，唯恐有一户一口未得到赈灾实惠。接着还办了泰州、泰兴等地的赈务。由于办事得力，两江总督陶澍、江苏巡抚程祖洛上奏保荐他，他自己也想在江南任职为民众办点实事，却不料母亲突然去世，于是回乡奔丧。父母去世，他都未能躬亲含殓，这一年他次子与三弟又相继弃世，接连不断的哀毁神伤，使他难以承受，于是入居道吾山静心读书，“屏绝人事，日手一卷”，体会到“惟义理之精可以养心，惟忧患之中可以求理”的真谛。

馆陶贤令

道光十四年，陶澍遣人来聘他到江宁主讲尊经书院。瞿家鏊已 62 岁，本想在家退休，但陶澍和江苏巡抚林则徐都再三敦促他出山，遂赴江宁。他以程朱理学教导学子，还关心贫困士子的生活，“饮食教诲，委曲周详”，甚至为他们代筹家庭日用之费，使陈士全等学员无后顾之忧。

道光十七年，他被吏部选任为山东馆陶县知县。一上任，他就以“亲士民、整风俗、惩胥吏、绝请托”为先务。

馆陶县喜欢种植木棉，每到木棉开花，无赖子弟就成群结队去摘取，还有一些妇女也参与其中，名曰“哄花”，即哄抢棉花，种植户对此无可奈何。瞿家鏊到任后下令：“有敢声言哄花者，以窃盗论，妇女则治其夫男。”于是这种不良风气顿然止息。他处理诉讼及时，案无留牍，且允许民众拦轿陈诉，使“胥役无所施其奸”。

县衙粮差征收钱粮，往往私自挪用，而谎称民欠；如果追查起来，就再次向乡民勒索“津贴”来填补。瞿家鏊查访到这一情况后，一天有差役以民欠来告，他就命那粮差写下欠交田户的名字，然后从中挑选几个欠款较少的询问。结果发现他们早已交纳，是粮差勒索不成而故意诬告。于是，瞿家鏊鞭笞了来诬告的粮差。从此奸胥小吏见了他就大腿发抖，再不敢徇私作恶，而“民赖以安”。

他又深知清代的保甲之法是“为治之要”，但这种户籍编制管理的弊端就在于“具文”与“骚扰”，而胥吏骚扰民众之害比徒有形式更厉害。于是他捐出薪俸作为县里编查保甲牌册的费用，让民众自取，不经过胥吏之手，择老年笃行者为表率，讲约化俗，使“民享其利而无其害”。

他因公下乡时，自己给随从人役出饭食钱，不允许他们扰民。他对士人优礼相待。有一次碰到有人求见，说“欲为父台生色”，即想给父母官行点贿。他厉色叱之曰：“是何言！吾官于此土，有以利弊陈者，吾审而用之；有攻吾过者，吾知而改之；有来讲学者，吾相与切磋之。子之言此，是诲吾贪也。贪则必罔，罔民之事吾不为！”那人愧疚而去，从此再无人敢以私干谒钻营。诸如此类，其善政不胜枚举。

馆陶县有陶山书院，但无人讲授，瞿家鏊有空时就亲自去讲课，与士子讲论文学，以致邻县学子都有仰慕他而来求学的。于是，他与士绅讨论筹措延请老师的束脩以及学员的膏火费，以为长久之计。不料事未成，却因他生性侃直、不合上官意而于道光十八年秋被罢官。

他离开馆陶县时，士民无不叹息悲伤，纷纷作《去思诗》讴歌他的爱民政绩，时任江宁布政使的唐鉴为之作跋，称其“甘棠之爱，溢于言表”。他去任时，“囊橐空空，几难回籍”，可见其为官之清正。他取道南京回乡，南京人士希望他再次主讲尊经书院，但他归志已决，回到故乡。

淡雅诗风

瞿家鏊早岁求学，主要是习举子业，也学习作五言、七言律诗，因为科举考试要作试帖诗。某个春夜，下起了雨，瞿家鏊刚好读到唐代诗人韦应物的《幽居》诗，对其中“微雨夜来过，不知春草生”二句尤为喜爱，反复吟诵。嗣后每当听到夜雨声，就会回忆起那晚的情景。他嘉庆五年中举后，才开始学作各体诗，在贵州学政幕府中又得到学政指点，此后便每每“一灯如豆，顾影依然”，独自吟哦。思念父母之情，友朋风雨之思，羁客劳人之寤叹，前尘梦影，都仿佛数十年前诵读“微雨春草”诗句时，“真有不堪回首而又不敢不回首之情郁于中而不能自已也”。因此，他将书屋取名为“微雨春草山房”，将诗集称为“小草”。这是瞿家鏊作于嘉庆十七年冬至节的诗集序文大意，可见韦应物这位以平淡自然著称的诗人对他的影响之深。对于此序，邓显鹤评价说：“其语如此，可谓善言性情矣。”[①]于是他选录了瞿诗六十一首。

瞿氏的诗集由何绍基代父亲何凌汉（湖南道州人，嘉庆十年探花）作序，说何凌汉与瞿吾山交往三十余年了，道光十七年瞿至京都，“时时过从，谈艺甚乐”。赞瞿氏的诗歌：“忠孝之性，师友之谊，感时纪事，吊古述怀，名篇隽句，络绎滂沛。如眢源之波，挹之而愈深也；如幽谷之兰，采之而益遐也；如布帛菽粟，至朴至淡，而日用不可厌也。”[②]此序作于道光十八年正月，同年夏，瞿家鏊将诗集《微雨春草书屋小草》四卷付梓（北京大学图书馆有藏）。

微雨春草書屋小草卷一
瀏陽 瞿家鏊 吾山
二月二十二日赴黔中舟泊石板頭作遠行歌
去年此日抵京城今年今日更南征家居不計韶華
逝客路方嗟歲月更黄鵠一舉幾千里千里之行自
今始榜人催上渡頭船柳眼青青淚如雨繫艇洲邊
水拍灘離人夜夢話團圞忽然一霎風兼雨枕上灘
聲入夢寒醒來雨霽天欲曙咫尺鄉關半雲霧天涯
到處便爲家明年此日知何處水驛山郵未了因科

《微雨春草书屋小草》书影
北京大学图书馆藏

① 《沅湘耆旧集》卷一四〇。

② 何绍基：《瞿吾山诗序》。

瞿家鏊的诗歌继承了韦应物的品质与精神，恬淡闲适，率真自然。如《马井道中避雨书赠主人》：

空林积雨悬，树杪有人烟。
曲径通茅舍，分流灌稻田。
独求代耕禄，尚少买山钱。
何日成归计，随君结数椽。

《舟行四首》：

记得春三月，维舟绿水涯。
菁葱垂柳岸，信宿捕鱼家。
薄宦长贫贱，流光老岁华。
至今风露冷，南雁下平沙。

一水浩无边，浮光倒浸天。
湖平舟似芥，堤远树如烟。
生怕人迷渡，刚闻客叩船。
风吹无顺逆，恰趁往来便。

雨歇夕阳明，微风缓缓行。
沿堤村落出，隔水暝烟生。
岁熟秋醪贱，帆摇客舫轻。
不知徐领略，童仆促严程。

冷官原似客，一岁路重经。
牛饭荒畲健，渔歌水汊腥。
凫翁翘浅渚，乌鬼聚寒汀。
何处天随子，高风足典型。

又如山水诗《游九溪洞》四首：

壁立悬崖径可通，小溪穿过最高峰。
只今洞口云归处，尚说当年有蛰龙。

山水交互是穷途，绝径天开地一隅。
试向清泉问流水，可能还似在山无？

两岸中分绝顶头，南村水过北村流。
飞来落叶枫林晚，一半斜阳一半秋。

红叶人家落照西，边山傍水不成蹊。
闲行镇日无人识，一路泉声出九溪。

诗歌由浏阳九溪洞关于孙思邈为治病求药而与蛰龙相约的传说，到问清泉流水，绘枫林晚秋、红叶人家，一路写来，情景交融，清淡雅致，使人有身临其境之感。

他善写性情，往往由人及己，犹如夫子自道。如《忆赵明府纯斋先生》，写一位在浏阳任过两任十一年知县且后以县官终其身的赵嘉程：

青松春岑寂，朔月夏飕飕。
本性不可移，一官终白头。
严肃饬恺悌，心春貌常秋。
官阶黄杨厄，吏议文网周。
仕途塞荆棘，宦迹仍清流。
惜昔话离别，剪烛春窗幽。
一语挂心窾，作官非身谋。
廉吏诚可为，吾其愧楚优。

赵知县在浏阳有惠政，却因事罢官，“贫不能行”。诗歌将其本性清廉、严肃慈祥，而官运却像黄杨木那样困厄难长的清官形象描述得淋漓尽致，实际上也寄寓了自己的情怀。

写自己的仕途多舛，有两首感怀诗最为突出。一是《南台书院感怀》：

去果来因日渐移，搅人头白是游思。
科名拾鹿梦中梦，仕宦亡羊歧路歧。
老大无成嗟马齿，闲愁难理胜蚕丝。
寤生不醒人间事，早定初生坠地时。

此时他已年过五十，有老大无成之感，发迟暮之叹。第二首是《秋草》诗：

微雨凄凉惹憾生，春晖盼断几阴晴。
美人香草空迟暮，游子征衣尚远行。
摇落久渐衰鬓色，荣枯终负故园情。
天涯剩有销魂别，杯酒难浇傀儡平。

诗由秋草荣枯，感时伤怀，惆怅沉郁。

诗人于道光二十一年去世，终年 69 岁。他一生坎坷，仕途不顺，但为官勤勉、清廉，治学与作诗都很出色，是一位崛起浏阳文运的重要人物。

邱之稑

浏阳祭孔“古乐”创始人

清道光十六年，26岁的湖南湘乡县举人曾国藩会试失利后南归。次年，他听说浏阳县文庙祭孔时用“古乐”，于是来到浏阳，与浏阳举人贺以南（后改名祥麟）等“咨考声音律吕之源流，留两月乃归”[①]。

古代每年二月、八月的上丁日，都要在文庙祭祀孔子。浏阳县文庙祭孔以前是没有乐舞的，曾国藩之所以能在浏阳文庙观赏到乐舞，是因为七年之前，浏阳知县杜金鉴聘请了一位音律专家当教习。这位创兴浏阳文庙乐舞的人，名为邱之稑。同治《浏阳县志》记载：“浏阳旧无乐舞。道光九年，知县杜聘邑人邱之稑等教习，至今称盛。”[②]

其实，清政府规定了全国文庙祭祀孔子统一用乐章《中和韶乐》，具体有六个篇章：《昭平之章》《宣平之章》《秩平之章》《叙平之章》《懿平之章》《德平之章》。浏阳祭孔乐章也是《中和韶乐》，那曾国藩为什么称其为“古乐”呢？这是因为邱之稑不盲目迷信权威和书本，在实践中求真知，既“博采群书，综贯条密，辨讹正失”[③]，订正了历代以来在音律原理方面的错误，又研究、制作乐器，使祭孔盛典有一整套完备的乐器。因此，相比于“古乐”一词，称浏阳祭孔之乐为“正乐”才更准确。邱之稑去世后，曾国藩赠给其子邱庆篱两方匾额：“雅淡和平”“精探正乐”，以表彰邱之稑创兴乐舞之功。“雅淡和平”是浏阳祭孔“古乐”的特点，“精探正乐”则是对邱之稑一生成就的精准概括。

订律制器

邱之稑（1781—1849），字逢升，号縠士，浏阳西乡水围段人，乾隆四十六年六月十八日生。邱氏为浏阳望族，“田连阡陌，第宅相望，弦诵之声达乎里巷，应童子试者几二百人，诸生之饩于庠者同时几十人”[④]。父亲邱民坊，字德音，监生，家境殷实。为人性格慷慨，每遇收成不好的年份，“辄减粜以赒邻里”[⑤]。他又捐出良田百亩建义塾，名为韫田书舍，以供族中子弟读书。邱民坊生有四子，邱之稑最小。

邱之稑“生有异质，喜读书，凡经史百家、先儒语录，皆能殚心研究”[⑥]。

① 《曾文正公年谱》卷一。

② 卷十《祀典二·文庙》。

③ 同治《浏阳县志》卷一八《邱之稑传》。

④ 刘人熙：《邱氏续修族谱序》，载浏阳《邱氏族谱》卷首，河南堂民国乙丑续修。

⑤ 同治《浏阳县志》卷一八《邱民坊传》。

⑥ 《邱縠士先生崇祀乡贤录》，载邱景喦、邱方岳等修：浏阳《邱氏族谱》卷首，河南堂民国乙丑续修。下文引文未注出处者皆出此篇。

他不太喜欢科举功名，花钱捐了监生，参加乡试未中，也并不在意，“泊如也”。他最感兴趣的还是音律，小时候就跟随父亲学习音韵之学。暇田书舍藏书甚富，邱之稑“寝馈其中，尤肆力于音乐，多所心得”，因此“邃于音律之学，具有神悟”。

邱之稑像

载清道光刻本《律音汇考》卷八

道光九年，浏阳知县杜金鉴想兴办文庙乐舞，聘49岁的邱之稑为教习，为他设立乐局，招收青年子弟传习礼乐。邱之稑“率邑中生童朝夕弦诵，届丁则奏诸庙。穀士自是弃举子业，专事音律”[1]。

邱之稑研究音律，“实事求是”，充满着科学精神，“并不局于旧说。而于诸经言乐，皆有存疑之处，以经证经，初非臆解”。他发现，自汉、晋以后，世人对《管子》“弦度生声”之说有着误解，“遂指黄钟九寸下生林钟，六寸之管为宫生徵”。《史记》被誉为“史家之绝唱”，但其“律

① 李春辉:《律音汇考序》。

数一节，实贻误后人”，而后代论乐诸家都陈陈相因，不敢质疑。他指出：“三分损益为律吕管体所从生，而史迁以去一益一为得某宫、某声，遗误不少。《前汉志》谓正声无有忽微，及《律吕新书·六十调图》，皆不免讹谬相承，以致律吕淆而阴阳混。”因此得出结论：“正声必先明六律，正五音之旨。”[1]

邱之稑撰写《史记律数辨》论证自己的观点：

汉承秦火之后，先王制作无一二存，而其假借紊乱者，莫如音律一道。考《史记》所定《律书》……其音律之遗误后人者，莫如律数一节。列九九八十一以为宫；三分去一，五十四以为徵；三分益一，七十二以为商；三分去一，四十八以为羽；三分益一，六十四以为角，且术曰“音始于宫，穷于角”。呜呼！史迁为有汉一代著述，所著律数体用不明如此，无怪以讹承讹，后世之言音律者，皆无所适从，则是六律之不分，五音之不正，诚非无自也。此岂可以不辨哉！夫三分损益者，律吕管体所从生，管体生而后五音出，孟子曰“继之以六律正五音”是也。迁不以去一益一为生某律某吕，而以去一益一为得某宫某声，是六律之生未终，而五音之名先正。宫可以生徵，徵可以生商，商可以生羽，羽可以生角，是五音之名自正，而六律之以徒劳，有是理乎？况有定者律也，无定者音也。何谓有定？如以黄钟正宫，则太簇为商，姑洗为角，蕤宾为变徵，夷则为徵，无射为羽，其不可以他律混者，体之所以立也。何谓无定？如旋太簇为宫，则姑洗转而为商，蕤宾转而为角，夷则转而为变徵，无射转而为徵，黄钟转而为变宫，其未尝以转调穷者，用之所以行也。孰谓宫、商、角、徵、羽可乱为宫、徵、商、羽、角哉？孰谓宫、商、角、徵、羽之旋转不竭者，可任意指为始于宫而穷于角哉？[2]

“纸上得来终觉浅，绝知此事要躬行。”邱之稑认为，后世之所以有律吕混淆之误，是因为只停留在书本理论上，而“未制器审音”。而制作律管、乐器，先得有量长度的尺子，才能保证音律的精准。邱之稑选中了周尺，他认为“历代古尺，不一其等，惟周尺为万世不易之制。盖周尺起于黄钟，一分适中横黍一粒，累十黍而成一寸，黄钟管长九寸，径三分三厘八毫五丝一忽。统而计之，周尺实中声所自出”[3]。一粒黍子横着放相当于周尺的一分，十粒的长度就是一寸。邱之稑校正了周尺的尺度，制出周尺，“以

① 同治《浏阳县志》卷一八《邱之稑传》。

② 《律音汇考》卷二。

③ 《律音汇考》卷三《尺》。

定十二律之长短”，用周尺“以制律管，自合中声，各器悉准此”。

各种乐器中，凤箫最重要。“凤箫一名排箫，由来最古，其制不定，则律吕不明，诸器失度，而古乐莫复，故凤箫为诸乐纲领。”[①]唐、宋凤箫之制均是十六管，即六律、六吕外，加半律、半吕各二，共十六管。但邱之稑查阅图籍，发现唐、宋凤箫律管错列，“皆未察雄鸣、雌鸣之别，阳声、阴声之殊”，“自黄钟至半夹钟止，十六管不分左右，每一律间一吕，由长及短，一顺安插，又指半黄钟、半太簇、半大吕、半夹钟为四清声，此因不识变宫之声，原出倍半之管，即误以四半管之声，谓应其本体之管，审音全不凭耳，不应强以为应”，因此律吕混杂。《博雅》云：“小箫十六管，大箫二十四管。”邱之稑研究发现，唐、宋以来十六管的凤箫是小箫。他反复摸索，研制出了二十四管的大箫，“于十二律吕外，加倍律三、倍吕三、半律三、半吕三，合为二十四管”，“其制分为两翼，排列左右，左自倍蕤宾至半姑洗为一翼，右自倍林钟至半仲吕为一翼。务本探源，制法始定”。即在一个像凤凰展翅的块木上，左右两侧各安插十二根长短不一的律管。“凤箫定，诸乐悉受范围，有不与律吕二均全协者，必径之大小、孔之高低有未当处，钟、磬之厚薄亦然。”凤箫是制其他乐器的标准校音器，如其他乐器与凤箫的音韵不合，那就是因为管乐的内径大小、乐孔高低，钟、磬的厚薄有不当的地方。

掌握这个原理后，邱之稑制造出了一整套祭祀用的乐器：洞箫、篪、笛、笙、竽、埙、琴、瑟、编钟、编磬，“皆合中声”。

就在邱之稑研制律管、乐器之时，道光九年，浏阳西乡一位樵夫挖到一件古钟，带回家，雷雨随之而至，樵夫害怕，扔在门外，恰巧被邱之稑二兄邱之程看到而购回。邱之稑查阅宋代《宣和博古图》，辨认出此钟是周代镈钟，样式轻重都与书中图样吻合，而其声调与自己制作律管中的倍应钟管相合。这为邱之稑研制的律管提供了实物佐证，更加坚定了他的信心。此钟后被邱之稑采用编入浏阳祭孔的乐器中。

“乐所由起，实符天地自然之气”[②]。古人烧苇膜成灰，称葭灰，置于律管中，放密室内，以占气候。某一节候到，某律管中葭灰即飞出，示该节候已到。这个过程即为“候气”。节气时间的准确确定，有助于农业生产。“候气”要“防风动，故须密室”[③]。按照《后汉书·律历志》等书记载的方法，要建三重墙壁的密室，紧闭大门，不留缝隙，密布帷幕，做到密不透风，再如法操作。不是富贵之家，根本没有如此条件。邱之稑想到一个相对简

①《律音汇考》卷三《凤箫》。

② 同治《浏阳县志》卷一八《邱之稑传》。

③《律音汇考》卷二《候气便法》。

便的法子：找一间安静的房子，地上挖一坑，将木板开数孔，安插律管，再将木板放在坑内，律管管口向上，盖上素纱，用胶固定，将葭灰置于素纱上，再用瓦罐盖在坑上，保证密闭性。时刻一到，揭开瓦罐，看葭灰动没动，以验证节气是否到了。但是这个法子还是有缺点：不能全过程观察，还担心揭开瓦罐时葭灰被风吹动。思来想去，邱之稑终于想到了一个完美的办法：制作一个方匣子，四围和顶面都镶嵌玻璃，以代替瓦罐，罩在坑上。这样一来，只需“坐视其旁，时至，众目可睹”。这个办法，别说是在密室，即使是在旷野之中也能操作。

道光十一年春分节气来临之时，邱之稑照此方法，“安置夹钟四管”。当时室外风雨大作，而室内律管管口上的葭灰都冲走了。邱之稑推断是阴气太盛的缘故，恐有水灾，因此提醒乡民竭力防备。当年夏至前后，果然发大水，“六日三涨，为从前所未有”。邱之稑“因叹古人所谓灰半出为和气吹，全出为猛气吹，理或然也”。邱之稑曾多次实验，律管管径尺寸偏大或偏小，葭灰都不准时而动，“必径合声应，其隆起之时，方与气至适合。此中气之所以难定，而审律之所以非易也”。

辩证律吕源流，制作律管、乐器后，邱之稑对古乐谱和祀孔乐章进行了修订，例如，他订正了朱熹《仪礼经传通解风雅谱》律吕兼收之误，重新撰写了两篇《风雅十二诗律吕谱》（分别是太簇、夹钟和大吕主宫）。

邱之稑研究、教习礼乐，卓有成就，“铿锵缀兆，均度疾徐，乃一一咸轨于正，而乐甲于南楚”[①]。每逢丁祭，乐生奏乐，舞生起舞，场面盛大隆重，蔚为壮观，县中绅民不由得啧啧称叹，争相让子弟学习乐舞，且倾囊资助经费。与邱之稑共事的李春辉说：“縠士性严正，教诸生一以淑心性、敦孝弟为务，邑人士重之，命子弟争就其范，有捐建广厦以为藏习者，有捐金数百以兴佾舞者，有捐金千余以资薪水者。噫！此可想其人之行与其事之盛也已。”[②]东乡富绅王才桢捐银千余两在文庙旁建肄习乐舞所，募集资金购置田产，用田租作为二丁祭祀的费用。

每逢春、秋丁祭，邱之稑以身作则，“身先斋戒，穆然如有思”，“丁祭前预习颁定礼仪、乐舞”。又制定了整肃精密的《规条》，“凡入局肄习诸生，必由正人保荐，详核人品，历稽技艺，随时奖抑，使相奋勉，因而气质变化，胶庠向风”，将乐舞生管理得井井有条。

邱之稑主持浏阳文庙乐局21年，直至去世。浏阳祭孔乐舞逐渐兴盛。

① 沈道宽：《浏阳县乐局记》，载《话山草堂文钞》，清光绪刻本。

② 李春辉：《律音汇考序》。

著书传世

邱之秷将研究音律的心得记录下来，荟萃为理论著作《律音汇考》八卷，“使人有所据依”。他于道光十五年十月初一日作《自叙》云：

念自古乐失传，先儒之论乐者迄无成书，声音之道，盖难言矣。宋蔡西山先生著《律吕新书》二卷，法度精详，言乐者皆得据以为说，然于旁搜远引之意详，审音协律之事略，后更欲均调节族，被之管弦，别为乐书，而不克竟其志，以故六律五音之义，终无由著见。此律音之不容已于考也。

秷十岁受《毛诗》，先君子淮川公教以韵学，凡宫商角徵羽之字母，见溪（郡）[群]疑之标射，开口撮口之分，喉舌唇齿牙之辨，一一指示。稍长，学审笛，又晓之曰：“声字之谱，殆即五声二变之源流，如时曲北调出凡一，无异五声之兼二变，安知今乐不犹古乐也？”秷识之不敢忘。已得朱子《仪礼经传通解》读之，见所存诗乐皆注律吕，窃欲按字谱之，恒苦龃龉不合。此固数十年所常耿耿于心者。

嘉庆戊寅，与修邑乘，获读颁定《文庙乐章》，载春丁夹钟主宫，倍应钟起调，秋丁南吕主宫，仲吕起调，二祭皆清音为之还转，而未尝收一浊音，乃恍然于清浊之判若两途，而律吕之不可混杂有如是者。道光九年，明府杜晓平先生因邑素无乐舞，征秷教习，爰遵奉颁图册，恭制乐器，率俊秀子弟讲明肄习，每当二仲，敬谨陈奏。七载于兹，未敢稍懈，肄习日久，会悟渐深，乃以余力兼谱《风雅》，取精既广，有得辄书，积久成帙，分列八卷，颜曰《律音汇考》。首律吕，溯源也；次乐器，审音也；次仪礼，遵经也；次诗乐，存古也。

此书道光十八年刻版，版片存椴田书舍。卷首有龚绶、唐鉴、沈道宽、吴士俊、李春辉序及邱之秷自序，接着是凡例、目录。正文共八卷：卷一为《原律吕说》《五声六律十二管还相为宫说》等篇；卷二为《十二律吕配月卦表》《管体积分容黍表》《史记律数辨》《黄钟不复与他律为役辨》等篇；卷三为《尺》《凤箫》等篇；卷四为《尺式》《凤箫图》等；卷五为《乡饮酒礼摘略》《乡射礼摘略》等；卷六为《六笙诗谱说（存疑）》《六笙诗补亡说（存疑）》等；卷七为《风雅十二诗律吕谱》等；卷八为《风雅十二诗琴谱》等。末有邱庆善、邱庆颐二《跋》。

清道光刻本《律音汇考》书名页

此书“甄综众说，辨讹正误，依其所言，弦之歌之，吹之击之，无不从律。视前人论乐诸书徒托空言，不能制器，末由见诸实用，独为精绝”。湖南布政使龚绶在《叙》中称赞道：“今见浏阳邱君穀士《律音汇考》一书……以二十年之心力，屏弃人事，研精微渺，以成绝业，观其推阐经传，驳难汉儒，皆自出新义……综核古今，条其源流，发其义蕴，以归于可用可传。”同治年间罗汝怀编纂的《湖南文征》将《律音汇考》卷一、卷二的十二篇文章全部收录，还收录了邱之稑《律音汇考自序》，共收文十三篇。

邱之稑还编有《丁祭礼乐备考》一书，道光二十年刊刻。他道光二十年正月元日作序说，他在研究、教习礼乐过程中，查阅了很多资料，“如《御制律吕正义》《圣门礼乐统》，类多寒畯不易觏之书”，因此编成此书，“与同业畴人朝夕肄习”。《丁祭礼乐备考》共三卷，卷上：仪注、礼器图、祭品、陈设图；卷中：乐章律音谱、乐章声韵谱、乐器、舞谱（舞谱为李春辉纂）；卷下：附录（候气转律、琴谱、瑟谱、管乐声字谱、肄习乐舞所图）。《丁祭礼乐备考》涵括了丁祭礼仪和乐舞的全部内容，可谓是简明实用的“操作手册”。

主持文教

邱之稑“品端行卓，任事甚勇”，行事公正，威望很高，成为浏阳士绅中的领袖，县中各种公益善举都推他主持，尤其是“县中公举有关文教者”，他“竭力维持”，“任事果毅，不为浮议所摇”，“生平为乡邑任劳怨，邑人士咸倚之”，“而服其精敏”。

早在嘉庆年间，邱之稑就曾参与修建浏阳考棚和编纂《浏阳县志》。嘉庆《浏阳县志》四十卷、卷首一卷，知县谢希闵等修，王显文、彭浚等纂，脱稿、刊刻于嘉庆二十五年。附有《志余备考》二卷，是邱之稑和廪生李长春（后改名春辉）、廪生贺以南、庠生欧阳德序合辑，卷上杂志，卷下艺文，为正志查漏补缺，考据颇详。卷末有《志余备考后序》一篇，撰于嘉庆二十五年，未署名。文中有“之稑等谬膺公举，恭赞史裁”之句，故知此文出于邱之稑之手。

邱之稑主持的“公举”中，最为士林称颂的是重修文庙。

浏阳文庙以前在西城。嘉庆二十三年，知县羊拱辰率绅士迁建于东城外东北隅。24年之后的道光二十二年，由于被白蚁啮毁了柱子，文庙大成殿有倒塌的迹象。之所以如此，是因为“庙位乾亥方，凹风射入殿内，故迁建不久，而朽坏若此”[①]。当年夏天，邱之稑等倡议将大成殿改建近北三丈地，“以避坳风”[②]，同时将崇圣祠迁建于殿左（旧祠基用于建大成殿）。知县沈履正根据邱之稑等人的建议，向上申报，“援议叙例劝捐为经费，始兴役”。道光二十三年二月二十三日兴工，二十五年正月十二日建成，共用捐银四万一千四百余两。

按照规定，倡捐、劝捐董事（董事，主持其事者）和出力、捐钱之人，朝廷都会给予加级、记录等奖励，即所谓“议叙”。邱之稑和邱庆善、黎定攀三位倡捐董事及捐银一千两的李洪襄，“均愿不邀议叙”，即放弃奖励。两任知县沈履正、赵光裕各捐银一千两，各奖加一级、纪录二次。另有捐银一千两的两名，捐银三百两以上二十八名，二百两以上二十八名，分别

① 赵光裕：《重修学官记》。

② 同治《浏阳县志》卷八《学校·学宫规制》。

给予旌表建坊、加一级纪录二次、八品顶戴、九品顶戴的奖励。

重修之后，文庙中长四十六丈，宽十丈，规制完备，“壮丽坚实”[1]。大成殿坐北朝南，高大宽敞，殿高五丈五尺，东西宽七丈二尺八寸，南北长六丈二尺四寸，单殿顶盖的黄瓷瓦就达七万二千一百多片。重修过程中，邱之稑“昕夕督工”，数年如一日。知县赵光裕在《重修学宫记》中评价邱之稑为“司其事而劳最多者”。如此劳苦功高，而自愿放弃朝廷议叙，更是高风亮节，使人敬重。

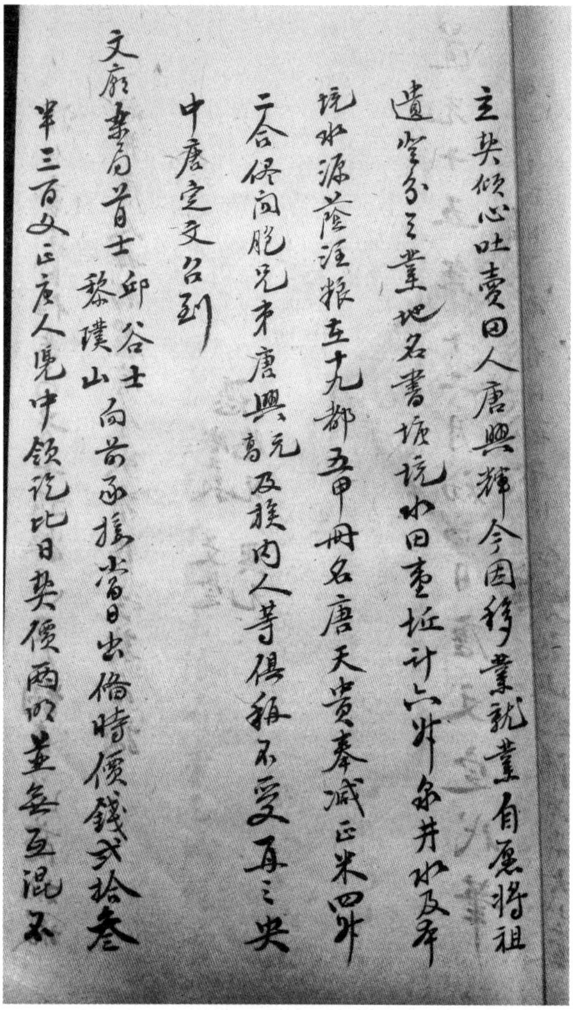
立契领心吐賣田人唐興輝今因移業就業自愿將祖
遺分已業地名書塘坑水田壹坵計六升糸井水及平
坑水源蔭注粮在十九都五甲冊名唐天貴奉減正米四升
二合保向胞兄弟唐興元暨及族內人等俱称不受再三央
中唐定文召到
文廟禮樂局首士 邱谷士 黎璞山 向前承接當日出備時價錢貳拾叁
串三百文正彼人凭中領訖比日契價兩明並無互混不

《文庙礼乐局契据册》（浏阳市档案馆藏清钞本）所载道光十五年契据

① 赵光裕：《重修学宫记》。

自重修文庙之后，浏阳士风更加兴旺，科名日盛。邱之稑子孙中就有三人中举，“父老以为培植文教之报”。长子邱庆诰，道光二十九年举人，历署东安县、城步县教谕、武陵县训导；次子邱庆簫，同治元年举人，历署东安县教谕、辰州府教授，“兼精音律，得先人之遗”[①]，曾参与纂修同治《浏阳县志》。孙子邱景嵛，咸丰八年举人，任龙阳县训导。

邱之稑侄子邱庆善，“究心闽、洛之学，书多与参校焉”[②]。邱庆善与黎定攀合辑《孔门实纪》一书，汇考孔子及孔门从祀先贤、先儒言行，道光二十二年刊行，邱之稑为作序。

邱之稑生平“急公好义”。他精于医术，乐于为乡人治病，“有请辄往，拯危不可胜计”。浏阳西乡青草市附近有一个浏阳河的渡口——龙虎岭渡，到道光初年已是经费短缺，渡船破旧，坐渡船过河的人担惊受怕。邱之稑见此情形，倡议乡绅捐资，购置良田数十亩、铺屋一间，所收租金作为渡工薪水和修理船只的经费，解决了民众的出行困难。有一年收成不好，饥民向富室索食，几乎酿成巨变，邱急忙向知县说明情况，“画策镇抚”，且“倡建义仓，募谷以济，一境便之”。

道光十三年，运粮的差役、船户等人，借口河道运输漕粮，向当地民众摊派疏通河道的任务，甚至将浏阳河沿岸用于灌溉稻田的筒车、水坝拆毁，农民深受其害。邱之稑得知情况，联合其他绅士禀报知县，“陈其苦于县令，请严为之禁”。知县于道光十四年十月发布告示，严禁差役、船户再有此等违法行为，“船户遂不敢犯”。（此告示被刻碑树立在浏阳河岸边，2017年在集里街道西湖村一河道中被发现。）

道光二十九年九月十五日，邱之稑逝世，享年69岁。他的学行“为前后贤县令所推服，一时名流皆重之”。知县赵光裕为他写传。名士沈道宽为他作墓志铭说：“古所谓乡先生没而可祀于社，非公孰当之。”

影响深远

邱之稑身后，他的音律理论和著作影响深远。

咸丰十一年，曾国藩已是赫赫有名的湘军统帅、两江总督，仍念念不忘24年之前在浏阳欣赏的祭孔“古乐”。十一月二十七日，他在日记中写道：

① 邱景嵛、邱方岳等修：浏阳《邱氏族谱》卷六《续世系录·庆簫公》。

② 同治《浏阳县志》卷一八《邱之稑传》。

酉初，贺宏勋带浏阳精于古乐者邱庆（籲）[籥]等六人来。邱系穀士先生之子；六人者，皆承穀士之教，讲求古乐。带来乐器，琴一、瑟一、凤箫一、洞箫一、匏一、埙一、篪一、笙一。因令奏乐，以鼓节之，音节清雅，穆然令人想三代之盛。古昔圣王修己治人之术，其精者全存乎乐，而后世之独缺者，乃首在乐。余因古人治兵之道、作诗之法，皆与音乐相通，而懵然不知，深以为耻。思寻访穀士先生之徒党，相与讲求一二，故招集六人者自浏阳来皖。儿子纪泽粗晓音律，明年当令其来营，究心兹事。更初散去。

贺宏勋是贺以南的侄子。咸丰十一年八月，湘军克复安庆，曾国藩移驻安庆。仅仅过了三个多月，而且正值军务倥偬之际，曾国藩就急着让贺宏勋带“浏阳精于古乐者”来安庆演奏。当时邱之稑已卒，曾国藩欲创兴礼乐，因此召他的儿子邱庆籥和弟子来安庆教习。曾国藩还想让儿子曾纪泽跟随邱庆籥等人学习，“明年当令其来营”。

光绪十三年，户部右侍郎、一等毅勇侯曾纪泽领衔的湖南籍京官（还有都察院左副都御使徐树铭，翰林院侍讲学士龙湛霖，宗人府主事龚镇湘，翰林院编修张百熙等人）呈文礼部，请将邱之稑入祀浏阳乡贤祠。（礼部行文湖南巡抚查核事迹。光绪十五年，湖南巡抚题请入祀。光绪十六年十二月二十七日，礼部汇奏，奉旨获准。）同年，管理国子监事、户部尚书翁同龢接受国子监南方诸生的请求，将邱之稑著作《律音汇考》进呈光绪皇帝御览。于是，浏阳古乐扬名天下，“海内人士由是知有邱氏之学”[①]。

入祀乡贤祠和将《律音汇考》进呈御览这两件事的推动者是浏阳人刘人熙。刘人熙时任工部主事，《呈请邱穀士祀乡贤辞》《代南学诸生呈进<律音汇考>辞》都是他撰拟的。他还撰有《琴旨申邱》十三篇。浏阳士人将邱之稑与晋易雄、元欧阳玄、清朱文炑祀于京城浏阳会馆德馨堂，称“浏阳四先生”。刘人熙作有《拟浏阳馆德馨堂祀邱穀士先生赞》：“伶伦远，韶濩寂。叟累黍，谁能一。得黄钟，万事毕。窥圣藻，阐遗经。正雅乐，通神明。绍绝业，贻后人。”[②]

时人评价：“各直省礼乐，浏阳为最完。”而浏阳也一直恪守邱之稑成法，不用变更也不能变更，邱死后数十年后，仍“奉其成规，遵行不懈”[③]。刘人熙弟子、维新志士谭嗣同曾称赞说：“同县邱穀士先生之稑幽求钟律，钩索元音，从古乐久废之余，独传候气定律之法。殆由天授，非第人力。

① 刘人熙：《邱氏续修族谱序》。

②《刘人熙集》第76页。

③ 浏阳《邱氏族谱》卷五《世系录·之稑公》。

由是吾乡之乐有声天下。”[1]

清末，全国各地很多文庙都学习采用邱之稑订正的祭孔音乐，仿行浏阳的做法，就连山东曲阜的孔府也派人到浏阳观摩古乐，仿制全套古乐器。每逢祭孔典礼，都引来全国各地的不少名士前来参观学习。浏阳古乐广泛流传，乃至新疆、黑龙江等地也有浏阳古乐传及。民国初年又被拍成电影，传到日本、东南亚等地区，兴一时之盛，于是有“国乐古礼在浏阳”的说法。《律音汇考》被多次刻印，风行海内外，日本音乐家田边尚雄《中国音乐史》称其为音乐界必读之书。

1956 年，中央民族音乐研究所杨荫浏教授来浏阳目睹古乐风采，称赞说：“它是中国古代乐舞的活化石，堪称稀世之珍宝。”浏阳古乐的全套乐器如今被收藏在湖南省博物馆，其中有不少乐器是近两百年前邱之稑制作的。2014 年，浏阳文庙祭孔音乐入选第四批国家级非物质文化遗产名录。

作为浏阳古乐的创始者，邱之稑为我们留下了宝贵的非物质文化遗产。除了超卓的天分之外，他那实事求是、敢于怀疑、勇于实践、锲而不舍的精神，实属难能可贵，值得学习和发扬。

①《石菊影庐笔识·思篇》二十二。

朱文炑

学醇品卓，布衣大儒

浏阳四境多山，葱茏滴翠，“有淳茂朴实之气，故其人近质直而鲜宦习，读书明理之儒，安于恬淡者尤多”[1]。在民国学者李肖聃所著的《湘学略·浏阳学略》中，居于首位的就是一位安于恬淡的读书明理之儒——清嘉道时期的布衣学者朱文炑。朱文炑虽不求闻达，陋巷箪瓢，却因“学醇品卓”而见知于陶澍、贺长龄、唐鉴、曾国藩等湖湘名流重臣，是一位“宗主程朱，源探孔孟”的理学大儒。

① 邹焌杰：《朱慎甫先生遗集序》。

潜修经历

朱文炑（1788—1839），字慎甫，号正相，浏阳北乡淳口人，寓居长沙。生于乾隆五十三年十一月。他7岁随塾师读书，聪颖异常。16岁时放弃科举，笃志于性命之学。因家境赤贫，弱冠时卖卜于市，自号伊蔚子。他对父母十分孝顺，“心爱而气和，色愉而容婉”[2]，对叔父也孝敬有加。他住的地方与叔父家相隔数里，叔父卧病时，他调治奉送食物、药剂，每日往返五六次，坚持一个多月，直至叔父病逝，他双脚为之肿痛、溃烂，差一点不能临丧送葬。道光三年，因父朗斋先生客游湖北武昌久不归，便带着母亲去寻找；遇父于武昌洪山，于是寓居山麓之蓬门斗室，闭户潜修，读书自乐，凡儒家的经义传解、诗注文集以及诸子百家，无所不读。有一天，他与江夏举人胡大章在书肆相遇，言谈中因胡氏一句“岂为功名始读书”而与之订交。胡氏重其人，服其学，赞叹他说：“语其胸襟，霁月光风之品也；究其底蕴，濂洛关闽之旨也；读其所作文，则明心见性能绍正学之传者也。”[3]“濂”指北宋周敦颐在濂溪讲学而得名的学派，“洛”指北宋程颢、程颐在洛阳讲学而得名的学派，“关”指北宋张载讲学于关中而形成的学派，“闽”指南宋福建人朱熹的学派。朱文炑治学就是以上述宋代五人为依归。他在湖北数年，来往于湖南、湖北两省之间，从不随意交友，而与后任江陵训导的胡大章、监利王柏心最为友善，朋友们都钦佩朱文炑的“人品洁净、学问精微”。

② 萧寅显：《朱慎甫先生传》。

③ 胡大章：《慎甫先生文集纪略》。

道光十二年春，朱文炑奉父母南旋归里，此前同人聚了一笔钱要送给他归养父母，他推却不受。到家只几个月，父亲便去世了，他哀毁守制，蔬食三年。贺长龄任江宁布政使，想聘朱文炑掌书记，他因母老不能同往而推辞。因连年遭厄，难以为家，道光十八年五月，他又奉老母到武昌，依好友胡大章以居。次年九月，竟染上时疫而病逝，时年 52 岁。临终时，他目不瞑而望着胡大章，胡许诺替他养母送终，他才闭上双眼。因为他生性至孝，奉养母亲从不忍离开，如今别母先去，他为母亲放心不下。胡氏与同仁一起将他葬在武昌南郊的石牌岭下。两年后他母亲去世，也葬在他墓边。朱先生苦学精研数十年，著有《大易粹言》《春秋本义》《中庸笺玩》《五子见心录》《圣学罪译》等多种，但胡大章请他母亲拿出遗稿时，仅存《易图正旨》一卷、《五子见心录》二卷、《从学札记》一卷、《慎甫文存》一卷，共四种五卷，其余都遗失不存。后于咸丰三年由丁取忠刊于长沙，为《朱慎甫先生遗集》。

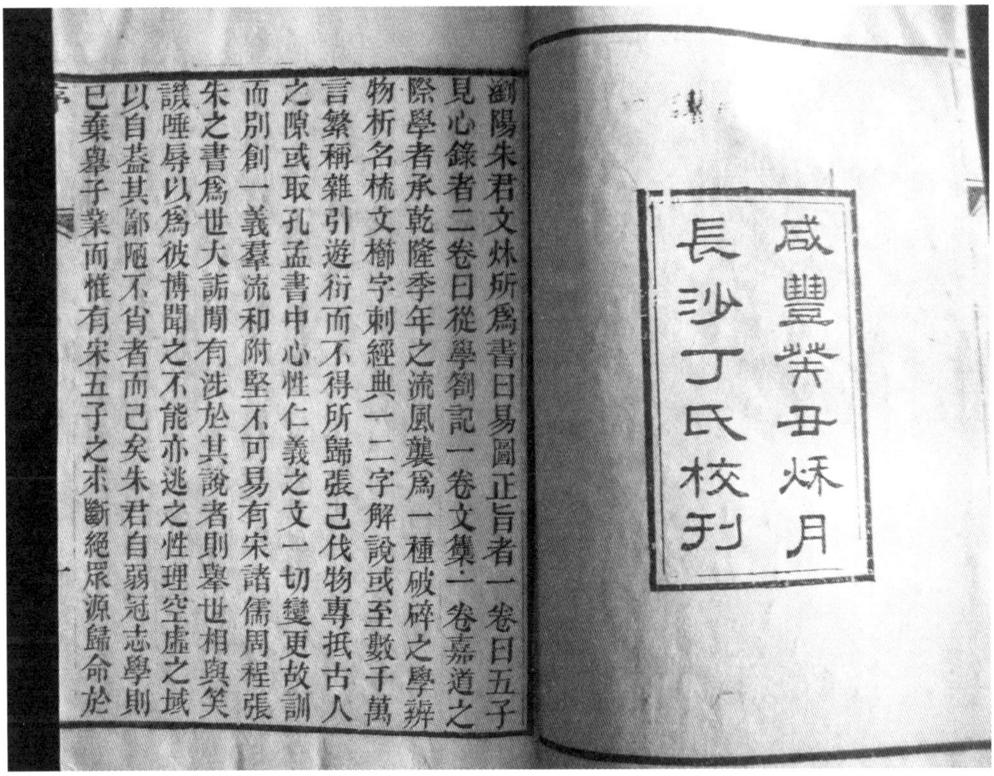
咸豐癸丑秋月
長沙丁氏校刊

瀏陽朱君文炑所爲書曰易圖正旨者一卷曰五子見心錄者二卷曰從學劄記一卷文集一卷嘉道之際學者承乾隆季年之流風襲爲一種破碎之學辨物析名梳文櫛字刺經典一二字解說或至數千萬言繁稱雜引遊衍而不得所歸張己伐物專抵古人之隙或取孔孟書中心性仁義之文一切變更故訓而別創一義羣流和附堅不可易有宋諸儒周程張朱之書爲世大詬間有涉於其說者則舉世相與笑譏唾辱以爲彼博聞之不能亦逃之性理空虛之域以自蓋其鄙陋不肖者而已矣朱君自弱冠志學則已棄舉子業而惟有宋五子之求斷絕眾源歸命於

清咸丰刻本《朱慎甫先生遗集》书影

治学路径

长沙善化县人萧寅显是朱先生的好友，曾撰《朱慎甫先生传》述说他的治学：“先生尝有言曰：读书所以明道也。世未有不通四子五经而能明道者，亦未有不明濂洛关闽之道而能通四子五经者。四子五经犹锁也，濂洛关闽则开关启钥之书也。”朱氏治学，并不空言性命，而强调博学和学以致用。他说：“性道，学之本也；经济，学之用也。学而不博，亦有难以言致用者。”[①]因而他治学广博，凡天文、历算、律占、方舆以及诸子百家，无不为之究极底蕴，而区别其或得或失、或异或同之故。朱氏16岁就开始学《易》，说：“理大《易》之微旨，觉《象》言之可寻，浏览物情，尽皆妙义。”[②]认为《易翼》是内圣之书，《春秋》是外王之书，学不明乎《易》，无以窥道之全体，不通《春秋》，无以极斯道之大用。于是他能于诸儒传注之外，探求圣人作经的本旨。积思研求，遂感到“一理通而万理悉化，一事得而万事皆神，而以之流连文字，亦有靡不逢源之乐焉”[③]。

朱氏还说：“前有孔孟，即有释老；后有程朱，即有陆王。”[④]所以他认为做学问，第一要别清途径，途径不清，就会陷入异说而不自觉。他对于浮屠老庄和陆王“阳儒阴释”之学持批评态度。他在写给贺长龄的书信中说：“今日人心之蔽，正是大道不明、正学不讲之故。然不救之以孔孟程朱之说，而欲救之以陆王之学，匪微莫救，即能救正挽回，亦只见瞿昙之世界，而不见吾儒之世界也。”[⑤]如何探求儒学的真世界，唐鉴在朱氏遗书序中说，朱氏的理学，“非有师授也，皆于宋诸贤遗书得之，其穷之也切，其辨之也明，其守之也坚，其存之也密”。曾国藩则称他：“自六经之奥，百氏杂家有用之言，无不究索其终，折衷于五子……日抱遗训，以自镌其躬，绳过无小，克敬以裕，暗然至死而不悔。”[⑥]

① 萧寅显：《朱慎甫先生传》。

② 朱文炑：《易图正旨·叙言》。

③ 朱文炑：《慎甫文存·凡窥四著序》。

④ 萧寅显：《朱慎甫先生传》。

⑤朱文炑：《与贺耦耕方伯书》。

⑥曾国藩：《朱慎甫遗书序》。

身后影响

朱文炑的理学研究，在其生前鲜为人知，但在他死后，却引起了注意和重视，获得了相当高的评价。清国史馆为朱文炑立传，收入《儒林传》，见《清史列传》卷六七。胡大章在《慎甫先生文集纪略》中将他与“学自五子而后”，“得其真”的明代薛瑄、胡居仁，“得其精”的清康熙朝陆陇其、李颙相提并论，说“陆李而后，名公大人得绍先正之统者，代不乏人”，但寒士中稀见，而朱文炑“拔俗超群、崇尚正学”，才是研究理学的佼佼者。湘军将领罗泽南，咸丰初年驻军武昌洪山，曾亲自召见朱氏墓旁的住户陈大维，赠银十五两，托他留心照顾朱先生墓，可见理学家罗泽南对朱氏的敬重。

朱文炑傳 劉傳瑩附
朱文炑。字慎甫。湖南瀏陽人。少穎敏。年十
六。棄舉子業。閉戶潛修。篤志性命之學。以
宋五子為歸。嘗曰。讀書所以明道也。未有
不通四子五經而能明道者。亦未有不明
濂洛關閩之道而能通五經者。其學以誠
為本。以敬為宗。以精義集義為程途。以明
體達用為究竟。後益殫心易象春秋。謂易

清国史馆编《清史儒林传》卷二十七《朱文炑传》
“台北故宫博物院”藏清内府蓝格写本

近代思想家、湘阴郭嵩焘获读慎甫遗书，对同乡易翰鼎说：“乾嘉间，讲学诸家，颇多陈腐。如朱慎甫者，可谓纯粹以精矣。”[1]朱文炑本为朱熹后裔，而又是理学大儒，易翰鼎在其著作《太平草木萌芽录》中将朱文炑称为“浏阳小朱子”，推崇备至。

① 易翰鼎：《太平草木萌芽录》丙卷。

朱文炑虽远葬湖北，但家乡浏阳士人始终未将他遗忘。同治年间修纂的《浏阳县志》，表示了对朱文炑的高度重视。一是在卷一八《人物·儒林》中，为朱氏刊载了一篇六百四十余字的传记，于述其生平学术之外，还赞其操行曰：“文炑外和而内刚，居恒言信行谨，终日振襟危坐，虽盛暑不袒裼。偶不及检，则反己自责。”连朋友自己有过错，也恐无以面对文炑，

“其敬惮如此”。二是在卷二二《艺文》中，登载了一篇朱文炑的文章《拟印心石屋记》。这是道光十五年两江总督陶澍获道光皇帝题赐“印心石屋”匾额后，朱氏拟撰的一篇美文。文章夹叙夹议，开篇说：“宫保陶公少时读书之室，前临资水，水之湄有石莹然方正，浮出水面，往往风水相遭，沦涟回薄，挺然而卓立。公睹之，有契于心，因以‘印心’名焉，而又揭以颜其室曰‘印心石屋’。”随后即由石之方正，联系到心性之学，认为是天置奇以开启陶澍为学为治之大：“人得天地之气，以有是形，即得天地之理，以有是性；是性也者，固具于吾心之中，而即人之所以为学为治之大原也。”全文论心性、方正以及陶澍的政绩与大臣之风，浑然一体，挥洒自如，实不愧理学家的大手笔。

光绪四年十二月，湖南巡抚邵亨豫根据浏阳士绅的请求，向朝廷题请将朱文炑入祀乡贤祠，获得批准。光绪八年，浏阳学者涂启先在武昌城东洪山之南访得朱氏墓，为之培土为茔，后又为之作《朱慎甫先生年谱》。另一位浏阳学者刘人熙则为朱文炑撰写传记，赞扬他“博极群书，而必原本六经，折衷濂洛，精思力践，辨陆王似是之非，持论精审”[1]。光绪十五年，浏阳人谭继洵在甘肃布政使任上，将朱文炑遗著重新刊行，并亲自作跋。

①《蔚庐刘子文集·朱慎甫先生传》。

邹焌杰、任贵震、陈长櫺

清代浏阳三翰林

在古代，金榜题名、光耀门楣是读书人的梦想。在科举制的发展过程中，翰林院逐渐成为文化层次最高的官僚机构。明清时翰林院设庶常馆，新进士朝考得庶吉士资格者入馆学习。朝考合格者由皇帝亲笔勾定，故称“钦点翰林院庶吉士”。庶吉士学习期满举行考试后，成绩优良者授以翰林编修、检讨之职，其余分发各部为京官，或出为州县官，谓之“散馆”。因曾就学于翰林院，世人对未留在翰林院任职的庶吉士也以翰林视之。

浏阳历史上只有五位翰林，元代两位：欧阳玄、周镗，清代三位：邹焌杰、任贵震、陈长櫺。欧阳玄官至翰林院最高职位——翰林学士承旨，周镗曾任翰林兼国史院编修官。（浏阳历史上还有年老秀才被赏给举人，参加会试而获赐翰林院检讨的王良弼、刘良杜等人，因非中进士后入翰林院，未计算在内。）

清代浏阳三位翰林邹焌杰、任贵震、陈长櫺，有着相似的起点，却各自经历了不一样的人生。

邹焌杰：“天下称直御史”

邹焌杰（1803—1870），原名见龙，做官后改名正杰、振杰，最后改焌杰，字有耀，号云阶，一号健农，晚年自号遁谷。浏阳北乡托塘里（今属北盛镇）人。家贫苦读，“篝灯坐读，诵声常达旦”[①]。道光十四年，邹焌杰以秀才参加湖南乡试，中第二十四名举人。道光二十年会试中第十七名，殿试中二甲第十一名，之后参加朝考，于当年五月成为翰林院庶吉士。次年闰三月散馆，授翰林院编修。他在翰林院，“文名藉甚，每一稿出，争相传诵”，“所撰进文字”屡屡得到皇帝的称赏。道光二十七年“承办唐《贞观政要》一书，考核精详，源流得失，了如指掌”。

邹焌杰还以翰林编修的身份担任过道光二十四年甲辰科会试同考官，道光二十六年丙午科广西乡试副考官，道光二十七年、三十年会试磨勘官（科举时代对乡、会试卷派翰林院儒臣等复核，称“磨勘”），咸丰元年直隶乡试磨勘官。还担任过国史馆、实录馆、功臣馆纂修官，文渊阁校理，

① 浏阳《托塘邹氏支谱》卷十《邹云阶先生崇祀乡贤录》，清光绪三十年济美堂刻本。下文引文未注出处者皆出此篇。

及教习庶吉士、庶常馆提调官等差使。

清代以翰詹大考对翰林院、詹事府官员进行考核，考试成绩分四等及不入等，分别予以奖惩升黜。乾隆以后，逐渐趋于严格，每次都有人遭到惩罚，且屡有被革职者。因此时人有“翰林怕大考”的说法。邹焌杰一共参加了三次大考：道光二十三年三月大考，二等；道光二十七年五月大考，三等；咸丰二年五月大考，二等。以这个成绩，原本有升迁的希望，但邹焌杰“秉性恬淡”，“泊然寡营，十余年不迁一职，无一刺入显贵家”。

咸丰二年秋，太平军围攻长沙，浏阳征义堂领袖周国虞谋暴动响应，浏阳大乱将起，人心惶惶。有人写信将情况告知邹焌杰。当时翰林可以上奏言事，邹焌杰遂于十一月十七日上了一道密折给咸丰帝，另附一奏片和一件清单，详述征义堂成立始末、活动情况，“密疏贼起事本末甚详”[①]，请求派兵攻剿。他在密折中说：

今自粤匪滋扰，桑梓关心，久为寒胆。顷闻省围已解，如释倒悬。而孰知贼匪四出，祸机窃发，不独粤匪为然。若不及时扑灭，将有前门拒虎、后门进狼之势。臣生长是乡，何忍坐视其蹂躏而不为之所。臣母今年七十，离膝下十余年，不能迎养。臣有弟三人，侍母在家，日谋所以避难之处，而无地可逃。人心惶惶，已可想见。今日之事，臣言之，则贼匪挟嫌，臣家恐有意外之虞；臣不言，则隐忍相安，终成养虎贻患，合邑惧无噍类矣。贾谊曰：“一二指搐，身虑亡聊。及今不治，必为痼疾。”广西前事可鉴矣。……臣数月以来，乡思正切，今所闻情事，有类于广西者，日夜焦思，莫可言状，为家为国，交迫于中，不言则苟安一时，言则除患万世，再四思维，激于忠爱至诚，不敢壅于上闻。[②]

① 同治《浏阳县志》卷一三《兵防·征义匪之难》。

②《请乘时筹办贼匪折》，“台北故宫博物院”藏“军机处档折件”，文献编号：087580。

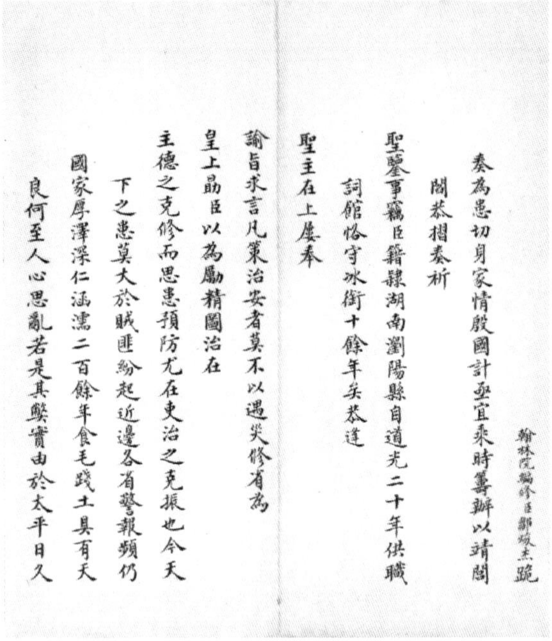

翰林院編修臣鄒焌杰跪
奏為愚切身家情殷國計亟宜乘時籌辦以靖閭
閻恭摺奏祈
聖鑒事竊臣籍隸湖南瀏陽縣自道光二十年供職
詞館恪守冰銜十餘年矣恭逢
聖主在上屢奉
諭旨求言凡策治安者莫不以遇災修省為
皇上勗臣以為勵精圖治在
主德之克修而思患預防尤在吏治之克振也今天
下之患莫大於賊匪紛起近邊各省警報頻仍
國家厚澤深仁涵濡二百餘年食毛踐土具有天
良何至人心思亂若是其獘實由於太平日久

邹焌杰《请乘时筹办贼匪折》

他怕上奏之后，家人遭到征义堂的报复，特意在奏折末尾请求咸丰帝替其保密：“伏惟皇上以孝治天下，察臣有不敢言之隐，实以母在南方，不无顾虑，居村虽暂平静，然势甚岌岌。仰恳威命下颁，不使外人知此言出自臣口，则矜全由于天恩，臣不胜犬马怖惧之意。”清廷依据密折及附件所提供的情况，两次谕令湖南巡抚张亮基等进行查办。十二月，征义堂起义被镇压。

咸丰四年九月，邹焌杰考送御史，奉旨记名（清制，官吏有功绩，交吏部或军机处记名，以备提升）。咸丰五年，京察（京察，明清定期考核京官的制度。清代三年考核一次）一等，五月补授山东道监察御史。清代都察院按省区设立京畿、河南、江南、浙江、江西、山东、山西、陕西、湖广、福建、四川、广东、广西、云南、贵州等十五道，各设掌印监察御史满、汉各一人，亦有单设掌印监察御史者；一般监察御史，除四川、广东、广西、云南、贵州五道不设外，其他满、汉各一至三人不等。御史分核各省刑名，弹纠官吏，稽察在京各衙门政事，有建言之责。朝会纠仪，祭祀监礼。遇有监临乡、会、殿试及巡视京营、巡盐、巡漕、巡仓等差，与六科给事中并得列名，由皇帝点选，与给事中合称科道官。当年八月，担任顺天乡试内场监试官。十一月，奉旨稽查西仓事务。咸丰六年六月，奉旨稽查甲米入城。七月，邹焌杰转为掌广东道监察御史，即广东道的掌印监察御史。七年二月，奉旨改任掌京畿道监察御史。京畿道为十五道之首，邹焌杰负责处理京控案件（清代官民有冤屈，经地方最高级官署审判仍不能解决时，可赴京向都察院及步军统领衙门控诉，谓之“京控”），“执法不受情托，人共服其廉明”。

邹焌杰任御史时，“刚毅直谅，守正不阿，条陈时事，敢言不讳。凡有切于纲常伦纪、国计民生者，虽他人言之，曾经驳斥，不惜封章再上，抗言不回”。

古代，父母逝世，子女须按礼服丧，现任官则须离职回籍守孝三年。咸丰六年，武英殿大学士贾桢的母亲过世，咸丰帝于六月二十九日特旨给假六个月，让贾桢扶柩回籍，假满后回京当差。而咸丰旨意下达三个月之后，官居文臣之首的贾桢仍“将母柩安存广安门报国寺，并无回籍之意，专俟期满销假，以免往返之劳”，更未陈请离职守孝。这是与传统礼法、孝道不符的。为此，邹焌杰于十月初四日上奏参劾贾桢，指出“义不可以恩掩，制不可以情夺”，“三年之丧，原有定制，君相与庶民同，圣贤与庸愚同”，“而礼尤必严于贤，法更不可弛于贵”，请咸丰帝命贾桢守制终丧。他在奏折中说：

贾桢或以为身居宰相，又奉有给假特旨，断非他人之所敢言，有言之者则以假满后本拟陈请为辞，亦或可以自解。不知君父之前，一存此念，便属欺伪，进不能尽忠，退不能全孝，根本一亏，万事瓦裂，其奚以翊戴圣明，维持世教?

又说：

盖君有优旨，原恩厚而情深；而臣必固辞，乃心安而理得。忠孝大节，宰相大臣，稍有缺陷，不独贻讥一时，而著之国史，必有难逃后人之指摘者。[1]

邹焌杰上奏后，贾桢迫于舆论压力，不得不于百日后上奏谢恩，并请

①《奏为大学士贾桢丁忧命其守制终丧事》，中国第一历史档案馆藏“军机处全宗·录副奏折”，档号：03—4116—055。

求终制。十月十五日，咸丰帝下旨："贾桢着准其开缺，回籍终制。前据御史邹焌杰奏，贾桢停柩在京，并无回籍之意，自系传闻之误。惟所称'君有优旨，原恩厚而情深；臣必固辞，乃心安而理得'等语，持论甚正。现在贾桢即日扶柩回籍，并恳恩终制，业已降旨允准，适与该御史所见相符。"[①]既给贾桢台阶下，又褒扬邹焌杰"持论甚正"。邹焌杰不畏权贵的勇气和正直敢言的态度赢得朝野好评，这篇奏折在京师传诵一时。对此，晚清大臣、学者李元度曾评价说："先生侃侃持正论，诚不愧古人。"[②]

邹焌杰任御史时，还上了不少奏折，"多为民请命，得大体"[③]。如"《请罢捐以固民心疏》，所以纾民力而维邦本也；《请分别私销原情定拟》一疏，所以恤民命而广皇仁也；《请缓撤团防巡查》一疏，所以潜缉奸宄而整肃畿甸也；《请加广学额、中额》一疏，所以昭奖励而体舆情，宏作育而培文教也。……先后皆奉旨允行。凡所建白，皆为同官所许，一时台论翕然"。他还曾上奏弹劾湖南候补道裕麟。裕麟把控湖南捐输局，"凡一切报销，皆出其手"，"贪鄙成性，声名甚坏"。邹焌杰请咸丰帝去此贪官，惩一儆百。[④]因此，邹的友人、岳麓书院著名山长徐棻评价说："咸丰中，天下称直御史者，惟吾同年邹公云阶前辈。"[⑤]

咸丰八年，邹焌杰又京察一等，署都察院吏科、户科给事中，兼署兵科掌印给事中。九月，俸满（官吏任职满一定年限后，得依例升调，称为"俸满"），由吏部带领朝见皇帝，记名以道府用，即取得了外放为道员、知府的资格。十月，补授广西浔州府知府。九年三月，邹焌杰离京赴任，中途抱病，请假回乡，随后便告养开缺（因父母年高，告归奉养，请朝廷免除其职务，另外选人充任）。

邹焌杰回浏阳后由祖居托塘迁居数里之外的邓家冲（今属洞阳镇），修葺房屋，种植树木，取名遁嘉山庄，在此侍奉母亲，"屏居山林，天伦叙乐"。他写下一副对联挂在大门，以表心志："承欢不以三公易，养拙须教万虑清。"后来，邹焌杰先后掌教浏阳南台、龙阳县（今湖南汉寿县）龙池书院、衡阳石鼓书院，诲人不倦。同治六年，浏阳知县王汝惺组织重修《浏阳县志》，聘他为主纂。同治九年七月，《县志》未成而卒，享年68岁。入祀浏阳乡贤祠。

除纂修同治《浏阳县志》之外，邹焌杰著作颇多，但所著《读易辨疑》《遁谷全集》因家里遭火灾而被毁。同治《浏阳县志》卷二一著录了邹焌杰的著作写本《听春雨轩奏疏》一卷、《杂稿》一卷，是所剩残稿，未见传世。

①《清文宗实录》卷二〇九。

② 李元度：《邹侍御遗稿序》，《天岳山馆文钞》卷二四，清光绪六年刻本。

③ 李元度：《邹侍御遗稿序》，《天岳山馆文钞》卷二四，清光绪六年刻本。

④《奏为条陈湖南候补道裕麟劣迹事》，中国第一历史档案馆藏"军机处全宗·录副奏折"，档号：03—4580—004。

⑤ 徐棻：《邹焌杰墓志铭》，光绪《湖南通志》卷三六注引。

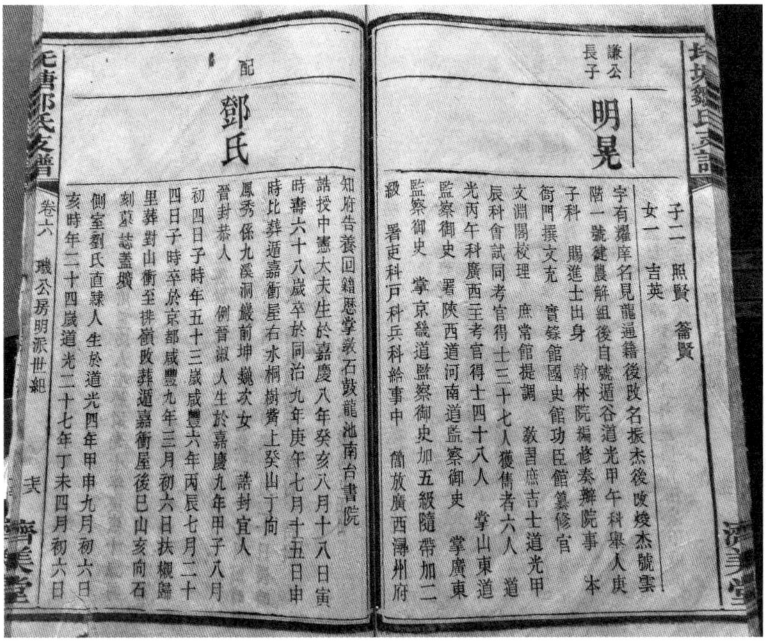

托塘鄒氏支譜 卷六 公房明派世紀 濟美堂

謙公長子

明晃

子二 照賢 簽賢

女一 吉英

字有耀庠名晃龍通籍後改名振杰後改焌杰號雲階一號建農解組後自號遁谷道光甲午科舉人庚子科 賜進士出身 翰林院編修奏辦院事 本衙門撰文充 實錄館國史館功臣館纂修官 文淵閣校理 庶常館提調 教習庶吉士道光甲辰科會試同考官得士三十七人獲雋者六人 道光丙午科廣西主考官得士四十八人 掌山東道監察御史 署陝西道河南道監察御史 掌廣東道監察御史 掌京畿道監察御史加五級隨帶加二級 署吏科戶科兵科給事中 簡放廣西潯州府知府告養回籍歷掌教石鼓龍池南台書院 誥授中憲大夫生於嘉慶八年癸亥八月十八日寅時壽六十八歲卒於同治九年庚午七月十五日申時比葬遁嘉衝屋右水桐樹眷上癸山丁向

配

鄧氏

鳳秀係九溪洞鐵前坤巍次女 誥封宜人 晉封恭人 側晉淑人生於嘉慶九年甲子八月初四日子時年五十三歲咸豐六年丙辰七月二十四日子時卒於京都咸豐九年三月初六日扶櫬歸里葬對山衝至拼嶺敗葬遁嘉衝屋後巳山亥向石刻墓誌蓋蠟

側室劉氏直隸人生於道光四年甲申九月初六日亥時年二十四歲道光二十七年丁未四月初六日

浏阳《托塘邹氏支谱》（清光绪三十年刻本）关于邹焌杰的记载

邹焌杰与晚清名臣曾国藩是挚友。他们同为道光十四年举人，是乡试同年，后又一同赴京会试，同在翰林院为官（曾国藩早两年中进士、入翰林院），过从甚密，相知最深。

曾国藩的日记、书信中有不少关于邹焌杰的记载，如道光二十三年三月初一日，曾国藩“与邹云阶围棋一局”，记日记时忏悔自责，认为下棋是不务正业。可一个月后的四月初一日，曾国藩又与邹焌杰对弈，且又在日记里自责：“与邹云阶对弈两局，明知旷工疲神，而屡蹈之，何以为人！”次日，曾国藩仍“与云阶弈一局，又旁观一局”。

咸丰二年，曾国藩被派充江西乡试正考官，途中却接到母丧的消息，改道回家，急需银钱办理丧事。他在该年八月初八日写给儿子曾纪泽的家信中说，在京朋友欠他的钱加起来“将近千金”，其中就有邹焌杰；但考虑邹焌杰等友人在京“皆甚不宽裕”，特意叮嘱曾纪泽不要索债。两人交情可见一斑。

邹焌杰母亲刘氏六十、七十、八十三次大寿时，都请曾国藩作了寿序，载于浏阳《托塘邹氏支谱》卷十。

第一篇《敕封太安人邹年伯母刘太安人六旬大庆》，写于道光二十一年。当年邹焌杰被授官翰林编修，将请假归省，而明年九月是母亲的六十大寿，故提前请曾国藩写下这篇寿序。曾国藩道光二十一年八月初九、初十日记分别记载："夜，作邹云阶寿序大半。""夜作云阶寿序毕。"曾国藩在序中回忆说："甲午，余与云阶同举于乡。……戊戌，余侥成进士，入词垣。云阶以破釜沉舟之志，就馆都中，誓不博一第不复渡河而南。……庚子，果捷南宫，膺馆选。辛丑，授职编修。……秋八月，云阶请假归省。计与余同处京师六七年。"邹父早逝，刘氏抚养四子成人，"缉匮拯艰，备尝辛苦"，而邹焌杰得入翰林，以报母恩。

咸丰二年，邹焌杰的母亲七十大寿，他又请曾国藩作寿序。曾国藩为撰《恭祝诰封太宜人邹年伯母刘太宜人七帙荣寿》。曾文说，翰林清苦，"清介自守之士日以穷约，虽玉堂群彦，几与寒畯者伍"，邹焌杰欲迎养母亲来京而不能如愿。

同治元年，邹焌杰已回浏阳，第三次托老友写寿序。曾国藩在千里之外的安徽军营中撰写《恭祝诰封太淑人邹年伯母刘太淑人八旬荣庆》，说自己"节制江浙吴皖四省军务，驰驱戎马间"，称道邹焌杰"引疾归养，想其莱舞承欢，虽三公不以易，可谓孝思纯笃，气节清高矣"。

从道光十四年同榜中举起，近三十年间，两人深厚的情谊始终不渝。

任贵震：恤民爱士的知府

任贵震（1843—1913），字鼎卿，号雨田（又作宇田、宇恬）。浏阳北乡大中里（今属北盛镇泉水村）人，寓居省城长沙。清道光二十三年出生。（参加科考后他将履历年龄改小六岁。改报年龄是当时官场的惯常做法。）任贵震父亲任贤泗，佾生，光绪七年五月卒，享年87岁；配刘氏，光绪十一年十一月卒，享年73岁；继配李氏，为任贵震生母，同治六年八月卒，时年41岁。

任贵震"生而颖异，质禀过人，读书过目成诵"[1]，年少就考中了秀才。同治十二年参加湖南乡试，中第四十二名举人。次年中进士，会试第三百二十三名，殿试二甲第二十七名，朝考一等第四十九名，五月钦点翰林院庶吉士。

任贵震成为翰林院庶吉士后，被晚清重臣、直隶总督李鸿章所器重，

① 任炳熙：《先考雨田府君行述》，《任氏四修族谱》卷首，民国十三年修。下文引文未注出处者皆出此篇。

李想招他做幕僚，但任贵震“以亲老不克迎养为辞，回籍终养”，即以照顾父母为由回家。作为寓居省城的翰林新贵，任贵震积极参与长沙的各项公益事业。省城恤无告堂（恤老组织）、育婴局等善举，任贵震皆出钱出力，“极力赞成”，使贫民得到实惠。长沙文庙创办礼乐，任贵震“亲自督率，不辞劳瘁”。他与同样寓居省城的名流商贾王闿运、郭嵩焘、李元度、李桓、朱昌琳、张自牧等人交往频繁。

大约在光绪元年，晚清名士王闿运写信给两广总督刘坤一推荐任贵震：“浏阳任雨田编修，温饬倜傥，尤敦内行，告归侍养，家计颇艰。王巡抚仅能岁致百金，此外如厘局、鹾纲又非所乐。……衒玉诚难，荐士为上，用特介之左右，节下其能修雍、乾之故事邪？”[①] “王巡抚”，即湖南巡抚王文韶。刘坤一，湘军宿将，光绪元年任两广总督，次年调授两江总督。这封信的大意是：任贵震因为照顾父母在家，没有收入，生活拮据，王文韶每年送给他一百两银子作补贴，又想请他在厘金、盐务部门担任差使，好发薪水，但任贵震不太愿意去这些部门。王闿运想请刘坤一给任贵震安排一个好差使，或者直接送干薪，以改善其处境。

光绪二年四月散馆，任贵震被授职翰林编修。他与同年进士陆润庠、张百熙、林绍年及同乡京官徐树铭、王先谦等人相友善，切磋学问，流连诗酒，且被当时的大臣李鸿藻、徐桐及左宗棠、曾国荃等人所赏识。

光绪八年，任贵震和杨志中、汪玉亭等商人“联名禀请试办小轮船，行走岳州、沙市及苏州、杭州、湖州、扬州等处”，得到两江总督兼南洋大臣左宗棠的认可，左宗棠“批示准暂用小火轮五只往来，但准搭客，不准装货”[②]。此举欲突破外船和轮船招商局的垄断权，在长江一带填补民族轮船航运业的空白。虽然此次试办可能最终并未成功，但可见任贵震善于接受和利用西方先进事物，具有改革创新的精神；左宗棠批准试办，说明他欣赏任贵震。

光绪十二年，因嫡母刘氏在北京病逝，任贵震回湖南守孝。郭嵩焘在该年八月初四日的日记中记载：“任雨田奉母丧南归，一往唁之。”[③]守孝期满后，任贵震入京供职。他以翰林编修身份担任过国史馆协修，武英殿协修、纂修，还曾担任过光绪十四年、十七年、十九年顺天、直隶乡试的磨勘官，光绪十八年、、二十年会试磨勘官。他于光绪十五年考试御史，名次靠后。光绪二十年参加翰詹大考，只获三等。在京升迁的希望不大了，故寻求外放为地方官。光绪二十年九月，翰林院遵章保送任贵震为知府，

① 王闿运：《湘绮楼诗文集》笺启卷第六《致刘制台》。

② 《申报》第3298号第1版《轮船试行》、第3305号第2版《轮船试行续闻》。

③ 《郭嵩焘日记》。

十月经吏部带领引见，分发江西补用，成为江西候补知府。

任贵震为官，以明代名臣杨继盛的联语“每思于物有济，必求此心所安”为座右铭。他到江西后，被历任江西巡抚所器重。巡抚派他办理省城七门城外保甲，维护治安，他“饬属巡查严密，仍不时微服出巡，密加访察，禁赌博，查烟馆，拿痞棍，释无辜”，雷厉风行。广运门外有八十多艘朝香船聚赌，任贵震亲自带人“拿获惩办，赌风顿息”。两个月不到，治安大为好转，“盗贼敛迹”。因功调办义宁茶税局三年，负责征收义宁州（今江西修水县）的茶税。他严禁差役人等对茶商苛罚勒索，维护商人正当权益，“商贾欢然感恩”，义宁茶税竟比以前多收了三成以上。之后任贵震又被调至省城“委查上下游各厘卡”，他“明察暗访，弊绝风清”，经过他的整顿，各厘卡所收厘金都有起色。

光绪二十七年至二十八年，任贵震先后署理赣州、广信知府，江西巡抚李兴锐在奏折中说他“廉毅有为”①。光绪三十一年，江西巡抚胡廷幹委任他署理临江知府，奏称“保送知府任贵震，才优守正”②。

任贵震在知府任上，每次举行府试，他“除委府历、学官巡场外，仍不时亲巡，提堂面试，亲盖戳记，各属试卷皆亲自校阅，以期拔取真材”。经他拔取的士子，“凡列前茅者，大半登科第”。遇到诉讼案件，任贵震“听断严明，从不轻用桎梏鞭扑，而冤抑无不立为昭雪”。

据记载，署理临江知府时，任贵震“每日黎明即起，夜则寝而不寐，事必躬亲，案无留牍”。他“创办师范传习所，整顿中学校，皆不遗余力”。还开办农工商矿局，督促绅士办理织造厂，所生产的货物“上呈省陈列所”，得到嘉奖。他清厘积案，发现临江府“有傅陈氏一案，数十年冤沉海底”，任贵震为她洗雪冤枉，并写文章表彰其节烈。种种举措，都以恤民爱士为出发点，“政平讼理，民不能忘”，因而受到老百姓的爱戴。可惜不久就被调离，当地绅民感念其恩德，为他饯行，“自署至河干不下六七里”，设香案者百余席。任贵震登舟时，百姓还在说：“好官去矣。”

任贵震“秉性骨鲠，不喜夤缘”，因此一直未得到实授知府，只通过报捐获得花翎三品衔候选道的虚衔，他处之泰然。但官场险恶，任贵震竟然被人诬告。光绪三十二年，江西巡抚吴重憙参奏他“不顾名誉，舆论嚣然”，十二月十五日，任贵震被下旨革职。③他携眷回籍，道经武昌，经湖广总督赵尔巽再三挽留，委任他巡查长江一带。任贵震令炮船“昼则严加盘诘，夜则勤加梭巡，由是匪类潜踪，水面行理宴然，不复闻抢劫之患”。光绪

①《光绪朝朱批奏折》第16辑，第271页。

②《光绪朝朱批奏折》第21辑，第592页。

③《光绪朝上谕档》。

三十四年回湘，湖南提学使吴庆坻任他为湖南图书馆总纂。民国建立之后，任贵震回浏阳，“退归故里，杜门谢客，避地教授，训子课孙”，颐养天年。民国二年八月逝世，享年 71 岁。

任贵震擅长书法，“飞文染翰，卷盈缃帙，六艺九法，兼收并蓄”，有一些书法作品传世，多钤“甲戌翰林”的印章。浏阳邹文中养拙园收藏有一块木匾，长两米多，行楷书“鸾藻延庥”四个大字，即出自任贵震手笔，端重朴厚，得颜体之精妙。书于光绪十三年，署名“赐进士出身翰林院编修任贵震敬题”。

值得一提的是，光绪二十八年，任贵震六十大寿，这年九月，广西补用道刘人熙、吏部尚书兼管学大臣张百熙、调署广东巡抚江西巡抚李兴锐、江南盐巡道徐树钧联合赠送了一篇寿序给他祝寿。这篇寿序由刘人熙

任贵震题写的“鸾藻延庥”匾（浏阳养拙园藏）

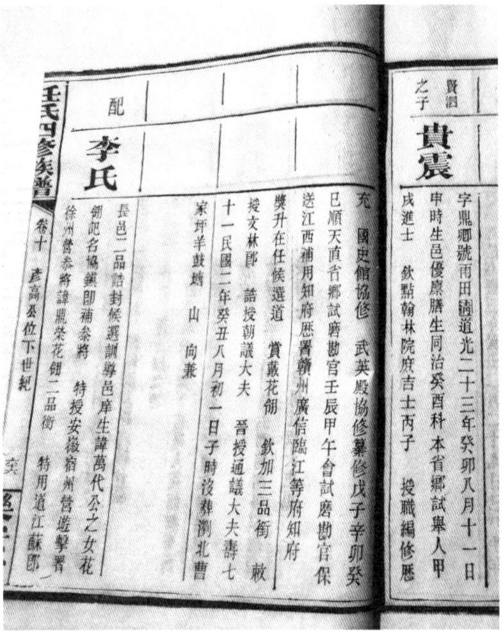
貴震 贊泗之子

字鼎卿號雨田碯道光二十三年癸卯八月十一日申時生邑優廩膳生同治癸酉科本省鄉試舉人甲戌進士 欽點翰林院庶吉士丙子 授職編修歷充 國史館協修 武英殿協修纂修戊子辛卯癸巳順天直省鄉試磨勘官壬辰甲午會試磨勘官保送江西補用知府歷署贛州廣信臨江等府知府擢升在任候選道 賞戴花翎 欽加三品銜 敕授文林郎 誥授朝議大夫 晉授通議大夫壽七十一民國二年癸丑八月初一日子時歿葬瀏北曹家坪羊鼓鵝山 向兼

配 李氏

長邑一品誥封候選訓導邑庠生諱萬代公之女花翎記名協鎮即補參將 特授安徽宿州營遊擊署徐州營參將諱鼎癸花翎二品銜 特用道江蘇郎

任氏四修族譜 卷十 彥高公位下世紀

民国十三年《任氏四修族谱》关于任贵震的记载

撰文，张百熙书写，李兴锐、徐树钧同祝。李兴锐、刘人熙都是浏阳人，李当时由江西巡抚调署广东巡抚，刘任江西大学堂总教习。张百熙、徐树钧都是长沙县人，张、任为同榜进士，徐与任是亲家。[①]

①《雨田公六秩双寿序》，《任氏四修族谱》卷首。

陈长櫺：奉旨嘉奖的宜都知县

陈长櫺（1864—1900），字榖云，一字曼秋，生于同治三年，世居浏阳南乡柏树村（今属文家市镇文华村），寄居县城。其父陈年廉，优廪生，“有学行”[②]。

②《浏阳乡土志》卷四《耆旧·循吏·陈长櫺》。

“长櫺生有异禀，四岁时即受书成诵，日数百言。”长大后入岳麓书院学习。光绪八年，陈长櫺才18岁，就以秀才身份考中湖南乡试第三名举人，可谓年少成名！光绪十二年参加会试中选，但他当年未参加殿试，光绪十五年才参加殿试，在策论中“陈时敝，大学时祁隽藻惊叹其言”，中二甲第十五名，朝考一等第八名，于当年五月成为翰林院庶吉士。光绪十六年四月散馆，获二等第三十五名，授户部主事。

京官清苦，陈长櫺不想久待，“以家贫亲老请外用”，自请外放为地方官，于是在光绪十八年经吏部选授为湖北宜都知县。做地方官收入较丰，“固可救目前之急”，但京官前途更为远大。陈是当时年轻一代浏阳士人中唯一的进士，因家贫弃京官不做，而外出任知县，许多人为之惋惜。浏阳拔贡唐才常时在四川学政瞿鸿禨幕中，他在家书中说：“陈主政不耐守贫，以知县候选，殊为可惜。”并称瞿鸿禨屡次向他说：“蔓秋不坐候补缺，遽一麾作守，深为可惜。假令能耐贫久候，将来不失为谭敬翁也。且其年力富强，志气高远，何遽为此目前之计乎？”[①]谭敬翁，即浏阳人谭继洵。谭中进士后久任京官，再外放为道员，时已升任湖北巡抚。

陈长樞光绪十九年六月抵达湖北省城，谭继洵派他担任湖北乡试同考官（分房阅卷的考官。清制，乡试自乾隆后从本省科甲出身的州县官中选任）。[②]后到宜都赴任，在任三年，卓有政声。据《浏阳乡土志》记载：

长樞故豪迈，至官乃刮磨旧习，力自刻厉，日兢兢民事。以礼乐教化为本，为文庙具豆笾，为书院具藏书，引接士类，诲以为己之学。尤矜恤庶狱，尝曰：“务结而不耐听，是冤吾民也。耐听而不结，是累吾民也。吾岂敢谓得情，尽吾心而已。”会宜都水灾，长樞考求荒政，酌时地所宜，条理精密，焦劳至达旦不寐。剀劝邑人士平粜捐输，佥感其诚，贫安富畚，虽灾弗害。大府以循吏入告，奉旨嘉奖。

由此可见，陈长樞在宜都的政绩主要有以下几个方面：一是以礼乐教化为本，振兴教育；二是断案既求实情，又快速结案；三是水灾时考求荒政，赈济灾民。

光绪二十三年，湖广总督兼署湖北巡抚张之洞上奏陈述其政绩：

窃惟湖北地方，比年以来，灾歉频仍，民生艰苦，必宜慎选司牧，加意拊循，贤者有所劝，不肖者有所惩，然后吏职举而民生遂。臣于湖北通省州县中详加考查，有沔阳州知州丁国桢……宜都县知县陈长樞，守洁才优，政事勤慎。宜都滨江，去年被灾，该员劝集绅商，分别筹借钱谷，赈粜兼施，小民饥而不害。宜都本系小县，筹济独能裕如，具见恩结信孚，才具亦长。以上四员，皆足称循良之选，应恳天恩俯赐嘉奖，俾其益加奋勉，令僚

① 唐才常：《上父书》十一、十四。

②《谭继洵集》卷一《部选人员领凭到省分别派充帘差委署别缺折（光绪十九年十月十八日）》《申报》第7341号第2版《湖北帘官单》。

属知所观感。[①]

清廷于光绪二十三年五月初二日下旨嘉奖陈长榴等人：

张之洞奏，考察属员分别举劾一折。湖北沔阳州知州丁国桢，枣阳县知县李九江，署江陵县知县、本任麻城县知县张集庆，宜都县知县陈长櫺，以上四员，据张之洞胪陈政绩，皆足备循良之选，即着传旨嘉奖，仍饬该员等益加奋勉，毋得始勤终怠。[②]

这年秋，谭继洵又调陈长櫺到省城担任湖北乡试同考官。乡试结束后，陈长櫺得知父亲过世，回浏阳守孝，“居丧一循古礼，哀动行路，三年未尝轻出”。居丧期满后，陈长櫺“将入都谒选”，因贫未能成行，却染病而亡，英年早逝。（按：据《柏树村陈氏家谱》《文家市镇志》，陈长櫺生于咸丰十一年，卒于光绪二十六年，享年 40 岁。《光绪朝上谕档》中履历记其光绪十五年 29 岁，与此相符。乡试朱卷记光绪八年 18 岁，是当时改小了 4 岁。《浏阳乡土志》记其卒年 42 岁，当误。）

时人陈亭子为陈长櫺写有挽联：“循吏以清白遗子孙，直穷困到今，惟留风雨数间屋；感时有文章写忠愤，忆悲歌怀古，同上江天一览亭。”[③]

《浏阳乡土志》又记载：“长櫺少伉爽锋厉，出山后，乃折节恭谨，躬践笃实，语呐然如不出诸口。故善饮，以父驰书戒，立自责，后虽盛会不过一啐，人皆谓其学识日上，而惜其年不永，不获尽其才云。”大意是：陈长櫺年少时锋芒毕露，当官后收敛锋芒，恭谨笃实。他本来很能喝酒，因父亲写信告诫，马上改正，后来虽盛大的宴会也只小饮一口。大家都为他学识日益进步，却英年早逝而感到惋惜。

据《文家市镇志》记载，南川河畔江洲芳草为文家市清代十景之一，陈长櫺作有《赞江洲》七律一首：

川前楼雅竹千竿，门外桥平水数湾。
苦读书生留古韵，闲游野鹜恋清潭。
村头沽酒三分醉，陌上寻诗一路欢。
满眼葱茏春不老，宜人居处即桃源。

①《申报》第 8685 号第 11 版《光绪二十三年五月初十日京报全录》。

②《光绪朝上谕档》。

③《浏阳古今对联作品集》第 14 页。

陈长榴的文章兼书法作品有《铜官感旧图序》。湘军统帅曾国藩曾经兵败长沙靖港，投水自杀而被人救起。陈长榴就此事发感慨说：

夫蛟龙见嘲于猿獭者，为其失水也；猛虎摇尾而求食，为其不在深山也。故曰：虽有智慧，不如乘势；虽有兹基，不如待时。人能弘道，其如命何，无亦豪杰之所伤心而志士之所为愤懑者乎？夫以回天倒日之力，而不克自保其区区；翼帝霸世之业，而几瞑目于一息。至乃壮志挫于矜情，来轸摧于方驾，以沟渎为可乐，蹈匹夫之小谅，此岂独穷鳞之感失水、困兽之憾在槛乎？夫证其成功也如彼，而观其始基也如此。……古之忠臣谊士，身首丧原野，脂膏润草木，生无以为名，死无与于数。盖就其幸者而观之，则旗常钟鼎不足以酬其庸；而就其不幸者而观之，则草木无以喻其腐，蝼蚁无以方其生，时命之不犹斯，得失之数异，岂不痛哉？[1]

①《铜官感旧图题咏册校订》。

他还曾为曾国藩之弟、两江总督曾国荃撰有挽联：

公自足青史千秋，系天下安危，百战力支全局在；
我愿为苍生一哭，数中兴将帅，忧时始觉替人难。[2]

②《曾国荃全集》第6册《附录·荣哀录》。

陈长榴与谭继洵之子、近代维新志士谭嗣同是同龄友人，但命运迥异。陈家境贫苦，然科举顺利，18岁便中举，走上仕途；谭出生官宦之家，却厌恶科举，几次乡试都以失败告终。光绪十五年，谭嗣同到北京应试，跟随刘人熙学习。后来他回忆那段游学时光说："既而薄上京师，请业蔚庐，始识永嘉之浅中弱植，俶睹横渠之深思果力，闻衡阳王子精义之学，缅乡贤朱先生暗然之致，又有王信余、陈曼秋、贝元征以为友。"[3]就特意提到了陈长榴，可见两人友情甚笃。而陈长榴任宜都知县后，成为谭父的下属，谭嗣同曾评价"陈君曼秋，才大气充，小试一邑，犹不足露其长也"[4]。

③《报刘淞芙书一》，《谭嗣同全集》第9页。

④《致刘淞芙·三》，《谭嗣同全集》第481页。

不过，陈长榴思想偏于守旧，耻谈洋务，成为浏阳士人中反对新学的代表，终与谭嗣同分道扬镳。甲午战争爆发后，谭嗣同与欧阳中鹄、唐才常等人在浏阳推动维新改革，计划将南台书院改为算学馆，学习西方先进技术，培育新型人才。但这一计划却遭到了陈长榴的极力反对。光绪二十一年七月，正在湖北宜都知县任上的陈长榴得知谭嗣同等将创建浏阳

上
諭張之洞奏考察屬員分别舉劾一摺湖北沔陽
州知州丁國楨棗陽縣知縣李九江署江陵縣知
縣本任麻城縣知縣張集慶宜都縣知縣陳長樞
以上四員據張之洞臚陳政績皆足備循良之選
即著傳旨嘉奨仍飭該員等益加奮勉毋得始勤
終怠前任興山縣知縣王巽心地昏瞀玩視民瘼
前署沔陽州知州候補知縣何俵修恃才任性縱
恣擾民均著即行革職潛江縣知縣楊倧超識解
鄙俗貽誤地方著以府經歷縣丞降補候補知縣
朱有寬喜怒任情不知政體著以巡檢降補前署
竹谿縣知縣大挑知縣徐躍鯉頹惰無能難膺民
社前署東湖縣知縣本任公安縣知縣余彬心地
庸陋公事玩忽該二員係正途出身文理尚優均
著以教職歸部銓選餘著照所議辦理該部知道
欽此

清廷传旨嘉奖陈长榿等人的上谕

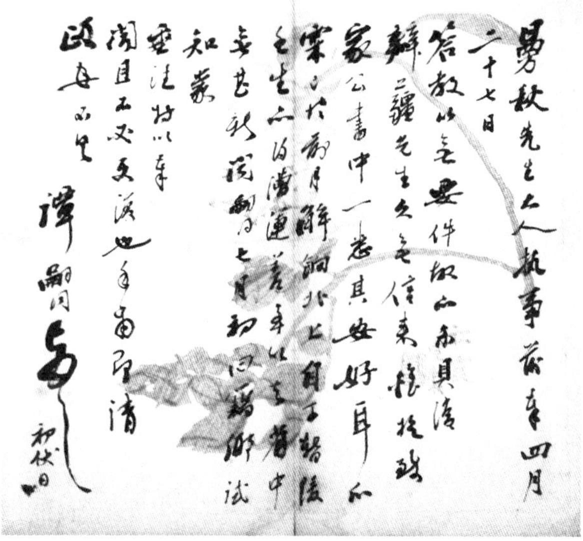

谭嗣同致陈长榿书信真迹

算学社，致信欧阳中鹄，洋洋数千言，“诋斥不遗余力”，称“变法之议不敢苟同”，又称浏阳兴算学，或“延西士与之讲贯，异时耶稣之教，开矿之举，机器之兴，士民不安，祸机立发，湖南之难，必自吾浏始”[①]。欧阳中鹄在致友人函中提及此信说：“然通计三千余言，不过圣贤门面语，其意欲尽弃西学，如枪炮之类皆不用。细按之，则无一言及于实际。”[②]八月十四日，欧阳中鹄复信陈氏，据理驳斥，批评陈氏无视西方政法科技的先进。“耻效彼之所为，而终不一学，”并强调指出，“苟为民计，恶有循已敝之法，舍作新之道，不急憣然一变者？”[③]

① 欧阳中鹄：《复陈曼秋》，《谭嗣同研究资料汇编》第237页。

② 欧阳中鹄：《致龙芝生少司寇》，《谭嗣同研究资料汇编》第245页。

③ 欧阳中鹄：《复陈曼秋》，《谭嗣同研究资料汇编》第240页。

黄婉璚

清代享有盛名的才女

同治年间续修《浏阳县志》，始设立“才媛”传（嘉庆《县志》只有“贤媛”传）。才媛，有才华的女子，也就是才女。“才媛”传第一篇的主人公名叫欧阳婉璚。欧阳婉璚其实姓黄。在古代，女子出嫁后改用丈夫的姓或将丈夫的姓放在自己的姓之前，黄婉璚嫁给浏阳洞阳欧阳道济为妻，因此《县志》称她为“欧阳琬璚”（“琬”字应当作“婉”）。黄婉璚“工琴，善诗词，著有《茶香阁遗草》”[①]，是清代享有盛名的才女。

① 同治《浏阳县志》卷二〇。

10岁学诗

黄婉璚是宁乡黄本骐的女儿。宁乡田心黄坑黄氏，自清初以来，世有科第，书香传家，是湖南有名的文化家族。黄婉璚祖父黄湘南工于诗词，才华富赡，著有《大沩山房遗稿》八卷、《红雪词钞》三卷。可惜29岁时便客死浙江。黄湘南妻子刘光绮，湘潭人。黄湘南客死他乡，黄氏无田宅可家，无亲族可依，而二子一女皆幼，境况凄苦。刘光绮因此归依母家二十年，“课子严，亲授经”，“稍长，择宿德名才为师友”[②]。在她的教育下，两个儿子黄本骐、黄本骥先后中举，成为知名之士。黄湘南父子三人均以文名、诗名著于湖湘，故论者比之为“眉山三苏”。

② 邓显鹤：《南村草堂文钞》卷一六《刘太孺人墓志铭》。

黄本骐，字伯良，号花耘，嘉庆十三年中举人。工诗词，著有《三十六湾草庐稿》十卷。黄本骥，字仲良，号虎痴，是清代后期湖南著名学者。道光元年中举，与湘潭张家渠、新化邓显鹤、沅陵李沆训齐名，称“湖南四才子”。

黄本骐兄弟中举后，移家长沙，营建颐园，奉母而居。颐园位于长沙城西，在明代吉王府的遗址内，地势颇高，景色清幽，开门即可欣赏到岳麓山、湘江的美丽风光。

黄婉璚（1804—1830），字葆仪，生于嘉庆九年十月初四日。她的名、字有着美好的寓意。婉，美好，柔美；璚，古同“琼”，赤色的玉，泛指美玉。葆，古同“宝”，珍贵之意；仪，仪表、样子。黄本骐夫妇没有儿子，只有两个女儿。葆仪之妹婉琳，字润仪。婉璚“慧而好学，有父风。英伟之气，时见眉字”[1]。

婉璘12岁那年，母亲刘氏便去世了。婉璘“性至孝”，痛其母亲早卒，“哀毁若成人”[2]。还曾持斋绣自己书写的《心经》，非常工致，供奉在佛前，用来增加母亲的冥福。

黄本骐所交多为文人雅士，颐园“谈笑有鸿儒，往来无白丁”。父亲与宾客谈诗论词、往来唱和，聪颖的婉璘便在一旁倾听。但黄本骐经常游幕在外，足迹半天下，家居时甚少，未尝教婉璘读书识字。

10岁时，婉璘见父亲案头有一本书，便问是什么书。父亲说：“这是《名媛集》。是才女贤妇的诗集。”婉璘又问道：“名媛是天生的吗？还是可以通过努力做到的呢？我就不能成为名媛吗？父亲教我学诗吧。”听了女儿的话，黄本骐用严肃的语气说：“女子之德不在会写诗，而且自古至今，会写诗而享厚福者很少。你不要学！”可是，聪慧好学的婉璘不以为然，“遂逢人问字，渐通声韵”[3]。

13岁那年，婉璘就能写五七言诗和词了。黄本骐见女儿并没有听自己的劝诫，虽有一丝恼怒，但更多的是欣慰之情，他为女儿的聪慧、努力而高兴。黄本骐膝下无子，但婉璘、婉琳都知书识字、能诗会词。他曾自豪地说：“我虽无子，但二女如此，也聊胜于无了。当年陶渊明有五个儿子，可一个个都不喜好读书写字，我的两个女儿，足可以傲视陶家五男啦！”

道光元年春天，婉璘18岁，出落得亭亭玉立，秀外慧中。表妹慧仪已经15岁，也能吟诗作对。婉璘叔父黄本骥见两姊妹都好吟咏，于是选取一百个字，分别写在纸上，再揉成纸团，制成“阄儿”。每天晚上，黄本骥抓一两个纸团打开，让婉璘、慧仪以抓到的字为韵作诗。婉璘、慧仪每晚各成七言诗十余句。姊妹俩棋逢敌手，而慧仪得句稍迟，常常在梦中都想起作诗的事，为比不过婉璘而恼恨着急，突然哭着惊醒。

平日除了与慧仪刺绣吟咏，婉璘还“性喜莳名花”。颐园的角角落落，被她栽满了梅、兰、菊、月季、海棠、茉莉、牡丹、芍药等花草，四季花香不断。婉璘集中咏花草树木之作便有数十首之多。

如所写《梅》云：

尚无一花坼，短枝才过人。
昨夜月中笛，吹开天地春。

① 王金策：《大沩山房遗稿跋》。

② 邓显鹤：《例赠孺人欧阳君继配黄孺人墓志铭》，《茶香阁遗草》卷首。

③ 黄本骥：《茶香阁遗草序》，《茶香阁遗草》卷首。

黄本骐偶然看见婉璘的诗稿，其中颇有绝佳者，于是欣然为女儿指正得失。这年冬天，黄本骐兄弟一同北上赴试，“葆仪之诗词已成帙矣”[①]。道光二年三月，黄本骐兄弟双双落第。黄本骐心灰意冷，参加举人大挑，被选授为湖南城步县训导。

不久，婉璘迎来了自己的婚姻。父亲已经为她觅得一位好夫君——浏阳县的廪生欧阳道济。那是暮秋时节，婉璘出嫁了，祖母、父亲等亲人送她到浏阳完婚。黄本骐“尽以所蓄古今名人诗词充其笥”[②]，作为嫁妆。

伉俪情深

欧阳氏是浏阳北乡的望族。欧阳道济的祖父欧阳日金富甲一方。其长子德皞是廪贡生，署巴陵县教谕，授常宁县教谕；次子德润是县学增生，有义行，同治《浏阳县志》为其立传。德润有六个儿子，道济是次子。

道济，字定甫，号雨舟，生于乾隆六十年六月。他是廪生。清代，儒学生员（秀才）分三等：附生、增生、廪生。初进学的秀才称附生，经过岁考、科考成绩优异者，才可以升为增生或廪生。廪生是成绩最好的生员，名额有限，公家发给粮食津贴。欧阳道济原配李氏早逝，续娶婉璘。

婉璘嫁到欧阳家后，“其事翁姑得欢心，奉夫以敬，接娣姒以和，御仆婢以恩”[③]，不愧为一名贤妇。她与道济伉俪情深，两人既举案齐眉，相敬如宾，又苦乐与共，相知相亲。欧阳道济曾说，婉璘嫁给他后，“勉善规过，相得若良友”[④]。黄本骥说，欧阳道济“喜读书，处分家事非所习，得葆仪如左右手”[⑤]。由此可见婉璘之贤淑能干及伉俪感情之深。

道光三年正月，婉璘父亲黄本骐过世，她留住颐园一载，侍奉祖母，并向著名琴师沈坚学琴。婉璘以琴声来寄托对父亲的哀思，“其思亲伤逝之心，尝拂拂出十指间”[⑥]。

欧阳道济早年也曾学琴，但因中贪多之弊，学而未成，成为其平生憾事。他写信鼓励婉璘：“卿蕙心兰质，学必有成”，“将来所学既精，友我者直师我者矣。”又将自己以前学琴的心得体会倾囊相授，告诉她“初学不可过多”，要选三五操琴曲“更番练熟”，从而达到“指与物化，不以心稽”的境界，如此便能触类旁通，“三五操便可抵数十操”。[⑦]

后来，婉璘终有所成。沈坚在长沙，向他学琴的有数十人，但得其传者只有张家榘和婉璘二人。而婉璘的琴艺，张家榘也自叹不如。

① 黄本骥：《茶香阁遗草序》。

② 黄本骥：《葆仪行略》，《茶香阁遗草》卷首。

③ 黄本骥：《葆仪行略》。

④《茶香阁遗草》卷一欧阳道济《跋》。

⑤ 黄本骥：《葆仪行略》。

⑥ 黄本骥：《茶香阁遗草序》。

⑦ 欧阳道济：《雨舟寄葆仪函》，《茶香阁遗草》卷二附录。

婉璹有多篇咏琴诗作。如《弹琴》：

薄暮滴残雨，萧萧风满堂。
蝉声下高树，竹影过短墙。
音籁出太古，衣襟生微凉。
一琴静相对，寒暑坐中忘。

黄本骥的夫人陈梅仙工篆书，曾为婉璹书“洞阳仙馆”四篆字，作为其弹琴之室的匾额。

道光五年，欧阳道济考取拔贡。拔贡，清代五种贡生之一。每十二年（即逢酉岁）一次，每府学二名，州、县学各一名，由各省学政考选品学兼优的生员，称为拔贡生，简称拔贡。拔贡生次年入京，由礼部奏请廷试。廷试中考取一、二等的，又在保和殿复试。再考取一、二等的，授以七品京官或知县、教职。

拔贡十二年才考选一次，浏阳只有一个名额，是难得的科举功名，而且参加廷试还很可能博取一官半职。黄婉璹由衷地为丈夫感到自豪和高兴。欧阳道济离家赴京之际，她作诗勉励丈夫。整首诗风格豪俊，潇洒不凡：

男儿志四方，安居身不贵。
长安实人海，文采占炳蔚。
铁网聚珊瑚，云罗张翡翠。
愿君为国华，岂但拔乡萃？
夺得锦标归，庶使亲心慰。
临歧酒一杯，勿洒儿女泪。[1]

次年春，道济廷试失利，只获得“诠选教谕”的资格，并未获得实职，将取道南京回家。婉璹整日思量着丈夫旅途是否平安，什么时候能到家。又想象着丈夫惆怅而归，一路听春雨行至江南，该有多么落寞和寂寥。遂作诗道：

偶拈花片卜征骖，消息真从镜里探。
愁杀缁尘京洛客，又听春雨到江南。[2]

① 黄婉璹：《送外之都门》。

② 黄婉璹：《闻外以朝考报罢，将由金陵旋里》。

婉璚和道济经常分韵作诗，极唱和之乐。

道光六年七月初八日晚，夫妻俩在颐园乘凉闲话，分韵赋诗。婉璚分得“楼”字韵，她当即吟道：

当头银汉碧悠悠，依旧平分两岸秋。
少妇不知离别恨，今宵还上曝衣楼。①

①黄婉璚：《七月八夕咏牛女事》。

相传每年的七夕，牛郎、织女得以在鹊桥上相会一次，随即便要分别。而旧时有七夕曝衣之俗。婉璚此诗的大意是：牛郎、织女昨夜相会后便离别，鹊桥不在，银汉悠悠。而人间的少妇哪懂得牛郎、织女的离别之苦，却在今宵还上曝衣楼。

道济分得“缘”字韵，他仰头望望那遥远的银河，又看看相对而坐的婉璚，便脱口而出道：

盈盈一水亘遥天，才得重逢又隔年。
此夜綦巾相对坐，笑渠徒结暂时缘。②

② 欧阳道济：《七月八夕咏牛女事》后附。

綦巾，青白色的女服。语出《诗 · 郑风 · 出其东门》：“出其东门，有女如云。虽则如云，匪我思存。缟衣綦巾，聊乐我员。”此诗表现男子爱有所专。道济用“綦巾”代指深爱的女子，即婉璚。道济诗的大意是：银河迢迢，牛郎、织女昨夜才得相会便分开，再相逢又要等到明年。我笑牛郎、织女每年只有“暂时”相聚的缘分，哪比得上我们夫妻二人相对而坐，共度良夜，可以日日相伴呢！宋秦观《鹊桥仙》词云：“金风玉露一相逢，便胜却人间无数。”“两情若是久长时，又岂在朝朝暮暮！”道济反其词意而用之，天上的一年一会，又怎么比得上人间的朝朝暮暮相亲相爱呢！

可是，天不遂人愿，欧阳道济朝朝暮暮相亲相爱的愿望竟成泡影。

道光十年二月，婉璚祖母刘光绮去世。婉璚当时怀着第四个女儿，而且抱病，不能回颐园亲看祖母含殓安葬，默然悲痛神伤。分娩后病情加剧，同年十月二十一日竟与世长辞。才 27 岁的婉璚，像优昙花一样，刚刚盛开，便又凋谢。

洞阳鳌头段坟坪

据《欧阳氏族谱》记载，此处可能是黄婉璘的原葬地。

当年腊月廿二日立春，欧阳道济写下《悼亡诗》四首：

自君为我妇，百事赖经营。
苦乐相依倚，真醇具性情。
何知成永诀，休更问他生。
负负嗟奚补，幽明泪共倾。

以我室中泣，知君泉下悲。
吞声惟有恨，偕老尚何期？
琐屑留遗物，频番入梦思。
岁阑催短景，茹愤复谁知。

年事匆匆逼，春来人未来。
无心听腊鼓，独坐拨寒灰。
掩面涕双陨，萦肠日九回。
难堪诸幼扰，中夜起徘徊。

点检平生事，多端日扰侵。
方期君后死，得遂我初心。
痛哭原无益，怆怀只自禁。
惟余素琴在，何处觅知音？[1]

①《茶香阁遗草》卷二附录。

这四首诗语言质朴，哀婉沉痛，情真意切。

诗词大家

黄婉璚留下的诗词，欧阳道济请黄本骥删汰其半，刻印传世，是为《茶香阁遗草》二卷。卷首有黄本骥道光十年所作《茶香阁遗草序》及其所撰《葆仪行略》，邓显鹤所撰《例赠孺人欧阳君继配黄孺人墓志铭》，张家榘、李沆训等十二家题词；卷一为诗，收录黄婉璚各体诗156题162首，末附欧阳道济跋；卷二为词及附录，收词41首。此集被《美国哈佛大学哈佛燕京图书馆藏明清妇女著述汇刊》影印收入。黄本骥后又将《茶香阁遗草》收入《三长物斋丛书》。

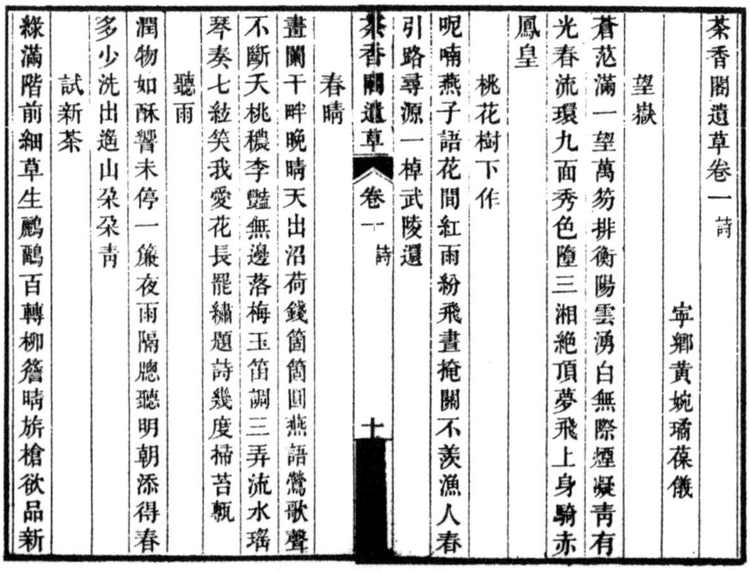
茶香閣遺草卷一 詩
寧鄉黃婉璚葆儀
望嶽
蒼茫滿一望萬笏排衡陽雲湧白無際煙凝青有
光春流環九面秀色墮三湘絕頂夢飛上身騎赤
鳳皇
桃花樹下作
呢喃燕子語花間紅雨紛飛晝掩關不羨漁人春
引路尋源一棹武陵還
茶香閣遺草 卷一 詩 十
春晴
畫闌干畔晚晴天出沼荷錢箇箇圓燕語鶯歌聲
不斷夭桃穠李豔無邊落梅玉笛調三弄流水瑤
琴奏七絃笑我愛花長罷繡題詩幾度掃苔甎
聽雨
潤物如酥響未停一簾夜雨隔牕聽明朝添得春
多少洗出遙山朵朵青
試新茶
綠滿階前細草生鶺鴒百囀柳簷晴旂槍欲品新

清道光刻本《茶香阁遗草》书影

黄婉璚的诗词得到了众多名家的称道。被尊为“楚南文献第一人”的邓显鹤说：“葆仪诗词，俱清丽有风格，有气力，使天假以年，进而不已，非第闺阁之雄而已。”[1]邓编《沅湘耆旧集》，收录黄婉璚诗作达二十四首之多，这在女诗人中可谓是凤毛麟角。“湖南四才子”之一的张家榘称她的词作可以与南宋名家媲美：“葆仪诗雅练工致，固所擅场，而诗余一种，尤觉风流蕴藉，艳不伤雅，巧不伤纤，每至极工处，即在南宋名家中，亦当高置一座。”[2]

黄婉璚的诗多清新雅致。如《题画》：

遥山一发影青苍，杳霭烟岚澹夕阳。
茅屋人家临水住，疏林黄叶半溪霜。

《登定王台》：

高吟闲上定王台，黄叶纷纷堕酒杯。
湘上烟凝秋色晚，归帆遥带夕阳来。

《采茶》：

新歌宛转唱村娃，绿展旗枪放茗芽。
烟雨盈筐生意满，春香一掬摘头茶。

《洞庭》：

角子湖边湾复湾，扁山对面是君山。
湘妃晓起开妆镜，绿挽烟螺十二鬟。

又如《江亭望雨》：

望极苍茫倚画棂，山云裹絮影冥冥。
翻江浪涌千层白，锁树烟环两岸青。
估客扬舲归远浦，渔人散网聚回汀。
风流太守应留宴，银榜高题喜雨亭。

①邓显鹤：《湘皋再致虎痴函》，《茶香阁遗草》卷二附录。

② 张家榘：《蓉裳致葆仪函》，《茶香阁遗草》卷二附录。

也有借物抒怀，寓意深远之作。如《蝉》：

细雨声偏急，斜阳响更频。
自鸣还自己，非是悦时人。

有的诗境界阔远，气势雄浑。如《望岳》：

苍茫满一望，万笏排衡阳。
云涌白无际，烟凝青有光。
春流环九面，秀色堕三湘。
绝顶梦飞上，身骑赤凤凰。

写景宏大壮阔，抒情豪气干云，不减须眉。正如前人所评："翩然擅标格，不类粉与脂。"[1]尾联"绝顶梦飞上，身骑赤凤凰"格调高昂，画面瑰丽，与老杜"会当凌绝顶，一览众山小"有异曲同工之妙。道光二十一年状元龙启瑞曾评价此诗为黄婉璚集中压卷之作："雄豪不似女儿词，压卷应推《望岳》诗。"[2]又如《秋望》：

萧萧飞木叶，秋色上荒台。
远水千帆尽，长空一鸟回。
江楼寒翠合，林驿夕阳开。
百感苍茫集，消除托酒杯。

境界苍茫阔大，用字精炼，学杜而得其精髓。

黄婉璚词作清新明丽，更胜于诗。如《甘州子》：

乍寒乍暖暮春天。梅豆小，麦花妍。风梳碧柳一村连。远岫抹晴烟。残照外、啼鸟和流泉。

《如梦令》：

一带晴山如沐，十里浓花似簇。鸡犬静无声，幽绝水边茅屋。

① 张家榘：《哭葆仪五首即题其集》之四，《茶香阁遗草》卷首《题词》。

②《三长物斋丛书》本《茶香阁遗草》卷首《题词》。

摇绿，摇绿，门外数竿修竹。

《调笑令·送春》：

春去，春去，无计可留春住。飞来飞去晴霞，千树万树落花。花落，花落，天涯数声残角。

《西江月》：

良夜风来小院，遥天月到疏棂。相携姊妹且同行。踏碎一庭花影。细葛衫黏宿汗，轻罗扇扑流萤。人间暑气霎时清。身在广寒仙境。

她的词中也有苍劲雄健之作。《满庭芳·江楼远眺》是其名作：

云拥青山，山拖残碧，暝色飞上层楼。柳丝摇梦，分绿桂缣钩。何处书传锦字？南来雁、声断苹洲。萧疏甚，烟栖岸树，苍染半江秋。

凝眸，天渺渺，飘摇楚尾，心远吴头。算多少征魂，空载扁舟。怕听湘骚写怨，销不尽、香草风流。苍茫里，愁痕界破，飞起一汀鸥。

此词慷慨沉雄，风格颇似苏、辛。

黄婉璚的诗词刊刻流传之后，在全国范围内都有一定的影响力，各种选本纷纷收录其作品。诗方面，除前面提到的《沅湘耆旧集》外，毛国姬、毛国翰所编《湖南女士诗钞所见初集》收其诗 29 首，清完颜妙莲保所编《国朝闺秀正始续集》收其诗 6 首，黄秩模所辑《国朝闺秀诗柳絮集校补》收其诗 23 首。词方面，《湖南女士诗钞所见初集》收黄婉璚词 10 首；光绪年间，徐乃昌将其词集刊入《小檀栾室汇刻闺秀词》第八集；清吴灏所编《闺秀百家词选》收其词 12 首；叶恭绰《全清词钞》选录其词两首。当今的一些诗词选本也选录了她的作品。她是当之无愧的清代女性诗词大家、享有盛名的才女。

周国虞

征义堂起义领袖

鸦片战争以后，清政府为支付战争赔款，加紧搜刮人民。腐败的封建统治和沉重的剥削，导致阶级矛盾的激化，劳苦大众纷纷揭竿而起。道光三十年十二月初十日，洪秀全等领导农民群众在广西桂平县金田村起义，宣布成立太平天国。从此震撼中外的太平天国革命拉开序幕。次年，太平军进入湖南，围攻长沙达三个月之久。

太平军进攻长沙之时，靠近省城的浏阳发生了响应太平军的征义堂起义。征义堂起义在浏阳的斗争有力地支援了太平天国的胜利进军，沉重打击了地主劣绅势力，保护了贫苦农民的利益，在近代反封建斗争的史册上谱写了光辉的一页。

征义堂起义领袖周国虞，是浏阳历史上的一位重要人物。

保卫身家，劫富济贫

周国虞（清廷诬称为“周国愚”），绰号“虞王”，生年不详，浏阳东乡古港高浒人，曾花钱捐得监生头衔。他虽身材矮小，其貌不扬，但武艺高强，臂力极大，“徒手能敌百人，能腾身空际，飞檐走壁，又有封刀、封铳诸邪法，煽惑愚民”①。

周国虞喜欢交结侠义之士，并具有很强的组织能力。道光十四年，他以赛社的形式，筹钱会饮，成立秘密的民间组织——忠义堂，“凡法术书数、医卜星相以及粗晓天文地理有一艺之长者，均收入伙”。入会的仪式极为神秘，具体做法为：入会者先出制钱一千文，报名登簿，进入暗室，饮符水一碗，以头伸入瓦瓮内盟誓永不改悔。最初会员多为下层民众，会员之间“联声气、通缓急”②，皆患难相助，互通有无，极为团结。秘密入此组织者逐渐增多，他们“以东乡离城四十里之煤田、三坪洞、大西洞等处”为据点，“往年暗以红绳作汗衫纽辫，近又更用他物”。

道光二十一年十二月，湖北崇阳县爆发了天地会首领钟人杰起义，攻占崇阳、通城，树旗立号，称王设官，并向湖南推进。清廷异常恐慌，多方调集兵力进行镇压。周国虞借此机会，以防寇为名，与邓万发、曾世珍

① 邹焌杰：《奏请派兵会剿湖南贼匪片》，“台北故宫博物院”藏“军机处档折件”，文献编号：087577。下文引文未注出处者皆出此篇。

② 同治《浏阳县志》卷一六《职官二政略赵光裕传》。

等人倡立团练，组织村民制械操习，并将古港高浒村内社庙改名为征义堂，作为教习场所，忠义堂从此也改名为征义堂。由于征义堂的势力日益强大，会众甚多，在民间纠纷事务中扮演着非常重要的角色，成为贫民的保护者，因此遭到当地官绅的嫉恨。虽然如此，周国虞仍与当地劣绅不断发生冲突，并且愈益激烈，渐至发生械斗。当地劣绅遂控告于官，欲加害于周国虞。

道光二十六年，湖广总督裕泰密令浏阳知县王葆生查办，王以征义堂实力较大，办理甚难，“令地保呈缴鸟枪数十杆”，敷衍了事。道光三十年，周国虞在长沙住了一个多月，常常在旷野之中会客，“传闻有十省匪徒，往来四川、广西之人尤多”。咸丰元年三月，湖南巡抚又派人到浏阳调查，浏阳知县赵光裕令绅士王应苹、李芸等传唤周国虞，周国虞拒不到县城，而是“约知县与委员同到狮山书院相见，仅取具永不滋事甘结了案”。然而周国虞并没有停止会员的联络，继续进行秘密活动。

咸丰二年夏，太平军自广西进入湖南，引起清廷朝野上下的恐慌，急令各地加紧举办团练，加强对太平军的镇压。周国虞、邓万发等借此机会，再次以举办团练为名，公开复兴征义堂。在很短的时间内，征义堂组织迅速发展至两万余人，成为浏阳最强的民间武装组织，“凡鸟枪大炮、刀矛器械之属，无不完具”，“其凭依之险，储蓄之富，党羽之多，散布之广”，非一般民间组织可比；其成员也不再局限于下层民众，甚至渗透到官府机构之中，“该匪党腹心散布浏阳县署及省城大吏各衙门充当书差兵役，暗通消息，省城一举一动，无不周知”，为官绅势力所侧目。由于成员增多，周国虞将堂众分为新、老堂18处，由朱联石等人分别管带。此时的征义堂反清意识逐渐增强，引起了太平军的重视。

同年七月底，太平军西王萧朝贵领兵攻打长沙。为了策动征义堂助战，由李能通（即李年通、李八，原为湖南安仁县天地会首领，后至广西投奔了太平军）派李亨道、唐里茫为密使，携函潜入浏阳，通过李能通的老相识马二，会见了周国虞，要求周国虞率众会攻长沙。周深表赞同，并让李、唐二人先回长沙，捎去密信及情报。当李、唐二人行至狮山书院时，不幸被王应苹、李芸等率团勇捕获，周国虞给太平军的信件也落入敌手。王应苹等拟将唐、李二人押送至县城，借以构陷周国虞之罪。周国虞闻讯，先发制人，派曾世珍、邓万发等16人前往营救，于八月初一日杀了王应苹，查抄其家，烧毁狮山书院，成功地救出了唐、李二人。[1]

周国虞杀死王应苹之事，使反动官绅极为痛恨，附近的上东乡各团愤

① 骆秉章：《奏报浏阳县征义堂土匪谋逆抗拒已将首要各犯分别审明正法折》，“台北故宫博物院”藏“宫中档奏折”，文献编号：406004527。

恨至极，白沙团更是发誓要与征义堂决一死战，到处寻杀征义堂成员。然而面对周国虞征义堂势力的迅速发展、且太平军正在猛攻长沙、浏阳乡团又尚未编齐的现实，知县赵光裕只好采取缓和的手段来羁縻征义堂，并假意请征义堂协助守城，以控制其行动。周国虞将计就计，以禁抢夺为名，将堂众分布在县城及县东的三口、栗田、邓家塘、沿溪桥、高浒等地，整顿征义堂队伍，积极扩充实力，为起义筹备粮饷器械。堂众不时袭击团局、典当铺及富豪，"缮械积粟，封识民仓"，声威大震。周国虞在幕后指挥，他"日烧香拜神毕，独戟手步室中，恣诸酋长所为"。[①]

征义堂势力的发展及其劫富济贫活动使当地劣绅更为惶恐不安，必欲去之而后快，在县东的张坊、陈坊，县南的金刚头，县北的永安市，征义堂民众被反动团练捕杀之事时有发生。九月，为了反击反动劣绅，周国虞决定袭击东门踏浒团。他派60人先期潜伏于杓形会堂头目黎树标家中，计划随后派兵攻占东门、白沙，占据浏阳河上游地区。不料事情泄露，东门团丁500人将黎树标房屋包围，放火焚烧，先遣队60人全部遇难，峰田、大坳等地原准备响应的堂众也于次月被杀。征义堂的反击未能成功，帮助太平军攻打长沙的计划也未能实现。周国虞领导征义堂将注意力集中于加强自身防御。他将队伍集中于古港穴山坪、宝盖洞诸地，"不数出，惟出入县治，伪助知县守备如故"，"率夜惊团丁，至或出掠，辄被杀"[②]。

正式起义，激战失利

在周国虞与地主团练交锋日益尖锐的时候，地主劣绅奔走于江西、湖北等地，或写信给京官，状告征义堂谋反。咸丰二年十一月十七日，在京浏阳籍翰林编修邹焌杰上了一道密折，另附一片和一件清单，详述征义堂成立始末、活动情况，"将著名头目分踞各处及逐日抢劫各家情形"上呈，请咸丰帝"命湖南巡抚密讨此贼，使骤不及备"[③]。邹焌杰在奏折中说："今日之事，臣言之则贼匪挟嫌，臣家恐有意外之虞；臣不言，则隐忍相安，终成养虎贻患，合邑惧无噍类矣。"[④]

清廷依据奏折和清单中所提供的情况，于十一月十九日、十二月初一日两次谕令湖南巡抚张亮基等进行查办。十二月初一日的谕令说："前有人奏，浏阳县东乡会匪周国虞等设立征义堂名目，意图勾结，已有旨饬令密查妥办。此项会匪，蓄谋日久，人数众多，闻该县知县赵光裕素得民心，

① 同治《浏阳县志》卷一三《兵防·征义匪之难》。

② 同治《浏阳县志》卷一三《兵防·征义匪之难》。

③ 同治《浏阳县志》卷一三《兵防·征义匪之难》。

④《请乘时筹办贼匪折》，"台北故宫博物院"藏"军机处档折件"，文献编号：087580。

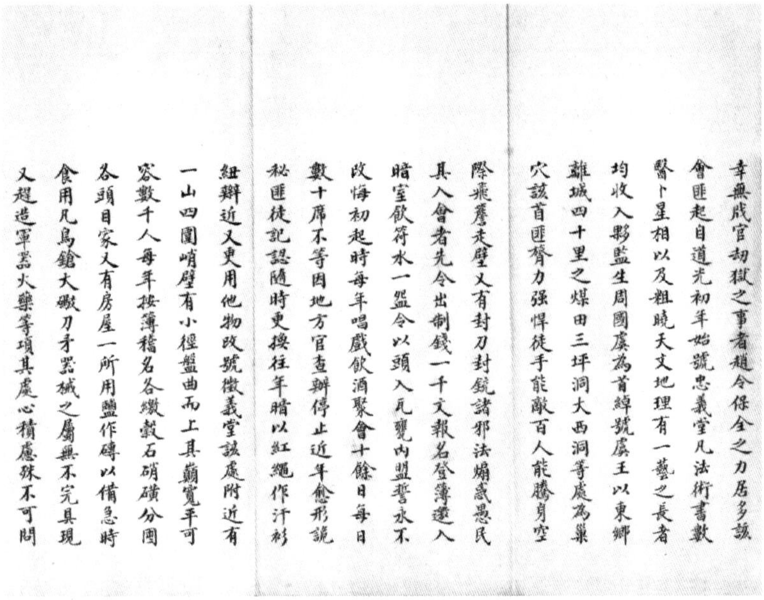

幸無戕官劫獄之事者賴令保全之力居多該
會匪起自道光初年始號忠義堂凡法術書數
醫卜星相以及粗曉天文地理有一藝之長者
均收入夥監生周國虞為首綽號虞王以東鄉
離城四十里之煤田三坪洞大西洞等處為巢
穴該首匪膂力強悍徒手能敵百人能騰身空
際飛簷走壁又有封刀封銃諸邪法煽惑愚民
其入會者先令出制錢一千文報名登簿邀入
暗室歃符水一盌令以頭入瓦甕內盟誓永不
改悔初起時每年唱戲飲酒聚會十餘日每日
數十席不等因地方官查辦停止近年愈形詭
秘匪徒記認隨時更換往年暗以紅繩作汗衫
紐襻近又更用他物改號徵義堂該處附近有
一山四圍峭壁有小徑盤曲而上其巔寬平可
容數千人每年按簿稽名各繳穀石硝磺分團
各頭目家又有房屋一所用鹽作磚以備急時
食用凡鳥鎗大礮刀矛器械之屬無不完具現
又趕造軍器火藥等項其處心積慮殊不可問

邹焌杰《奏请派兵会剿湖南贼匪片》对周国虞的记载

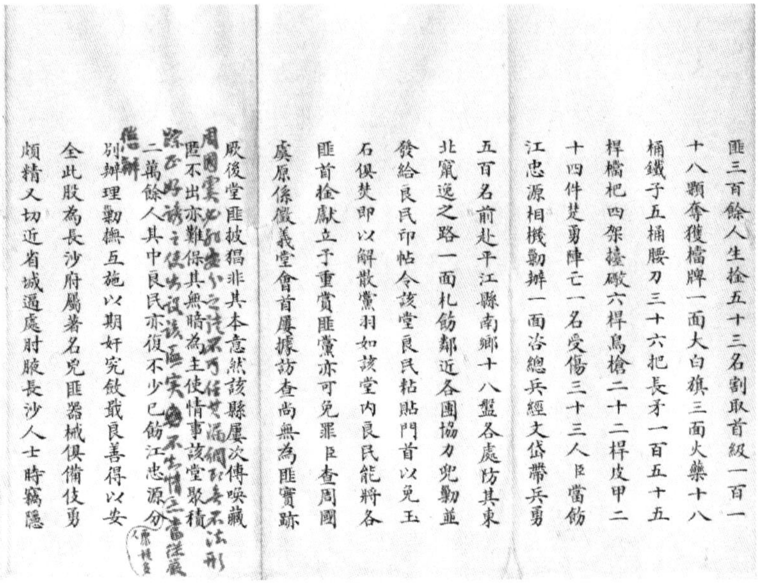

匪三百餘人生擒五十三名割取首級一百一
十八顆奪獲擋牌一面大白旗三面火藥十八
桶鐵子五桶腰刀三十六把長矛一百五十五
桿檔耙四架擡礮六桿鳥槍二十二桿皮甲二
十四件楚勇陣亡一名受傷三十三人臣當飭
江忠源相機勦辦一面咨總兵經文岱帶兵勇
五百名前赴平江縣南鄉十八盤各處防其東
北竄逸之路一面札飭鄰近各團協力兜勦並
發給良民印帖令該堂良民粘貼門首以免玉
石俱焚即以解散黨羽如該堂內良民能將各
匪首擒獻立予重賞匪黨亦可免罪臣查周國
虞原係徵義堂會首屢據訪查尚無為匪實跡
厥後堂匪披猖非其本意然該縣屢次傳喚藏
匿不出亦難保其無暗為主使情事該堂聚積
二萬餘人其中良民亦復不少已飭江忠源分
別辦理勦撫互施以期奸宄斂戢良善得以安
全此股為長沙府屬著名兇匪器械俱備伎勇
頗精又切近省城邇處肘腋長沙人士時竊隱

张亮基《剿办浏阳攸县土匪折》原件
“台北故宫博物院”藏

是以伏而未动，务须妥慎办理，不可稍涉卤莽，激成事端。”[①]

在此之前，湖南巡抚张亮基已经得知征义堂的情况，派通判裕麟前往浏阳查办，出告示勒令征义堂“将党伙解散，呈缴军器，将匪首缚献”[②]。随后又派遣典史孙昭文、千总武举诸殿元偷偷到浏阳侦察地形，探明路径，暗查征义堂首领的姓名、住址等，为调遣兵勇前往镇压做准备。

张亮基的幕僚左宗棠是镇压征义堂的最主要的幕后策划者。他在为张亮基起草的奏折中写道：“此股为长沙府属著名凶匪，器械俱备，伎勇颇精，又切近省城，逼处肘腋，长沙人士时切隐忧。”[③]

十二月，太平军自岳州撤出湖南，进兵武汉，巴陵晏仲武起义被清廷镇压，左宗棠深感此时是对征义堂用兵的大好机会，于是与张亮基“密谋办之，通省司道以下无一知者”[④]。张亮基通过左宗棠的密信，命令清军将领江忠源率所部楚勇，由巴陵开赴浏阳进行镇压。左在密信中，向江忠源简要地介绍了他所了解的征义堂情况，并详授进兵方略：“请由平江小路驰赴浏阳县，驻营其地，大张告谕，令征义堂团众速将滋事各犯献出。一面传知邻团，集勇并力，克期会剿；一面札平江县，将各隘口严加防堵，毋令被剿各匪窜逸。该匪等四面受敌，势必不支。”“进兵宜神速，令其不测也。……当其取道平江时，只云搜捕晏仲武余匪。及将近浏界，计程一日可到，即五更起程，卷甲疾趋，直抵该处。”[⑤]

十二月十四日，江忠源抵达浏阳县城，谎称“奉大府檄赴江西，俟长沙饷到乃行”[⑥]。两天后，在县城东门外险要之处冯家岭筑营，布置就绪，乃张贴布告，声称奉檄“征剿”征义堂，公开对征义堂进行镇压。

征义堂当然不甘坐以待毙，毅然于十二月十八日正式起义。周国虞和曾世珍等率领五六千人，分派周国伟为军师，马泳达为总头目，朱联石等为十八堂头目，“旗帜皆白，大书‘官逼民反’，刀矛林立，呼声震天”[⑦]，阵容非常壮观。他们分三路主动出击：左队出詹家岭，右队出鸟立树下山间，直攻清军营盘；另一路进攻县城。江忠源也分三路守御，并预先在唐家洲设伏兵。起义军在唐家洲遇伏失利，进攻县城的另一部起义军也被清军千总李辅朝击退，清军“三路合力掩杀，追奔二十里，至双江口始行撤队”[⑧]。这一战，起义军损失十分惨重，伤亡300余人（清军“割取首级一百一十八颗”），被俘53名，首领之一曾世珍身受重伤，著名的拳棒教师张大（即张大武）牺牲，大量武器落入敌手，清军亦伤亡30余人。

主动出击没有成功，周国虞遂率余部向东撤走，退守古港，分六路扼

①《清文宗实录》卷八一。

② 张亮基：《剿办浏阳攸县土匪折》，《张大司马奏稿》卷二。

③ 张亮基：《剿办浏阳攸县土匪折》。

④ 左宗棠：《与周夫人》。

⑤ 左宗棠：《与江岷樵》。

⑥ 左宗棠、郭嵩焘合撰：《江忠烈公行状》。

⑦ 左宗棠、郭嵩焘合撰：《江忠烈公行状》。

⑧ 张亮基：《剿办浏阳攸县土匪折》。

守三平洞、山口等处。周国虞、陈朝泾、陈德昭三股分守三平洞；朱兴祥、曾世珍、邓万发三股分守山口。江忠源又进一步发动军事进攻。他一面飞咨总兵经文岱率兵500名防堵平江县南乡芦洞十八盘，“防其东北窜逸之路”，“一面札饬邻近各团协力兜剿，并发给良民印帖，令该堂良民粘贴门首”[1]，分化瓦解起义军。

起义失败，惨遭杀害

二十一日夜三更，清军拔营进攻。江忠源令伍煋、赵瀚带兵勇500人进扼溪冈，文鸿盛、汪筠带兵勇500人进扼长泥岭，以防起义军进攻县城。江忠源自率刘长佑、江忠济、杨承义、萧良植、李辅朝等带勇一千名，于二十三日辰刻抵达古港。是夜四更，江忠源带兵进犯山口，邓万发、曾世珍率义军与敌奋战，杀死敌军多人，然而终因寡不敌众，陈国材等130余人被捕，义军头目朱兴祥被就地斩首示众，清军“起获大炮三尊、军械五十余件”[2]，邓万发、曾世珍逃走。

二十五日，江忠源进驻到三平洞南口，分遣李辅朝、江忠济等带团勇绕道行一百二十余里至平江县界十八盘，从三平洞北口向义军发动进攻。李辅朝等于二十六日辰时对上平洞发起进攻，“该处山势险峻，盘亘四十余里，林深菁密，人迹罕到”，周国虞率领起义军凭借险要地形与敌军展开激烈搏斗，奋勇抵抗，堂众牺牲数十名。江忠济又使用诡计，绕到起义军寨子的后面，“纵火焚栅”，义军只得撤退，“李辅朝、江忠济分路追杀，毙贼数十名，生擒六十余名，坠崖落涧者不计其数，夺获大炮三尊，抬枪、鸟枪二百余件，子药十数桶”，义军伤亡惨重，大量武器落入敌手。[3]在这种情况下，周国虞仍率领起义军进行顽强抵抗。

二十七日，清军拔营至中平洞，起义军聚集在周氏宗祠进行抗击，清军“枪炮并施”，杀死十余名义军，义军纷纷撤退，清军又“追杀二十余里，生擒五十余名，起获硝磺十石”[4]。义军头目陈朝泾、陈德昭等带领20余人从北面翻山转移至黄泥界，不幸被当地团练捕获，送至经文岱营内。

二十八日，李辅朝等带兵至下平洞，伍煋等带兵从南口鱼贯而入，南北两路会合后对起义军进行疯狂镇压，“合力搜捕，先后共缉获八十余名”。二十九日，清军“分往大溪、山光两洞，获匪十余名”。三十日，清军在“宝盖洞搜获匪徒二十余名”。[5]至此，周国虞领导的起义军经过十余天的

① 张亮基：《剿办浏阳攸县土匪折》。

② 张亮基：《剿办征义堂土匪竣事折》，《张大司马奏稿》卷三。

③ 张亮基：《剿办征义堂土匪竣事折》。

④ 张亮基：《剿办征义堂土匪竣事折》。

⑤ 张亮基：《剿办征义堂土匪竣事折》。

激烈战斗，大部分首领死难，有700余人在战斗中牺牲，670余人被俘，还有4300余户共约10000余人被迫领取“良民印帖”，起义在清廷的大肆镇压下失败。事后张亮基向朝廷奏报：

统计是役自十八日接仗起至三十日止，先后生擒暨各乡团捆送共获匪徒六百七十余名，临阵斩首暨乡团格杀共计七百余名，先后发给良民印帖解散胁从至四千三百余户，人数约一万余名，起获大炮六尊，抬枪、鸟枪二百余杆，长矛三百余杆，档杷、档牌共六十余件，腰刀一百数十把，皮甲二十余具，硝磺子药数十石。[①]

起义失败后，周国虞避至湖北汉阳鹦鹉洲。咸丰三年春，湖南巡抚骆秉章派道员夏廷樾、通判裕麟与楚勇头目刘长佑等文武员弁及各乡绅士，继续缉捕征义堂堂众。曾世珍、周国伟等200余人被捕，周国虞、邓万发的家人也落入敌手。曾世珍、周大举等297名堂众在浏阳军营被“就地正法”。同年五月，周国虞被浏阳知县赵光裕派人协同东乡团丁在湖北抓获后押至长沙。湖南巡抚骆秉章派长沙知府仓景恬对其进行了残酷的刑讯。随后，周国虞与马泳达、周国伟、马二、朱联石等共29人被凌迟处死，周大武等375名堂众被斩。至咸丰三年七月十八日骆秉章奏报结案之时为止，被俘、被捕的征义堂成员中，有72人在牢房中被折磨至死（包括周国虞的父亲周世芒在内），在浏阳被杀害者共297人，被押解至省城长沙杀害者共404人，连“征义堂”这个名目也被永远禁革。[②]邓万发避至澧洲，后在永定县被清廷捕获，旋被解省杀害。

咸丰五年七月，征义堂潜伏下来的余众再图举义，不慎事泄，被知县袁青绶率兵镇压，从此不能复起。

① 张亮基：《剿办征义堂土匪竣事折》。

② 骆秉章：《奏报浏阳县征义堂土匪谋逆抗拒已将首要各犯分别审明正法折》。

谭继洵

晚清重要的封疆大吏

光绪二十年中日甲午战争，以中国战败、北洋水师全军覆没告终，次年清朝政府被迫签订了丧权辱国的《马关条约》。中国还未战败前，“警报频闻，事机屡误”，当时有一位官员提出让北上勤王的部队“调归一处，联络会剿”，“俾得齐心一志，各尽其杀敌致果之诚”[①]。战后，这位官员上奏反对签订《马关条约》。他说：不能割让奉天七州县与台湾给日本，否则欲壑难填，而且会导致“各国效尤”，后果只能是中国被各国瓜分；赔款二万万两和添通商口岸等条款也坚决不能答应。“查倭地小饷绌，势难久角；我则地大物博，尽堪坚持。”他提出迁都西安，加强武备，“坚持一年，倭必形见势绌，无难蹙之”[②]。紧接着，他又与署两江总督张之洞、闽浙总督边宝泉等六位督抚联名致电总理衙门，请求将《马关条约》延期换约，“相机补救”。然而均未被腐朽的清廷采纳。数年之后，八国联军侵华，慈禧太后和光绪皇帝仓皇出逃，还是去了西安。

①《奏请饬联络会剿以资得力电》。

②《奏请迁都西安坚持抗敌必能取胜电》。

这位官员名为谭继洵，时任湖北巡抚。为戊戌变法流血牺牲的谭嗣同是他儿子。与谭嗣同相比，谭继洵长期给人以顽固守旧的不良印象，然而，从上文所述事件中，我们却看到了这位封疆大吏的爱国精神和深谋远虑。也许我们要仔细了解他的一生，才能对他作出客观、公正的评价。

三甲进士，廿载京官

谭继洵（1823—1900），原名继淳，字子实，号敬甫，又号剑芙。道光三年九月二十九日，出生于浏阳天井坡（今属集里街道）。谭继洵6岁时，父亲谭学琴病逝，抛下夫人毛氏和7个儿女，家道骤然中落，景况十分凄凉。继洵的伯兄谭继升放弃学业，毅然承担起维持全家生计的重担，奉养母亲，照顾弟妹。他对三弟继洵寄予厚望，为其聘请老师教授功课，严格督促其学习。继洵聪明勤奋，学业进步很快，20岁就考中了秀才。

道光二十七年，24岁的谭继洵结婚成家，娶浏阳北乡芦烟洞徐韶春之女徐五缘为妻。徐氏是典型的乡村妇女，辅佐夫婿，刻苦耐劳，善于持家。为了使丈夫完成科举考试，她日夜操劳，承担起全部的家务。

道光二十九年，27 岁的谭继洵考中举人。自道光十二年至此年，共举行了十届乡试，每届都有浏阳人中举，“十科连中无间”。而按照惯例：“州县十科乡试中式不间，得增学额。”当时浏阳的学额（每次考试录取的秀才的名额）只有十二名，“学额苦少”。咸丰元年，谭继洵与同年中举的浏阳人邱庆诰一起拜谒座师、湖南学政车顺轨，请求给浏阳增加学额。车认为此事可行。谭、邱便请求浏阳知县赵光裕向上申请，结果次年浏阳得以增拨学额三名。[①]自此之后，浏阳学额“递有增加，士气烝烝日上”[②]。

谭继洵考中举人之后不久，就面临太平天国战乱，他没有像当时许多湘籍士大夫那样，去投笔从戎，建功立业，而是仍然循规蹈矩地走科举之路。在此后十年之中，他在浏阳等地以教私馆为生，同时积极准备参加会试。

为抵抗太平军，湖南各地士绅纷纷举办地方团练。谭继升是组织浏阳团练的中心人物之一，其在浏阳士绅中的地位日益突出，称之为“团绅领袖”。谭继升“行洁品端，才长心细，乡闾依赖垂四十年。县中公事，如礼乐局、兴贤局、监修《县志》、兴举礼乐局经课，成终创始，综理咸宜。又如管带防勇，以所余勇饷月息捐充团防总局经费，缔造城团中立局，置产储谷，积累至二万缗，规模久远，团费扩充，为通县各团之冠”[③]，在浏阳公益事业中发挥着重要的作用。

咸丰九年，37 岁的谭继洵赴京参加会试，中贡士（清制，会试中式者为贡士）。可他当年并没有参加殿试，据说是因为他担心自己字写得不好，因此请假一年，“闭户书卷折”[④]，潜心练字。次年补殿试，考中三甲八十六名，赐同进士出身，在户部学习期满后候补主事，由此开始了官僚生涯。谭继洵成为京官后，即移居京师阑眠胡同，携长子嗣贻随侍。徐夫人也于同治二年携二女一子赴京，谭家开始在北京定居下来。

清代户部是管理全国户籍和财政经济的机关，谭继洵在户部任职 17 年。此时正值清王朝镇压太平天国和捻军起义后出现的所谓“同治中兴”时期。经过长期战乱，社会经济破坏严重，民生凋敝，财政枯竭。谭继洵处事谨慎，办事勤勉，努力熟悉所管业务，很快便“博综掌故，精熟食货”，因而深受上司信任，得到逐级提拔。同治七年七月，补户部广西司主事，十一年，升补户部山西司员外郎，十三年，升补山东司郎中。

同治十三年十月，谭继洵简放坐粮厅监督，驻北京以东的通州。直隶通州为南北漕运的终点，每年数十万石漕粮在此交卸进仓，以供京师王公百官俸廪禄米及八旗兵丁口粮之需。坐粮厅的职责为监督挑挖北河淤浅，

① 车顺轨：《浏阳增学额记》，《兴贤汇纪》卷六。

② 同治《浏阳县志》卷八《学校》。

③ 欧阳中鹄：《谭继升夫妇捐赈款银一千两移县请建坊文》。

④ 谭延闿：《近代湘贤手札注》。

催攒北河重、空漕船，督令经纪车户转运粮米交仓等。办理漕政事务繁重，为清代有名的肥缺，其中营私舞弊、贪污中饱层出不穷，尤以通州交卸漕粮弊病最为突出。继洵到任后，力加整顿，不避繁难，勤于任事，整顿贪腐，“秉明廉之姿，治之以至正无私，由是涓滴归公，举向日积习为之一新”[①]。他连续3年因办漕运得力而受到嘉奖，且光绪二年京察一等，奉旨专以道员用，赏加二品衔。

① 谭传赞：《敬甫公传》。下文引文未注出处者皆出此篇。

甘肃为官，实心任事

光绪三年八月，55岁的谭继洵补授甘肃巩秦阶道，次年赴甘肃就任。道是清朝在省、府之间所设的监察区，由布政使司派出者为分守道，由按察使司派出者为分巡道。巩秦阶道是清政府在全国所设72个分巡道之一，为整饬兵备道，监管茶马屯田等事务，下辖一府（巩昌），二直隶州（秦州、阶州），十四县，道员驻秦州。秦州（今天水）位于甘肃省南部陕、甘、川、青交界处，地理位置十分重要。

谭继洵抵达秦州上任时，新疆已基本平定，正在进行善后处理，并开始酝酿设立行省。在镇压陕甘回民起义，平定甘肃、新疆的过程中，形成了一个以左宗棠为首的西北湘系集团。其主要成员如钦差大臣督办新疆军务兼陕甘总督左宗棠，西宁道帮办新疆军务刘锦棠，陕西巡抚谭钟麟等，均系湖南人。谭继洵到甘肃就任后，由于乡谊和部属的关系，也很快成为这一集团中的中上层成员，受到左宗棠、谭钟麟的信任和倚重。

秦州原来就属于贫瘠地区，长期战争之后，更是城乡残破，经济凋敝，民生困苦不堪，形势十分严峻。“为今之计，非积谷无以备边，非禁罂粟无以积谷。”[②]他上任之后，勤勉任事，不避劳怨，采取了一系列发展经济、治理社会的措施：整顿吏治，对官员惩劣扬善；减免厘税，严禁私罚商民；兴修水利，“岁暮则以工代恤，岁歉则以工代赈，陇南居民赖以生活者亿万计”；赈济灾民，抚恤善后；慎重处理民族关系，注意安抚回族、藏族等少数民族，避免矛盾激化。

② 颜士璋：《敬甫公五旬晋八寿文》。

谭继洵在禁种罂粟和鼓励种桑养蚕方面的措施力度最大。自道光以来，鸦片流毒内地，陇南地区种植罂粟，吸食鸦片成为风气，危害极为严重。谭继洵“以洋药之祸，流毒天下，陇民中之最深，毅然禁绝”。《秦州直隶州新志》卷三《食货》详细记录了谭继洵在秦陇地区严禁鸦片的经过：

（光绪）四年，前巡道谭继洵力振宿弊，示所属府州县，先禁冬种，后禁春种。又于二、三月间，饬各州县官率乡总历行查禁，夏初结报。其查禁不力者，委员踏勘即请参斥。其年秋，禁开烟馆，谕民种棉种桑，以裕本业。五年，请奖查勘出力印委各员。六年，又张四字简明告示；五月，亲行查禁，惩违抗者。

为查禁鸦片，谭继洵亲自出巡各地，“虽严寒盛暑之日，僻壤之区，必躬历其地，召父老而告之洋药之害，其受命者爰慰勉之，不率者立创惩之”。谭继洵厉行禁烟，产生了一定的效果，“此数年中，民颇畏法，无敢偷种”[①]。

①《秦州直隶州新志》卷三《食货》。

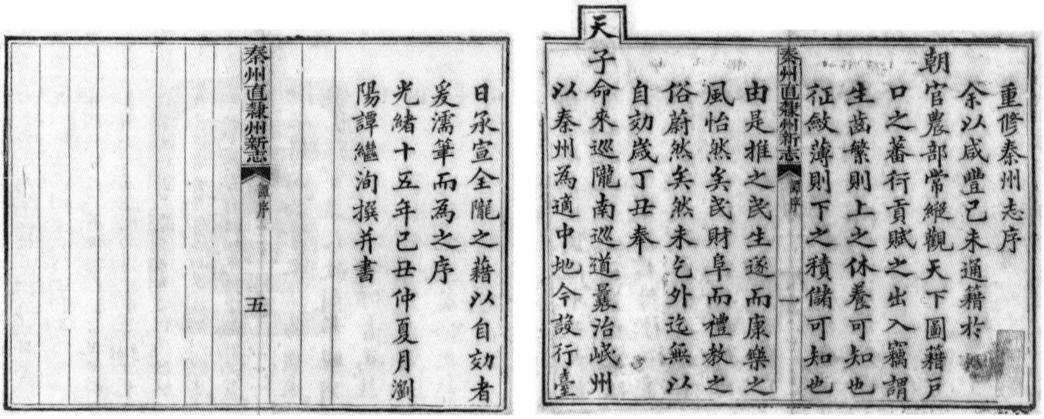
重修秦州志序
余以咸豐己未通籍於
朝官農部常縱觀天下圖籍戶
口之蕃行貢賦之出入竊謂
生齒繁則上之休養可知也
征斂薄則下之積儲可知也
秦州直隸州新志 重修序 一
由是推之民生遂而康樂之
風怡然矣民財阜而禮教之
俗蔚然矣然未乞外迄無以
自効歲丁丑奉
天子命來巡隴南巡道釐治岷州
以秦州為適中地令設行臺

日永宣全隴之籍以自効者
爰濡筆而為之序
光緒十五年己丑仲夏月瀏
陽譚繼洵撰并書
秦州直隸州新志 重修序 五

谭继洵手书刻板《重修秦州志序》

为鼓励种桑养蚕，谭继洵派人到外地购买“桑籽、桑苗归，躬亲种植，以率民官”，又从浙江招募缫丝工匠，“陈缫车于堂，俾民纵观”，教民缫丝煮茧。经过推广，秦州蚕业得到发展，人们高兴地称其茧为“谭公茧”。当时秦州地区天花流行，谭继洵设局劝种牛痘，还特意让其子嗣同先种，以做示范，“民感其诚，久之始兴”[②]。

谭继洵的这些举措，促进了当地社会民生的恢复和发展。谭继洵认为，“治民之要，不外教、养两端”，而“养”（物质生活）又是“教”（文明教化）的基础。他说：“民生遂，而康乐之风怡然矣；民财阜，而礼教之俗蔚然矣。”[③]谭继洵休养生息、以民为本的做法得到了上司的赏识，左

②《秦州直隶州新志续编》卷二《职官》。

③ 谭继洵：《重修秦州志序》。

宗棠曾对人说："敬甫天性严重，胸中纯是爱民之忱。"又说："甘省好官，道员以谭敬甫、周子岩为最。"[1]并向朝廷密疏推荐谭继洵，称其"实心任事，勤慎有为"[2]。这对谭继洵的不断升迁，起了重要的作用。

① 左宗棠：《答杨石泉》。

②《左宗棠未刊奏稿》第565页。

光绪九年三月一日，谭继洵升任甘肃按察使，掌管全省司法和吏治。他力避严刑峻法，而代之以宽松，以防枉滥。次年十月一日，谭继洵升任甘肃布政使，驻兰州。是年新疆设立行省，甘肃是连接内地与新疆的枢纽，承担向新疆转运粮饷的重任，战略地位更显重要。谭继洵努力筹措，改善运输，加强管理，"裁处周密，条绪秩然"，以保证军粮供应。待谭继洵卸任时，"府帑丰溢，军旅恃以无恐"。

他在甘肃任内所采取的一系列措施，对于妥善解决战后遗留问题，恢复遭到破坏的经济，稳定西北局势，起了重要作用。

巡抚湖北，大吏翘楚

光绪十五年十二月一日，谭继洵升任湖北巡抚，次年四月二十日，接印任事，成为主政一方的封疆大吏，达到了一生仕途的顶点。"湖北为上游扼要之区，巡抚有全省统辖之责，用人行政积弊须除，筹饷整军当务尤亟"[3]。谭继洵任湖北巡抚九年，"量时度宜，勤求教养之方，用人行政之要"，还曾两度署理湖广总督（光绪二十年十月初八日至二十二年正月二十八日兼护督篆，光绪二十四年闰三月至四月兼署督篆）。他依旧注重民生，提倡农桑经济，"一如教陇民者教鄂民"。他为整肃吏治，经常派员密访州县，了解"何者当兴，何者当革"，对危害商贾和百姓的胥吏必以法惩处。他整顿厘税，规定"货不及五十缗者"全部免税，"商贾无扰，而国课益以裕饶"。他派得力人员修筑堤防，治理水患。湖北建有外国教堂，西洋教士深入各府县传教，遭到当地绅民抵制，民教关系十分紧张。谭继洵谨慎处理，避免酿成大案。

③ 谭继洵：《恭报接印任事日期叩谢天恩折》。

在湖北巡抚任上，谭继洵曾奉命前往成都查办四川总督刘秉璋一案。光绪十九年十一月，御史弹劾四川总督刘秉璋"任用私人，招摇纳贿，侵牟百姓"，光绪皇帝大为震怒，特地任命谭继洵为钦差大臣，前往查办。[4]刘秉璋"领疆寄久，姻党遍津要"，谭继洵不顾其盘根错节的关系，不怕得罪权贵，"抵川后，严密详查，一秉大公，罢苛政，禁非刑，劾文武之贪酷不识者，自监司、镇将至州县数十员弁"，刘秉璋也获罪革职。谭继洵的查办奏折公布后，"中

④ 锺德祥奏折，见《光绪朝东华录》。

外翕然称之，谓查办之公为四十年来所仅见”。刘人熙当时读邸报后在日记中写道：“读邸抄谭巡抚继洵查覆总督刘秉璋一疏，庶几不欺矣，大吏中之翘楚也。”

甲午战争爆发后，形势日趋紧张，而湖北地当要冲，奉调北上诸军络绎过境，谭继洵积极征调兵力，筹措军饷和武器弹药。战后，他于反对签订《马关条约》的同时，在湖北大力整顿军队，并奏请在武昌添设枪炮局。光绪二十一年夏，谭嗣同挚友、在武昌两湖书院求学的唐才常说：“谭中丞精神、才力，较前更旺。办理军务，极为认真。”[①]“湖北军政，经谭中丞极力整顿，凡空额克扣、惰于操演等弊，一时尽革，鄂汉军民，颂声作矣。”[②]

①唐才常：《上父书》十六。

②唐才常：《致唐次丞书》五。

谭继洵画像

从20岁中秀才起，谭继洵读书、为官数十年，历经道光、咸丰、同治、光绪四朝，官至一品，成为显赫的封建官僚。科场得失，宦海沉浮，既增长了其人生阅历，也限制了他的思想和视野。像同时代的许多封建官员一样，继洵自幼服膺孔教，推崇程朱理学，“究心宋儒之书，践履笃实”，“讲求修己治人之学”。加上他做事谨慎，老成持重，因而给人留下了拘谨守旧的印象。任湖北巡抚时，他与湖广总督张之洞同驻武汉，难免摩擦与矛盾。张之洞“事多专决”，“继洵不敢与抗，谨饬自保而已”。张之洞在湖北大力推行洋务，继洵偏于保守，“每之洞约联衔条陈新政，皆谢不敏”[①]。不过，在戊戌维新期间，谭继洵曾起草了关于变通科举的奏折，还保举宋育仁、洪超为使才，这也反映了他在某种程度上同情维新变法的态度。

① 沃丘仲子：《近代名人小传·官吏·谭继洵》。

父子关系，身后评价

谭继洵是清代浏阳首位官至封疆大吏的人。他虽然长期在外做官，但与家乡浏阳始终保持密切联系，重要的浏阳士人如李兴锐、欧阳中鹄、刘人熙、涂启先等都与他保持着长期的交往。这对儿子谭嗣同之成长影响很大。

同治九年六月，谭继洵将位于北京宣武城南库堆胡同的住宅转让给“本邑宾兴会，作为浏阳会馆”，此后浏阳人“计偕北上、筮仕入都，车殆马烦之余，颇有宾至如归之乐”[②]。谭继洵又请好友谭锺麟书写“浏阳试馆”四个大字，光绪六年制匾悬挂在会馆大门上。刘人熙为作《浏阳会馆记》。

② 杨德钧：《北京浏阳会馆缘起》。

光绪十五年十二月，谭继洵在甘肃重刊清代著名学者朱文炑遗著《慎甫先生四种》，并亲作跋语：

夫吾邑河水向西流三百余里，精堪舆者谓必有大贤生其间。乾嘉之际，陶春田先生以理学导后进，一时学行之士类能争自濯磨，其弟子如邱惺庵先生辈，尊闻行知，言动必以法。余幼时见童馆中诸弟子，于师长朋友父母昆季间，均揖让雍容，彬彬有礼，此非教泽之所熏陶者久乎？先生生于嘉、道之时，复能刻苦自励，专心以穷性命之旨，岂风气所感欤，抑山川所钟毓欤？虽然，至于今，吾邑礼教亦稍衰矣！既不得如先生者讲明性学以振兴之，因刻是书以遗乡人，俾读之者有所感发焉，则先生之泽孔长，而惠我乡人无疆也！[③]

③《谭继洵集》卷五。

随着地位的上升，特别是担任湖北巡抚之后，他在家乡浏阳的影响也不断增加，县里的重大事务往往需要征求其意见。浏阳士人多有往湖北投奔者，或官或幕，逐渐形成了一个以谭继洵、谭嗣同父子为中心的人才群体。对此，谭嗣同曾说：“家大人开府湖北，宾从文谯，盛极一时，瓣姜师外，若王君信余、吴君小珊、张君憩云、涂君质初、贝君元征，方诸芝兰，吾臭味也。”[①]当时集聚在湖北的浏阳人，除了谭嗣同提到的欧阳中鹄、王扬芳、涂儒翯、贝允昕外，还有唐才常、刘善涵、陈长樞等，“儒林硕彦，映照一时”[②]，是浏阳人才史上难得的鼎盛时期。

谭嗣同与欧阳中鹄、唐才常等人在浏阳设立算学馆，谭继洵予以支持。光绪二十一年浏阳大旱，饥民遍地，谭继洵让家里人施米粥急救灾民，又同意谭嗣同的请求，在湖北藩署借款二万寄浏阳，以充办赈经费，还带头发动浏阳籍在外官员捐款济赈。光绪二十三年，谭继洵“欲捐万金建实学书院，讲明性理之学”[③]，拟请涂启先主讲，后不果。

谭继洵晚年与其子谭嗣同的关系逐渐“升温”。光绪十八年，谭继洵患足疽，久治不愈，其他子孙仅白天侍候，而谭嗣同衣不解带，日夜侍疾达半个月，且用口吮吸其毒，“因之病喉多日”[④]。光绪二十四年六月十三日，谭嗣同将离开武昌北上，在湖北巡抚署写信给夫人李闰说：“父亲慈心更甚于昔，亦甚惦念我等，曾问我家眷到底在何处住好，我对云：暂在浏阳住甚好；若浏阳不安静，即可令其来署中住。大人深以为然。”（《致李闰》）七月十四日，清廷下诏裁撤督抚同城之湖北、广东、云南三省巡抚。七月二十日，光绪皇帝召见谭嗣同，任命其为“军机章京上行走，参预新政事宜”。七月二十九日，御史杨深秀弹劾谭继洵说：“守旧迂拘，虽人尚无他，要非能奉行新法者。此等即不逢裁缺，亦当分别罢斥，或优之听其告休。”[⑤]八月二日，谭继洵交卸职务，拟进京陛见候命。八月六日，慈禧太后发动戊戌政变，囚禁光绪，百日维新失败。据说谭嗣同在浏阳会馆模仿谭继洵的笔迹，伪造了一封断绝父子关系的书信，以免株连父亲和家人。八月十三日，谭嗣同在北京菜市口英勇就义。八月十七日，谭继洵奉上谕：“裁缺湖北巡抚谭继洵，着无庸来京，即行回籍。”[⑥]

谭继洵虽因丧子而痛心疾首，但还经常强忍悲痛劝慰李闰说：“老七（谭嗣同行七）将来的名望在我之上呀！”他作有挽子联云：

谣风遍万国九州，无非是骂；
昭雪在千秋百世，不得而知。[⑦]

① 谭嗣同：《石菊影庐笔识·思篇》之四一。

② 谭嗣同：《石菊影庐笔识·思篇》之四十。

③ 涂儒翯：《先君舜臣府君年谱》。

④ 谭训聪：《先祖嗣同公家传》。

⑤《戊戌变法档案史料》第181—182页。

⑥《光绪朝上谕档》。

⑦《浏阳文史》第11辑，第109页。

浏阳大夫第谭继洵卧室

光绪二十六年九月十二日，谭继洵在浏阳病逝，享年78岁。其著作今人整理有《谭继洵集》。

有专家评价谭继洵说："他在40年的官场生涯中是一位忠于职守、克己奉公，又因循守旧、偏于保守的代表性人物"[1]，"是一位始终关注国计民生的封建官员"[2]。

① 田伏隆：《谭继洵集·序》。

② 贾维、谭志宏：《谭继洵集·自序》。

娄云庆

英勇善战的霆军名将

在曾国藩镇压太平天国所组建的湘军主力队伍中，有一支由四川人鲍超（字春霆）统率的“霆军”，英勇善战，名将甚多，在与太平军作战和晚清反侵略战争中屡建奇功。这霆军诸多将领中，有一位浏阳人娄云庆，咸丰年间入伍，从鲍超征战，由千总升守备，擢游击、升参将，再经副将、总兵而升授提督，成为统管一省绿营的最高军事长官。在《湖南浏沩娄氏合修族谱》中留有其族侄孙编撰的《尚书峻山公年谱》。

初建战功，救胡大帅

娄云庆（1826—1912），字德生，号峻山，浏阳西乡普迹人，生于清道光六年二月二十一日。出身贫苦，识字不多，以佣工、小贩营生。道光三十年，太平天国革命爆发于广西桂平金田村，很快波及湖南。娄云庆知其势必如燎原之火，而当政者知兵的人又不多，他便加紧学习古人兵法，准备一试。

咸丰四年，他 29 岁，在长沙遇见了清泉县的丁华先，一谈便成知己。于是丁华先邀云庆一起招募义勇百名，随湖南益阳人胡林翼转战湘鄂。丁

娄云庆像

载民国刊本《湖南浏沩娄氏合修族谱》卷三

华先阵亡后，他身经十数战，虽有功绩，却泯灭不彰。当时武汉再次被太平军占领，湖北统帅轮流更换，娄云庆虽有报效之心，却无人推荐。

五年二月，娄云庆投到长江水师营官鲍超的部下，在进攻鲇鱼套敌卡的战斗中，他手燃巨炮，轰破敌巢，取得夏口之捷，被湘军水师将领杨岳斌赏给六品军功。不久进攻武昌，血战黄鹤楼、塘角等处，炮伤娄云庆右腿，他拔出弹丸，浇水洗净血污，旁观者惊得腿发抖，他还坚持发炮数十门。再接再厉，攻克黄州、郭店、樊口、武昌等处。杨岳斌验其功，列娄云庆"头等"，记大功一次。由此，自田家镇而蕲州，而九江，节节进取，摧毁太平军的战船殆尽。当时胡林翼已署理湖北巡抚，督师汉阳，与太平军交战挫败，"仅以身免"，一个人孤零零地走在后湖泥淖中，月色朦胧。娄云庆军的三板船驶至，遥见一人穿半截罗衫，赤脚，形色苍黄。娄氏跑近前一看，认识是胡林翼，于是背负出险，用船将他送归大营，"大帅深嘉其能"。

十年征战，记名总兵

咸丰六年六月，胡林翼委派鲍超到长沙去招募陆军，组建五营三十三哨的"霆"字军，娄云庆被委任为右营右哨哨官。后霆军由将军都兴阿调遣，很重视五营中娄云庆所在的右营，鲍超善用众长，便以娄云庆为领队官，打起仗来无往不捷。咸丰七年在安徽黄梅县的战斗中，霆军踏平黄腊山、王家河的太平军营垒四十八座，娄云庆被炮伤入右胯骨，列首功，于是被合并屡次战绩，奏保为千总，赏戴花翎。八年九月，奉旨晋都司，加游击衔。太平军被赶出湖北后，胡林翼督兵援皖，收复潜山县城，乘胜攻太湖，助李续宾一起进剿太平军英王陈玉成。在双方伤亡严重，"血肉狼藉"，都兴阿、鲍超传令收队的情况下，娄云庆"坚不肯退"，趁着日将暮，对方炮声渐疏，知其枪炮将绝，而下令"拔梅花桩"，战士越壕而过，他手燃火药包，掷进炮楼，将驻守的太平军炸得尸首"濠平坑满"。都兴阿赞叹说："霆军真不怕死，虎娃娃也。"于是，官文、都兴阿、胡林翼三人会同奏保娄云庆，于咸丰九年八月奉旨升为参将，加副将衔。曾国藩还会同胡、鲍委派娄云庆回湘另募一营，选精壮六百人，叫作"副中营"，扩充霆军，指派娄云庆为先锋。

娄云庆有胆有识，每战获胜，曾国藩于咸丰十一年奏保他，得旨以副将遇缺即补。曾国藩后又在奏疏中称娄云庆"沉慎有谋""忠勇诚朴"，论霆军大将，必首推娄云庆。娄云庆攻克黟县县城，获众多粮械辎重，湘军名将刘松山请他喝酒庆功，“深服霆军严整有法，方阵进退连环，尤宜学步”，即称赞霆军值得大家学习。这年，娄云庆奉旨以总兵记名，遇缺题奏。

霆军瓦解，转任提督

同治元年，曾国藩调娄云庆驰援长江南北。娄云庆挥军长驱，一路杀敌无数，占领青阳县城，乘胜铲除铜陵县顺安镇太平军营垒二十余座，攻克石埭、太平、泾县三城。四月，奉旨着赏二品封典。五月，清廷授他为直隶正定镇总兵，他继续征战，未赴任。六月，他以智取宁国府城，太平军保王洪容海率众十余万来降，娄云庆择其壮者三千，编为启化五营，其余皆遣散。当时鲍超因病请假，所部马步三十余营命娄云庆主持，宋国永总理营务处。娄云庆尽力撑持，曾上禀曾国藩陈说军事，曾国藩答曰：“君之诚勇，实所钦佩，霆军战无不胜，攻无不克，守无不稳，赖君与鲍公筹画万全。”八月，娄云庆以提督记名简放。同治二年六月奉旨：“记名提督娄云庆，着赏穿黄马褂。”

同治三年，鲍超与娄云庆大破太平军康王汪海洋部，将汪部追杀出安徽、江西。十二月，清廷命鲍超西征，娄云庆总统霆军援闽。四年二月，娄云庆督军一万余人进福建，援助左宗棠围剿汪海洋。十二月，与左军会合攻破嘉应城（今广东梅州市），斩杀汪海洋及其余众，从此太平军被“肃清”。娄云庆请假回籍。

同治六年二月，娄云庆奉旨调署古北口提督，入都陛见两宫太后。三月，抵古北口接篆，调练兵队五营达四十日之久，部伍整齐。而此时曾国藩由两江飞章奏调，因霆军统帅鲍超要回四川养伤，全军无人统领，势将哗散，故要调娄云庆接统。曾还写信给娄，要娄速到金陵面商。五月，娄云庆交卸提督印，航海至江南与曾国藩面商后，遣散霆军旧部中“气习嚣张者”，再招募整合成“霆峻”十三营。娄云庆字峻山，故以“霆峻”为名。次年闰四月，他率军至黄州，知捻军已肃清，军中又奇缺粮饷，便与曾国藩密商将霆军遣散归农。征战十二年的霆军于此瓦解，娄氏于七月回浏阳省亲。

娄氏回乡，于光绪三年安葬母亲，料理田庄后，本有终老之志，但光绪六年又奉旨仍补正定镇总兵，六月到任。光绪九年九月，恳请开缺，回籍养病，但至十月，因法国人争夺越南，湘军将领彭玉麟奉旨督办广东军务，又调娄云庆统领庆字全军，驻扎广东虎门外沙角。娄云庆与两广总督张之洞商议，督修明炮台数座、暗炮台十数座，积极准备防守。至十一年，中法战事结束，才因病请假回湘。十五年三月，娄氏奉旨补授广东潮州镇总兵。

光绪十七年七月，奉旨补授湖南提督，次年二月，赴常德接印。二十年正月，因慈禧太后六十寿庆，奉旨“各省文武大臣有久膺重寄，卓著勋劳[者]，尤宜推恩懋赏，湖南提督娄云庆着赏加尚书衔”。虽仍是从一品，但有了统管全国军事的行政长官兵部尚书的头衔，俗称大司马。这一年还因中日战起，军务紧急，两江总督张之洞奏派娄云庆赴行营扩充庆字军，驻扎岳州，以备调遣。中日议和后，仍回常德提督任所。至光绪三十二年81岁时，他才奏请开缺，回籍终老。民国元年七月去世，享年87岁。葬浏阳西乡金江柳树坝。

娄氏一生英勇善战，军功显著，但暮年固位求荣，口碑不佳。不过还是做了一些义举。光绪三十四年，浏阳灾荒，“西满仓常平谷分领给放，恒以谷少争执，董事者极感困难”。娄云庆“慨然捐谷三百石，又捐银一千两，交正绅买谷，以资领发”。又曾捐资作为本族子弟读书的经费。

李兴锐

清末名臣，粹然循吏

古代历史上的帝妃、诸侯、大臣等社会地位相对较高的人物，在其去世之后朝廷会依据其生前所作所为，给出一个具有评价意义的称号，这就是通常意义上的谥号。浏阳历史人物中，死后获得谥号的只有四位。前三位分别是：晋代忠臣易雄，谥忠愍；元代文学家欧阳玄，谥文；明代大将张武，谥忠毅。最后一位是清末的李兴锐，谥勤恪。

勤恪，意思是勤勉恭谨。这个谥号，只有那些生前既勤勤恳恳做事又奉公守法的大臣才有资格获得。李兴锐正是这样一位大臣。他在20世纪初历任江西巡抚、署广东巡抚、署闽浙总督、署两江总督，与刘坤一、张之洞等人同为“清末新政”的推动者和中坚力量，是晚清名臣。同治光绪两朝帝师、军机大臣翁同龢曾称赞李兴锐为“粹然循吏”[①]。

①《翁同龢日记》光绪二十三年三月三十日。

总办山内粮台，补授大名知府

李兴锐（1827—1904），字晋初，号勉林（又作冕庭、勉庭），浏阳东乡筱水垅（今属古港镇）人。道光七年九月二十日出生。父亲李锡祺，是当地乡绅，获得过从九品官衔。母亲周氏，生有四子，李兴锐居长。李锡祺道光二十五年去世，李兴锐的伯、叔父与他分家，“仅予薄田数亩”[②]，家境顿衰。当时李兴锐只有19岁，成为家中顶梁柱，他和弟弟们“躬耕奉母，日则亲秉耒耜，夜则课诸弟读，刻苦淬砺，不以穷困自馁”。

② 李昌洵：《勉林府君行状》。下文引文未注出处者皆出此篇。

李兴锐故居——浏阳筱水垅李家大屋残存一隅

咸丰二年夏，太平军自广西进入湖南，七月底，太平军西王萧朝贵领兵攻打长沙，并派人与浏阳会党征义堂首领周国虞潜通消息。周国虞也是东乡人，其住地古港高浒及征义堂据点三口、煤田等地，与李兴锐居住的筱水垅邻近。李兴锐让三弟兴镜、四弟兴铎保护母亲到山中避乱，自己与二弟兴钜“会集邑人士，举行团练，清内奸，固众志，群情大定”。十二月，他率团众协助清军将领江忠源对征义堂起义进行了镇压。

咸丰四年，李兴锐考中秀才。咸丰五年、六年，太平军由江西铜鼓、万载等地“谋窜浏阳，进窥长沙”。李兴锐率团勇协助清军守备周虎臣（一作“杨虎臣”）加强防卫，阻扼了太平军的进攻。后经湖南巡抚骆秉璋奏保，被赏给训导职衔。咸丰六年，湖南龙山县举人李如崑任浏阳训导，见到李兴锐后“一见奇之”，说：“浏阳人杰，无过李某者。”李如崑和湖北黄梅人、江西委用道帅远烽都是湘军统帅曾国藩的好友。咸丰七年、八年，帅远烽、李如崑分别写信给曾国藩，推荐李兴锐。咸丰八年七月，李兴锐见曾国藩于江西湖口军中，曾国藩派他为随营委员（委员，指被委派担任特定任务的人员），与胡云黼、王澧共同管理湘军陆营军械所。李兴锐以其出色才干和廉洁、勤勉的品格，受到曾国藩的信任和倚重，得以“入参戎幕”，与曾幕中李鸿章、郭嵩焘、李元度等人“讨论战守，多奇中，诸公均推重之”。咸丰九年七月，曾国藩上奏请奖湘军出力人员，李兴锐被奖为即选知县。

咸丰十年六月，清廷授曾国藩为两江总督、钦差大臣，督办江南军务。曾国藩将行营驻扎在安徽祁门县城，奏明在南昌设立湘军总粮台，派江西布政使负责其事，在祁门另设行营支应粮台，派江西建昌府知府隋藏珠与江西候补知府张韶南会同管理。咸丰十一年五月，曾国藩派李兴锐为行营支应粮台帮办，“专司支发”[①]。八月，湘军攻克安庆，图攻金陵，又在安庆设粮台，名为江外粮台，调隋藏珠等人管理，“其留于祁门者，支应皖南诸军，名曰山内粮台”[②]。当时张韶南已去世，曾国藩命李兴锐接任山内粮台总办。是时，安徽南部各府、县城屡屡被太平军攻占，祁门为“往来孔道，贼所必争之地，警报时至，一夕数惊”，李兴锐经理有方，保证了军饷的供应，“卒能转运不绝，军食赖以常充”。

同治元年十一月初七日，太平军奉王古隆贤部“乘雪夜”攻陷祁门县城，初十日才退出县城。李兴锐提前侦知太平军将来袭，预先将所有辎重和银饷迅速转移藏匿，使太平军一无所获。

① 曾国藩:《复张韶南》。

② 曾国藩:《造报历年军需收支款目分四案开列清单奏请报销折》。

江南战乱，在祁门的难民数以万计，都靠山内粮台的赈济为生。李兴锐想方设法救济饥民，“劳来抚辑，全活万计”[①]。李兴锐因功屡次被奏保。同治三年，湘军攻破天京，他被奏保为安徽补用知府。同治四年五月，驻皖南的唐义训、金国琛两部湘军兵士，因担心被裁撤后饷银没有着落，“索饷鼓噪”，有哗变之势，情势危急。李兴锐闻讯后，立即只身驰赴营中，对强横凶暴的兵士说：“有欠饷，是粮台委员的过错。我和各位约期三日，如果三日后没有发饷给你们，你们只管来杀我。”他一面紧急筹集军饷，一面暗中查清主谋者二人，禀明曾国藩下令处决，平息了事变。

随着对太平军的军事活动的结束，山内粮台于同治五年正月被撤，粮台“积存平余银四十余万”（平余，地方官吏收税时加重戥子称银，所得溢额银两名平余），有人说这些银子是粮台委员应得的，劝李兴锐取为己有（这也是当时的惯常做法）。李兴锐却愤怒地说：“这是盗贼所为，我不屑！”他将四十余万两银子都上缴归公，“不以一钱自私”[②]。同治七年七月，捻军被镇压，李兴锐因功被协办大学士、湖广总督李鸿章奏保，奉旨：“着补（知府）缺后以道员用。”此时曾国藩调补直隶总督，十二月到达北京。同治八年正月十七日，曾国藩上《略陈直隶应办事宜并请酌调人才酌拨银两折》，并开单奏调钱鼎铭、陈鼒、游智开、李兴锐、赵烈文、方宗诚、金吴澜、陈兰彬八员赴直隶差委，当时谓之曾门“八贤”。曾国藩这样描述李兴锐：

安徽候补知府李兴锐。该员湖南诸生，随臣军营多年，最耐劳苦，遇惠可及民者，毅然为之，可决其必作循吏。拟调至直隶，以其劬劳之素，稍变此间逸惰之习。

同日清廷下旨：“候补知府李兴锐，着发往直隶，以知府补用。”十一月初一日，曾国藩奏请以李兴锐补大名府知府缺，说：“该员血性过人，精卓耐苦，以之请补大名府知府要缺，洵堪胜任。”[③]李兴锐没来得及赴任，因直隶发生旱灾，同治九年正月，曾国藩派他到直隶南部各州县办理赈务。他除与直隶按察使钱鼎铭、刑部员外郎陈兰彬等筹议章程，精心策划外，还亲自督办肥乡县赈务，赴乡清查极贫户口，按口放钱，“民赖全活者甚众”。一同办理赈务的陈兰彬称赞他“有守有为”，“殆为直省道府第一”[④]。四月初，赈务完毕。六月进京引见，奉旨以道员用。八月，曾国藩调补两江

①《清史列传·李兴锐传》。

② 端方：《胪陈前署督政绩折》。

③《请以李兴锐补大名府知府缺折》。

④ 陈兰彬：《致朱学勤（同治九年二月初二日）》。

总督，李鸿章任直隶总督。九月，李兴锐向李鸿章请假，回江宁寓所省亲。同治十年二月，曾国藩奏请将李兴锐开去大名知府之缺，留于两江差委，委派他办理两江营务处。李兴锐负责“勘定新改外海内洋水师章程，及整饬绿营等事，有条不紊”[①]。十一月十八日，曾国藩委任李兴锐为上海机器局会办。同治十一年二月初，李兴锐刚到上海就职，就听闻了曾国藩在江宁去世的消息，赶回襄理丧事。后来北上直隶，处理来自吏部的诘难。

曾国藩奏请将李兴锐留于两江差委，吏部认为这是李兴锐有意规避，挑肥拣瘦，“应即比照终养开缺之案，准在江宁养亲，留于两江差委，不准委署地方各缺，亦不准奏留两江补用，俟养亲事毕，照例坐补原缺，以杜规避”[②]。这样一来，李兴锐大名知府的实缺没有了，又不能在两江补用正式官职，只能担任零时性差使，要等到母亲去世，守孝三年后，才可坐补大名知府原缺。后虽经李鸿章于同治十一年十二月、同治十二年四月两次奏保，试图补救，均遭吏部驳回。李兴锐仕途遭到巨大挫折，灰心丧气地回到江宁。同治十三年三月，日本强行登陆台湾，意图久踞，“江海戒严”。两江总督李宗羲招李兴锐入幕府，“机要必咨而后行”。李兴锐认为“防外患当自江海始”，遂亲赴江阴、狼山、吴淞、崇明等地“履勘险隘”，建议于险要处修筑炮台，设防固守。“长江筹设海防之策，基于此。”

掌管上海机器局，勘定中越边界

光绪元年初，李宗羲奏请委派李兴锐为上海机器局总办。李兴锐于是年三月到上海任职，直至光绪九年二月其母亲去世才离职，掌管上海机器局长达八年时间。“事属草创，规模未备，府君既受事，乃谋扩而充之。”李兴锐“增建铁船厂、炮厂，考工选料，事必躬亲”，“勤勤不倦，故能渐臻美备”。曾国藩之子曾纪泽是其挚友，时任出使英国、法国大臣，李兴锐写信给曾，“就外洋考察各国新式”，请其洽询购买外国先进设备、材料，博采西方新技术。他办事“极其认真”，“每日亲历各厂考察勤惰，以记功过而定劝惩，一时人心鼓舞，局务大有起色”[③]，“江南制造遂冠各省”[④]。在李兴锐的努力下，上海机器局在光绪初年进入快速发展期：“光绪元年，改汽炉厂为锅炉厂，又设枪子厂、轧铜厂于龙华镇。二年，建火药局于松江城内。四年，改汽锤厂为炮厂。五年，复于炮厂对面购地设炮弹厂。七年，改操炮学堂为炮队营，又设水雷厂。”[⑤]李兴锐在任内加紧近

① 李鸿章：《奏保李兴锐片（同治十一年十二月初九日）》。

② 李鸿章：《奏保李兴锐片（同治十一年十二月初九日）》。

③刘坤一：《察看疆臣片》。

④《清史列传·李兴锐传》。

⑤ 民国《上海县续志》卷一三《兵防·营署》。

代火炮的试制，先后仿制成克虏伯炮、40 磅子阿姆斯特朗炮等，并研制水雷，制造成筒式 100 磅药碰电熟铁浮雷及生铁沉雷。他还延聘国人任广方言馆英法文教习，改变外籍教习把持外文教学的局面，并设武学、船学两馆，培养技术人才。[①]

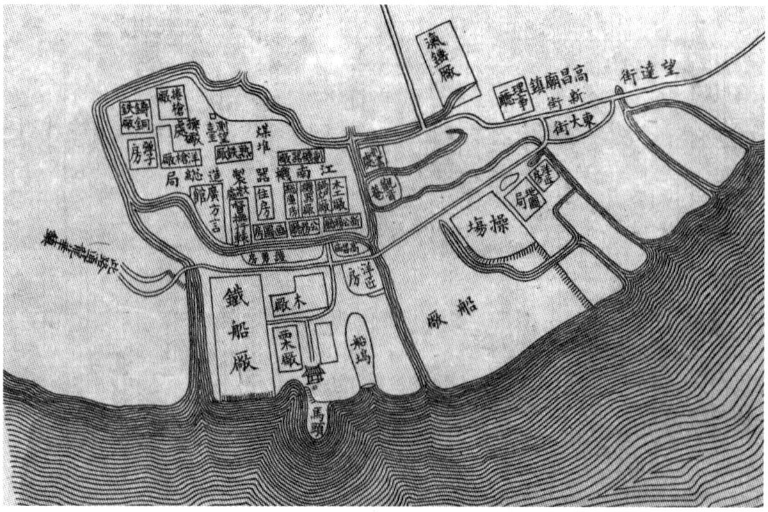

光绪十年《上海县城乡租界全图》中所绘上海机器局

光绪九年四月，李兴锐从上海回浏阳守母孝。在李兴锐守孝期间，多位大臣向朝廷保荐他，希望朝廷予以重用。两广总督张树声上奏说李兴锐“识力坚卓，操守廉正”，“其才实堪大用”[②]。光绪十年十一月初五日，曾纪泽致电总理衙门，保荐李兴锐为出使之材，并称“该员忠勤廉明，泽敢保其可靠”[③]。光绪十一年五月，李兴锐服满起复，入都引见。此时中法战争结束不久，双方在天津签订的《中法会订越南条约》规定，条约签字后六个月内，中法两国派员到中越边界“会同勘定界限”。七月二十日，清廷下旨：“着派鸿胪寺卿邓承修驰驿前往广西，会同张之洞、倪文蔚、李秉衡办理中越勘界事宜，并着广东督粮道王之春、直隶候补道李兴锐随同办理，与邓承修随带司员，一并驰驿前往。”[④]十月，李兴锐与邓承修等人抵达广西。勘界工作进行了一年多时间，作为中方副使的李兴锐与法人谈判，带队勘界，尝尽辛劳，尽最大努力为祖国争取权益。他“循边徼千里，遍历穷荒”[⑤]，“出入瘴乡，积受湿热”[⑥]，积劳致疾，身体遭受了极大的损害。光绪十三年三月二十八日，李兴锐“忽遘左手足麻木不仁之症”[⑦]。之后医治约两个月时间，仍未愈。界务结束后，李兴锐赴上海就医。

①《（上海）卢湾区志》第三十三编《人物》第二章《事略》，上海社会科学院出版社，1998 年版，第 1002 页。

②张树声：《保荐人才折》。

③《清季外交史料》卷五〇。

④《清德宗实录》卷二一二。

⑤ 端方：《胪陈前署督政绩折》。

⑥ 李鸿章：《李兴锐请假片（光绪十三年六月初八日）》。

⑦《李兴锐日记》第 139 页。

光绪十三年五月初三日，清廷下旨，赏李兴锐二品顶戴，派他担任出使日本国钦差大臣。李兴锐因病未治愈而请辞，“留沪养疴，贫病交攻”。

光绪十五年五月，李兴锐病愈，回直隶当差，直隶总督兼北洋大臣李鸿章派他办理北洋海防支应局事务，负责北洋水师等军队的后勤保障。十七年，李鸿章委派他署理直隶津海关道。处理交涉事件是津海关道的重要职责，李兴锐“遇交涉事，持重不轻可否，而一诺则立办，不诺则百折不回，外人咸悦服”。次年交卸，仍办理支应局。二十一年三月十七日，清廷下旨授李兴锐为直隶天津道。他四月二十六日接任。因山东巡抚李秉衡密奏李兴锐“晓畅洋务，志节清严，洵为有用之才”[①]，清廷于七月下旨调李兴锐为山东登莱青道。他十月接任登莱青道。登莱青道驻烟台，兼任东海关监督。东海关为清代税关之一，设在烟台芝罘半岛，常税正额五万两，另有额内盈余一万二千两、额外盈余八千两，也就是说，朝廷规定的东海关一年税收总额为七万两。但是，历年以来的收入数目，每年都只有六万余两。原因在于，实际的征收数目远不止此，历任监督都将此视为肥差，“视为利薮，百弊丛生”，征多报少、中饱私囊成为惯例。这六万余两，再除去各项经费，最终解到户部的不过二万余两。李兴锐按照巡抚李秉衡的要求，“洁己奉公，锐意整顿”，“核实钩稽，力祛从前征多报少之弊”，“每年正额五万两，额内外盈余二万两，并正额、盈余随征耗银七千两，一并照实数报部”。除此之外，李兴锐还主动申请将监督应得的“长余之银”二万两提出充公。再裁掉各项陋规，节省经费，“东海关归公之款计增五万余两”，每年解到户部的金额达到七万多两。[②]东海关的整顿弊病、提款充公，在全国起到了示范作用。光绪二十二年四月初五日，清廷下旨令各省整顿税关，“总期核实报部，不准稍有隐匿，以重税课”[③]。

中日甲午战争后，日军占领威海卫，当地居民常遭骚扰，惶恐不安。李兴锐与日人“定议丈地圈界，使主客互守”，使百姓得以安居。

光绪二十二年二月，清廷升授李兴锐为长芦盐运使。他先署理直隶按察使，再回本职。二十三年二月，又升授福建按察使。按察使为一省司法长官。二十四年十二月，升福建布政使。布政使专管一省的民政、财政、田土、户籍、钱粮、官员考核，沟通督抚与各府县。二十五年七月，调广西布政使，十二月接任。

① 李秉衡：《保荐直隶天津道李兴锐畅晓洋务为有用之才片》，中国第一历史档案馆藏“军机处全宗·录副奏折”，档号：03—5335—048。

② 李秉衡：《奏严核关税提款充公折（光绪二十二年三月二十五日）》。

③《光绪朝上谕档》。

大力改革，政绩卓然

光绪二十六年九月二十六日，清廷下旨："江西巡抚着李兴锐补授。"李兴锐十一月初六日交卸起程，十二月二十七日到江西南昌接任。在清代，巡抚为省级地方政府长官，总揽一省军事、吏治、刑狱、民政等，职权甚重，与总督同为封疆大吏。

李兴锐主政江西，是临危受命。光绪二十六年，北方发生义和团运动，八国联军侵华，慈禧和光绪帝逃到了西安。义和团运动期间，江西发生了众多教案，"焚毁教堂至数十处，劫掠教民财产，控诉于官者不下二千余起"（端方《胪陈前署督政绩折》），"外人要挟，因应棘手"，局势岌岌可危。清廷在西安行在下旨，令李兴锐到江西收拾残局。李兴锐一上任就参奏了十余名防范、处理教案不力的官员，并责成地方官在光绪二十七年三月前将教案"一律议结"。又派人与法天主教、英美耶稣教的主教商议善后，赔银八十多万两。李兴锐为"免累及良民"，不将赔款摊派给地方，而以议借洋款、官员分认的方式解决。办结教案后，江西局势得以相对稳定。

教案甫平，水灾又起。五月初，江西"大雨滂沱，连宵达旦，河水宣泄不及，陡成巨涨"，数十州县受灾。李兴锐当即采取多种措施抢救、赈济灾民，并率先捐银五千两，号召布政使、按察使等官员捐款，"委员分赴汉口、芜湖采办米石，运回赈济"。[①]经过多方筹措，认真抚恤，江西灾民没有流离失所。后来，他又派人到上海"购制挖泥机汽轮船数舠"，"疏浚鄱阳湖，以防水患而惠民生"[②]。

教案、水灾处理完，李兴锐腾出手来，积极推行"新政"。

早在光绪二十六年十二月初十日，清廷颁布上谕，申明要变法革新，称"法令不更，锢习不破；欲求振作，当议更张"，令各朝臣、督抚等"各就现在情形，参酌中西政要，举凡朝章国政、吏治民生、学校科举、军政财政，当因当革，当省当并"，"各举所知，各抒所见，通限两个月，详悉条议以闻"。这标志着晚清最后十年改革时期的开始，史称"清末新政"。李兴锐于光绪二十七年三月二十八日上《参酌中西情形筹议政务折(附清单)》，提出了十条改革变法措施：举行特科、整顿学校、考课官吏、广设银行、行使银纸、维持圜法、仿立保险、修举农政、讲求武备、遍设巡捕，总的原则是采合中西之长，仿行西方制度，以图变革自强。这篇奏折也成为李兴锐在江西的施政纲领。至光绪二十八年七月十八日交卸，李兴锐任江西

① 李兴锐：《江西南昌等县猝被水灾筹办赈抚折（光绪二十七年五月十七日）》。

② 李兴锐：《委员赴沪购制挖泥机汽轮船疏浚鄱阳湖以防水患而惠民生折（光绪二十七年十一月初四日）》。

巡抚的时间不过一年七个多月，这位七十五六岁的老人仿佛在与时间赛跑，使多项改革举措在江西落地，“凡诸要政，皆得旨允行”[1]。其中有些改革措施具有独创性，走在其他各省之前，具有示范作用和全国性的影响。

李兴锐在江西的改革主要有以下几个方面：

第一，澄清吏治。李兴锐以澄清吏治为新政第一要务：“窃近日时事多艰，整饬吏治最为正本清源要务。然非将向来因循粉饰、泄泄沓沓之陋习痛予湔除，而举一二实心任事之员为之标准，亦不可以言治理。”[2]他注重考察官员，既毫不手软地参劾贪官污吏，又大力奖励、举荐清官能吏。上任四个多月后，即上奏举荐东乡县知县戚扬、署鄱阳县事候补知县李相等三人，参劾代理抚州府事李嘉宾、候补知府林介弼等八名庸劣不职的地方官，请旨即行革职。光绪二十七年七月二十八日，他将信丰县知县李用曾、补用知县陈克慎奏参革职；同年十二月十七日，又将试用同知郑榜诏、赣州城守营都司蒋本荣等八名官员奏参革职。李兴锐激浊扬清，使江西吏治大为改善，面貌一新。

为了培训、考核官吏，李兴锐拟定章程，在巡抚衙门开设课吏馆。江西各在省候补官员，除道员、知府以外，都要参加在课吏馆举行的考试，“以同通州县为一班，佐贰杂职为一班，每年分四季，按季扃试一次”，“均试以中西政治及时务策论”。每次考试都分别等次：异等请旨破格录用；超等立予委署；一等、二等分别给予酌委、记功；三等不予功过，饬令再加学习，以待下季考试；其劣者列为四等，分别记过、停委。江西课吏馆于光绪二十七年八月正式开考，挑取同通州县前二十名，九月初一日到馆肄业。光绪二十八年春试后，同通州县添取十名，佐贰杂职挑取前列三十名，两班各有三十名在馆学习。这些官员们的学习内容、方式为：“由副馆长督同常川在馆讲习，以中国吏治为本，辅以泰西政学、武备，酌分门类，每人付以日记册一通，举每日讨论所得详载之，按旬呈送馆长评校，再呈臣覆阅，加以批答……每届月终，综校所记各册，第其高下，颁给月奖。如日记太少，又无精卓之见者，分别记过，过多者即予撤出，用昭劝惩。”[3]这种专门的机构和培训、考核方式，鞭策官员们研讨新知，讲习政事、兵事，有利于提升官员施政能力，肃清官场风气。江西是新政时期全国第一个创办课吏馆的省份，之后其他省份纷纷仿效设立课吏馆。

第二，清理财政。清末江西财政入不敷出，十分拮据，开源节流是当务之急。光绪二十七年四月，李兴锐在电报中描述了江西的财政状况：“查

①《清史列传·李兴锐传》。

② 李兴锐：《考察属吏分别举劾折（光绪二十七年四月二十四日）》。

③ 李兴锐：《江西设立课吏馆教练吏才以资治理折（光绪二十八年二月二十日）》。

江西每年实征丁漕正耗、厘税，连历年筹饷节费，奏提各属平余、盈余等项，约共进款项三百五六十万。每年拨解京协各饷，内务府、铁路、边防各经费，及洋债镑价，暨解京漕折等，共亦约三百五六十万。出入相抵，已无所余。而本省绿营汛陆各军粮饷，及坐支廉俸、部饭、役食、解漕脚费，连外销之科场经费、办公缉捕津贴、薪水、夫马、饭食一切零星款项，合计尚需二百万。每年挹彼注兹，已极支绌。加以上年北方有事，添拨直隶、山、陕及程军月饷，解京米价，又五十余万。尤觉库空如洗。兴锐督商司道，拟将上年添募各勇概行裁汰，并节省一切浮费，约可省四十余万，然所短仍不下百六十万。”[1]之后，庚子赔款成立，每年加派江西省款额一百四十万两，真是雪上加霜，筹措维艰。李兴锐向以善于理财著称，他主要采取了以下几项措施增加财政收入：一是办按粮捐输（又称随粮捐输），二是整顿丁漕，三是整顿厘金，四是办理土药膏捐，五是办理盐斤加价。

丁漕之外，江西财政收入以厘金为大宗。厘金，又称厘捐、厘税，是晚清实行的一种行商税。在水陆要隘设立关卡，征收过往商品百分之一的捐税，百分之一为厘，故名。李兴锐将大宗货物的厘金改办统捐。以前江西征收厘金，“经过第一卡完初护厘三分，第二卡完初验厘二分，第三卡完二护厘三分，第四卡完二验厘二分，至此已完足十分矣。然行至第五、第六卡，辄复勒取红钱入己，商民病之”。改办统捐后，对江西出产的大宗货物“如夏布、烟叶、靛花及贵重之物，统征一次，发给护照，道经各卡，不准重征”，“正厘之外，不取分文，并严禁各卡需索陋规”。[2]即改“两护两验”的旧制为一次性征收。改办统捐，被现代学者称为“用统税的办法征收商税”，江西在全国首开其端，影响广泛、深刻。统捐简化稽征手续，减轻了商民负担，促进了商业发展，税收也随之增长，利国利民。其他省份纷纷借鉴江西经验，实行统捐。

第三，振兴实业。因经济凋敝，江西无业游民增多，有的甚至“流而为匪”。李兴锐借鉴西方的做法，在省城创办一所工艺院，“收储游荡及曾犯轻罪者，雇派工师，教以工艺”。如果收留人员“已知悔过自新，即行资遣出院，自谋生业”，“又别行收补”。李兴锐还要求每个州县各设一所类似的工艺院，以达到“通省无业游民皆有托业之所，自可永息盗贼之患”的目的。[3]这项措施可培养流民和有小过人员的一技之长，解决他们的生活问题，对稳定社会秩序有积极意义。

李兴锐认为，“近日时事多艰，各省均有民穷财尽之患，非广开利源，

① 李兴锐：《致军机处电（光绪二十七年四月初三日）》。

②《申报》第10429号第2版《整顿厘金》。

③李兴锐：《江西拟于省城设立工艺院收养游民教以工艺片（光绪二十七年十二月十八日）》。

断难自给”，应该“讲求生利之策”，发展经济。光绪二十八年四月，他在省城设立农工商局，派布政使柯逢时、督粮道刘心源“总司其事”。并在农工商局内设立矿务公司，准许殷实商民入股，“一面酌筹官本，延聘矿师，订购机器，先就水陆交通转运利便之地，次第勘明，分别开采”。[①] 李兴锐还批准设立了官商合办的江西内河商轮公局，于光绪二十八年六月开办，用商轮“往来省城、九江及饶州等处，装运客商暨已纳税厘各货，借利转输”。[②]

在清理财政、振兴实业的过程中，除了江西布政使柯逢时的协助外，李兴锐重用的人才主要有道员丁乃扬和文聚奎。李兴锐措施得当，“委任得人”，“得以凑成巨款，不致贻误要需”[③]。

第四，改革军队。李兴锐对晚清军队有着深刻的认识：“自同治中兴以来，四十年于兹矣，各行省防营仍多沿袭湘、淮旧制，虽有挑练绿营制兵之议，而规制未变，习气亦不能除，糜饷无算，益以疲敝。”李兴锐上任后，裁汰江西陆营弁勇七千余名，又将江军水师全营遣散，江西所存防勇共有二十五营，但军制纷乱，战斗力不强。正当他准备改革军制时，清廷于光绪二十七年七月三十日下旨：“着各省将军、督抚将原有各营严行裁汰，精选若干营，分为常备、续备、巡警等军，一律操习新式枪炮，认真训练，以成劲旅。”李兴锐遂对江西防营进行整编，全省编为中、前、后、左、右五路军，中路军为常备军，“专驻省城，日夕操练”，其余为续备军，“分驻省外各府州，防守险要地段”。在省会设立总营务处，“派知兵大员专司其事，节制全军”。光绪二十八年三月初一日编改成军，每军五营1500人，五军共7500人，“一律演习新式枪炮”。[④]后又对江西绿营军队进行裁改，全省三十五营，李兴锐裁去武宁、铜鼓等十三营，其余“改为巡警，专备巡防警察”[⑤]。李兴锐还在江西建立机器制造局，“仿制各种新式枪弹”[⑥]。“强兵之道，莫先于练将。”李兴锐令江西大学堂“设兵学专精一门”，方便士子讲习，又“拣调南洋学堂毕业学生来充教习，分发各营，设立随营学堂”。且在营务处设讲武馆一所，培养在标各项世职及候补武职，“教以战阵兵法、测绘枪炮等学，以广造就而资委用”。[⑦]他还大力整肃军纪。江西续备后军统领、署南赣镇总兵申道发贪劣骄纵，不受调度，李兴锐上奏参劾，申被革职。又奏修湖口炮台，巩固江防。

第五，兴办学堂。光绪二十八年，李兴锐筹集经费，“督同司道厘定规条，就省城之豫章书院添赁民房，扩充讲堂”，于四月十一日开办江西大学堂，

① 李兴锐：《遵旨设立农工商局派员办理片（光绪二十八年五月二十九日）》。

②《申报》第10638号第2版《赣抚柯中丞奏行内河轮船折》。

③ 柯逢时：《奏保政绩卓著之道员请旨送部引见量才录用片》，《申报》第10822号第12版。

④ 李兴锐：《江西防营遵旨裁挑改为常备续备等军分别教练酌拟军制折（光绪二十七年十二月十七日）》《奏报常备续备等军编改成军日期及统领管带衔名驻防处所折（光绪二十八年四月二十七日）》。

⑤ 李兴锐：《裁改三省制兵更定章程折（光绪二十八年七月十五日）》。

⑥ 李兴锐：《江西建立机器制造局仿制各种新式枪弹等事片（光绪二十八年六月十九日）》。

⑦ 李兴锐：《江西世职世俸武职衔俸等款分别减停所省经费开设讲武馆片（光绪二十八年二月二十九日）》。

推行新式教育。[1]他离任之时特意到大学堂“拜会总、分各教习，并召见诸生，殷勤劝勉，亦足见其留意人才矣”[2]。

李兴锐在江西的“新政”，为江西的现代化历程奠定了坚实基础。当代学者肖宗志评价说：“李兴锐在巡抚任上的一系列改革举措，对江西的政治、经济和社会等各方面有着积极的影响。江西的改革不仅成为全国新政的组成部分，而且对全国的改革起到了重要的推动和示范作用。”[3]

光绪二十八年八月至次年九月，李兴锐署理广东巡抚。广东按粮捐输原议按征数加收三成，李兴锐奏请改为按照丁漕正额加收，又将“地瘠民贫”的琼州府及丰顺、大埔、乳源等八州县和连山绥猺厅全部豁免，减轻了人民负担。[4]他改革军队营制，还与署理两广总督岑春煊奏请将广东的书院全部改为新式学堂。

光绪二十九年十月至次年八月，李兴锐署理闽浙总督。清代以总督为地方最高长官，辖一省或二三省，综理军民要政。闽浙总督辖福建、浙江两省，驻地在福州，因另有浙江巡抚，福建未设巡抚，由总督兼管。李兴锐曾任福建按察使、布政使，熟悉情形，上任后大力推行新政。他整顿吏治，力挽颓风；在福州、厦门各设商务局，成立福建全省矿务总公司，发展矿务，振兴商业，以保利权；裁撤诸局所，合并为财政局，统一财政；设立军政局，整理营务，厘定常备军制，裁汰虚冗，节省浮费；在福州设立警务总局，在城内和城外南台一带实行警察之政；设立学务处，选送学生出洋学习，将福州以外地方各书院全部裁撤，改设学堂……

光绪三十年七月二十二日，清廷调李兴锐署理两江总督。他于八月十三日接任。两江总督综治江苏、安徽、江西三省军务、粮饷，兼南洋通商大臣，地位仅次于直隶总督。李兴锐“抵任后，日以办巡警、兴学堂、改定操法、部勒营伍诸务与群僚筹议。南洋为外交总汇之区，又值日俄构兵，交涉益形重要，李兴锐苦心区画，恒彻夜不能安寝”[5]。当时外国列强主张赔款要还金磅，向中国“迫索赔款补偿金价”，李兴锐“虑中国民穷财尽，力不能支，电商各省督抚，合词请外部代奏力争”，忧劳过度，九月二十二日病逝于任上，享年78岁。

九月二十四日，清廷下旨褒扬李兴锐：

署两江总督、江西巡抚李兴锐，持躬廉正，练达老成。由诸生

① 柯逢时：《遵旨设立学堂谨陈办理情形折》，《申报》第10720号第12）。

②《申报》第10565号第2版《豫章客述》。

③ 肖宗志：《李兴锐与清季江西“新政”》，载《船山学刊》2006年第4期。

④ 李兴锐：《广东按粮捐输自光绪二十九年起征按银米正额加捐三成并琼州等地概予免捐片（光绪二十八年十二月十七日）》。

⑤ 端方：《胪陈前署督政绩折》。

李兴锐像（1904 年）

从事戎幕，擢升知府，洊陟封圻，历任江西、广东、闽浙等省，均能整躬率属，勤政爱民，朝廷深资倚畀。本年调署两江总督，到任未及两月，遽闻溘逝，轸惜殊深。李兴锐着加恩照总督例赐恤，任内一切处分悉予开复，应得恤典，该衙门察例具奏。赏银一千两治丧，由江宁藩库发给。灵柩回籍时，沿途地方官妥为照料。该署督子孙几人，着端方查明具奏，候旨施恩，用示笃念荩臣至意。[1]

①《光绪朝上谕档》。

之后又赐祭葬，予谥勤恪。原葬于浏阳东乡桐坑木鱼山，20 世纪 90 年代初迁葬至其故居筱水垅李家大屋后山。

忧国忧民，心系家乡

李兴锐是中国近代历史上的重要人物。一生经历道光、咸丰、同治、光绪四朝，仕途复杂，阅历丰富。他以秀才起家，投笔从戎，师事晚清名臣曾国藩，追随十余年，总办山内粮台，历升知府、道员。光绪初掌管上海机器局达八年之久，是近代有名的洋务派人物。曾参与勘定中越边界。晚年身跻封疆重臣。他具有忧国忧民情怀和改革精神，针对晚清积弱积贫的局面，主张学习西方先进制度和技术，强国富民，拯救民族危机。他在江西、广东、福建进行大刀阔斧的改革，兴利除弊，采取了许多有利于国计民生的措施，促进了当地社会经济的发展。

李兴锐具有清廉、勤勉、务实和正直的品格。他一生清廉，作风简朴，“历官数省，依然两袖清风”，“四十断弦之后，一生并无姬妾”[①]，“位至封疆，被服起居，无异寒素，仆从仅二三人”。《清史稿》本传说：“兴锐事国藩久，论治壹循轨迹，重实行。”他勤政爱民，注重实效，为官刚正，雷厉风行，“其理财用人，一以综核名实为主，故所至皆能廓除积习，上下肃然”[②]。时人将他与晚清名臣彭玉麟相比，又有人称赞他“为当今第一硬汉、第一穷官”[③]。

李兴锐逝世后，练兵大臣铁良写挽联道：

自赣、粤、闽移节而来，清望早倾四海；
为曾、左、刘诸贤继起，大名并足千秋。

苏松太兵备道袁树勋挽联云：

抗疏为论金，同志苍茫，垂死荩臣留憾事；
瓣香在求阙，定评清鲠，一生亮节是完人。[④]

李兴锐著作是研究晚清历史的重要史料，中华书局出版了《李兴锐日记》，并出版拙编《李兴锐集》。

李兴锐虽在外为官，但一直心系家乡。光绪二十一年，浏阳遭遇了特大旱灾，湖南巡抚陈宝箴委派欧阳中鹄办理浏阳赈务。李兴锐慷慨捐款，“捐县赈六千金、族赈二千金、省赈一千金，又闻捐东赈五千金”（即捐给全县六千两、全族二千两、全省一千两、浏阳东乡五千两），共计银一万四千两。而另一位浏阳籍高官——湖南提督娄云庆，却十分吝啬，仅捐六百两，与李兴锐形成鲜明的对比。李兴锐还担心欧阳中鹄“办振无可自活”，特意寄银二百两给他作家用。[⑤]次年，浏阳士绅公议将南台书院改为算学馆，李兴锐之子李昌濬“自愿捐购西书，踊跃乐成”[⑥]。

李兴锐任江西巡抚时，聘请浏阳进士刘人熙为江西课吏馆副馆长、大学堂总教习。浏阳祭孔“古乐”天下闻名，李兴锐在大学堂中“加古乐舞一门，特请浏阳乐师来江，以便充当乐舞教习”[⑦]，还“不时便衣亲往察视，意将以为大学堂之特色焉”[⑧]。

李兴锐原配萧氏，继配马氏、姚氏。其子昌濬有四个儿子，其中鸿榦、鸿枎都考中了秀才。李鸿榦官江苏补用道。李鸿枎官直隶补用道，光绪末

① 李伯元：《南亭笔记》卷一二《李兴锐办事极有担当》。

② 端方：《胪陈前署督政绩折》。

③ 刘坤一：《复李勉林（光绪七年八月初六日）》。

④《浏阳李公荣哀录·挽联》。

⑤ 欧阳中鹄：《致谭嗣同书》，欧阳予倩编：《谭嗣同书简》卷三，文化供应社，1948年版，第106页。

⑥ 刘善涵：《为创立算学馆上学院江建霞书》。

⑦《大公报（天津版）》1902年6月18日《学堂奇举》。

⑧《大公报（天津版）》1902年9月2日《老成谋国》。

年以浏阳县总学务的身份组织编纂《浏阳乡土志》[1]。

李兴锐三弟兴镜是光绪元年举人。兴镜之子昌洵（1860—？），字苏圃，号正则，是维新志士谭嗣同的好友。光绪十三年经出使日本国大臣黎庶昌奏调出洋，派充东京使署文案随员。期满回国，保为湖北候补知县，曾署理黄梅知县。后升湖北候补知府，曾署理德安、施南知府。

① 黄祖勋：《浏阳乡土志例言》。

涂启先

上东“圣人”，大围先生

19世纪末的中国，内忧外患，国家衰弱，广大农村凋敝落后，毫无生气，传统乡村治理系统也处于崩溃的边缘。不过，湖南浏阳的上东地区却是一个特例。那里虽然地处偏僻，多山少田，但社会安定，农民不游手好闲，商人讲究诚信，人们安居乐业，和睦团结，夜不闭户，道不拾遗。

上东地区之所以能出现这样的局面，与一个人数十年的努力付出密不可分。他便是被称为上东“圣人”的大围先生涂启先。

科举不顺，忧国心切

涂启先（1834—1900），字宗谟，一字舜臣，晚年自号大围山人，学者称大围先生，浏阳东门里人。生于清道光十四年。其父涂馥峆，因团练防守的功劳获得州同的官衔。

涂启先小时很聪明，3岁能认字，4岁读书成诵，6岁进入古港沔江人罗蒙谷开设的私塾读书，14岁便开始参加秀才考试。咸丰六年，涂启先23岁，入县学，成为一名秀才。四年后，成为能领公家伙食补贴的廪生。后就读于长沙城南书院、岳麓书院，得到湖南巡抚王文韶和学政廖寿恒的赏识。

同治七年，涂启先入《浏阳县志》馆，参与重修县志，“在志馆二年，发凡起例，各门皆有著述，而食货一门尤为心力所萃”[①]。同治八年至九年，任善化、醴陵知县钱绍文的幕僚。

同治十二年八月，学政廖寿恒遴选优贡（清制，每三年各省学政于府、州、县在学生员中选拔文行俱优者，与督抚会考核定数名，贡入京师国子监，称为优贡生。经朝考合格后可任职），全省共四人，涂启先为其一。次年六月，涂启先在北京参加优贡廷试，未获一等，“呈就教职”，成为候选训导。他又考取了八旗官学汉教习，但未去任职。当年八月离开北京回家。光绪元年、二年、五年，涂启先三次参加乡试，皆不中，“自是绝意进取矣”，不再参加科举考试。

光绪六年，涂启先受甘肃巩秦阶道谭继洵之聘，于浏阳教读其子嗣襄、嗣同。八年，入湖南巡抚涂宗瀛幕。不久，涂宗瀛调任湖广总督，涂启先

① 涂儒翯：《先君舜臣府君年谱》，《大围山房文集》卷首。下文引文未注出处者皆出此年谱。

涂启先像

随其赴鄂。翌年返浏。十四年，授馆长沙，次年返乡。此后，江西学政龙湛霖、湖北巡抚谭继洵、长江水师提督黄翼升、山西布政使俞廉三等名公大臣争相延致，湖南巡抚吴大澂更是手书《缁衣》《风雨》篆轴送给他，想让他去见一面，但他淡名利、远权势，决心归隐乡间。

中日甲午战争爆发后，战事紧急之时，涂启先准备倡募义饷以助军费，草拟檄文“布告同志”，后因中日和议、签订《马关条约》而止。当听闻清政府割让台湾给日本的消息，涂启先“忧愤弥日”。他曾总结说：“倭患当未有极，总缘实心任事之人不可多得，是以至此。谈洋务者，必先知列国之形势风俗，自是知己知彼之一事。然如今日之事，七省海防、三省边防当如何，方臻稳固京畿？及沿海兵饷当如何，方庆饱腾？此非今日所能猝办。然苟不熟筹妥办，自立于不败之地，庸能出而攻倭，收反客为主之效乎？无事则粉饰太平，事至则侥幸讲局，自办洋务至今，只是如此，可为太息！”

光绪二十一年夏，湖南大旱，湖南巡抚陈宝箴委任涂启先会办浏阳赈务，涂启先请留办上东赈务，“核户散振，于推仁之中寓严慎之意”，不漏不滥。同年，欧阳中鹄、谭嗣同等人在浏阳成立算学社，教育推广西方科学技术。对此，涂启先持谨慎持重的观点，在写给儿子涂儒翯的信中说：“西人格致之学，只算得是艺成而下事，移吾儒格致之名与之，一若舍此不足图富强，而人心风俗概置弗问，亦是矫枉过正。比覆某书，以谓算学可兴，即电化声光诸学亦可兴，但不可标明西学以招谤议，且尤当以行己有耻励士节，不得谓一兴西学便可富强。不卜能采入否？”涂启先的一生，大半时间都在家乡办理团务，“以行己有耻励士节”，以图改变“人心风俗”。

办理团务，上东“圣人”

咸丰二年，浏阳爆发了征义堂起义，上东地区三十余个社联合为一个团（古代于正规军之外就地选取丁壮，加以训练的地主武装组织，称团练，简称团）。次年又分作十余个团。当时太平军活跃于江西，浏阳东乡毗邻江西，遇到警报时，诸团各自防守，事权不一，费用多而收效少。咸丰六年，为防守太平军，涂启先的父亲涂馥崡倡议联团，“议环东门十余团合为一，曰协和”，事后该团又解散了。咸丰十一年二月，太平天国忠王李秀成功打江西，浏阳东乡成立了六个大团，其中之一为上东大团，由东门十团、白沙五团合并而成，“上东之名自此始”，浏阳知县命涂馥崡为上东团的团总。同年四月，太平军活动至浏阳边界，团防任务更加重了，涂馥崡忙不过来，便让涂启先协助处理团务。这是涂启先参与团务之始。此时，团练也逐渐从地主武装组织演变为相当于乡一级的基层自治政权机关。

同治六年，涂馥崡逝世，乡人推涂启先任团总，涂启先力辞。此后他多次力辞团务都没能成功，只要他在家，“里人以事干者日踵于门”。光绪元年，涂启先自北京归来，奉母乡居，“团务不可得辞”。乡人有纷争之事，都来找他，涂启先“应之裕如，从不惮其烦劳，里人益归焉”。于是出任上东团总，“终身尽力于团练、防寇、兴学”[①]。

“自来治团之难，难于为官治县”，团总非官职，“名不足相镇，权不足相摄”，却是基层治理最重要的一环，“事之兴替，俗之美恶系之”。[②]

涂启先写了两副对联挂在上东团局：

事到万难须放胆；
理当两可要平心。

正直为人，岂怕奸雄生百计；
公平处事，何愁律例有千条？[③]

① 刘人熙：《大围山房文集叙》，《大围山房文集》卷首。

② 欧阳中鹄：《涂训导行状》，《大围山房文集》卷首。

③《浏阳古今对联作品集》第26页，香港天马图书有限公司2003年版。

涂启先清正刚直，“以身作则，崇廉上俭”，吃穿都不讲究，团局的公费不取分文。他家里本来有八十亩田，任团总后，没有添置田产，反倒卖去了二十亩。“上东风气劲悍”，民好争斗，他为乡民调解纠纷，“日或三四事，多片语冰释”，如需到场，不辞辛苦，“虽寒暑疾苦无间”。[1]涂启先在上东发起成立了多项公益性组织，“团大小公费凡数十，多君缔造”。他创立社仓，积谷救荒；禁革大烟馆，推广育婴局……在其治理下，上东出现了“民无侈俗，而私不甚贫；士无市心，而公亦日富。惰游改行，商贾尚信，盗贼衰息，讼狱稀少，惩偷革薄，庶几敦厚者也”的局面。故时人称“东乡为浏阳元气，上东更东乡元气”。[2]涂启先又编撰《上东义举志要》五卷，对上东境内的各项义举进行总结，以使后人有章可循，行之长远。

① 欧阳中鹄：《涂训导行状》。

② 欧阳中鹄：《涂训导行状》。

十万人家灯上时，一轮明月露华滋。
中天净尽无云翳，那得澄心一似之。

这是涂启先所作《中秋》诗。“中天净尽无云翳，那得澄心一似之”，意象、境界都颇似唐诗名句“洛阳亲友如相问，一片冰心在玉壶”。涂启先任团总后，就是怀着一颗澄心，大公无私。正因如此，他赢得了乡人的尊敬，人们都将他当成上东的“圣人”。

涂启先的好友欧阳中鹄非常推崇涂启先，称“舜臣古之狷者，实事求是，诚无与比”[3]，凡有重大事情，必与之商量，听取其意见。他的另外一位好友刘人熙在民国时撰文说：“至今浏阳上东大团犹为自治之模范。”[4]

③ 欧阳中鹄：《上陈中丞》，《瓣姜未刊函稿》第三册。

④刘人熙：《大围山房文集叙》。

修建书院，为国储才

涂启先的另一壮举——修建书院，则在他临终前才得以完成。

咸丰年间，浏阳知县在东乡创设八所义学，涂启先所在的东门有一所。后来，上东、达浒两团募资建祠祭祀朱子，并准备提取朱子祠多余的经费，合并义学建一所书院，但因故未成。于是涂启先决定，上东一团独自建书院。由于书院坐落在大围山脚下，“名之曰围山，著其地也”。书院创于光绪二十四年二月，第二年十月完工。“释奠之堂，讲学之舍，略如规制。通费缗钱五千有奇，悉输自上东一境云。”[5]“缗”即一串铜钱，每串一千文。

⑤《大围山房文集》卷八《围山书院记》。

创建围山书院总共花费了五百多万文铜钱，都是来自上东团乡绅百姓的捐赠。涂启先不仅将祖传旱土五亩捐出作为书院基地，还捐出二十石田租作建院资金。

据涂儒翯所作《先君舜臣府君年谱》记载，同治十二年正月，涂启先带儿子涂儒翯到长沙城南书院读书，即开始为上东义学购买藏书。《年谱》说："吾里僻在山陬，学者目不睹《四库》书，溺于帖括试律，鲜务实学。府君仰窥孔孟之微言，近淑宋儒之绪论，慨然有志于古人。……至是商购群籍，藏之里中义学，恣学者借观。今后庋围山书院，诸本皆历年所购置者也。"上东偏僻少藏书，学子又偏重科举，"鲜务实学"。因此，涂启先从购买图书入手，藏于义学，供学者借观。历年所购图书，为围山书院的藏书奠定了基础。

光绪二十四年督建围山书院时，涂启先已经65岁，"肺疾日剧，欲谢人事，杜门养疴"。但是为了建书院，涂启先还是鞠躬尽瘁，亲力亲为。劳累使得他哮喘加重，"冬令或夜不安枕"，但他"犹督工匠建书院。木屑竹头，皆列簿籍"。涂儒翯见父亲病情加剧，"举动渐不如昔"，请他不要再劳累。涂启先答道："待全功告成，吾一意养病，不复问矣。"次年十月，经过近两年时间努力，围山书院建成。涂启先率领众人"恭迎先师神主入座"，"释奠成礼而退"，并亲自撰写了《围山书院记》。而此时涂启先已经"气上痰喘"，生命垂危。十二月二十六日（1900年1月26日），涂启先病逝。

上东地区由于地理偏僻，教育不兴，"自古无传人，亦无闻人"。涂启先矢志于振兴教育，培养人才，并视此为救国强民之道。鸦片战争之后，中国屡遭列强侵犯，多数士人却仍沉迷于八股科举，顽固守旧，不务实学。在《围山书院记》中，涂启先详细阐述了学校的来源和意义，批评了近代

围山书院

书院有名无实，已与其本初的意义渐行渐远：“后世学术日歧，至于假孔孟程朱之道，而以诗文楷法取士。士俨然读书穷理，究不过讲小技、饰虚车，顽钝无耻，视不学之齐民为尤甚。学校之名，固已有名无实。”若书院建成后，还是“循近世之教，以教吾书院之士，恐更数百年而僻陋如故”，那又有何意义呢？即便有科举得意、仕途顺畅的人，而不能培育真才实学、德才兼备之人，书院还不如不建。涂启先建书院，目的在于“使之共务实学，以收树人之效”，“冀可养成人材，储为国器”。他在文中勉励学子们：“必反而求诸已，知耻以坚其志，主敬以慎其独，自讼以克其已，强恕以求其仁，多闻见以择其善，亲师友以辅其德……一出一处，皆有其所当为，随其时地，勉强而力行之，于以全其理于一身，还其理于天下。斯养正之效也，非徒上东之幸也。”

涂启先还为书院撰写了大门对联：

心远自地偏，果能敬业乐群，此处亦名山广厦；
民兴在经正，愿共守先待后，尽人为吾道干城。

围山书院建成后，大围山下人才蔚起。

涂启先崇尚程朱理学，“以躬行实践为本，尝耻事空言而不事实行者为口头理学。生平兢兢自守，未尝敢轶于绳墨之外”。他认为：“学以求道，不在别户分门，不当弋名树帜，惟以力行为志。”[①]涂启先的一生，即是对上述信念的身体力行。《浏阳乡土志》卷四称赞他“接物以诚，不缘毁誉为瓦合”，“然志洁行芳，虽素不识，罕訾议之者”。涂启先“能为桐城古文，义法谨严，操笔立就。尤善官牍，谙熟掌故，穷尽物理”[②]，著有《大围山房文集》十卷、《集外文》六卷，《半醒山房诗稿》一卷，《述要录》内外篇二卷，《帝王世纪》一卷，《三国志年表》一卷，《团练私议》一卷，《朱慎甫先生年谱》一卷，《读书笔记》六卷，《北上日记》二卷，《上东义举志要》五卷。《大围山房文集》中的《游道吾山记》《浏水赋》《菊花砚铭》等文，是记述浏阳山河、物产的杰作。

① 涂启先：《大围山房文集》卷四《复李雨亭书三》。

② 欧阳中鹄：《涂训导行状》。

罗缙绅

传奇将领，宜昌总兵

清末《浏阳乡土志》卷四《耆旧表》将浏阳历代名人分为“孝友”“义行”“忠节”“名臣”“名将”“武功”“名儒”“德器”等类，以表格形式予以记载。武将或立有战功者一般都收录在“名将”“武功”两类中。然而，清末官至湖北宜昌镇总兵的武将罗缙绅未被归到“名将”“武功”类，却被收录在“孝友”类中。此中缘由，得从署湖广总督、湖南巡抚卞宝第的那份奏折说起。

复姓归宗

光绪十年五月十日，卞宝第上了一份“古怪”的奏折，说湖北宜昌镇总兵贺缙绅向他禀告：自己本姓罗，因父母早逝，被贺姓人家收养，才改姓贺。如今养父母都已过世，贺家有弟弟继承宗祀，但罗家兄弟四人，仅剩他一个，“丁单户薄，承祀无人”，因此“恳请复姓归宗”。当时慈禧太后垂帘听政，下旨给军机大臣：“着照所请。兵部知道。”同意了贺缙绅的请求。[①]贺缙绅满心欢喜，当即禀请卞宝第代奏，“叩谢天恩”。

可是，此事却起了波折——负责审核此事的兵部不同意贺缙绅复姓。兵部之所以不同意，是因为早有规定：“军营保举武职”，“概不准其复姓归宗”。这“原为严杜假冒，不论官阶大小。今以贺缙绅职分较崇，请复罗姓之处，核与定章不符，碍难照准”。

收到兵部的咨文后，贺缙绅“寝食俱废”，“归宗念切”。“罪莫大于不孝，忍莫甚于忘亲，前蒙俞允归宗，是已复为罗姓之子，今奉部议不准，又何能仍为贺姓之后？抚衷自问，抱恨终天。”他思来想去，唯有一个办法——忠孝难两全，唯有辞官归家，仍请复姓归宗！他禀告卞宝第，请其代奏，言辞诚恳：“伏思从前部定章程不准复姓归宗，原为严杜假冒、重名器而设”，自己本姓罗，“毫无虚捏，乃竟限于定章，致令忘亲不孝，生不足以嗣息人间，死亦难瞑目于九泉。再四筹维，无计可施，惟有禀恳奏请开缺回籍，借奉罗氏禋祀，以尽人子之心。庶无关乎名器，即不致有违定章”。

为此，卞宝第再次上奏说：“臣查该总兵在任复姓，有碍定章；辞职

①《申报》第4049号第11版《光绪十年闰五月二十三日京报全录·楚督卞奏总兵恳请复姓归宗折》。

归家，实关至性。观其情词之恳切，洵足感动夫人心。自来王道本乎人情之正，忠臣出于孝子之门。该总兵天性笃挚，现时办理营务，事事讲求，推其不能忘亲，定能尽忠报国，实为将领中不可多得之员。若竟令其解职归田，当国家时势多艰，人材未免可惜。若不令其归宗复姓，该总兵居官莅任，问心何以自安？合无仰恳天恩，饬下部臣，仍遵前旨，准其复姓罗氏，嗣后不得援以为例。”慈禧太后看到这份奏折，下旨给军机大臣：“罗缙绅着准其复姓归宗，嗣后不得援以为例。”[①]

此事终于得到了一个圆满的结局——罗缙绅既复姓归宗，又留任总兵。

“百善孝为先”。正因为罗缙绅的辞官归宗之举，《浏阳乡土志》卷四《耆旧表》才将其归到“孝友”类。

母子重聚

罗缙绅（1841—1892），字笏臣，浏阳东乡人。咸丰初年，浏阳爆发了征义堂起义，“揭竿夜起，全家被害”，罗缙绅当时12岁，因在外读书而幸免于难。后经平江县贺承高收留为养子，改姓贺。几年后，罗缙绅加入湘军，参与镇压太平军，“投效军营，转战东南，累保至提督衔记名总兵”[②]。光绪九年，补授宜昌总兵。辞官归宗之举，发生在罗缙绅当上宜昌总兵的第二年。

如此经历，可谓传奇。不过，复姓归宗之后，传奇还没有结束。罗缙绅呈请复姓归宗时说，父母早逝，自己被别人收养才改姓贺。令人意想不到的是，罗缙绅的母亲并没有死！光绪十二年，他找到了自己的亲生母亲。

原来，当日之变，罗缙绅的父亲“罗桂英以不屈被害，两兄亦遭惨死”，但并不是全家遇难，他的母亲周氏“携一子先逃邻境，后往江西”，逃过一劫。罗缙绅当时在外读书，“转徙流离”，事后他曾到家乡问过，别人都对他说“父母兄长均已无存”，他并不知道母亲和一个哥哥还在。数十年来，罗缙绅“经贺姓抚养为子，名姓更易，音问隔绝，母子无从寻认”。因此，他一直说“全家被害”，父母早逝。

直至罗缙绅请求复姓归宗，卞宝第为他上的两份奏折被刊载在邸报上，“传播乡里”。罗缙绅贵为总兵而辞官归宗，有此传奇经历，自被人津津乐道。这样一来，几乎全国的乡村妇孺们都知道他的故事。

罗缙绅的母亲周氏在江西得知此事后，派人到浏阳探问。罗缙绅的长

①《申报》第4222号第10版《光绪十年十一月初八日京报全录·楚督卞奏为武职大员请罢职归宗折子》。

②《楚督卞奏总兵恳请复姓归宗折》。

子罗万青在浏阳祭扫，正好碰上了罗母所派之人。罗万青去见了周氏，周氏“述及罗氏三代名字，若合符节”。罗缙绅闻信后，于光绪十二年三月间将母亲接到宜昌任所。周氏已经82岁，身体还比较健朗。母子相认，“历叙往事，悲喜交集，实出意望之外”。

罗缙绅随后禀告湖广总督裕禄，“呈请奏明”，向朝廷说明情况。裕禄上奏说：“该总兵罗缙绅前因年幼家属离散，未知其母尚存，于呈恳奏请复姓归宗案内，曾据声明全家被害。兹据所呈，该员亲母周氏尚在，业已寻认迎养各情，奴才覆查属实，自应据情奏明，并分咨兵部暨该总兵湖南原籍立案，以符定例。”①

①《申报》第4805号第12版《光绪十二年七月二十二日京录全录·（楚督裕）又奏为总兵归宗迎养亲母片》。

宜昌总兵

光绪十五年十一月，罗缙绅的母亲周氏在宜昌病故，罗缙绅呈请开缺，回籍为母亲守孝，湖广总督张之洞上奏请朝廷简派他人接任宜昌总兵。按照惯例，在继任者到达之前，张之洞应派他人暂时署理宜昌总兵一职。然而，张之洞认为宜昌情况复杂，此时没有比罗缙绅更合适的人署理此职，于是他命“该镇中军游击蒯德浦暂行代办宜昌镇篆务，将日行公事照常办理。其紧要事件，仍令与罗缙绅商酌”②。

②《光绪朝朱批奏折》第41辑，第275页。

自同治七年起，罗缙绅便管带湖北水师健捷新副中营，驻防宜昌。光绪四年，湖广总督李瀚章委令他署理宜昌总兵。光绪九年八月补授宜昌总兵，次年四月接印任事。至此时罗缙绅已在宜昌二十一年，署理、实任总兵十二年。光绪十五年十二月十八日，张之洞上奏说：

宜昌为川楚门户，通商马头，五方杂处，良莠不齐，各属万山丛杂，界连川省，伏莽尤多。该镇罗缙绅先在宜昌统带水师，继复实任总兵，已历二十余年，于川楚交界水陆情形最为熟悉，整饬营伍，巡缉匪徒，兵民协和，地方静谧。叠据宜昌府东湖县等来禀，均以该镇丁忧，地方士民恐易生手，缓急骤难得力为词。臣到任未久，于实缺镇协及记名候补提镇各员才具器识未及周知。商之抚臣奎斌，亦以通省武员熟悉宜昌一带情形，鲜能出罗缙绅之右者，一时调署、委署均难其人。……窃拟请旨，仍令罗缙绅暂行署理，一俟简放之员来鄂，接手有人，即行饬令交卸镇篆。其所带健捷副营各船勇丁暨奏设救生各船，仰恳天恩，仍令罗缙绅照旧统带，将来审酌地方情形缓急，再准该镇请假回籍，补行终制，以符定章。臣为慎重地方起见，是否有当，听候谕旨遵行。[1]

次年正月初七日，皇帝下旨："湖北宜昌镇总兵罗缙绅，莅任多年，熟悉地方情形，统带勇船素称得力，着改为署任，以重职守。"[2]正月二十二日，罗缙绅请假一月，扶柩回籍安葬。守制百日之后，接署宜昌总兵。

光绪十八年二月，罗缙绅服丧期满。三月，湖广总督张之洞奏报说："该镇系实任总兵因丁母忧改为署任，现届服满，应如何办理之处，臣未敢擅拟，恭候圣裁。"[3]四月十六日，皇帝下旨："罗缙绅现已服阕，仍着补授湖北宜昌镇总兵。"[4]可惜的是，四个月之后，罗缙绅便过世了——"前在军营打仗，身受劳伤，兹因感冒风邪，触发伤疾，于光绪十八年八月二十四日因病出缺"[5]。

罗缙绅死后，"长沙才子"、对联名家李寿蓉撰挽联云：

平地步青云，迄归本宗养母以终，是勋臣忠孝两全之事；
古楼空绛雪，曾吊冢妇殉夫未久，望诸孤诗书能读有人。[6]

管理峡江救生局

宜昌总兵官署设在宜昌府治东湖县（今湖北宜昌市）。

罗缙绅在宜昌二十多年，"兵民协和，素洽舆情，弹压巡防，深资得力"[7]，深受爱戴。清末维新志士唐才常曾在家书中说："宜昌系同邑罗笏臣军门镇守，其人官声最好，士民无不称颂。……谈笑之际，果然殷勤周挚，绝无富贵骄矜气。"[8]

罗缙绅以民为本，热心于公益事业，为老百姓办了不少实事。其中最大的一件实事，莫过于管理峡江救生局。

宜昌扼守长江三峡的东端门户，被誉为"川鄂咽喉""三峡门户"。长江三峡素有天险之称，险滩林立，水流湍急，凶险万分，几乎每日都有船沉人亡的惨案发生。有记载云："峡江之险，甲于天下。上自四川夔、巫交界之涪石起，下至湖北东湖之虎牙滩止，计水程四百余里，险滩五十

①《光绪朝朱批奏折》第41辑，第275页。

②《申报》第6023号第1版《本馆接奉电音》。

③《申报》第6865号第14版《光绪十八年四月廿九日京报全录·楚督张奏具报署任总兵服阕日期折》。

④《申报》第6844号第1版《本馆接奉电音》。

⑤《申报》第7063号第12版《光绪十八年十月十九日京报全录·（湖督张）又奏总兵因病出缺先行委员接署请旨迅赐简放折》。

⑥《李寿蓉集·附录挽联》，第502页。上联原注："幼逃难入平江贺氏，既贵，归浏阳请旨复姓罗，求得母迎养至署。"下联原注："宜昌古绛雪楼，长子万青部郎有才名，既殁，妻周氏殉之，余为作《绛雪楼引》。"

⑦《楚督张奏具报署任总兵服阕日期折》。

⑧唐才常：《上父书》二。

余处，行旅船只往来，动辄失事，夏、秋尤甚。覆溺之患，无日无之，其情状惨不忍言。”[1]

光绪二年，湖北创办救生船，设峡江救生总局于宜昌，湖北巡抚兼署总督翁同爵令罗缙绅兼管峡江救生总局局务，管理峡江全程的红船。红船即救生船，含柁工一人、头工一人、水手三人，都是熟悉水性者。过往船只一旦遭遇不测或纤夫被纤绳卷入江中，红船便会奔赴现场，实施救援。

罗缙绅受命后，“钉造大小红船十五只”，加上旧有船只，共计二十一只，分泊宜昌至奉节各险滩处。清人沈云骏在《峡江救生船记》中这样记叙罗缙绅：他“来巡险要，就泊红船”，“每申令麾下士卒，谓行舟猝遇风暴，撞击巨石，必以救人为急，次及货物，敢有乘危匿货，诈伪索谢者，重惩无宥”。罗缙绅还仿照水师办法，添造炮船，划分防汛，分领各红船。每年受红船救助而幸免于难的人不计其数。

光绪三年，罗缙绅亲自考察沿江滩险及红船配置情况，编成了《峡江救生船志》一书（附《行川必要》一卷），刻于水师新副中营。书中有《峡江图考》，详绘东湖县至巴东县一段的长江地理图，记录了三峡险滩多个地名。此书被誉为“川行必读”之书。

光绪八年，罗缙绅向湖广总督涂宗瀛、湖北巡抚彭祖贤报告，宜昌沿江一带险滩过多，红船较少，应“再添设红船六只，察看水势之涨落以及滩形之夷险，随时布置，愈为周密”。添设之后，红船“共计二十七只，头、舵、水手共勇一百三十七名”[2]。后来，湖北钟祥人、浙江按察使黄毓恩捐设二只，共二十九只。

光绪十八年，罗缙绅再次请求添设红船。他向湖广总督张之洞、湖北巡抚臣谭继洵报告说：

查峡江著名险滩，全在湖北境内，江中乱石纵横，地段甚长，相隔十余里或五六里，必有一险要之滩。有水涨而险者，亦有水枯而险者，情形时有变迁，一遇覆舟求[救]，近则可以立时往援，远则时虑鞭长莫及。宜昌为川楚通衢，川盐商人均在该处聚集，自设立通商口岸以来，华洋杂处，益形繁盛。近来重庆开设新关，商贾行旅，更倍从前。其滇、黔两省运解铜铅军械委员，亦皆由峡江行驶，尤关紧要。凡此往来之官商，莫不倚红船为保护。每至身当危难，而卒获安全者，实赖红船救援之力居多。惟官商船只，大者百余人，

①《申报》第7026号第12版《光绪十八年九月十四日京报全录·湖督张等奏峡江险滩过密覆溺尚多拟请添设救生红船十五号并舢板三号援案开支经费折》。

②《申报》第3653号第10版《光绪九年五月初一日京报全录·湖督涂等奏遵旨查明添设救生红船折》。

小者亦数十人，设遇覆溺，延颈待救，红船仅可容载数人，多则有拥挤沉沦之患。大约每日仍必有覆溺之船，情形甚惨，若次第接救，覆舟危在呼吸，迫不及待，往往难获生全。体察情形，原设红船实属不敷分布，拟请再行添造红船十五只，并添造舢板三号，以资弹压梭巡，督饬认真捞救。[1]

①《申报》第7026号第12版《光绪十八年九月十四日京报全录·湖督张等奏峡江险滩过密覆溺尚多拟请添设救生红船十五号并舢板三号援案开支经费折》。

于是又添设红船十五只，统归“罗缙绅管理，督率救援，以保行旅”。至罗缙绅逝世时，有红船四十四只。由罗缙绅开创并发展壮大的救生总局历年“全活人口甚众，颇著成效”，直到民国十六年才停办。

罗缙绅还首创军中义学。驻扎在宜昌的操防营、宜防营兵勇有数百人，他们饷银较少，难以养家糊口，更别说送子女上学了。罗缙绅有鉴于此，于光绪十一年在镇台衙门内创办了一所义学，聘请老师，免费招收兵勇的子女入学。这所义学持续了很长一段时间，直至辛亥革命爆发，才随宜昌操防营和宜防营的解散而停办。

罗缙绅不仅关心兵勇的子女，也关心老百姓的子女。光绪十五年，他率领众绅捐款集资（自捐200串），在宜昌北门外教军场救生总局后的空地上重建保婴局，并制订了《宜昌府城保婴局章程》，规定：“凡贫民生女无力抚养者，随时报局，月给钱600文，以20个月为限。”这项义举使不少贫民女婴得到救助，深得民心。

修复宜昌黄陵庙

宜昌为历史文化名城。罗缙绅虽为武官，却雅好文事，积极组织、参与对宜昌名胜古迹的保护和修葺，使不少人文景观获得新生。

三峡地区一处重要的历史文化遗产、国家重点文物保护单位黄陵庙，便是罗缙绅组织修复的。

黄陵庙，古称黄牛庙、黄牛祠，位于长江南岸黄牛岩下的九龙山麓（今属宜昌市夷陵区三斗坪镇）。此庙始建于春秋战国时代，是当地人民为纪念神牛助禹治水而建。三国时诸葛亮重修。后人为纪念诸葛亮，便在主体建筑禹王殿右侧修建了武侯祠。后多次修葺。清咸丰十年、同治九年，长江发生两次特大洪灾，黄陵庙遭到严重破坏，山门、武侯祠荡然无存，禹王殿立柱被淹6米多高，损坏严重。

光绪十二年到十七年，罗缙绅筹集白银3700余两（其中自捐俸银600两），历时5年，新建山门，重建武侯祠，维修禹王殿。同历史上的任何一次修建相比，这次大修耗资最多、历时最长、工程量最大。光绪十七年秋大修工程全部竣工后，古庙重光，焕然一新，黄陵庙的辉煌由此延传至今。如今，武侯祠墙体的砖上仍可看到“大清光绪十二年丙戌岁”“湖北宜昌总镇罗缙绅重修黄陵庙”等字句。翰林编修、湖北学政张仁黼撰写了《重修黄陵庙暨忠武侯祠碑记》，由罗缙绅长子、候选郎中罗万青篆额书丹，立碑于庙中。

黄陵庙山门上方有“老黄陵庙”四个金色大隶字，是罗缙绅亲笔所书。山门两边阴刻楷书对联，也出自罗缙绅的手笔：

黄陵庙山门

神祐行人，布帆无恙；
踵成善举，栋宇维新。

武侯祠修建完工后，罗缙绅想起了诗圣杜甫在成都吟咏武侯祠的诗句“三分割据纡筹策，万古云霄一羽毛”，便挥毫书写“云霄一羽”四个大字，制匾悬于祠中。1984 年，人们维修武侯祠时在梁顶宝盒中发现了罗缙绅书写的《武侯祠赋》。该赋用柳体小楷写在白绸上，600 余字。人们还在祠前石阶下掘出一碑，上面刻着罗缙绅当年用狂草体书写的一个大“虎”字。

修武侯祠前，罗缙绅还曾为关羽点兵处立碑。关羽，三国名将。他留镇荆州期间，来夷陵巡视要塞，并在长江南岸的一个山坡上点阅兵马。后来人们为纪念关羽点兵之举，便把这个山坡取名为“点军坡”。清乾隆十一年，宜昌总兵陈纶首次为关羽点兵处立碑。到了光绪十一年，碑文已模糊不清。这年冬，罗缙绅惧其日久销沉，为其立了一块大的新碑。

新立的这块石碑，碑高 7 尺余，宽 3 尺余，正面题“汉寿亭侯点兵处”七个大字（关羽在汉献帝时被封为汉寿亭侯），并有数行小字叙述立碑缘由。碑的背面镌有一个大“虎”字，行草遒劲，是罗缙绅所书。因而此碑又称为“虎

罗缙绅书“云宵一羽”匾

字碑”。此碑现被移至点军街道朱市街社区点军公园内加以保护，为湖北省文物保护单位。

立点兵碑的第二年，罗缙绅又修复了东山寺揽胜楼。东山寺雄踞宜昌东郊的东山之巅，揽胜楼为其附属建筑。寺始建于唐，至宋仍完好无损，清初曾加修缮。而到清末，仅存东山寺后殿一栋，揽胜楼则“倾圮于荒烟蔓草之间”，亟待修葺。光绪八年春，宜昌府曾集资对揽胜楼进行重修，但次年便中止。光绪十二年，罗缙绅召来众乡绅商议重修，得到响应，“富者效财，贫者献力”。八月开工，年底完工，“飞阁流丹，屹然胜迹”，登楼可瞰宜昌全城。督修工程委员、湖北候补州判刘树仁撰写《重修揽胜楼记》，盛赞罗缙绅“将与斯楼同称不朽”。抗战期间，楼为日寇盘踞，被毁。

而宜昌的另一座古楼奎星楼，则留下了罗缙绅的墨宝。奎星楼以天上28个星宿之“奎宿”命名，坐落在宜昌城区奎星巷（后称南门外正街），年久失修。东湖知县许之琎率众绅捐资重建，于光绪十七年冬落成，请罗缙绅书写了“奎星楼”三个大字。

另外，罗缙绅与石门洞也很有缘。早在同治十三年夏，天气干旱，罗缙绅亲自到石门洞龙潭（今属宜昌市点军区联棚乡干溪村）为宜昌百姓祈雨，“越数日即大沛甘霖”。他写下《石门洞龙潭祈雨记》，并刻碑纪念。相传张三丰云游西蜀，路过夷陵，曾在石门洞修炼数日，于是石门洞有张仙祠。后来，罗缙绅得到张三丰像的拓片，于光绪十四年九月将张像绘刻在石门洞张仙祠龛前正中。

宜昌士绅为了颂扬罗缙绅的政绩，曾为他树《功德碑》。

丁静庵、李熙雅

浏阳鞭炮烟花界巨子

在古代中国的众多发明创造中，鞭炮烟花是一颗绚烂的明珠，有着一千多年的历史。它带给人们欢乐喜庆、绚丽光彩，是承载着人们对美好生活的向往的传统手工艺品。浏阳是鞭炮烟花的发源地，制作鞭炮烟花历史悠久，素有“鞭炮之乡”的美誉。1935 年出版的《中国实业志（湖南卷）》记述：“湘有爆竹造制，始于唐代，发达于宋末。及清乾隆年间，湘东之浏阳为花炮制造之中心地。”到了清末、民国年间，浏阳鞭炮烟花的生产、销售更是达到空前的规模，制作日精，并大量出口，声誉远播。浏阳鞭炮烟花涌现了不少巨商大贾和创新精英，丁静庵、李熙雅便是其中的佼佼者。丁静庵开拓了浏阳鞭炮的海外市场，李熙雅是创新烟花制作技艺的重要人物。

丁静庵：开拓浏阳鞭炮的海外市场

丁静庵（1843—1901），又名铸元，祖籍江西省金溪县竹溪，清道光二十三年生。自北宋以来，江西就有很浓厚的经商传统，赣商是中国古代十大商帮之一。而处于湘赣交界处的浏阳，又是赣商的主要活动地之一。咸丰十年，丁静庵 17 岁时，随祖父丁玉圃来到浏阳县城，在同乡所开王锦隆布号学徒。出师后，协助祖父丁玉圃经营自家的培德厚商号。两年后，

丁静庵像

祖父返原籍，他主管店务。从此，他长期在浏阳进行实业经营活动。

培德厚原本经营夏布、土纸，丁静庵看准浏阳鞭炮销路转畅，遂将原来的业务停止，专门经营鞭炮。先后在浏阳金刚头、澄潭江，醴陵白兔潭，江西萍乡上栗市等地设立分庄，加强收购和运销业务。其间，为了充实商业资本，丁静庵于同治十二年回赣与兄弟商议，卖掉了老家一部分田地。他除了开辟湖南、江西两地的分号外，还注意向广东等沿海地区扩展。光绪初年，他在广东佛山镇八间楼开设了鼎和元爆庄，经营“五彩”“顿鞭”等产品，通过广州洋行出口。随后又在香港德辅道西设分庄，进一步开拓浏阳鞭炮的海外市场，将鞭炮直销南洋，年销售量在一万箱左右。

原先，浏阳鞭炮运至广东佛山镇，途经湘潭、郴州、宜章、坪石、韶关等地，全靠木船装载和工人挑运，运输时间长，成本高，且不安全。后来，上海招商局的轮船直达汉口，还定期开往长沙、湘潭。丁静庵创新运输方式，将鞭炮改由长沙或湘潭装船，北运汉口，再东运上海，转运香港。同时在汉口、上海、厦门等地加设分庄，采用与当地其他商号联营或代理经销的方式，进一步扩大了鞭炮的销售业务。

鞭炮销售具有很强的时令性。每逢销售淡季，其他鞭炮商不敢进货，而丁静庵却凭借自己的资金优势，大量收购，薄利多销，因而货源长足，获利甚丰，同时也维护了鞭炮作坊的正常生产。他非常重视商品质量，各收购点和包装站均请老手把关，分级包装，分等论价。光绪年间，他又开设培德厚豆豉行，销售浏阳另一特产——豆豉，同样大获其利。

丁静庵虽自少年起就经营商业，闲暇时却爱读《周易》《史记》等书，常引《史记·货殖列传》的语句，说经商者要“乐观时变，人弃我取，人取我与”。他说，人不能不知理财，“经商者应智于权变，勇于决断，仁于取予，强于自守”。因此，同时代的浏阳名儒欧阳中鹄称誉他是“商界特出人才”。

丁静庵经商30余年，积资巨万，却布衣粗食，崇尚俭朴。在长沙、湘潭、汉口各庄巡查时，从不坐车轿。人问何故，他说：“浏阳的山路我都走得，何况街道？”由此可见他的勤俭经商之道。他还轻财重义，乐善好施，对伙计回乡者必送程仪、奔丧者必送奠仪。举凡修桥补路或救灾，他都乐于捐资相助。城西、城南两座万寿宫（江西会馆），都是他捐资修建的，后来改为了豫章小学。

光绪二十七年九月，丁静庵病逝于浏阳，名人刘人熙等均往吊丧。

李熙雅：创新烟花制作技艺

李熙雅（1883—1945），字主清，浏阳县城人，清光绪九年生。幼年父母双亡，孤苦伶仃，被街坊欧阳从吾收为养子，改姓欧阳。读了八年私塾，参加县学考试而未被录取。养父母相继去世后，恢复李姓。李熙雅祖辈善制烟花，后渐失传。李熙雅成家后，决心恢复和发扬先人技艺。有一次，他路过铁铺，看见匠人正在造器，铁锤下砧，火花四溅，由此而得到启迪，遂捣铁屑成末，和入黑硝及其他燃料，装进泥筒内压紧，插以引线，经反复燃试，终于出现了熠熠闪光的焰火。李熙雅给这种新产品取了一个既形象又好记的名字——“萝卜花”。春节时拿到市面上销售，深受时人喜爱。但李熙雅并不满足，自感“萝卜花”色彩单调，光度不强，便多方探索，到湘潭买回洋生铁做原料，改进药方配料，并将泥筒改为纸筒，精心研制出重量轻、亮度大、冲力大的新烟花。之后，他不断在创新烟花品种上下功夫，使“大叶兰花”“大叶菊花”等产品相继问世，还制出了能喷射多次的“二梅花”和“连升三级”等烟花品种。

李熙雅像

1918年，李熙雅扩大作坊，取名“李四美”，设于今天的嗣同路一带。之所以取名“四美”，是借以寓意烟花四季皆美，永不凋谢。他博采众长，改良和提高烟花制作技术，推陈出新，相继创制出“地老鼠”“冲天炮”“鸡婆抱蛋”“二龙戏珠”“滴滴金”等新品种，深受世人喜爱，其中一些品种甚至一直流行到20世纪末。春节时，浏阳城里大街小巷，数十个摊贩提篮兜售“四美”烟花的叫卖声不绝于耳：“炉烟冲天炮、地老鼠哩小花，竹花梅花二梅花……”李熙雅制作的大型组合桶花（又名套花），更令人啧啧称奇。燃放时，一组组花木、鸟兽、人物逐层升空现出，蔚为奇观，轰动一时。据曾目睹燃放“李四美”烟花的老人回忆，这种桶花，形似大圆桶，悬在一个木架上。夜幕方临，早已观者如堵。起初人们看到的只是极其平常的烟花，但越到后来，花色越是绚丽，越是引人入胜。突然之间，桶花中出现了各种能够活动的立体小纸人，无人操纵，却蹦蹦跳跳，来来往往；还有个小猴在单杠上连续翻筋斗，煞是有趣；最后出现了二幅似霓虹灯般的庆祝节日的标语……这种桶花是最早的组合烟花。“李四美”烟花从此盛名远扬，成为浏阳花炮在近现代史上的一块金字招牌。当时的浏阳，经营鞭炮的爆庄星罗棋布，数不胜数，但能“做花”（生产、经营烟花）的花炮庄，只有“李四美”一枝独秀。李熙雅与爆庄合作，借助爆庄分布广泛的运输和销售渠道，将产品销到全国及南洋各地。1933年，“李四美”烟花参加美国芝加哥博览会，斩获大奖。李熙雅悉心传授绝技，使三个儿子都成为制作烟花的里手，他们成家后均各自经营花炮庄，于是浏阳城里就出现了仁记“李四美”、福记“李四美”、佑记“李四美”和老“李四美”齐头并进的盛况。

1945年，李熙雅病逝，终年62岁。1951年10月1日国庆两周年庆典晚会上的礼花，是“李四美”作坊生产，并由李熙雅传人李文初带队燃放的。直至1956年，李熙雅创立的“李四美”作坊才关闭停产，但他在烟花制作技艺方面的探索和贡献，为浏阳烟花产业的发展奠定了坚实基础。

刘人熙

近代著名学者和政治活动家

谭嗣同在《石菊影庐笔识》中，盛赞晚清浏阳学者的著名三先生，居其首者为“刘蔚庐师之纯粹精”。这“纯粹精”出自《周易·乾卦》之《文言传》：“大哉乾乎，刚健中正，纯粹精也。”是以乾的伟大，刚强劲健，居中守正，纯粹而不混杂，来比喻刘人熙先生学问的正大和纯粹。刘先生以其学问志行之纯粹精，中解元，登进士，官工部主事、河南直隶州知州、广西道员。清末返湘，任中路师范学堂监督、湖南教育总会会长。辛亥革命后，任湖南都督府民政司司长，电促王芝祥策动陆荣廷宣布广西独立。他创立船山学社和《船山学报》，“广船山于天下以新天下”。反对袁世凯称帝，参与创办《大公报》，抨击帝制，主张湘桂联军合力北伐，后代理湖南督军兼省长。南北和议时，他又与上海爱国人士组织策进永久和平会，任会长，致书南北，要求停战。他一生从事的事业，无不体现其学问志行的正大、纯粹、高洁，实为一位足以令百世景仰的近代著名学者和政治活动家。

刘人熙像

刘人熙戎装像

学术转折

刘人熙（1844—1919），字艮生，四十以后号蔚庐，学者称蔚庐先生。清道光二十四年正月初九日生于浏阳西乡枨冲。其始迁祖刘郭（字和斋），于元末明初自江西宦游金陵，随潭王朱梓来长沙，担任都给事中，后卜居浏阳东城。至十五世祖刘佑荣分居县南洋岭，称洋岭刘氏。刘人熙祖父刘我隆（字见山），家道开始衰落，先为县衙书吏，后经商。父亲刘虞，字廉夫，因病弃儒为商，举家由洋岭迁居县西枨冲小桃原。

刘人熙年少家贫。13岁时父亲去世，由母亲教养成人。"兄弟三人，田不盈亩，惟存屋数间"，刘人熙遂立志读书，负笈至县学求学，其课业常居第一，19岁即考取秀才，后入长沙城南书院肄业。同治六年湖南乡试，他考取第一名举人（解元），文名藉甚。但随后两次北上参加会试，均未中式。因家里负担重，便先后至江西万载书院和湖南道州书院任讲席。

他在同治七年会试落榜后，曾对老庄浮屠之书甚感兴趣，如《阴符》《道德》《南华》《金刚》《楞严》之类经书，不下数十种。他"俯而诵，仰而思，杳然冥然，以为天下之美在是"。不久又取《王阳明集》读之，才由对老庄佛学的沉迷而返归儒学，进而又由陆王心学皈依程朱理学。这几年的涉猎，使他开阔了学术视野，摸索了为学的途径。他在其文集的《答友人问学书》和《续呻吟语》中记载了这一过程，说他"二十七始从事于程朱之学，此是仆平生一大转关"[①]。

①《续呻吟语》。

光绪三年，他34岁中进士，任工部主事。从光绪五年起，他开始逐日写日记，五十年持之以恒，很少间断。也就在这一年，他获读船山《周易外传》，始悟自己为学，"曾出入释老及阳儒阴墨之书，久之而未有得，继读宋五子书，乃有悟焉"，从今而后，方知船山学问之博大精微，"直契邹鲁、濂溪，横渠以来，一人而已"。即感觉到王船山的哲学契合孔、孟和周敦颐，是北宋张载以来的第一人。从此以后，他便终身服膺、倡导船山之学，以此启示后学。

光绪七年，刘人熙的家庭发生了一件喜事。此前他曾娶过三位夫人，黄夫人生一女，后嫁浏阳贝允昕，罗夫人生一女，嫁欧阳中鹄之子欧阳自耕，邱夫人无生养，但没有儿子终是个遗憾。任职京师后，通州王芝祥慕名拜刘人熙为师，师生情笃。其姐尚未出嫁，爱刘人熙才华出众，暗恋之。其父明察秋毫，认为刘贤明有德，可托女儿终身，遂将女儿嫁给了他。他与王氏于光绪七年春结婚，婚后生育三子三女，长子瑞浺，次子瑞瀜，三子瑞潞。

光绪七年冬，母亲黄太夫人去世，八年至十年，回籍丁忧守制，著《丧礼传》二卷。免丧后仍任职工部，于光绪十三年在坊间购得王船山《四书训义》一部三十八卷，完整如新。他惊喜之余，嘱门生兼妻弟王芝祥筹资印行，并亲自作序，以饷学者。

刘人熙供职京师近十年，除办理衙门公事之外，就闭门读书讲学，不骛声华，与他志同道合的知交有湖南张百熙、欧阳中鹄、龙湛霖、龚镇湘、陈理泰、陈启泰、蔡枚功，江西徐道焜、毛庆蕃等名士，可见其学术湛深，如九层之台立定基址，与京师时得力于友朋之切磋分不开。他还深受当时重臣翁同龢、潘祖荫的器重，因而对这二位有终身知己之感。

他的从游门下士中，学有成就者首推浏阳谭嗣同，次如通县王芝祥、扬州薛家骏、延津李光灿、萧山何嘉澍等皆有名。刘人熙学贯古今，慧眼识人，尤以对谭嗣同的赏识，令人惊异。谭嗣同是光绪十五年在北京拜刘人熙为师的。谭住宣武门外浏阳会馆，刘住宣武城南西砖胡同，相距不远。两人在龙璋设宴的湖广会馆见面后，刘人熙在日记和家书中惊喜地记载："谭复生嗣同，少年振奇人也。""谭生好学深思，有不可一世之气，从余游京师，余甚异之。"因此，他对谭嗣同的教育格外用心，每天从工部衙门回来后，就给谭讲解程颐、张载、朱熹和王船山等先儒的学理，用船山的《四书训义》引导他"切己反躬"，"自治其喜怒哀乐"；针对谭嗣同"好谈经世略"的特点，"导以知礼成性之学"，使之注重内修，真正成长为学问根基深厚的栋梁之材。刘人熙《冬日杂诗寄三弟人蓉》中有："衡阳王子真天人，遗书万卷妙入神。自诡五百生名世，可有三千拜后尘。"注谓王船山同县人进士祝松云，述王子之言曰："五百年后，吾道大昌。"可见刘人熙对船山的尊崇，谭嗣同自然会深受影响。

爱国忧时

光绪十五年秋，刘人熙外放直隶州知州，到河南省候补，因厌恶到上司衙门排班参见而闲居一年。次年春，始应河道总督许振祎礼聘入幕，综理文牍，兼管七厅公所事务，达七年之久。刘人熙尽心协助许振祎，清除积弊，节省公费，为治理黄河立下了功劳。之后刘人熙历署许州、光州直隶州知州，励精图治，革除衙门陋习，他使其弟子分科治事，平反冤狱，掊击豪强，闲暇时就与弟子们讲学谈艺，合境称治，倍受士民推崇。但此时刘人熙的政治思想仍比较保守。他的学生谭嗣同，于甲午战后兴办算学馆，欧阳中鹄寄《兴算学议》给他征求意见，他在《书兴算学议后》中虽称赞谭嗣同的才能与爱国心，但不赞成谭的变法，认为变法之论是“妄”论，仍提倡用周公和孔子之道治国。

光绪二十六年春，刘人熙客居通县妻弟王芝祥家。不久，八国联军进犯通州，焚掠淫暴，惨不堪言。听说京津缙绅多被强充苦役，他身居危城，义不受辱，便准备以身殉国，在自己所穿的夏布衫边书写“中原男子刘蔚庐，有志无时”等字，伫立门外御侮。日兵用枪指着他的胸，他大声叱之，“拍胸受枪”，日兵乃改容为礼，伸大拇指以为敬。这充分表现了他临危不惧、大义凛然的爱国精神。九月，刘人熙携眷南归，岁末抵浏阳，撰成《生还日记》一卷。改岁后，戚友慰问，多以刘人熙性情高傲、道与时危、不宜仕宦相劝。刘人熙则以身历国艰，目击外兵之横暴、民生之痛苦，知非改革不能图存。他在日记中说：“有一日之生，即力求一日之进步。唯有违赋遂初，尽力于社会。”他还书写“时危未敢论高隐，世变终须重六经”于座右，以策励自己不断进步。他的忧国忧民之心，自此变得越来越强烈。

面对外敌入侵，刘人熙出于义愤，曾提出过“闭关绝市”的主张，但很快就转而反思近四十年的华夷关系，对鸦片战争以来的洋务思想和政策提出了尖锐的批评。其批评重点集中在对魏源《海国图志》的“师夷”“攻夷”“款夷”的主张上。他说：“今法兰西灭我藩属，扰我海疆，正以夷攻夷之日也，互市者十三国，何不驭十二国之兵以攻之？……以夷款夷，则彼居间者，亦不过共为恫吓，利我金帛以分肥耳……师夷之长技，则船政、机器，皆以重臣临之，费帑金不知几百万？一旦有事，辄以为无可用之船械而自馁，而招商局则已售于美利坚矣。魏君虽死，而言之行于今者几三十年，其效果何如哉？”[①]他在日记中还指出，四十年洋务的归于失败，其根本原因是中国舍本身所长，而用其所短，专凭“艺术”以对付外夷。认为要救洋务政策之偏，只有反其道而行之，要制定正确的制夷之策，首先必须严夷夏之大防。“碧眼卷发之伦，岂可与论讲信修睦之道哉？”中国不能自失其道，不能以夷变夏，而只能以夏变夷，因为中国传统文化在本质上优于西方近代文明。他主张改弦更张，重新恢复对“中国圣人之道”的信心，“别求所以自强”之道。显然，刘人熙此时的政治思想带有浓厚的“清

① 刘人熙未刊日记《拟上沈光禄书》。

议”特征，虽不乏爱国忧时之情，但其昧于世界大势的弱点，使之显得偏于保守，有较大的局限性。

昌明正学

光绪二十七年，清政府与入侵各国签订《辛亥条约》后，开始议行新政，各省自设大学堂、课吏馆。浏阳人李兴锐任江西巡抚，电邀刘人熙担任江西大学堂总教习，兼任课吏馆副馆长。刘人熙欣然应聘，作《教习刍言》，倡导破侏儒迂拘之见，力求富国致用之学，吸收欧西之科学，发扬固有之文化。次年秋，江西布政使柯逢时调任广西巡抚，奏调刘人熙赴桂襄赞政务，任课吏馆馆长兼营务处会办、法政讲习所监督。时广西吏治极为腐败，他考课之暇，令诸僚吏研习经世有用之学，尤注重品德修养。他细心观察，暗中考核，所识拔的多为品学兼优、奉公守法之士，使广西吏风为之一变。

光绪三十三年，刘人熙由桂返湘，任湖南中路学堂监督。学堂除开设英语、日语、物理、化学、算学等学科外，还注重人伦道德，增设雅乐一科，聘请皮锡瑞撰雅歌谱之。皮锡瑞猝逝后，刘人熙亲自撰写“立志”“合群”“广师”“虚心”“戒欺”乐歌五章，咨请省提学使审定颁发试行，极受学生欢迎。这些雅歌，在当时富有爱国教育意义，如《立志歌》曰：“泉以源清，木以根荣，学以志成。莫言藐然焉中处，舜何人？余何人？欧风美雨逼文明。以兵争，以商争，以学争，争、争、争，权在我，勿逡巡。”是年冬，各省创设教育会，他被公举为湖南教育总会会长。

光绪三十四年十月，刘人熙应征入京，恰逢光绪帝、慈禧太后相继去世，改元宣统，以摄政王载沣监国。他在京三个月，因朝政昏暗，毫无清明之气，便复返桂林，任法政学堂监督，常用王船山《黄书》《噩梦》之旨，激发学生的爱国思想。当时向他请教、时相过从者，有从日本士官学校毕业回国的蔡锷、蒋尊簋、尹昌衡、杨蔚曾、赵恒惕等人，尹、杨二人还是他的受业门生。

宣统三年四月，刘人熙携眷回湘，舟次灵川，他作诗寄酬桂林僚友及法政学堂诸生。诗中对清末黑暗政治大胆揭露，痛予抨击，忧国忧民，溢于言表。后收入《蔚庐亥子集》卷四，其中有：“斗筲居要津，折足快朵颐。徙倚朝露荣，咀嚼锋端饴。努力卖祖国，不如卫足葵。尔肉安足食，四百兆为牺。为牺果何罪，讵能长委蛇。独立振人权，合群张国旗。能诛

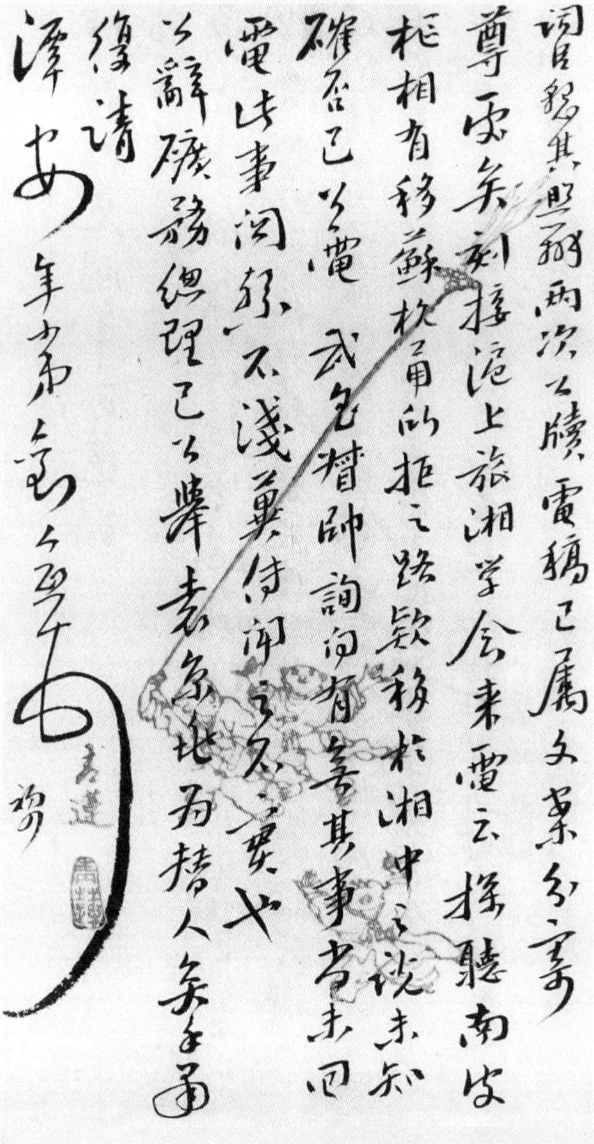

刘人熙致冯锡仁书信手迹
湖南省博物馆藏

蠹国蠹，自为医国医。黄炎古圣人，至德动神祇……一刀断虎伥，千鞭惊睡狮。”他痛恨斗筲小人把持朝政，卖国受侮，还不如向日葵能自卫其足；他为四万万同胞呼吁，要诛杀祸国蠹虫，一刀砍断那些为虎作伥的走狗，以千鞭惊醒中国这只沉睡的狮子。刘人熙是用睡狮比喻未觉醒旧中国的第一人。

1911 年 10 月，湖南宣告独立，成立中华民国军政府湖南都督府，刘人熙出任民政司第一任司长。那年他 68 岁，赋闲住在长沙，本已无意于官场，但辛亥革命在全国的胜利，三千年来的封建帝王制度宣告结束，使刘人熙感到无比兴奋。他于辛亥除夕挥笔赋诗，抒发胸中的感慨，以“头颅几许换共和”表明“中华民国”这个新政权是成千上万烈士们用鲜血换来的。他认为孙中山、黄兴领导的辛亥革命，是“千古奇迹”，“毕竟黄炎好孙子，一呼光复旧山河”；孙当上大总统仅几十天就让位给袁世凯，也是历史上绝无仅有的，可以与传说中的尧舜逊位媲美。他衷心希望袁世凯能像舜那样继承发扬尧的德政，一扫封建积弊，振兴中华，造福人民。不过，刘人熙虽然推崇孙中山的辛亥革命，并且乐意在新政权机关里任职，但他并没有加入孙中山的同盟会组织。

1912 年八月，湖南举办国会议员选举，贿买选票，丑态百出。刘人熙默察人心，静观时局，“窃恐革命党人以义始而以利终”，于是年冬辞去民政司长职务。他笃信船山学说是救时的良方，决意筹办船山学社，以昌明正学，挽救时局。筹备工作进行了两年，经报请省议会决议，每年拨款四千元“以崇正学”。学社于民国三年六月十四日正式成立，公推刘人熙为第一任总理（社长）。社址设在长沙小吴门曾文正公祠西隅的思贤讲舍旧址。成立会仪式盛大，省会长沙各界名流咸集，大总统还颁发了“邹鲁津梁”匾额。刘人熙亲自为学社讲学，讲明学社的宗旨，是“同人互相师友，为讲学之会，非寻常结社集会可拟”，“国体既更，未堪多难，深思其故，惟在人心陷溺，道德堕落。欲正人心，舍昌明学术，实无他法”。他开讲的第一点，是“述而不作，温故知新”，说：“新之一字，是天地间生机，如日月常见，光景常新。船山先生固空所依傍，有独往独来之精神。然所凭藉者，亦在《诗》《书》六艺，于宋儒张横渠知理成性之旨，尤为独得其宗。吾侪在湘言湘，愿昌正学，以新吾湘。又民国一份子也，愿广船山于天下，以新天下。此则食芹之美，愿与诸君共之。”

十一月十四日，刘人熙由长沙启程赴北京，被袁世凯任命为政治咨议。

次年四月返回长沙后，刘人熙筹备创办《船山学报》，于1915年8月20日发行第一期，至1917年8月共出版了8期。所刊文章，皆本船山之学说引申发挥，为弘扬船山学术和爱国思想，砥砺国人承担社会责任，振兴中华民族，推动思想解放发挥了重大作用。与此同时，他还花大力气致力于搜集出版船山未刊手稿，筹办船山大学、船山图书馆等，为传播船山学术思想、开启民智、振兴中华而竭尽心力。

反对复辟

1915年，第二次世界大战爆发，日本帝国主义乘机向中国提出“二十一条”，要挟中国政府承认。这是灭亡中国的露骨挑衅，忍无可忍。但袁世凯心怀鬼胎，态度暧昧，不肯断然拒绝。刘人熙闻后不胜愤怒，立即以政治咨议员身份上书袁世凯，建议在外交上要“刚毅，要尊重民意，合国家与人民为一”，要“持最后之决心，挽千载一时之厄运，不失国民之望”。但袁世凯想借日本的势力扶他登上帝王宝座，全不顾丧权辱国，一律接受“二十一条”，于五月九日正式公布条文，通电全国。刘人熙得知后，义愤填膺，赋诗二首，以抒胸臆：“凤德辉四极，乃与群鸦翔。一朝逢网罗，羽毛同摧伤……不畏猛虎众，但忧多虎伥。”接着，他再次上书袁世凯，痛斥承认“二十一条”之失，说外交人员此种卖国罪过，应处以“诛杀”之刑。他提醒袁世凯，如果不惜亡国，想借外来势力达到某种个人目的，那是“枕上黄粱”，白日做梦！但袁世凯一心想当皇帝，哪里听得进刘的金石之言。

1915年秋八月，“变更国体议起”，袁世凯复辟帝制的议论，由杨度、李燮和、胡瑛、孙毓筠、刘师培、严复等六人，在北京发起成立变更国体的筹安会，湖南则由叶德辉、符定一等成立筹安分会。刘人熙对此义愤填膺，在日记中怒叱北京筹安会曰：“若此六人，可谓六凶，凶于尔国，害于尔家，民国之败类，亦袁氏之蟊贼也，诚不料炎黄子孙不肖至于如此！”

他不屑与这些人同流合污，于是三上书，借口年老多病，辞去政治咨议的职务。随后，他与女婿贝允昕等创办湖南《大公报》，反对帝制，号召国民倒袁，转载时事消息，传播新思想、新知识。该报成为当时发行量大，对湖南影响最大的报刊之一。十二月底，蔡锷在云南起义，誓师讨袁，西南响应。刘人熙首倡湘桂联军之议，密派次子瑞瀜到广西转达计策，力促广西都督陆荣廷出兵湖南，与湘军会师武汉。

1916年三月中旬，袁世凯被迫取消帝号，仍称总统。六月六日，袁世凯羞愤呕血死亡。刘人熙高兴地在日记上写道：“国是定矣，道路传闻，欢声雷动。”七月四日深夜，袁氏走狗、湖南都督汤芗铭仓皇出逃，长沙大乱，警察尽散，全城沸腾。七月六日，湖南各界召开联合会议，公推刘人熙为湖南临时都督兼省长。刘坚决推辞，参议会和军政界要人深夜齐集富雅里刘人熙私邸，恳请他为湘难解纷，出任都督。他不得已，第二天至督署就职，即任命军长、师长、清乡总司令和督署参谋长、秘书长等职，迅即恢复警察、法院及财政、民政各厅，于是省会秩序逐渐安定。

刘人熙有知人之鉴，见唐生智器宇开朗，为保定军校第一期毕业生，认为有大将之才，便委任唐为督署警卫营营长，是为湘军任用保定军校学生之开端。刘人熙视事，众望所归，民国继任总统黎元洪特命刘人熙代理湖南督军兼省长。刘以年老，不堪吏事，屡次电请引退，均未获准。此时谭延闿在上海，得到梁启超、汤化龙的援助，实现了他第二次督湘的愿望，于八月二十日抵湘就任湖南督军，刘人熙得以卸职。

老骥伏枥

1916年九月，刘人熙应黎元洪之招，先游西湖，再到上海访问孙中山、黄兴，畅谈甚欢。随后与王芝祥同车北上，充任总统府顾问。不料，十月、十一月，黄兴、蔡锷相继病逝，半月之内，天夺民国两位元勋，刘人熙撰联悼念。他挽黄兴联曰：

中国幸重光，正祝众星拱北极；
申江才小别，忽惊一柱折南天。

挽蔡锷联为：

无松坡则无民国五年，方期养病三山，万口同声延福寿；
有克强乃有武昌一役，岂料重光五族，两贤相继殒东南。

1917年春，刘人熙由北京返湘居长沙，因秩序混乱而于九月底携眷回浏阳枨冲，隐居邱园。他每日端坐读《易》，默诵程朱理学和王船山著作，书写《说文解字》，节录报刊中外要闻，习业有恒，精力充沛，没有丝毫老年暮气。早晚还为子女辈开示治学之方，讲说《论语》《中庸》《孟子》及船山《乐记章句》大意。他对子女们说：“为学第一步，以立志有恒为贵。圣贤学问，皆从艰难辛苦中来，功名可以幸取，学问不能袭取也。为学第二步功夫，要有自信力。惟自信，不是自是。古人云，学然后知不足，此不自是也，此即自信也。为学勿自欺，此自信真义也。”他还说，近日科学渐发达，不重实践，与科学制义无别，故读书要虚心细读，通晓理论精义，尤贵崇尚实践，得到应用。他讲解经义，说理透彻，使人信服，不生厌倦，听者受益匪浅。

1918 年春，张敬尧督湘，残虐过于汤芗铭。时北洋政府军李奎元一个师驻长沙，以二团分驻浏阳、平江。七月中旬，开赴浏阳的那个团，到浏阳西乡捕杀团绅，将枨冲三百余户焚掠无遗。刘人熙旧居也遭劫掠，全家三十余口在山中避祸。张敬尧利用时机，派人招致刘人熙，刘恐失自由，绕道株洲，于九月底到达上海。孙中山得知后，即派人前往慰问，并馈送一千银圆作为添置家具之用。十月初，女婿萧骧陪刘人熙拜谒孙中山，寒暄后询问孙先生“知难行易”学说的内涵意义，孙先生答以“为陶铸党政人才，以期能知能行”之深意，并说：“我创此说之意义，从来无人询及，今承垂问，不啻空谷跫音之感。”随后，南北政府酝酿和谈，刘人熙致电南北政府，希望“去私欲，开诚心”，早日实现停战，和平统一。

十二月二十二日，上海爱国人士成立“永久和平会”，刘人熙被公推为会长。那天散会后，便道至“世界和平共进会”会长徐绍桢寓所畅叙旧谊，归寓时已张灯。因操劳过度，他第二天便病倒了，病中还索阅报纸，接见来宾，所言皆关时局，无一语及家事。听说南北和谈又停顿了，忧愤益深，病情加剧。儿女环侍，请示遗言，他只说了“力争上游”四个字，便整冠端坐而逝。时为 1919 年二月初五日，享年 76 岁。

刘人熙殁后，旅沪同乡会成立治丧事务所，在徐园举办追悼会三天，海滨冠盖云集，南北政府派员致祭。丧事完毕，辑录祭文、命令、挽联、函电，刊印成《浏阳刘先生荣哀录》一册，以资纪念。

刘人熙是清末民初一位著名学者和政治活动家。虽戊戌变法前思想趋于保守，但随着时代进步，他与时俱进，至宣统年间已转变为赞同孙中山领导的辛亥革命。他一生担任过不少官职，但因都是乱世危时，任职时间短，难以取得显著政绩。他一生的贡献，主要不在政治方面，而在学术教化方面。他“上窥邹鲁，中探濂洛，远瞻诸葛，近仰船山”，一生志向远大，终以程朱理学和振起王船山二百年绝学，造就了谭嗣同和民国时期许多英才，其挽救民族危亡之功远远超过了他的政绩。他学能传后，志在救时，德弗矜功，劳不贪位，是一位值得人们缅怀的湖湘文化名人。

刘人熙著述宏富，有《蔚庐文稿》《蔚庐诗集》《蔚庐文集》等，今人整理出版了《刘人熙集》。其《蔚庐日记（同治九年至民国七年）》稿本40册藏于湖南图书馆，极具史料价值，有待整理出版，供学界利用。其学术贡献也值得进一步探讨和研究。

欧阳中鹄

湖南维新先驱，“浏阳二杰”恩师

元代文学家、史学家欧阳玄的后代散居浏阳，成为浏阳的一个大家族，其中一支住在浏阳西乡蛇头，即现在的普迹镇青龙头。从元代到清代的几百年里，欧阳家族耕读传家，绵延不衰。到了清代嘉庆、道光年间，欧阳家族里出了一位远近闻名的风水先生，名叫欧阳一淳。他是欧阳玄的十六世孙，又名纯，号理庵，著有《风水一书》《风水二书》。这两本书在传统风水著作中比较有名，当下在台湾、香港等地仍很盛行，有多种影印本。欧阳一淳是一位以仁义行于乡里戚党之间的人，轻财好施，扶危济困。他在中年时徙居浏阳县城营盘巷。

欧阳中鹄像

欧阳一淳的曾孙欧阳中鹄，是中日甲午战争后，奋起倡导维新变法，主张废科举、习西法的先驱，是"浏阳二杰"谭嗣同、唐才常的恩师。谭嗣同曾称他与刘人熙、涂启先为"浏阳三先生"。有学者评价："浏阳三先生之中，以欧阳中鹄的影响为最大，实为浏阳士人群体中承上启下、联络内外的关键人物。"[①]

①贾维：《谭嗣同与晚清士人交往研究》，第34页。

办赈兴算

欧阳中鹄（1849—1911），字节吾，号瓣姜，人称瓣姜先生。

欧阳中鹄祖父欧阳志果，是一位乡绅，热心公益事业，曾参与道光二十三年的浏阳文庙改建工程。父亲欧阳向曦，家贫而力学不倦，三十一岁才中秀才，以孝为本，谦谨俭朴。

道光二十九年闰四月八日，欧阳中鹄出生于浏阳县城。欧阳向曦长年授徒于外，故欧阳中鹄在10多岁以前，多数时间是与祖父母生活在一起。3岁时，祖父欧阳志果就教其识字。欧阳中鹄天资聪颖，刻苦认真，18岁就考中秀才。

欧阳中鹄小时家境贫苦，买不起书，以能到亲戚家借书看而感到快乐。"知为学之难者，其志于学也弥坚"[②]，正是这种好学精神，使他成为一位通儒。

② 欧阳予倩：《先王父瓣姜府君家传》，《浏阳麻田蛇头欧阳五修族谱》卷二，渤海堂，民国丁亥年修。

同治十二年，欧阳中鹄先后考取拔贡、举人。据记载，欧阳中鹄乡试前梦见张榜，自己考中第二十五名，名字下有注"官至山西巡抚殉节"。事后，他果然考中第二十五名举人。而所谓"官至山西巡抚殉节"，也有印证。欧阳中鹄死于宣统三年九月初九日，同日山西巡抚陆钟琦被起义的新军枪杀，可谓巧合。这是后话。

同治十三年，欧阳中鹄会试未中，又参加拔贡廷试，授内阁中书，正式进入仕途。内阁中书正七品，职掌撰拟、翻译。当时，浏阳人谭继洵也在北京做官，欧阳中鹄受谭之聘，教其次子谭嗣襄、三子谭嗣同兄弟读书。

欧阳中鹄是对谭嗣同影响最大的老师。光绪二年春，京师流行白喉病，谭继洵的夫人、长子、次女都染病身亡，谭嗣同也染病，奄奄一息。危急时刻，别人都怕感染而躲得远远的，欧阳中鹄冒险煎药救治，谭嗣同才死里逃生。

光绪三年，欧阳中鹄曾回浏阳开馆，谭嗣同、唐才常一同拜其门下就读。此后，欧阳中鹄先后给瞿鸿禨、龙湛霖、谭继洵等人做过幕僚。

光绪二十年，中日甲午战争爆发。《马关条约》签订后，欧阳中鹄非常愤慨，他写信给人说：“闻之愤恨欲死！”由此痛定思痛，开始酝酿其变法维新思想。

恰巧弟子谭嗣同写了一封万余字的长信给他，叙述了对时事的看法与痛苦忧虑，提出维新变法的理由与初步设想。谭嗣同希望在浏阳小试变法，设立一个学习有用之学的算学馆，培育新型人才。欧阳中鹄读到这封信后，身心为之一振，立即加以批改，请人印成单行本广为传发，这就是著名的《兴算学议》。

经过与谭嗣同、唐才常等人商议，欧阳中鹄计划将南台书院改为算学馆。这一计划遭到了浏阳保守士绅陈长樞等人的反对。经欧阳中鹄、谭嗣同、唐才常等人四处奔波谋划，在湖南学政江标的支持下，光绪二十一年九月初，算学社终于得以成立，选定了浏阳文庙后山奎文阁为社址。这是一所完全新型的学校，是湖南办新学之始。算学社里，谭嗣同等人亲自授课，讲述算学的用途，并从中灌输变法思想。浏阳算学社的成立开风气之先，揭开了湖南维新运动的序幕。

同年，浏阳遭遇了六十年一遇的特大旱灾，几乎绝收，饿殍载道，民

浏阳算学社旧址——浏阳文庙后山奎文阁

不聊生。湖南巡抚陈宝箴委派欧阳中鹄总办浏阳赈务。欧阳中鹄在县城设立筹赈总局，他办理赈务的总方针是以工代赈，禁止灾民逃荒。具体办法是：招集灾民往长沙转运钱谷，除伙食外另给工钱；开办南乡煤矿，招集灾民开挖，运至湘潭等地销售，如果销售不完，就请款囤积；又组织淘挖西乡河中金砂，按时价兑换钱谷。这样就使大部分饥民有职可业，解决了其口粮问题。而另外的老弱妇孺，则计口放赈。他还派人到外地购买番薯之类的杂粮种苗，指导乡民栽培，恢复生产。

这些办法得到了陈宝箴的称赞，陈说屯煤种薯为"办赈奇策，足垂法于将来"。

欧阳中鹄日夜奔波筹算，废寝忘食，终于使浏阳赈务井井有条地展开，让饥民得到了温饱。而他自己却积劳成疾，留下了一生的病根。

浏阳赈务结束后，还剩余二万两白银，欧阳中鹄报请截留此银，主要用于办理浏阳团练和算学馆，得到陈宝箴同意，于是就将浏阳算学社扩充为算学馆。

光绪二十二年，陈宝箴委派欧阳中鹄办理浏阳矿务。浏阳是一个多山之县，矿藏丰富，在欧阳中鹄的运筹下，浏阳矿业也得到了初步发展。

美政流传

当时，湖南在陈宝箴的主持下，继续推行新政。谭嗣同、唐才常、梁启超等人在湖南办报、创办时务学堂、成立南学会，湖南维新如火如荼。欧阳中鹄也正式成为陈宝箴幕僚，参与维新。不过，谭嗣同、唐才常等人的思想渐趋激进，而陈宝箴、欧阳中鹄的思想则偏于稳健保守，双方由此产生矛盾，谭、唐的维新运动受到压制，欧阳中鹄与两位弟子的关系迅速恶化。后谭嗣同北上，参与戊戌政变，流血牺牲，欧阳中鹄也受到牵连和冲击，但谭嗣同灵柩返浏后，欧阳中鹄还是顶住压力，为弟子主持了丧葬事宜。谭嗣同墓前原有宋渐元所作、刻于青石的一副楹联："亘古不磨，片石苍茫立天地；一峦挺秀，群山奔赴若波涛。"宋渐元（谱名克勋）是欧阳中鹄的长女婿，曾任广东防城县知县。此楹联后移刻于墓前华表。

光绪二十六年，唐才常因组织自立军起义失败而被捕，被杀害于武昌。这也给欧阳中鹄造成不小的打击。那些反对他的人更有理由对他进行指责，因为他的两位弟子都被杀了。

光绪二十九年，欧阳中鹄赴京参加经济特科考试。次年，欧阳中鹄补授广西思恩府知府实缺，调署梧州府知府。光绪三十一年调署桂林、梧州两府知府，又调署平乐府知府。

平乐为山区，有很多瑶族部落，而土地贫瘠，粮食缺乏，于是他们生两个儿子就抛弃一个，生三个就抛弃两个，用草袋包裹，挂在树上，风俗野蛮。欧阳中鹄上任后推行仁政，向他们平价出售粮食，使其与邻县通贸易。欧阳中鹄还召集瑶族首领聚会，“晓以大义”，他本不善饮酒，为取得首领们的信任，在宴会上“尽百余杯”，瑶族首领因此而心悦诚服。欧阳中鹄“由是宣布新风，革其恶俗”，捐款开办学校，教以文字。瑶族部落教化大行，其民众安居乐业。欧阳中鹄的好友、亲家刘人熙写诗称赞道：“瑶人拜舞桂人歌，美政流传捷报多。”

宣统元年，欧阳中鹄调补桂林府知府，调署广西巡警道。次年升任广西右江道。宣统三年，调署桂平梧盐法道兼梧州关监督。当时外国商人想用钱“巨万”购买码头，欧阳中鹄坚决拒绝，保护了国家利益。同年补授广西提法使。清末改各省按察使为提法使，为一省最高的司法行政长官，地位仅次于巡抚、布政使，负责管理全省司法上的行政事务，并监督各级审判厅、检察厅及监狱。七月二十日，欧阳中鹄奏报接印任事。可惜的是，欧阳中鹄任职还不到两个月，于宣统三年九月初九日在桂林病逝，终年63岁。其灵柩运回浏阳，葬于浏阳河南岸佛岭唐家铺，后又整体搬迁至西湖山。

欧阳中鹄一生受儒家思想影响极深，终身以仁为本，以孝悌为先，爱国爱民，身体力行，做了不少惠及百姓的实事。他刚正不阿，不避劳怨，不计较个人得失，他曾说：“治国事而以浮沉为念者，不负其初心乎？”此语颇似林则徐的名言“苟利国家生死以，岂因祸福避趋之”，由此可见其品格和胸怀。

服膺船山

在学术上，欧阳中鹄反对门户之见，主张广采博取，并提出了“折衷各家”的学术见解：“为学务求洞贯本原，折衷至当，言性理不空疏，言考据不穿凿，言训诂不破碎，言经济不迂远，而难行亦不苟且以求效，然后集众长为一长，由小成而大成焉。”[1]他强调学以致用，其治学以“切实”二字为重。他说：“所谓学者，通天地之情，穷古今之变，求生民利害之源，察数世安危之本。

① 欧阳中鹄：《申订诂经精舍规约》，《瓣姜未刊文稿》抄本第三册。

其行之也，毅然而行，其已之也，毅然而已！”[1]

甲午之后，他的维新变法思想逐渐成熟。他在致陈长樞的信中表示，他接到谭嗣同的长信后，对谭“畅发变法之旨”十分欣赏，认为中国“闭关绝市”“徒益坐困”，如果还不采取拯救之法，国家前途将不堪设想；他也认为“朝野上下，必尽更新”，能变革者，“皆变革之”。[2]因此，他对谭嗣同信中所提出的变法主张基本上是赞成和支持的。

欧阳中鹄在思想上最服膺王夫之（号姜斋），他取号瓣姜，就是敬仰王夫之的意思。王夫之“器变道亦变”的思想，是欧阳中鹄甲午之后主张变法的依据。他认为变法必须得从废除科举时文，改习西法开始，而改习西法，又当从算学开始。所谓算学，就是西方科学技术。

欧阳中鹄在写给涂启先的信中说：“盖彼之法得，而我之法失矣。不思用彼之得，而徒仍我之失，战则败，地则削，民则穷，财则尽。”[3]在《兴算学议》批注中说：“果变一切之法，十年之间，必足自立。”可以看出，他认为变法是大势所趋的，中国要学习西方的长处，以求自立。

他在《书＜兴算学议＞后》一文中引《周易》中的“穷则变，变则通，通则久”为自己办算学社张目。他认为：“夫法者，人才之所依也。学者，人材之所从出也。法不足救时，不得为法；学不足致用，不得为学。当兹患气积深，奇变百出，国家如但用考据、训诂、词章、时文、诗赋、小楷之流，何益于事？”

他还主张在多方面变法，他在《三书＜兴算学议＞后》中说，他曾看到时人胡燏棻的《变法疏》，有开铁路、铸钱币、开工厂、开矿产、创邮政、练陆军、重整海军、设学堂以储人材等一系列措施，他都比较赞同，并说如能“毅然行之”，即能谋自强。

但欧阳中鹄却不可能有谭嗣同那样激进的变法主张，他有其保守的一面，如“纲纪”“道德”等“礼教”所不容许变革的则不能随意变之。因此在湖南维新运动进行到高潮的时候，他对谭嗣同等激进维新派在《湘报》、时务学堂、南学会所宣传的“孔子改制”学说和民权平等学说产生了不满，他认为中国封建政教不能随便改变，他要求变法的彻底性上实不如其弟子谭嗣同、唐才常等人。

[1] 欧阳中鹄：《福建知府秦君之官赠序》，《瓣姜未刊文稿》抄本第一册。

[2] 欧阳中鹄：《复陈曼秋》。

[3] 欧阳中鹄：《致涂舜臣同年》。

诗文成就

欧阳中鹄有《瓣姜文稿》《瓣姜杂文》《瓣姜精舍诗草》等著作。他主张诗文载道，不作无谓之呻吟。他"好骈俪之文，又仿蔡邕碑版，颇涂泽以经义"[1]（刘人熙《大围山房文集叙》）。

欧阳中鹄曾为祖父母、父亲等亲人写传，家庭琐事，娓娓道来，风格朴实，感情真挚，继承了明代散文家归有光的写作风格。欧阳中鹄祖母黎氏，对他十分疼爱，也是对他影响较大的人物。欧阳中鹄在《笔山府君黎太安人合传》中写道：

太安人贫极时，至不能举火，未尝有求于母家。尝患肝气疾四十年，剧时辗转床蓐，稍差则召中鹄侍侧，语旧时琐事，曰："昔有族人某来吾家，欲留之食，顾鬴中无米，仅煮一撮菽自饱。时汝父啼饥于前，吾假他词乱之，至今犹歉然也。"……中鹄馆会垣日，束脩稍丰，太安人诏之曰："此汝稽古之力，可稍购果饵以自啖，毋徒若吾自苦。吾曩时，固尝饔飧不继者。"由今思之，何其言之仁且痛也。中鹄方三岁时，先王父府君即教以识字，夜则令寝于足下，太安人亦拊循而调护之，如是者十余年不倦。府君常欲见中鹄入于学，而不及待者三年；太安人常欲见中鹄举于乡，而不及待者又止五月。[2]

黎氏最贫苦时，竟到了无米下炊的地步。一次有族人来访，留他吃饭却缺少米。黎氏煮熟一撮豆子，自己和儿子吃了充饥。儿子没吃饱，在黎氏前面哭，黎氏无可奈何，随便找个理由糊弄儿子。多年后，黎氏谈起此事时，仍感到歉疚。……欧阳中鹄通过这些家庭琐事的描写，很好地刻画了祖母艰苦持家、心地仁慈的形象。

欧阳中鹄本不善于诗，由于在北京做官清闲，而京中官吏又有结诗社的传统，如宣南诗社、海棠诗会之类，欧阳中鹄就在身边朋友的带动下，于光绪十三、十四年间作诗不少，出入风雅，追踪汉魏。

他模仿陶渊明、阮籍的作品，神韵毕肖，其中最著名的是《和陶饮酒诗》二十首和《拟阮咏怀》组诗。《和陶饮酒诗》其中两首是这样写的：

① 刘人熙：《大围山房文集叙》。

② 《浏阳麻田蛇头欧阳五修族谱》卷一，渤海堂，民国丁亥年修。

登高望中原，滔滔将何之。
吾道命千载，生当履霜时。
盛衰有定理，当前悟来兹。
天运苟无变，何为阴阳疑。
一醉解百忧，尊酒惟自持。（之一）

人生二三十，自谓当闻道。
日月不可留，奄忽成衰老。
萧萧白杨下，一邱葬黄槁。
太璞俟玉人，雕琢成美好。
质美不肯学，终焉丧其宝。
空嗟少壮时，英气横八表。（之十一）

前一首抒发了对国运衰落的感喟之情，诗人要一醉解百忧，后一首表达了少壮不努力、老大徒伤悲的思想。其七律《秋感》云：

西风一夜动关河，秋气森然感慨多。
万事且容陶令酒，五噫难遣伯鸾歌。
坤霜在野愁龙战，丑命临宫对羯磨。
闻道清时薄高行，君恩不许思烟萝。

雄浑哀郁，表达了对国家前途的忧虑之情，以及自己想回乡隐居的愿望。

又如七绝《湘行杂诗》其中一首云：

卅六湾头风雨天，不胜清怨送啼鹃。
行人若解肠须断，归去何如春去前。

暮春时分，风雨连天，杜鹃声声，诗人思家，不胜愁苦。游子假如早知道会这样伤心，应该会趁春光大好的时候就回乡吧！

欧阳中鹄的诗作得到了时人的高度评价，清末教育家张百熙曾评价说：“作者胸有千古，横览一时，意之所触，借书于手，长歌当哭，忧来无竭。拟陶、阮诸诗，几可当陶、阮诗读。”[1]

[1] 张百熙：《瓣姜诗跋》，载《船山学报》第一卷第三期。

龚春台、姜守旦

从会党首领到革命先驱

狂飙突起，震惊中外！清光绪三十二年爆发的萍浏醴起义，是同盟会成立后发动的第一次大规模的武装起义，是太平天国以后中国南方爆发的一次范围最大的反清革命斗争。起义军的主力是江西萍乡、湖南浏阳、醴陵地区的会党和矿工。浏阳是会党活动比较集中的地区，两位浏阳籍的会党首领在起义中发挥了重要作用：洪江会“大哥”龚春台是起义总指挥，他率领起义军主力攻克上栗市、文家市，直指浏阳县城，重创清军；洪福会首领姜守旦在浏阳东乡起兵响应，是主力军之外的一支劲旅，配合攻打浏阳县城，互为犄角。

萍浏醴起义虽然失败了，但它沉重地打击了清朝的反动统治，因而成为辛亥革命的一次重大预演，推动了全国革命高潮的迅速到来。龚春台、姜守旦用行动在近代民主革命的历史上写下了光辉的一页。

龚春台：萍浏醴起义总指挥

龚春台（？—1912），原名谢再兴，亦作醉兴，又名章年、张章年，号月楼，世居浏阳文家市集镇。《文家市镇志》称其出生于清光绪三年（1877）。农民出身，早年做过鞭炮工，当过兵，稍有积蓄后，在文家市集镇上街开设“龚记利生爆竹庄”。由于平时“好气使酒，轻财喜交游”，“能以死生许人”[①]，结交江湖豪杰，遂入哥老会，逐渐成为当地哥老会的著名首领。

光绪二十六年，龚春台参加了唐才常组织的自立军起义。起义失败，龚春台因其活动未被当局发觉而幸免于难，继续潜伏在浏阳一带，以做零工为生，暗中从事革命活动。

湖南、江西两省交界的浏阳、醴陵、萍乡地区，民风强悍，山堂林立，是哥老会在长江中游的一支——洪江会的活跃之区。这时，资产阶级民主革命运动勃然兴起，湖南革命党人黄兴等成立华兴会，联络洪江会首领马福益，准备发动长沙起义。光绪三十年九月，长沙起义因事机不密而流产。次年三月十六日（1905年4月20日），马福益遭清廷杀害，龚春台承袭其位，被浏阳、醴陵和江西萍乡、宜春一带的会众推举为洪江会首领。

① 萧汝霖：《浏阳烈士传·龚春台传》。

同盟会在日本东京成立以后，中国的资产阶级民主革命进入以武装斗争为主要形式的阶段。光绪三十二年春夏之间，长江中下游阴雨连绵，洪水横溢，湘赣交界的萍浏醴地区灾情严重，饥民乏食，当地官僚豪绅却乘机囤积居奇，哄抬米价，使广大农民和矿工苦不堪言，纷纷投入会党，酝酿反清起义。革命党人审时度势，决定乘机发动会党大举。湘籍同盟会会员刘道一、蔡绍南等奉本部之命返湘，利用原来的会党基础，组织发动起义。

这年夏天，刘道一约集革命党人及倾向革命的会党首领38人在长沙水陆洲附近的一只船上举行秘密会议，策划萍浏醴起义。会上，分析了湖南的革命形势，制定了起义的策略方针，决定发动浏阳、醴陵、萍乡一带的会党，联合省城同情和支持革命的士兵，在阴历十二月底清吏“封印”之时举行起义，“占据省垣重地”，光复全省。龚春台应邀参加了这次会议，被委派担任“部署会党”的工作。

当时，萍浏醴一带会党主要有三股较大的势力：哥老会以龚春台、李金奇、冯乃古、萧克昌为首领，会众数千人；洪福会以姜守旦为首领，会众数千人；武教师会以龙人杰、陈仁初、饶有寿、万木匠、沈益古、廖叔保为首领，各有门徒数百人。为了把各派力量联合起来，纳入同盟会的领导之下，龚春台和蔡绍南等人商量，以力量最强、人数最多的洪江会为基础，吸收哥老会的其他派别和武教师会，组成了一个统一的会党组织——六龙山洪江会。

会后，龚春台来到萍乡上栗市，在同盟会员蔡绍南、魏宗铨的帮助下，约集萍、浏、醴一带会党首领百余人，在萍乡蕉园洞欧阳满家秘密聚会，以延道士替亡故友人作冥寿为名，举行开山堂大典，歃血拜盟，成立六龙山洪江会，推举龚春台为“大哥”，“称奉孙中山先生命，组织革命机关，以备驱策”。六龙山洪江会以忠孝仁义堂为最高机关，下设文案、钱库、总管、训练、执法、交通、武库、巡查为“内八堂”，各司其职；又设第一至八路码头官，为“外八堂”，号召同志入会。下设红旗、跑风各职。另外，还在萍、浏、醴毗连的麻石设立活动机关，以魏宗铨原在上栗市所设的“全胜纸笔店”为接待会友和筹划经费的机构。布置就绪，各路码头官分境开堂散票。入会者先由红旗介绍，告码头官许可，再由码头官监视行入会礼，即饮雄鸡血酒宣誓，誓词云：“誓遵中华民国宗旨，服从大哥命令，同心同德，灭满兴汉，如渝此盟，人神共殛。”六龙山洪江会成立后，发展迅速，会员很快增加到十多万人，矿工、农民等纷纷加入，“不数月间，已蔓延萍（乡）、宜（春）、分（宜）、万（载）、浏（阳）、醴（陵）数县”。该会设立在萍乡麻石的活动机关，“为会党之大本营，常驻会友两三千人”。[①]

光绪三十二年六月，龚春台又与蔡绍南、魏宗铨等人在萍乡上栗市附近的慧历寺召集各路码头官举行会议，筹划武装反清起义事项，并以慧历寺为活动总机关。这次会议对武装反清起义作了周密的部署，会议决定：命余为璜、邓坤在高家台密造火药、军械；魏宗铨司钱库，与其兄宗铭急筹五千金，以备购买军械、火药原料；胡友堂、邓廷保联络浏阳哥老会首领冯乃古、洪福会首领姜守旦等；同时，还决议派遣魏宗铨、蔡绍南“往沪、港、粤联合各地革命机关，并往日本孙中山先生，报告经过，要求接济新式军械，请示举义日期”[②]。

蔡、魏离湘后，萍浏醴地区群众的反清活动日益扩大。这年麻石中秋节的庙会，酬神演戏，日聚万人，人群喧嚷，谣言纷起。加入了洪江会的慧历寺僧人也假托神言，向香客们暗示：“天下即将大乱，将有英雄铲富济贫。”甚至直言：“洪江会即日起事。”这引起了当地土豪劣绅的恐惧，他们“呈请官厅剿办”。八月二十日，萍、浏、醴三县清军联合突袭麻石，“令会党猝不及备，遂不战而散”。第三路码头官李金奇被追捕至醴陵白兔潭殉难。龚春台当即通知在上海的蔡绍南、魏宗铨返湘商议，大家仍然坚持长沙水陆洲会议所拟定的阴历年年底举事的意见。不久，会党首领许学生、萧克昌相继被敌人杀害，起义消息被醴陵官府探悉，总机关慧历寺也被清军抄没，形势极为险恶。

十月十八日晚，龚春台、蔡绍南在上栗市以西的高家台再次召集各路码头官举行会议，商议起义日期和办法。会上发生意见分歧，龚春台、蔡绍南、魏宗铨等认为同盟会总部无信息，军械又不足，仍拟等待接济；各路码头官则主张趁清军尚未准备之时，立刻发难。双方争论激烈，直至天晓仍无结果。洪江会激进分子廖叔保却不待会议结果，即自率二三千人在麻石宣布起义。龚春台、蔡绍南、魏宗铨等人见势成骑虎，只得通知各路码头官立即率众起义，并以同盟会名义通知姜守旦和冯乃古举兵响应。一场声势浩大的武装起义就在这仓促之中，于十月十九日正式爆发了。龚春台下令将高家台储存的少量武器分发各部。廖叔保很快攻占麻石，并占领了浏阳县属之高家台。次日，龚春台率部占领萍乡县属之高家台。

十月二十一日，龚春台以萍乡高家台会众为主力，集合麻石廖叔保部，率起义军2万多人向上栗市进发。他们头裹白巾，有的手持土枪、土炮、长矛、

① 此段引文皆出自邹鲁：《魏宗铨传》。

② 邹鲁：《魏宗铨传》。

大刀、鸟枪，有的拿着木杆、竹尖、菜刀，还有的赤手空拳。前排大号筒数对、大白旗二面、小白旗百余面，旗帜上书“官逼民反”“灭满兴汉”等字。时上栗清军仅20余名，起义军很快占领上栗市。

攻占上栗后，起义军整编了部队，称为“中华国民军南军革命先锋队”，由龚春台为都督、蔡绍南为左卫都统领兼文案司、魏宗铨为右卫都统领兼钱库督粮司。龚春台以“奉中华民国政府命”的名义发布檄文，揭露清廷十大罪状，宣布此次革命“专以驱逐鞑虏，收回主权为目的”，号召全国人民“各尽天职，各勉尔力，以速底鞑虏之命，而赞中华民国之成功”。檄文说：

本督师只为同胞谋幸福起见，毫无帝王思想存于其间，非中国历朝来之草昧英雄以国家为一己之私产者所比。本督师于将来之建设，不但驱逐鞑虏，不使少数之异族专其利权；且必破除数千年之专制政体，不使君主一人独享特权于上，必建立共和民国，与四万万同胞享平等之利益，获自由之幸福。而社会问题，尤当研究新法，使地权与民平均，不至富者愈富，成不平等社会。此等幸福，不但在鞑虏宇下者所未梦见，即欧美现在人民，亦未能完全享受。凡我同胞，急宜竭力以扫除腥膻，建立乐国。[1]

①《中华国民军起义檄文》，载《萍浏醴起义资料汇编》，湖南人民出版社，1980年版，第57页。

这篇脱胎于同盟会革命纲领的战斗檄文发布之后，鼓舞了各阶层民众起来参加斗争，义旗所指，云集响应，起义队伍迅速发展到三万余人，声势十分浩大。安源矿工虽然由于清吏防范极严，未能执械起事，但萍乡县属其他地方的矿工纷纷辞工参加，极其踊跃。醴陵响应起义的除贫苦农民外，还有众多的防营兵士参加。

占领上栗市以后，龚春台命沈益古、龙人杰等部留守，于十月二十二日深夜和蔡绍南、魏宗铨率领起义主力从上栗市出发，向浏阳挺进。次日，起义军攻占了浏阳文家市，并在文家市团防局整军誓师，然后分左、右两路军向浏阳县城进发。左路由蔡绍南率领，经澄潭江到达枫林铺，长驱直入；右路由龚、魏率领，经山枣潭到达大圣庙，会集了曾广皇的部分军队，即在大圣庙戏台祭旗誓师，出吾田市，然后在枫林铺与左路军会师。两路会合后，军容甚盛，直指县城，途中与清兵先后接战于牛石岭、南流桥。沿途有浏阳金刚头，醴陵官寮、潼塘、板杉铺等地会党首领各集数百或两三千人加入起义大军。

起义队伍进至浏阳城南的南市街，被驻浏阳巡防队管带梁国桢率部袭击。龚春台见时已黄昏，不敢恋战，便率军退走牛石岭。梁部追至枫林铺后，亦未敢贸然前行。因天色已晚，梁国桢决定率部回驻浏阳城外南市街。龚春台获悉后，迅速率领部队尾追，将梁部包围，重创清军。酣战中，正在此地镇压义军的清军徐振岱部前来解围，义军陈绍庄受伤，但最终龚春台率起义队伍进占南市街，清军梁国桢部与徐振岱部共同退回浏阳城内。

文家市积谷仓遗址

起义军与清军呈对峙之势。

萍浏醴起义爆发后，湘、赣两省官兵乱作一团，频频呼救，清廷急令鄂、湘、赣、苏四省速派得力军队，“飞驰会剿”，并调海军开赴九江、芜湖。一时之间，清军集结达四五万人。这是自太平天国失败以后，清朝在南方出兵最多的一次。起义形势非常严峻。醴陵、萍乡起义军都因寡不敌众，先后失败。清军乃集中兵力于浏阳。十月二十六日，清军乘夜突袭驻扎在南市街的起义军，起义军猝未及防，再次退守牛石岭。适逢上栗市余众开到，起义军人数大增。此时，清军不过数百人，知不能敌，遂改变策略，散至近旁竹山，用枪射击。酣战之中，清军子弹击中起义军火药堆放地，引起剧烈爆炸，起义军惨死数十人，余众惊窜。清军乘机猛攻，一路掩杀，起义军溃败，邓廷保等人死难。龚春台化装遁走，潜往普迹冯乃古处请兵，以图再举，而冯乃古早在起事之前已被清军诱杀，龚春台只得潜往长沙，转入地下活动。魏宗铨潜回上栗市，后被清军抓获，次年正月被杀害；蔡绍南化名蔡立山，潜往广西昭平，1910年病故。其余各路义军亦因分散应战，寡不敌众，在清军围攻下，于12月下旬相继宣告失败。而刘道一于1906年12月31日在长沙慷慨就义。至此，一场轰轰烈烈的反清大起义终于被残酷镇压了。清军又进行了长达3个月的“清乡”，总计被杀害的义军将士及其亲属不下万人。

1911年10月，武昌起义爆发，湖南首先响应。龚春台仍秉其初衷，继续为辛亥革命效力。他“率死士数百人”援鄂，“自称北伐军”。“在长沙时饷械均乏，纪律整饬，洪党所未有也。”[①]后至南京。1912年，南北议和达成，龚春台回到武汉，疾病大发，呕血数升而卒。

① 萧汝霖：《浏阳烈士传·龚春台传》。

姜守旦：洪福会首领

姜守旦（1863—？），又名万鹏飞，清同治二年三月十九日生于浏阳县官渡云山的一个农民家庭。父亲姜本脉以务农为生，并继承祖业另兼行医。母亲卢氏，是一位农村妇女。姜守旦兄弟四人，他排行最末。

姜守旦自小聪慧异常。家里人多田少，生活困苦，他在村塾就读两年后被迫辍学。他的家乡位于盛产石灰石的云雾山下，许多农民以烧石灰为业。姜守旦长大后也到村里人所办石灰窑里做零工，每月得谷仅二三石，聊以糊口。

贫寒的家境以及农民斗争的影响，使姜守旦逐渐萌发了反清思想。同治六年，与云山毗邻的姜卢塅人姜守东为反对暴政率众在云山起义，给年幼的姜守旦以深刻的影响。每当窑工讲述太平天国轶事和姜守东的事迹时，他联想到窑工的疾苦和自己的辛酸，辄愤慨不已，于是，开始在父辈的指点下练功习武，操气功，通点穴术，决心干一番除暴安良，“打江山，坐天下”的事业。

30岁时，姜守旦毅然离开家乡，到江西萍乡当煤矿工人。后往湖北、四川等地，闯荡江湖，广交绿林豪杰。姜守旦长得威武挺拔，方脸大耳，声音洪亮。为人重义轻财，有豪侠之气。他有祖传治跌打损伤的秘方，为人治病从不计较医费多寡，因此威望较高。在此期间，他加入了哥老会的一派洪福会，当上了“香长”，并参加了光绪二十六年的自立军起义。

光绪三十年，姜守旦投奔洪江会首领马福益，成为其属下的一个头目。次年马福益被杀后，姜守旦等人“誓复仇，益倾向革命党，继续图大举”[①]。

光绪三十一年冬，姜守旦返回故乡云山。他自立洪福会山堂，在江西、湖南交界的铜鼓、万载、修水等地开堂放票，发展会众，并罗致一些文人为他出谋划策。他曾想以“王茂先”为化名，谋士中有人说，姜字砍头去脚剩下个“王”字，很不吉利，不如改为万鹏飞，以示鹏程万里之意，姜守旦欣然接受。“洪门中人自此均称他为‘万大哥’。”[②]

光绪三十二年夏，六龙山洪江会成立，推举龚春台为“大哥”，在同盟会的领导之下筹划武装反清起义。六月，龚春台、蔡绍南等人召开会议，决定联络姜守旦。这年秋天，姜守旦与龚春台在浏东永和市烟砖屋相会，商议起义大事。两人却在推翻清廷之后采用帝制还是采用共和制的问题上意见不一，争得面红耳赤，不欢而散。但姜守旦最终还是表示共襄义举，但不受洪江会的制约，自己以洪福会名义组织义军，届时配合行动。

商定起义大计之后，姜守旦调集会众，在大规模起义未爆发前，便在浏阳东乡开始行动起来。九月二十日，姜守旦从铜鼓、万载带领手持鸟铳、刀枪的数百会众，到浏阳张坊、陈坊一带集结，约期于十月十四日大举起事。他提出“劫富济贫不扰民”的口号，受到群众拥护，很多农民要求参加，张坊团总李春舒吓得魂飞魄散，溜之大吉。浏阳县令费小湘闻报后，立即派兵围剿，抓去小头目王永求。姜守旦亲率精兵赶赴县城，打算劫狱将他救出。在距城八里的占家岭与清军遭遇交战，知道敌人有备，很难得手，于是又退回张坊。

十月中旬，姜守旦又率会众千余人到大光洞，经富岭进入三口，智取上城墙屋，除掉了大团总王显畴。王显畴心狠手辣，作恶多端，人称“八阎王”，群众恨之入骨，连他家雇用的保镖多数也与洪福会暗中通气。义军先是以宴请为名调虎离山，将巡防营哨官蒋兴桂支走，然后通过内应轻易进入上城墙屋，杀掉“八阎王”、财主王勉堂等人，开仓济贫，火烧城墙屋。蒋兴桂见火光冲天，驱兵赶来救援。义军的刀棍难敌枪弹，迅速撤出，转攻三口植本堂，杀了几个恶霸。

其后，姜守旦又乘势攻打永和市，团防局措手不及，正副团总等均被擒获。姜守旦颇能注意策略，区别良善，只严惩为非作歹的官绅。他将平日没有劣迹且待人谦和的团总汤葆初释放回家，而将另两个鱼肉乡里的副

① 刘谦：《醴陵革命人物纪要》，载《湖南文献汇编》第一辑，第195页。

② 彭静华：《姜守旦传略》。

团总，一个斩首示众，一个准备饭后开刀祭旗。除没收奸商财物外，对那些平日忠厚行善的绅商还予以保护，对民众则秋毫不犯。百姓拍手称快，纷纷加入起义军。

三口上城墙屋（又名呈祥大屋）残存围墙
位于今古港镇三口片白路村

光绪三十二年十月十九日，萍浏醴起义正式爆发，龚春台以同盟会名义通知姜守旦举兵响应。十月二十二日，姜守旦在永和市正式宣布起义。他派人通告，愿与龚春台合作，拟进占浏阳县城，直逼长沙，但不受节制。起兵后，姜守旦自号“南部起义恢复军”，发布《新中华大帝国南部起义恢复军布告天下檄文》，提出建立“新中华大帝国”的目标，号召天下人响应起义：

有能起兵恢复一邑者，来日即推为县公；恢复一府者，来日即推为郡主；至外而督抚，内而公卿，有能首倡大义，志切同胞者，则我四万万同胞欢迎爱戴，如手足之卫腹心，来日不惜万世一系，神圣不侵，子子孙孙，世袭中华大皇帝之权利以为酬报。勿狃于立宪、专制、共和之成说，但得我汉族为天子，即稍形专制，亦如我家中祖父，虽略示尊严，其荣幸犹为我所得与；或时以鞭扑相加，叱责相遇，亦不过望我辈之肯构肯堂，而非有奴隶犬马之心。我同胞即纳血税，充苦役，犹当仰天三呼万岁，以表悃忱爱戴之念。①

① 《新中华大帝国南部起义恢复军布告天下檄文》，载《萍浏醴起义资料汇编》，湖南人民出版社，1980年版，第59页。

这篇檄文与龚春台发布的《中华国民军起义檄文》相比，存在着很大不同，龚春台的檄文提出建立“中华民国”，具有资产阶级民主革命的性质。而姜守旦的檄文主张建立“新中华大帝国”，宣扬帝王思想，主张论功行赏，这些与民主革命的潮流是不和谐的。姜守旦在此问题上的异议，反映了一部分会党群众尚未完全接受同盟会的纲领。但是，两者又存在一致的地方，都主张“反满”，建立汉族当权的国家。这种一致是龚、姜合作反清，共同举行武装起义的前提，也是姜守旦能够将自己融入资产阶级民主革命事业的政治基础。

姜守旦宣布起义后，浏阳县令费小湘即派蒋兴桂率军赴永和市围剿。姜守旦指挥义军沉着应战，向来敌投掷大桶火药，烧死清军先锋宋家珍、向正超等人。由于外围义军作战失利，以及放在矮墙之下的硝药中火燃烧，义军抵挡不住，只好撤退，经官渡回大光洞休整。十月二十三日，龚春台率义军主力攻占浏阳文家市，拟袭取浏阳县城。姜守旦知悉后，即履行盟约，结集大旗山、大光洞、九鸡洞等地会众万余人，高举“洪福齐天”大旗，人皆头缠白巾，腰系白带，带草纸一刀作为“护身符”，手持梭镖、鸟枪，向浏阳县城进发。经富岭、沿溪桥、古港、溪江，于次日中午到达浏阳城郊詹家岭、水碓塅。姜守旦迷信思想很重，进当地的三元宫求神卜卦，问何时攻城吉利，卦准戌时（晚上七时至九时），他竟深信不疑，命部下就地休息待时，以致贻误了战机。

清军因此得以从容调兵应战，从省城派来的巡防队侦知姜守旦军动向，即飞速赶往洗药桥附近，设伏截击。姜守旦果然等到戌时才率兵进军洗药桥，当即遭到清军伏击，受到重创，于是经渡头、竹埠岭，退到浏东高坪的天岩寨，余众仅2000多人。

天岩寨地处丛林茂密的大溪山，地形险峻。姜守旦整理余部，在易守难攻的脊顶扎寨，修筑一座点将台，将火药军械藏于毛氏宗祠内，准备与清军决一死战。不料，十月二十九日，紧追而来的巡防营梁国桢部深夜从山寨两侧迂回包抄而上，抢走武器弹药，焚烧点将台和毛氏宗祠。义军猝不及防，向北撤到永和市。此后两天，清军乘势尾追，义军死数十名，姜守旦军又转到大光洞一带，拟从平江经岳阳赴武汉，再潜往江、浙一带，期与革命党人联络，以图东山再起。清军紧追不舍，义军人数越来越少。

十一月二日，义军由大光洞突进平江县境，湖南巡抚岑春蓂急令驻守平江巡防队陶廷梁所部一队截击，又电饬驻岳州之鄂军管带戴寿山就近抽拨两队配合。十一月五日，姜守旦部入平江沙铺，遭清军前后夹攻，义军死者百余人，姜守旦受伤，率残部进入江西义宁（今修水县）境内。

光绪三十二年十一月，逃往义宁的姜守旦部被赣、苏两省清军会同团勇堵截击散，姜守旦只身逃脱。

起义失败后，湖广总督张之洞以千两赏银通缉追捕姜守旦，而姜竟以超乎常人的果敢机智潜回故乡云山，藏于棉花冲妻侄施海吾家里。清兵时时到云山搜查，威逼姜氏族长交人，并威胁族人，如不交出，就烧祠堂、挖祖坟、诛九族。姜守旦深恐连累族人，对族长说："起义前我已言明，如成功，全族都有好处；假若失败，罪愆守旦一人，请将我送往官府，以免众人受累。"[1]并言自有脱身之方，不必介意。在姜守旦的一再催促之下，族人将其送往县署。当夜，姜守旦在狱中不翼而飞，不久又潜回棉花冲，由此逃走之后便不知所往。清军又来云山搜捕，抓不到姜守旦，便烧掉他家的房屋，抓走他的妻儿关进监狱，勒令姜族重修族谱，将姜守旦"削去"族籍，将其子姜德基、姜德钦"入另册"，以示惩儆。

逃走之后的姜守旦没有放弃革命活动，仍在利用一切可能的机会鼓动群众斗争。宣统二年，长沙发生抢米风潮，姜守旦再次露面，暗中发动群众，与高宗怡、龚春台等处于"执牛耳"的地位。风潮过后，姜守旦仍隐匿起来，后不知踪迹。民国二年十一月出版的第541号《政府公报》、民国三年三月出版的第664号《政府公报》载有临时稽勋局关于姜守旦死事叙恤的批文，说明此前姜守旦已经逝世。

① 彭静华：《姜守旦传略》。

谭嗣同

维新壮士，思想彗星

中日甲午战争给中国带来了沉重的民族危机，出现了“中国数千年未有之变局”。清政府惨败，签订了丧权辱国的《马关条约》，使具有强烈爱国思想的谭嗣同悲愤至极，深感再也不能“守文因旧”“苟且图存”了。于是“屏弃一切，专精致思”，倡导新政，立志变法，筹建算学馆，先试于浏阳，作为“湘学之先导”。由此拉开了维新运动的序幕，使湖南成为维新运动时期“全国最富朝气的一省”。进而著《仁学》，冲决网罗，参与湖南新政和“百日维新”，最终以身殉国，成为“戊戌六君子”中“志节最为明伟”的爱国壮士和杰出的启蒙思想彗星。

少年多难，五日三丧

谭嗣同（1865—1898），字复生、佛生，30岁时自号壮飞，又署名华相众生、东海褰冥氏、通眉生、寥天一阁主等。清同治四年二月十三日（3月10日），出生于北京城南宣武门外懒眠胡同（今烂漫胡同）的自家府邸。其时，其父谭继洵任户部主事。

谭嗣同像

据《谭氏族谱》记载，浏阳谭氏是北宋时期由江西迁往福建清流县的，南宋至元代一直是闽西的普通农民。明初，谭氏先祖辅佐明成祖战死，追封崇安侯与新宁伯，后世始以武功显。明朝末年，谭氏迁居湖南长沙，谭嗣同六世祖谭逢琪由长沙迁往浏阳县，居于县城梅花巷丹桂坊下，邑中人称“梅花巷谭氏”。迁居浏阳后，谭家世代以耕读、教书为生。至谭嗣同祖父谭学琴时，因父病家贫而任县吏，家境逐渐宽裕。

谭嗣同的父亲谭继洵（1823—1900），字子实，号敬甫。道光举人，咸丰进士，为官四十年，官至湖北巡抚兼署湖广总督。谭嗣同的母亲徐五缘，浏阳北乡芦烟洞人，生有三子二女：长子嗣贻，次子嗣襄，三子嗣同；长女嗣怀，次女嗣淑。谭嗣同在其家族同辈中排行第七，故称“七公子”。

谭嗣同5岁时，开始与二哥嗣襄一起从家塾老师毕莼斋读书。嗣同最喜欢和二哥在一起，常跟随他到宣武门外的南下洼荒野中去履险探奇，山坡水池，沼泽草丛，乃至白骨纵横的墓地，他们都去玩，享受着童年的欢乐。他对二哥很依恋，曾回忆五六岁时，“夏雨初霁，嬉戏阶下，兄适他去，四顾孑然，情不可已，遂嗷嗷以哭”。6岁时，父亲又请来一位云南的杨先生在家塾教读。8岁时，则从韩荪农师读书。9岁时，谭家迁居库堆胡同的浏阳会馆。10岁那年，谭父又给嗣襄、嗣同兄弟请来了浏阳学者欧阳中鹄为师。欧阳中鹄于同治十二年考中举人，次年进京考授内阁中书，拜访了谭继洵。谭继洵知欧阳中鹄学问好，便留他住在家里教读二子。欧阳中鹄很推崇明清之际的思想家王夫之（号姜斋），读了这位哲人的《船山遗书》，还自号“瓣姜”。所以，他给嗣同兄弟讲解科举必读的《四书》时，也自然地传播了王船山《四书训义》中的思想观点，使他们从此就开始接受王船山的思想影响。

谭嗣同的母亲是一位典型的贤妻良母，相夫教子、勤劳节俭、持家有方。她教育子女非常严格，使谭嗣同曾有“父慈而母严”之感。母亲的言传身教，对谭氏兄弟产生了良好而深刻的影响，使他们虽为官宦之家的贵公子，却没有一点纨绔子弟的习气。嗣同7岁时，大哥嗣贻已满19岁，母亲要送大哥回浏阳结婚。临走时，母亲对嗣同说：“我走后，你必须和平日一样认真念书，不要思念我。”嗣同点头答应，心里很难过，目泪盈眶，但尽力控制不让眼泪流出来。母亲走后，不料那父亲的小老婆卢氏，竟把平日对主妇徐五缘的怨恨，全都发泄到嗣同身上。只要看到他，她就横眉怒眼，没来由地骂个不停。在这种情况下，嗣同忍不住更加思念母亲，整天不说一句话，饭也吃得少了，身体一天天消瘦。第二年母亲回来，见他容态失常，猜测一定是卢氏待他不好，但反复问他，他却不承认。母亲对儿子这种坚忍的性格很满意，含笑着对旁边的人说："这个孩子很倔强，能自立，即使我不幸死去，也不要为他担心了。"

光绪二年春，北京地区流行白喉，四处蔓延，不断有人死去。已经出嫁唐家的二姐谭嗣淑染上了白喉，病情严重，唐家害怕传染，不敢照看。当时谭继洵已简放坐粮厅监督，驻北京以东的通州。徐夫人闻讯后，立刻带着长子嗣贻由通州官寓赶到京城照料，结果相继病倒。从一月二十九日起，嗣淑、徐夫人、嗣贻三人，五日内相继死亡。谭嗣同也染上了白喉，三天三夜昏迷不醒，滴水不进，"气息奄奄，生死莫卜"。但12岁的嗣同奇迹般地苏醒过来了，父亲感到意外，就给他取了个表字"复生"。大病醒来的谭嗣同环顾四周，发现家中已物是人非。他称这一"怵目惊心"的变局为"家庭非常之变"。尤其是母亲之死，在他心中留下了难以愈合的永恒创伤。转眼之间，他在自己家里似乎成了寄人篱下、无依无靠的"孤儿"，而父妾卢氏却在家中取代了徐夫人的地位。性格刚烈的谭嗣同，怎能容忍继母卢氏的"矜且横"，于是"悁悁之忿，常形于色"。卢氏憎恨，便向谭继洵哭诉，结果便使父子关系趋于恶化，"复生失欢于敬帅"。欧阳老师亲眼看到这场家庭悲剧的发生，曾感叹说："谭生受厄家庭，毫无生人之趣……能与子言孝，不能与父言慈。"谭嗣同后来在《仁学·自叙》中痛苦地回忆说："吾自少至壮，遍遭纲伦之厄，涵泳其苦，殆非生人所能任受。"这不幸的生活遭遇，磨砺和培养了谭嗣同不屈的抗争性格，使他体验到了封建礼教的虚伪和黑暗，也在他幼小的心灵里埋下了怀疑和反抗的种子：即使牺牲生命，也要坚决反抗。

他的这种反抗，也表现在他对那些宣传宗法观念的某些儒家经典和据此而作时文制艺（八股文）的反感。父亲要他诵读"闱墨"，即科举试卷的范文，他却在课本上写着"岂有此理"四字，不愿因研习这讨厌的东西而耗损自己的精力。他每天贪婪地阅读那些被迂腐的士大夫所漠视的各种"杂书"。感到寂寞和苦闷时，他还走出家门与下层社会的人物接近，其中对他影响最大的是大刀王五。王五原名王正谊，武术出众，尤以善使单刀而驰名远近。他由曾经教过谭嗣同学锏和太极拳的胡七介绍，教谭嗣同学单刀。此人性格豪爽，胸怀坦荡，既能急人之急，又疾恶如仇，富有正义感，后来成了谭嗣同的终生契友。

甘湘京鄂，科第奔忙

光绪三年夏，谭继洵由京官外放，补授甘肃巩秦阶道，加二品衔。他决定上任前先回浏阳为亡妻修墓，便带着谭嗣同等人回乡。这是谭嗣同首次回浏阳故乡，亲友络绎往来，他有幸结识了唐才常，两人意趣相投，很快就成了朋友。利用上任前的时间，谭继洵希望业已回乡的欧阳中鹄继续为嗣同授课，唐才常也经其父唐贤畴同意，拜欧阳中鹄为师。于是，谭嗣同与唐才常同窗共砚，互相切磋，不但学业大有进步，还建立了深厚的友谊。

光绪四年春，谭嗣同随父赴甘肃，途经长沙、湖北、函谷关、潼关，秋天抵达兰州，经历了他有生以来第一次西北长途旅行。他用诗歌描绘了一路上的祖国山河。如《潼关》：

终古高云簇此城，秋风吹散马蹄声。
河流大野犹嫌束，山入潼关不解平。

说他远望潼关古城，终日在云簇雾绕之中，秋风助兴，乘马而上，俯视黄河，奔放不羁，眺望群山蜿蜒，不知道什么是平坦。一个 14 岁孩子的诗，不仅气势雄浑，还在末二句写景中融入自己冲决网罗、勇往直前的宽阔胸怀。

第二年夏，他奉父命再次回浏阳。秋抵家后，二哥嗣襄领他谒见浏阳学者大围先生涂启先，拜师学习儒家经典、古文、史学和文字训诂学。两年多时间的听课和刻苦攻读，谭嗣同眼界大开，学业大进。他对于五经的学习，比较重视《周易》《周礼》和《春秋》，认为《易》者言变，《礼》者不变，两者都体现在《春秋左传》中，治学应当“本诸《易》以究天人古今之变，不一折衷于礼？”他读书自学能力强，记忆力超凡，论书不喜人云亦云，常别出心裁，发人深省。如批注《王勃（字子安）集》云：“《滕王阁序》流传千古，不知子安其俗在骨，譬如绮纨公子与谢东山、羊叔子风流有别。”谭嗣同用魏晋名士谢安与羊祜两位政治家的雅量，来对比王勃的俗气，出语迥异于流俗腐儒。

与此同时，他的诗作水平也大为长进，如光绪六年二月，他临别作诗赠兄嗣襄赴秦州，其中二首为：

一曲阳关意外声，青枫浦口送兄行。
频将双泪溪边洒，流到长江载远征。

潇潇连夜雨声多，一曲骊驹唤奈何。
我愿将身化明月，照君车马渡关河。

这是表现少年谭嗣同特出才华的好诗，情景交融，想象力丰富，不直说兄弟分别的依依难舍之情和别后相思之苦，而寓情于景，以景传情，感人至深。

光绪八年春，谭嗣同从浏阳再赴甘肃。次年四月初三日，奉父命在湖北与李寿蓉的女儿李闰成婚。李寿蓉（1825—1895），字缄叔，一字均裳，号篁仙，长沙人。咸丰六年进士，时为湖北候补道。善诗文，尤工对联，被誉为“长沙才子”。

谭、李二人婚后数日，即同赴兰州，居兰州臬台公馆，奋志读书。光绪十一年至光绪二十年，是谭嗣同疲于应试，不断奔波于湘、甘、京、鄂的十年。光绪十一年秋，赴长沙首次参加乡试，试后回甘肃。是年冬，谭父调任甘肃布政使。光绪十四年夏，又奉父命回湘参加乡试，试后返甘。次年春抵兰州，不久上北京，在湖广会馆的宴会上，与时任工部主事的浏阳学者刘人熙首次相见。随后拜刘先生为师，刘每天从工部回来后就给嗣同讲解程颐、张载、朱熹和王船山等先儒的学理，用船山的《四书训义》引导他“切已反躬”，“自治其喜怒哀乐”。可谓对症下药，使谭嗣同为之折服。谭嗣同立即为船山之学的博大精深所吸引，孜孜不倦地日夜攻读，遂立志“私淑船山”，并由衷感叹：“五百年来学者，真通天人之故者，船山一人而已！”但五月初，惊悉二哥嗣襄在台湾病逝，谭嗣同“创巨痛深”，泪如泉涌，急忙赶赴上海，迎仲兄灵柩运回浏阳安葬。他悲伤不已，下窆时作挽歌《湘痕词》八章以寄哀思。

光绪十六年四月，谭继洵到武昌就任湖北巡抚。七月，谭父延聘欧阳中鹄入幕，继续教读谭嗣同经义时文和王船山著作。光绪十七年与光绪二十年，均奉父命回长沙参加正科乡试，光绪十九年的恩科乡试在顺天府，谭嗣同北上与试。在这十年中，他六次参加乡试，除光绪十五年因二哥去世放弃考试外，与考的五次均未中式。他读书讲求博通，最厌做呆板而又束缚人思想的八股时文，但父命难违，勉强应试，自然只能名落孙山。他在《三十自纪》中说："十年中，至六赴南北省试，惟一以兄忧不与试，然行既万有余里矣。合数都八万余里，引而长之，堪绕地球一周。"30岁之前，他多次往返于河北、湖南、陕西、甘肃、山西、湖北、安徽、江苏、天津、上海等地，路途乘车坐船，经常一行就是数月，目睹了人民流离失所、哀鸿遍野的情景，深感国事维艰，人民多难，这为他后来的奋起救国、投入维新变法事业打下了坚实的思想基础。

倡导变法，撰著《仁学》

光绪二十年的中日甲午战争，清政府惨败，严重的民族危机和湘军在辽东的溃败，使谭嗣同受到极大震动。经内心痛苦反省，愤而宣告与旧学诀别。于是他将自己过去的著作，编为"东海褰冥氏三十以前旧学"四种，其中《石菊影庐笔识》当为他的代表作。从这部著作中可以看出，他受王船山影响，用物质的气来论证自然界的变化，驳斥佛教把天地视为虚幻的谬论。面对"千年暗室"，他发出"万物昭苏天地曙，要凭南岳一声雷"的呼唤，认为要靠南岳王船山的声音，才能像春雷一样唤醒九州大地的生气。

光绪二十一年，谭嗣同听到清廷与日本签订了《马关条约》并了解到条约的内容后，更感到无比的悲愤，发出"四万万人齐下泪，天涯何处是神州"的慨叹。深沉的亡国之忧，使他迫切要求革新，"育人材"以振兴中华。于是，他和正在两湖书院读书的唐才常、刘善涵商量，决定写信给老师欧阳中鹄，请求他在浏阳县设立算学格致馆。在这篇洋洋万言的《上欧阳中鹄书》中，谭嗣同提出了"变科举以育人材，开议院以达下情，改官制而少其层累"的政治主张，表示要"为天地立心，为生民立命，以续衡阳王子之绪脉"，坚定变法的信心。而作育人材的试验是"先小试于一县"，在浏阳设立算学馆。他的倡议得到唐才常、刘善涵和欧阳中鹄的支持，这年秋天在浏阳成立了算学社，揭开了湖南维新运动的序幕。

光绪二十二年春，父亲为谭嗣同捐了个候补知府，他奉父命上京城。他与侄儿传赞先到上海，访问了英国传教士傅兰雅。在那里，他看到了万年前的"僵石"（即化石），又看到计算器和爱克斯光照相，这些引起了他对自然科学的无比向往。然后经天津，于三月间到达北京，居住浏阳会馆。他在安排好侄儿参加荫生考试的事情后，就往吏部报到。趁此空闲时间，他在京访问结识了吴樵、梁启超和寓居北京讲佛学的吴嘉瑞、夏曾佑、吴德潇等名士。从梁启超口中，他又了解到康有为将今文经学糅合佛教、基督教教义而为变法维新制造理论根据的思想主张。六月离京南下到上海，传赞回湖北谭继洵官署，谭嗣同独自到江苏官衙报到，当上了候补知府。

在南京当候补官的日子很苦闷，谭嗣同出于想借助佛教的力量来实现自己匡救时艰的愿望，便在南京拜著名佛学家杨文会（字仁山）为师，研读佛教华严、法相二宗经典。

七月二十三日，谭嗣同给欧阳中鹄写完了一封长信，汇报自己这次到

光绪二十二年（1896）八月，谭嗣同与友人在上海合影
前排右起：谭嗣同、吴嘉瑞、胡惟志、梁启超
后排右起：宋恕、孙宝瑄、汪康年

北京以来的思想变化，名为《北游访学记》，实为酝酿《仁学》一书创作意图的心声。大作的构思逐渐形成，谭嗣同于八月又到上海，与梁启超、黄遵宪、汪康年、宋恕、吴嘉瑞、胡惟志、孙宝瑄等维新人士访谈，并留下了七人的照相合影。谭嗣同于八月下旬回南京后，九月初，吴嘉瑞带来梁启超的口信，希望谭嗣同为香港《民报》写作《仁学》，可见谭嗣同已向梁启超谈过自己要撰写《仁学》的事。

九月，谭嗣同为了解决浏阳矿务中唐才常与刘善涵之间的矛盾，由南京抵武昌、回浏阳，再回武昌。直至年底，才携妻子李闰、二嫂黎氏及其一子一女，并邀请刘善涵、黄祖劬一起乘兵轮到南京寓宅。

光绪二十三年在南京度岁后，谭嗣同抓紧撰写《仁学》一书。他在给

好友唐才常的信中说，自己“蒿目时艰”，亟欲“别开一种冲决网罗之学”，“思绪泉涌，率尔操觚，止期直达所见”，四月份完成全书上下二卷的撰写。由于下卷具有鲜明的反清革命思想，所以谭嗣同暂时无意发表。

他曾将书稿给章炳麟看过，章氏“怪其杂糅”，这确实道出了《仁学》的缺点。但谭嗣同在构建《仁学》的理论体系时，并未觉察到这样做有什么不对。因为他撰写《仁学》完全是从维新变法的政治需要出发，而综合运用了他最需要的三大类思想资料。一是中国哲学著作《易》《春秋公羊传》《论语》《礼记》和《庄子》《墨子》，张载、王船山的“气一元论”

光绪二十三年（1897）四月
谭嗣同与邱惟毅（右）、谭传炜（左）在南京合影

和陆九渊、王守仁心学；二是西方《新约》、算学及社会政治学说，和黄宗羲的反君主专制民主思想；三是佛学《华严经》、心宗、相宗及基督教思想等。有的资料还来源于他在书肆所购的“异书”。如他在书中将“心力”和“以太”两个概念结合起来，提出“仁以通为第一义。以太也，电也，心力也，皆指出所以通之具”，就是谭嗣同把“仁”解释为佛教法相宗所说的“心”，认为“仁”即“心”，所以“心力”受“心”的控制，而“心力——以太”这一概念结构，就来源于那本傅兰雅翻译的“异书”《治心免病法》。此书力图调和科学与宗教的矛盾，而以格致讲感应之理，企图制造一种集宗教、科学于一身的感应学，这就为谭氏构思其《仁学》提供了合适的思想素材。

在《仁学》中，谭嗣同从“仁——通——平等”的学说出发，对封建君主专制制度和封建三纲五常等名教思想进行了猛烈的抨击。说：“二千年来之政，秦政也，皆大盗也；二千年来之学，荀学也，皆乡愿也。”“生民之初，本无所谓君臣，则皆民也。民不能相治，亦不暇治，于是共举一民为君。夫曰共举之，则非君择民，而民择君也。”“数千年来，三纲五伦之惨祸烈毒，由是酷焉矣。君以名桎臣，官以名轭民，父以名压子，夫以名困妻，兄弟朋友各挟一名以相抗拒，而仁尚有少存焉者得乎？”总之，谭嗣同《仁学》中的哲学思想、反封建思想和民主主义、反清革命思想，后来都成了唤起民族觉醒、影响辛亥革命的思想武器，奠定了他在中国近代哲学史、思想史上的地位。

戮力新政，为国捐躯

光绪二十四年初，谭嗣同接受了倾向维新的湖南巡抚陈宝箴的邀请，回到湖南举办新政。他在《上陈右铭抚部书》中，提出了兴民权“以熟筹亡后之计”的主张，将“兴民权，倡自治”作为救亡图存的重要手段。为了加强时务学堂中的维新派力量，他自己担任分教习，又敦请唐才常任中文教习，协助任总教习的梁启超。在教学中大力宣传变法革新理论，使孔子改制、平等、民权等学说由此而风起，日益恢张。他还把《民夷待访录》《扬州十日记》等含有民族主义意识的书籍发给学生，向他们灌输革命意识，使时务学堂真正成了培养维新志士的机构。二月初一日，谭嗣同与唐才常、皮锡瑞正式创办南学会，以讲演方式讲求爱国之理与救亡之法，并计划将学会与地方议会相结合，联络南方各省。他亲自演说，听者如云，“慷慨论天下事，闻者无不感动”，湖南风气为之大开。为了加强变法理论的宣传，他还创办了《湘报》，作为南学会的机关报，由他任主笔。

四月二十三日，光绪皇帝颁布“明定国是”诏书，宣布变法，起用维新人才，揭开了“百日维新”的序幕。二十五日，翰林院侍读学士徐致靖上奏折，向光绪帝保举康有为、梁启超、谭嗣同、黄遵宪、张元济五人。奏折中对谭嗣同的荐语是：“天才卓荦，学识绝伦，忠于爱国，勇于任事，不避艰险，不畏谤疑，内可以为论思之官，外可以备折冲之选。”[1]

①《戊戌变法资料》二。

谭嗣同应诏进京前，于五月初二日写信给在浏阳的夫人李闰，言“此行真出人意外，绝处逢生”，并嘱咐：“夫人益当自勉，视荣华如梦幻，视死辱如常事，无喜无悲，听其自然。惟必须节俭，免得人说嫌话。至要至要！”他七月初抵达北京。七月二十日，光绪帝召见嗣同，任命谭嗣同、杨锐、林旭、刘光第为四品卿衔军机章京，参与新政。但随着新政的推行，帝、后之间的矛盾日益尖锐，谭嗣同意识到皇帝无权。光绪帝担心“朕位几不保”，遂下密诏，令军机四章京“妥速筹商”。康、谭接密诏后，决定由嗣同劝说掌握新军的袁世凯发动“兵谏”，除掉后党顽固派。八月初三日，谭嗣同夜访法华寺，劝袁起兵诛荣禄，围颐和园。袁假惺惺地表示先回天津诛荣禄。袁世凯返回天津后，即向荣禄告密，荣禄密报慈禧太后。

八月初六日，慈禧太后发动政变，囚禁光绪帝，下令捉拿维新党人。康有为在前一日已离京南逃。梁启超至浏阳会馆会见谭嗣同，嗣同将家书诗文信稿及《仁学》手稿托付梁保管，并劝梁出走日本，自己则拒绝出走，慷慨地对梁说：“不有行者，无以图将来；不有死者，无以酬圣主。今南海之生死未可卜，程婴杵臼，月照西乡，吾与足下分任之。”日本使馆派人与谭嗣同联系，为他提供“保护”，他毅然拒绝，并对来人说：“各国变法，无不从流血而成。今中国未闻有因变法而流血者，此国之所以不昌也。有之，请自嗣同始！”

八日凌晨，谭嗣同在浏阳会馆被捕，“晨起从容，肃衣冠而往”。他在狱中，意气自若，终日绕行室中，拾取地上煤屑在粉墙上作诗，其中一首为：

望门投止思张俭，忍死须臾待杜根。
我自横刀向天笑，去留肝胆两昆仑。

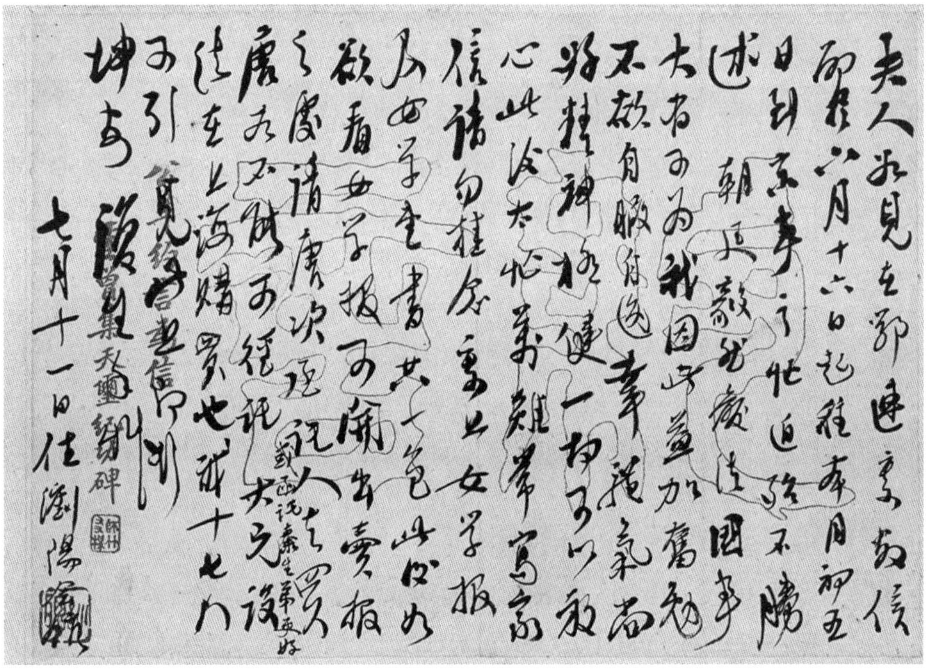

光绪二十四年七月，谭嗣同在北京浏阳会馆致夫人李闰书
湖南省博物馆藏

诗用东汉张俭劾宦官、杜根谏太后的典故，表现了他为国捐躯、视死如归的英雄气概。

八月十三日（9月28日），谭嗣同与其他五位维新志士刘光第、杨深秀、杨锐、林旭、康广仁被杀害于北京宣武门外菜市口刑场，史称“戊戌六君子”。刑场上，观看者万余人，谭嗣同神色不变，慷慨从容，临刑前大呼：“有心杀贼，无力回天。死得其所，快哉快哉！”后灵柩运回浏阳，葬在浏南崇丰乡南流桥唐家铺前石山下（今属荷花街道嗣同村）。

政变后，朝廷下旨给本已裁缺的谭继洵：“裁缺湖北巡抚谭继洵，着毋庸来京，即日回籍”，并没有给谭继洵更严重的处分。主要原因是步军统领衙门派兵查抄浏阳会馆时，抄走了谭嗣同仿父亲笔迹而写的训斥儿子“不忠不孝”的信，慈禧太后看了后对群臣说：“湖北巡抚谭继洵，原非平日不训斥儿子者。”

谭嗣同的壮烈牺牲，激励了无数爱国志士继承他的遗志，完成烈士的

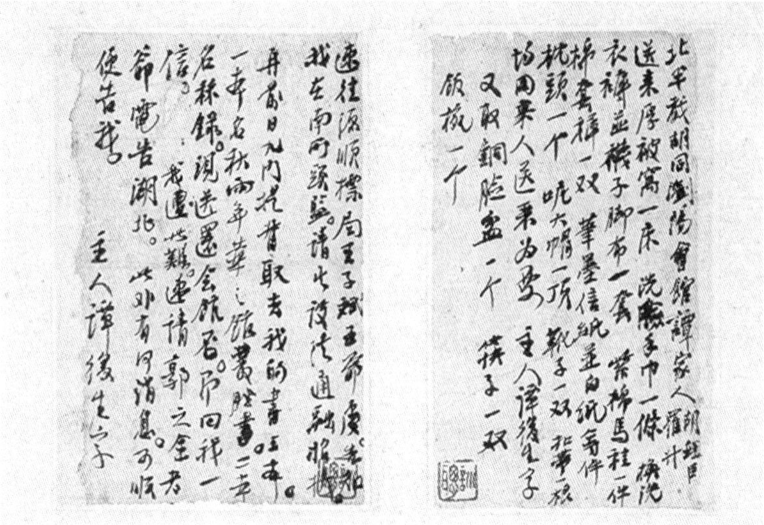

谭嗣同狱中遗札《致胡理臣、罗升》
湖南省博物馆藏

未竟事业。他生前最亲密的朋友唐才常，为“七尺微躯酬故友”，经两年策划，发动了反对清朝腐朽统治的自立军起义。随后，邹容、陈天华、吴樾为拯救中华民族，继承发扬谭嗣同精神，奔走呼号，先后献出了自己的生命，推动了辛亥革命的进展。谭嗣同 33 岁短短一生中的爱国主义思想和为追求真理勇于牺牲的精神，在中国近代史上书写了光辉的一页。他的挚友梁启超赞曰：“谭浏阳志节、学行和思想，为我中国二十世纪开幕第一人。”并说他是晚清思想界的一颗“彗星”。这颗彗星确以迅疾的速度划开晚清昏暗的天空，留下一道璀璨的光芒，永远照耀在星空！

继承遗志，“巾帼完人”

谭嗣同的夫人李闰（1865—1925），字韵卿，晚号臾生。李寿蓉的长女。母宛平王夫人，早卒。幼年时，父亲任户部主事，李闰随父居京师，“秉礼知书，慷慨有丈夫气”。光绪九年与谭嗣同结婚后，李闰以其长相端庄，行事端正，给谭府带来了她那完整的“不逾矩”作风，上下人等，无不夸她贤惠。但婚后初期，谭嗣同对这包办的婚姻并不满意，妻子的循规蹈矩曾让他一度产生过逆反的情绪。但经过在兰州较长时间的共同生活，夫妻俩日渐恩爱，志同道合。

光绪十五年冬，李闰在兰州生下儿子，名传铎，取字兰生，但年后不久就夭折了，这使李闰十分难过。谭嗣同对妻子体贴安慰，还曾写文章反对纳妾，宣传一夫一妻制。戊戌奉旨北上时，谭嗣同记起与李闰结婚恰好十五年，便作诗称颂其嘉德曰：

婆娑世界善贤劫，净土生生此缔缘。
十五年来同学道，养亲抚侄赖君贤。

可见其夫妻之间情深义重，是夫妻，更是朋友和知己。

谭嗣同在京殉难，李闰并不知情，直到灵柩运抵浏阳，才仓促出迎，不啻晴天霹雳，悲痛欲绝。“此后绝意吟哦，虔依佛法”，自更其字曰“臾生”。“臾生”者，忍死须臾的意思，以志痛也。因谭嗣襄死后，留下寡妇黎氏和孤儿传炜，嗣同生前待之甚厚，抚养教育，视之如同己出，谭继洵便决定以传炜兼祧嗣同为嗣，并要李闰教育好传炜和两个侄女。谭继洵嘱咐李闰说：“汝兄嫂为人老实，不识书文，以后管理家务、教育子女，由汝一概承担。”

李闰怀念亡夫，经常深夜一人恸哭不已。谭继洵听了格外难过，便在窗外对儿媳说：“七嫂，寡妇不夜哭。”谭继洵于光绪二十六年去世后，在浏阳县城的住宅大夫第留给了嗣同遗孀，此后李闰在这里生活了二十余年。每逢月之朔、望和亡夫生辰、忌日，李闰都会带着子女赴祠堂神座前焚香祭奠，并作悼亡诗，将诗文稿焚于香炉内。计有悼亡诗稿两百余首，但多已焚毁，尚存一首云：

旰衡禹贡尽荆榛，国难家仇鬼哭新。
饮恨长号哀贱妾，高歌短叹谱忠臣。
已无壮志酬明主，剩有臾生泣后尘。
惨淡深闺悲夜永，灯前愁煞未亡人。

李闰的后半生除主持家庭、教育子女外，还将主要精力用在为亡夫清点遗物、搜集出版遗著、筹建谭烈士专祠和承担社会公益事业上。谭嗣同的遗物如书籍、字画、瓷器、砚石、古钱、古刀剑、旧式手枪，及佛像、法器、仪器、乐器等，李闰都分类清点，整理装箱，收藏在大夫第阁楼上。

宣统三年，李闰与侄儿谭传赞在长沙重刊谭嗣同《旧学四种》，即《寥天一阁文》《莽苍苍斋诗》《远遗堂集外文》《石菊影庐笔识》。次年又在长沙出版谭嗣同《浏阳兴算学议》《秋雨年华之馆丛脞书补遗》等著作。

1912 年，时任湖南民政司长的刘人熙，为表彰弟子谭嗣同为变法献身的牺牲精神，呈请北洋政府褒扬，兴建纪念祠。大总统袁世凯与内阁总理唐绍仪颁布褒扬令，并下拨五百光洋兴建祠堂。浏阳县知事则在浏阳西城正街划拨了五百平方尺空地。钱与地都远远不够建专祠，李闰便自己出资扩购土地，并变卖部分家产作建筑费，鸠工兴建。她踮着一双小脚，奔波于家里与工地上，于 1913 年秋建好了“谭烈士专祠”。时任北洋政府司法总长的梁启超题写了“民国先觉”四个大字的横额，谭嗣同的爱国精神和崇高气节，从此更广泛持久地得到社会的尊崇和敬仰。

谭嗣同生前倡导男女平等、妇女解放，曾设立湖南不缠足会，撰写《湖南不缠足会嫁娶章程》，与同志多人在上海筹设女子学堂。李闰见其办学缺乏基金，曾特捐银簪头饰资助。她还担任中国女学会倡办董事，积极倡导妇女不缠足。谭嗣同殉难后，她继承亡夫遗志，继续从事妇女事业，于 1912 年与刘善涵一起创办了浏阳第一所女子学堂。学堂由县城柴家巷破旧的迎佛寺改建，资金不够，李闰便捐出部分家产，并动员开明人士捐资作办学经费。她还担任女校总学监和董事，并亲自给学员讲课，为妇女平等和解放事业作出了重大贡献。

1924年，李闰六十寿庆前夕，康有为、梁启超合送了一幅横匾，上书“巾帼完人”四个大字，由谭传炜之子谭训聪悬挂在大夫第厅堂上。李闰百感交集，想自己一生，3 岁失母，青年丧子，中年丧夫，半生苦节，饱尝艰辛，如今承此匾四字褒奖，便更加思念亡夫而伤心流泪。她生前已为自己作了挽联：

今世已如斯，受人间百倍牢骚，一死怎能抛恨去；
他生须记着，任地下许多磨折，万难切莫带愁来。

可见其内心的痛苦和面对苦难的顽强精神。

1925 年 10 月 24 日，李闰病逝于浏阳大夫第。

浏阳大夫第

唐才常

英勇献身的爱国志士，自立军起义领袖

与谭嗣同并称为“浏阳二杰”的唐才常，是清末维新运动中的重要人物和自立军起义领袖，起义失败后英勇牺牲，是中国近代史上著名的政治活动家。

谭嗣同、唐才常是生死之交，“皆挟高士之才，负万夫之勇，学奥博而文雄奇，思深远而仁质厚，以天下为任，以救中国为事，气猛志锐”[①]。为了探索救亡图存之路，他们不惜抛头颅、洒热血，为理想献身。谭嗣同“横刀向天笑”，唐才常“生死何足道”，他们都在虚岁三十四岁的年纪为国家民族的进步而牺牲。谭、唐在时务学堂的弟子蔡锷曾赋诗云：

前后谭唐殉公义，国民终古哭浏阳。
湖湘人杰消沉未，敢谕吾华尚足匡。[②]

投身湖南维新

唐才常（1867—1900），字伯平，号绂丞，后改佛尘，又自号洴澼子。同治六年5月12日生于浏阳县城孝义里。父亲唐贤畴，字寿田，开馆授徒，广植桃李，不尚八股试帖，常聚生徒，讲习经籍“微言大义，启迪后进”[③]。唐才常自幼从父攻读，打下了厚实的国学根底，7岁可作诗，8岁能作文。光绪三年，浏阳举人、内阁中书欧阳中鹄回浏阳开馆，唐才常拜其门下就读。同学者有谭嗣同，比他大两岁，两人一见如故，此后过从甚密，“平昔言学论政，意气投合”[④]，成为生死之交。

20岁那年，唐才常应童子试，以县、府、道三试冠军成秀才，俗称“小三元及第”，是清代浏阳第一人，传为佳话。之后入岳麓书社肄业，兼在校经书院附课，“课卷文字，多列前茅”，见识亦大有长进，开始“鄙视八股词章空疏谫陋，以其固蔽思想，消磨志气，不屑措意”[⑤]。时与同窗好友研习经史，切磋经世致用之学。光绪十七年冬，应四川学政瞿鸿禨之聘，前往成都，在学署任阅卷兼教读。光绪十九年秋，返回浏阳。

光绪二十年，唐才常考入武昌两湖书院。号称“九省通衢”的武汉自

① 康有为：《唐烈士才常墓志铭》。

② 《杂感十首》之二。

③ 唐才质：《唐才常烈士年谱》。

④ 唐才质：《自立会庚子革命记》。

⑤唐才质：《唐才常烈士年谱》。

唐才常像

咸丰十一年开埠以后，欧风美雨飘然东来。时任湖广总督的张之洞是洋务派的代表人物之一，热心开矿建厂，兴学育才，编练新军，两湖书院即是张之洞办新学的得意之笔。它虽然以维护封建圣道、巩固清王朝为目的，但张之洞是“中学为体、西学为用”的主要倡导者，学校引进西学，唐才常学习到一些与封建经史子集迥然不同的新学，自称“游息自如，了无束缚，可谓极人生自在之乐”[①]。从浏阳到长沙再到武昌，他开始摆脱封建传统意识的禁锢，走向思想剧变的新天地。

① 唐才常：《上父书》十六。

甲午战争爆发、《马关条约》签订，在中国朝野犹如扔下一颗巨型炸弹，他与谭嗣同深感中国国势衰弱，受制于人，“恒两人对坐，彻夜不寐，热血盈腔，苦无措手，泣数行下”。丧权辱国的《马关条约》更使他痛心疾首。他痛斥“和议已成，所约条款，非是和倭，直是降倭。奸臣卖国，古今所无”，“可耻万分”，“不知朝廷敢于违天下之公议，竟为此举，是何意见？”他又把矛头指向清政府，认为“静观朝政，秽浊之气，充塞天地”[②]。这种落后的封建制度和腐败的政治导致中国积贫积弱，也促成了他“思变”的思想飞跃。

②唐才常：《上欧阳中鹄书》三。

光绪二十二年，唐才常由武汉返湘，常住长沙，与士大夫、知识界往来联系，开始参与政治活动。其时维新运动正勃然兴起。由于巡抚陈宝箴赞同维新，提倡改革，按察使黄遵宪、学政江标及其继任徐仁铸等进步人士云集湖湘，共襄新政。办矿务，立学堂，设报馆，开办保卫局，使得维新运动如湘江波涌，湖南成为全国最富朝气的省份，时有“小法兰西”之美誉。唐才常积极投身运动，深得陈宝箴器重。

次年，唐才常考取拔贡，同科毕永年、杨毓麟、樊锥、胡元倓诸人皆为一时俊彦。但他对科举应试“意态落寞，若无与焉”，而对维新事业倾注了满腔热情。《湘学新报》创刊后，他担任总撰述，介绍史学、掌故学、舆地学、算学、商学、交涉学知识，旁及各国政治、学术、宗教、法律与时政，宣传康有为的孔子改制之说，为维新变法张本。《湘学新报》成为与《时务报》一样产生广泛影响的报纸，唐才常的政治态度甚至比梁启超还要激进，“持论雄迈尤过之”。谭嗣同说：“湘人风气果开，自《湘学》出报，读者咸仰湘才若在天上矣。”[1]

① 谭嗣同：《上欧阳中鹄》十五。

熊希龄回湘创办《湘报》，唐才常仍担任总撰述。他在这一时期发表的《湘报叙》《湖南设保卫局议》等一系列文章，尖锐地抨击清朝的专制统治，要求皇帝下罪己诏以收拾人心，召开国会，罢免守旧顽固官僚，起用维新人士。外交方面他主张按国际公法修改律例，联合英、日抵制沙俄。由于他言辞激烈，遭到顽固士绅的攻击。对此，唐才常与谭嗣同曾联名写信给老师欧阳中鹄，表明不屈服于顽固旧势力的决心：

才常横人也，志在铺其蛮力于四海，不胜则以命继之。嗣同纵人也，志在超出此地球，视地球如掌上，果视此躯曾虮虱千万分之一不若。一死生，齐修短，嗤伦常，笑圣哲，方欲弃此躯而游于鸿蒙之外，复何不敢勇不敢说之有！[2]

② 谭嗣同：《上欧阳中鹄》二十六。

在此期间，唐才常还与谭嗣同在家乡浏阳建算学馆和群萌学会，“欲就一邑，为新中国之萌芽”[3]，改变浏阳的守旧风习，推动教育改革事业，使浏阳青年学习西方科学技术、政治制度而济时用。

③ 唐才常：《浏阳兴算记》。

唐才常又偕同其他维新派人士创设南学会，假长沙孝廉堂为会所。由皮锡瑞、谭嗣同等人讲述古今学术源流及时务，答问讨论，开风气之先，湖南各地纷纷设立学会，《国闻报》称“湖南风气日开，较之江海各省，有过之而无不及”，“人尽奋发，士皆淬厉，惟楚有材，于斯为盛。新学之盛，此邦殆其嚆矢欤”。南学会对“开通民智”、宣传变法、推进湖南新政实施发挥了积极作用。

当时务学堂于光绪二十三年冬在长沙开办时，唐才常与谭嗣同等襄助总理熊希龄议订章程，聘梁启超为中文总教习，韩文举、叶觉迈为分教习，李维格为西文总教习，王史为西文分教习，许奎垣为数学教习。次年春，梁启超以事离湘，增聘欧榘甲、唐才常为中文教习。光绪二十四年春夏间，全堂师生200余人，研究学术，讨论政治，融洽无间，“聚居讲学，意气风发，是时务学堂开学后之极盛时代”[①]。唐经常以王船山、顾炎武、黄宗羲的学说和思想启迪学生，为维新运动广植人才。时务学堂学生中的林圭、田邦璇、蔡钟浩、秦力山、李炳寰、蔡钟沅等人后来成为自立军起义的骨干，有的还参加了兴中会。云南重九起义和反袁护国运动的主将蔡锷也是时务学堂学生。

时务学堂宣传维新变法，不遗余力，甚至时有惊世骇俗之言。梁启超、韩文举、叶觉迈、欧榘甲都是广东人，且都是康有为的弟子。他们在讲课

① 唐才质：《湖南时务学堂略志》。

光绪二十四年（1898）闰三月，时务学堂总理及部分教习在长沙合影

左起：叶觉迈、谭嗣同、王史、欧榘甲、熊希龄、韩文举、唐才常、李维格

和对学生札记的批语中，激烈抨击封建专制主义传统观念，宣传民权平等学说和变法主张。因此，学堂遭到守旧势力的猛烈攻击。7 月，王先谦、叶德辉等向陈宝箴递交“湘绅公呈”，诬蔑时务学堂师生“阴行邪说”。陈宝箴迫于压力，免去熊希龄总理之职，不久又辞退教习韩、叶、欧等人。唐才常作诗送别韩、叶、欧三位友人：

丈夫重意气，孤剑何雄哉！
良宵一灯青，啼匣风雨哀。
不斩仇人头，不饮降王杯。
仰视天沉阴，揽衣起徘徊。
民贼与乡愿，颈血污人来。
我闻日本侠，义愤干风雷。
幕府权已倾，群藩力亦摧。
翻然振新学，金石为之开。
眈眈三杰士，市骨黄金台。
回首痌支那，消歇无良材。
庸中或铮佼，狺狺纷疑猜。
我辈尊灵魂，四大尘与灰。
生死何足道？殉道思由回。

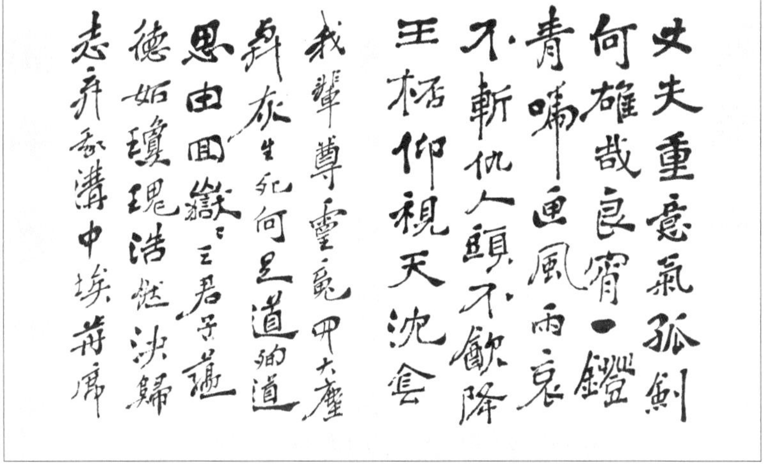

唐才常诗稿手迹

岳岳三君子，蕴德如琼瑰。
浩然决归志，弃我沟中埃。
前席以置词，恨血斑云罍。
欢会不可常，转眄黄发衰。
湖山那歌舞，雾霾何昏埋！
吁嗟二三子，奴券惊相催。
要当舍身命，众生其永怀。[①]

① 唐才常：《侠客篇》。

诗句饱含悲愤，慷慨沉郁。正如唐才质所说：“这一首诗，刻划了当时顽固守旧者的凶恶面目，戊戌变法时先长兄的政治抱负，刚强不屈的意志和不惜牺牲生命来挽救祖国危机的精神，更是跃然纸上。”[②]在诗中，唐才常极为推崇日本近代的侠士精神，抒发了视死如归，牺牲自我以拯救腐朽衰败的祖国的崇高志向。“生死何足道？殉道思由回”，“要当舍身命，众生其永怀”，全篇气势如虹，壮怀激烈。

② 唐才质：《唐才常与时务学堂》。

百日维新期间，谭嗣同曾向光绪帝推荐唐才常，称其“沉毅有识，于中外学问经济，靡不贯彻，畀以封圻，不难胜任”，并电促其进京共襄新政。唐才常欣然就道，至汉口，传来北京政变噩耗，谭嗣同等六君子血洒菜市口。他“彷徨无计，念国难之方殷，叹良友之云亡，一时心绪感觉有无限悲伤”。悲痛之余，奋笔书写了一幅长联悼念亡友：

与我公别几许时，忽警电飞来，忍不携二十年刎颈交，同赴泉台，漫赢将去楚孤臣，箫声呜咽；

近至尊刚卅余日，被群阴构死，甘永抛四百兆为奴种，长埋地狱，只留得扶桑三杰，剑气摩空。[③]

③ 唐才常：《挽谭嗣同联》。

又赋诗道：

殷忧耿耿在神州，时事如斯孰与谋！
南海行踪空想象，中原大局半沉浮。
满朝旧党仇新党，几辈清流付浊流。
千古非常奇变起，拔刀誓斩佞臣头。[④]

④ 唐才常：《戊戌八月感事》。

筹划武装起义

慈禧太后的屠刀，挚友的鲜血，使他痛感"豺狼当道危机伏"，不能再寄希望于清朝统治者自我革新谋求富强之道，于是引发了他思想的第二次剧变。他怀着一腔悲愤，经上海转赴香港、新加坡、日本各地，联络海外志士以图救国之策。次年，唐曾返国，一度主编《亚东时报》，"其所撰述，大率以开拓民智，阐明公理，改革旧习，以激发其忠君爱国之志气为宗旨"[①]。

夏间，唐才常再次东渡日本。他拟筹款起兵勤王，深得康有为支持，给予华侨商人捐款3万元作经费，并允诺总数30万元捐款可源源而来。是年秋，在好友兴中会会员毕永年的引见下，唐才常于横滨旅次会见孙中山，商讨湘、粤及长江沿岸各省武装起义事宜。此时，唐才常从组织体系以及政治思想方面虽未完全脱出康、梁的窠臼，但通过与孙中山的接触，明显受到革命派的影响，确定了在长江中下游流域发动会党武装起义的总战略。

在日本，唐才常延纳了一批革命志士和日本友人，他"应付各方，至有权术。对康、梁则曰勤王，对留学生则曰保国保种，故各方咸为之用"[②]。光绪二十五年冬，唐才常、林圭、吴禄贞等人启程回国，梁启超和孙中山都来为他们饯行。在康、梁保皇派看来，唐才常回国举事当然是兴勤王之师；在革命派方面，也希望唐返国后义旗一举，开创局面。这样，唐才常肩负着双重使命——既有保皇派的期望，也有革命派的意愿，踏上归国的征程。

其时慈禧太后企图废黜光绪帝，谋立溥儁为大阿哥，引起国内外舆论一致反对。唐才常列名由上海电报局总办经元善领衔的通电，反对废立，请求光绪帝"力疾临御，勿存退位之思"。同时发表《布告各省公启》，号召各省罢市、集会以响应勤王。

光绪二十六年春，唐才常与林圭、沈荩、毕永年等在上海组织正气会，唐为主持人，对外称东文译社作为掩护，其宗旨称"本会以正气命名，原因中土人心涣散，正气不萃，外邪因之而入。故特创此会，务合海内仁人志士，共讲爱国忠君之实，以济时艰"。正气会宗旨一方面充斥着"君臣之义，如何能废"之类的保皇派语言，声称如有"妄议君父者，请勿列名会籍"；另一方面，其斗争策略却包含着联络豪杰，发展武装，以图大举的政治意图，显示出唐才常在思想政治上同时受到康有为和孙中山的双重影响，行动上不得不周旋于革命、保皇两派之间。他暗中与康有为联系，

① 康有为：《唐烈士才常墓志铭》。

② 冯自由：《革命逸史》第二集，第68页。

同时又邀集维新派人士和部分兴中会会员参加正气会，特别注意在会党中发动组织，“东至苏、浙，北至河、陕，西南至巴蜀、两粤，同志纷纷响应，加入正气会”[①]。

①《中国近代史资料丛刊辛亥革命·一》，第253页。

正气会旋即改为自立会，其工作中心是在长江中下游省份的哥老会中吸收会员，发展组织。唐才常仿效哥老会组织的办法设立富有山堂，称为“富有山，天下水，万国香，会办树义堂”。其体系十分庞大。最上层为正龙头、副龙头，下设内八堂——总堂、座堂、陪堂、监堂、礼堂、管车、值堂、刑堂，还有监证、香长；外八堂——心腹、圣贤、当家、红旗、光口、巡风、大满、幺满。其中正龙头大爷均为各省有相当势力和影响的哥老会头领，如杨鸿钧、李云彪等，康有为、唐才常列名为副龙头大爷，梁启超、林圭、秦力山、毕永年等为总堂大爷。而唐才常为自立会和富有山堂的实际主持者。

七月，唐才常以挽救时局、保种救国为辞，邀集了部分社会名流，加上自立会领导人共数百人在上海张园发起国会，以容闳、严复为正副会长，唐才常为会中书记和干事。国会又称“中国议会”，成立时宣布宗旨为：不认通匪（指义和团）矫诏之伪政府；联络外交；平内乱；保全中国自主；推广中国未来之文明进化。正如唐才常所言：“上海国会或议会设立之意图，欲俟起事成功，即暂以此会为议政之基础。自立会同人，除争取民主权利与政治革新而外，制度如何树立，政府如何组织，均待选举程式确定，正式议会成立，合全国人民，五族俊乂，协商处理，期于至善。”[②]可见召集国会的目的是为起事成功后立国建制做准备。

② 唐才质：《唐才常烈士年谱》。

与此同时，自立会以汉口为中心散发“富有票”，并分地区开设旅馆，作为接纳、集合会友之所，广泛吸收哥老会分子和军队士兵组设自立军，加紧筹划武装起义。“富有票”，又称“钱杏票子”，由唐才常的弟弟等人负责印刷。“富有票”是自立会入会的凭证，上书“富有”二字，注明“凭票发典钱一千文”及年月日。“富有票”散布范围极广，主要是湘、鄂、皖、赣等省城乡，其数逾十万。“富有山”的内外口号为“日新其德”“业精于勤”，载诗一首：“万象阴霾打不开，红羊劫运日相催。顶天立地奇男子，要把乾坤扭转来。”会中骨干分子除票布外，另发凭单一张，上书：“照得自立即所以立人，保民即所以报国。兹有会员×××，痛念时艰，力图报效，凡在同志，共深契许，亟应给予凭单以昭信守”等字样。

在林圭、傅慈祥等人的主持下，自立军在汉口英租界建立了机关部，并迅速组织了中军、前军、后军、左军、右军、总会亲军和先锋军等七军，兵力约二万余人，此外还有哥老会分子十万余人作为后备力量。中军为自立军本部，集结在武汉，由人称“豹子头”和“大帅”的林圭统领，傅慈祥副之；前军在安徽大通，由秦力山和吴禄贞统领；后军在安徽安庆，田邦璇统领；左军在湖南常德，陈犹龙统领；右军在湖北新堤，沈荩统领。总会亲军、先锋军均在武汉，由唐才常直接指挥，唐并总统全局，节制各军，还任总粮台，负责后勤粮饷供应。

自立军的主要成员是会党分子。湘、鄂、皖、赣、豫、川等省的哥老会、大刀会、红教会等会党十多万人加入了自立军，原先与孙中山领导的兴中会盟誓合作的腾龙山主李云彪、金龙山主杨鸿钧等也转而投入自立军，充当富有山堂的龙头大爷。前军统领秦力山至大通后联络哥老会首领，短期内即有各山堂龙头郭老太、肖登云、符焕章等人表示接受自立军的领导，响应起义。

自立军的另外一支主要力量来自清军的下级官佐和兵勇。当时长江流域各省军队中有很多人本来就是哥老会成员，通过自立会的联络，他们很多人都接受了富有票，加入自立军。如张之洞武功营的小军官辜仁杰为该军中会党领袖，被自立军委任为“长江五省水军统领”，会中人员戏称他为“五省钦差大人”。就连张之洞的亲信威字营统领黄忠浩也入了自立军。

其时，湖广总督张之洞对八国联军将攻北京，清廷结局如何，列强对清廷作何态度等时局尚不明朗，故“犹豫莫决”，持观望态度，对自立会的活动未多加干涉。致使唐才常心存幻想，通过日本人与张之洞联络，传递自立会将拥戴他据两湖宣布独立的信息。老奸巨猾的张之洞未做明确表态，作壁上观。

慷慨就义

光绪二十六年8月初，八国联军攻陷北京，慈禧太后挟光绪帝逃往西安。唐才常兼程从上海赶至汉口，拟乘此机会起义。原定8月9日以武汉三镇为中心，在湖北、安徽、湖南同时起兵，因待康有为汇款接济，起义一再延期。各路自立军相继派人到上海和武汉坐催军资，唐才常屡电海外，要求康有为、梁启超汇款接济。但求援函电竟石沉大海，毫无消息。自立会首领对康、梁感情日恶，哥老会龙头杨鸿钧、李云彪率先脱离，辜鸿恩则散发贵有票，李和生则散发回天票，各自为谋，削弱了自立军的力量，而举义的消息终为官府侦知。

但是，由于长江沿岸戒严，远在大通的秦力山未能得到起义延期的通知，仍按原定计划于8月9日杀牲祭旗，正式发难，向大通盐局、厘卡发起进攻，水师炮船纷纷响应，义军占领大通县城。但由于孤军奋战，很快就被清军镇压下去了。

自立会总部也在抓紧起义的准备工作。唐才常“因财政缺乏，遂散布赝造纸币数十万元，且布告于公众曰：‘吾党倘取天下，此票必可交换正货。’人民信之，使用此纸币者甚多。”[①] 12日前后，大批秘密会党成员涌入武汉，形势十分紧迫，使得唐才常不能不下最后决心。

正当自立军总部执戈待举之时，张之洞得到密报后决定向自立会开刀。在征得驻汉口英国领事爱德华·傅磊斯的同意后，于8月21日包围了唐才常的住宅宝顺里和位于英租界内的自立会机关总部，次日清晨唐被捕。当宝顺里被围时，唐才常的同乡、随从李盛荣涕泣相劝，促其逃匿避难。唐说：“予早已誓为国死，汝可行也。”与唐才常同时被捕的还有林圭、傅慈祥等人，张之洞随即又下令逮捕了其他自立会骨干分子和哥老会首领。

唐才常等被捕后在汉口由巡防营冯启钧进行讯问。唐的供词称：“因中国时事日坏，故效日本覆幕举动，以保皇上复权。今既败露，有死而已。”当夜押解过江时，唐才常在船上“面无惧色，仍时与其同志谈笑自若”。由于望见对岸有两处火起，以为会党朋友已有接应，因而面带笑容地对身边的同志说：“好星光啊！”湖广总督张之洞和湖北巡抚于荫霖亲自审讯，唐才常大书21字“供状”：“湖南丁酉拔贡唐才常，为救皇上复权，机事不密请死。”

8月23日凌晨，唐才常被张之洞杀害于武昌紫阳湖畔。临刑时，他“神色不变，慷慨如平生，临绝大呼‘天不成吾事’者再”[②]，显示出视死如归的英雄气概。又口占一联：

七尺微躯酬故友；

一腔热血溅荒丘。[③]

同时就义的有林圭、傅慈祥、田邦璇、李炳寰等二十余人。张之洞并大兴党狱，滥施杀戮，惨遭杀害者数以千计。唐才常等死后被草草葬于武昌洪山义园。辛亥革命胜利后，民国政府修建庚子革命烈士墓，以纪念先烈，

① 田野橘次：《哥老会巨魁唐才常》，载《自立会史料集》。

② 田野橘次：《哥老会巨魁唐才常》。

③ 唐才常：《临难诗》。

现为湖北省文物保护单位。

唐才常著有《觉颠冥斋内言》四卷，光绪二十四年刊于长沙。今人编有《唐才常集》。浏阳城区有以其名字命名的才常路。

唐才常胞弟唐才中（1873—1900），字仲平，又字次丞，号慈尘。光绪二十三年入时务学堂学习。光绪二十五年冬，参与组织自立会，任稽查委员，随后积极筹备自立军举事，奔走策划。自立军组成后，唐才中任右军副统领兼掌军需，驻湖北新堤。起义失败后，唐才中潜回浏阳，不幸被捕，后被杀害于长沙浏阳门坪内。刘人熙在《浏阳烈士传序》一文中说："谭烈士嗣同，政治革命之嚆矢也；唐烈士才常兄弟，种族革命之先河也。"

以唐才常为领袖的自立军起义是新旧转折点上产生的事件：既是 19 世纪末改良运动的延续，又是 20 世纪初革命运动行将高涨的征兆。唐才常等一批志士英勇献身，给人们以巨大的震动。鲜血使许多原先徘徊于改良、革命之间的人士幡然醒悟，抛弃改良幻想，毅然走上革命道路。他们以烈士"本救国之宏愿，不惜牺牲一切，以为我四万万同胞请命"[1]的献身精神为典范，前仆后继，为 20 世纪中国历史谱写了新的篇章。

① 胡石庵：《烈士唐才常事略》。

刘善涵

维新志士，饱学君子

湖南是维新运动“全国最富朝气的一省”，而湖南浏阳又是维新运动开风气之先、最为活跃的发祥之地。“浏阳二杰”谭嗣同、唐才常的事迹早已彪炳史册，而浏阳新政发起人之一的刘善涵却鲜为人知，直至近年因有《刘善涵集》问世，刘善涵其人其事其诗才开始引起人们注意。刘善涵是“浏阳二杰”的挚友，是一位维新志士、饱学君子。

骨鲠寒士

刘善涵（1867—1920），字淞芙，于清同治六年九月出生于浏阳县城南市双枫浦的白鹤庄。刘家祖籍浏阳县杨花乡，是以诗礼传家、耕读为本的望族。嘉道年间迁居县城南市后，自曾祖父刘宗之起，已经营一个拥有二三百株柑橘树的园林，建有名叫“一枝安”的读书室。后祖、父均以教书为业，兼营橘子园。但刘善涵两岁丧母，与比他大两岁的兄善浤一起，由继母王氏抚育成人。16 岁那年，在广东教书的父亲刘向钦，又因水土不服而病逝异乡。家境的日趋贫寒，迫使善涵自幼刻苦力学，不断进取。他幼随族叔刘向夒（字叶璜）学诗和古文。这位老师长于诗，喜欢李白、李贺的诗歌，有《巨湖山樵诗草》行世，欧阳中鹄序中称他“娄空竺学，尤嗜造诗”，有“窈冥纵怀，凄然引唱，青莲抗其仙心，昌谷杂其鬼气”的才情，这对善涵的一生影响很大。

光绪九年，刘善涵与唐才常一起就学于县城东郊天竺庵的陶甄（字笠斋），学业大为长进，经史子集多所涉猎，作文“篇篇锦绣，才华焕发”。意想不到，他在这儿还收获了一场浏阳与湘阴相隔数百里的美好姻缘。光绪十一年春，湘阴易翰鼎为浏阳厘金局职员，因喜爱局馆附近的双枫浦景色，漫游至白鹤庄，闻庄内书声琅琅，叩门求见而偶识刘善涵。继因易氏与刘善涵业师陶甄时相过从，时闻陶甄言及善涵的人品学问，于是着意考察，往复访谈而“契合弥深”，最后终将女儿易邠凡许配给刘善涵。次年二月，善涵入赘湘阴，至光绪十五年 8 月始回浏阳白鹤庄完婚。次年秋试，刘善涵考入县学，成为生员，俗称秀才。

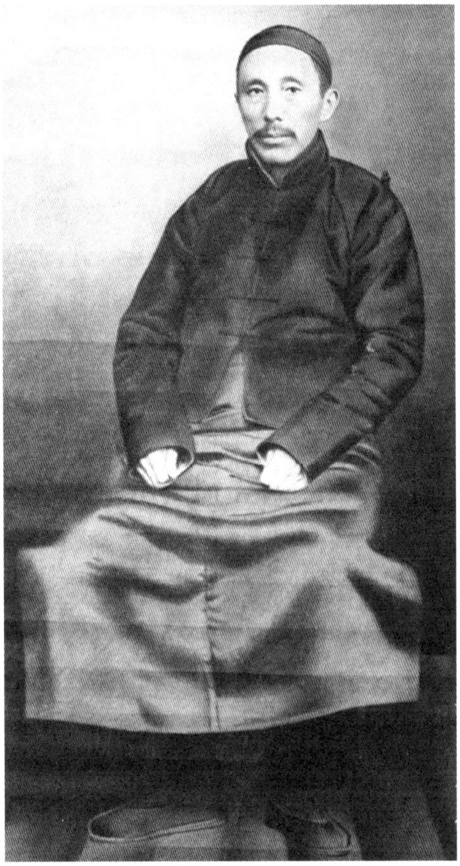

刘善涵像

刘善涵在湘阴的几年中，本享有上宾娇客的优待，生活安逸，且时有岳丈、诗友结伴游乐，但他为什么却总是心事重重，高兴不起来，而一定要返回浏阳呢？岳丈后来发现他在《客感》诗中写道：

年来无计逐贫魔，愧煞吴钩几度磨。
寒士依人原有福，天公忌我岂为苛？
花前酌酒难辞醉，梦里还家不厌多。
回首碧云春树晚，故园冷落一渔蓑。

才知道“芙甥骨鲠之人，似颇以赘婿他乡为歉”，原来刘善涵把入赘他乡认为是一件“寄人篱下”之事。他对家乡一往情深，一定要回到浏阳才心安，才能有所作为。

创办新学

光绪十七年春，刘善涵考入武昌两湖书院，攻读经学、文学。在这所张之洞为“图自强，御外侮，挽利权，存中学”而推行新政的学校里，刘善涵受到众多名师的传授，不仅学识视野大为开阔，术业猛进，而且有了识时务、主张变法图强的思想。这从他次年秋所写的《酬唐佛尘才常四川学署幕次》一诗中可以看出。诗中说：“时局坏败乏全算，楸枰战伐浑无着。感兹百噫填心胸，十年髀肉都销铄。贾生涕泪凄然堕，希文信是同忧乐。秋士志亢声益悲，宫商字句还咀嚼。”当时清廷腐朽至极，不仅不重海防，还承认日本向朝鲜派兵的特权，忙着筹备慈禧太后六十寿庆。刘善涵蒿目时艰，像贾谊、范仲淹一样忧心国事，但怀才不遇，志亢声悲。

光绪十九年冬十二月，同窗好友唐才常也考入两湖书院。就在这个月，他还与湖北巡抚谭继洵之子谭嗣同“在龙君斋头”邂逅相逢，两人意趣相合，很快就结为学术文字之交。他们书信往来，互诉衷肠，互相契慕，谭嗣同更视刘为“日思直谅忠诤之人”，是“时时敷陈古谊，因其不逮而督责之”的良友。刘善涵出于对谭为人与才华的钦佩，对其文字十分珍惜，不仅自己注意收集，还劝谭不应丢弃三十岁之前的残稿，且代为搜集成《莽苍苍斋诗补遗》。谭嗣同还常来书院与刘、唐二人切磋，或讨论政治，或研究学术。

甲午战争中国失利的消息传来之后，谭嗣同写信给刘善涵，述说湘军大溃于牛庄的战况，并分析出“数十年来，大臣专务相难相攻，置天下存亡于不顾”的“不治之症”，这些都使刘感到警醒。光绪二十一年春三月，谭嗣同听到清廷与日本签订了《马关条约》，内有割让台湾及辽东、赔款白银二亿两的内容，他痛哭流涕，认为中国灭亡就在旦夕之间，必须尽快变法，提倡新学，“作育人才”。于是跟唐才常、刘善涵商讨，认为变法维新惟有从办算学起，“先小试于一县”，设立算学格致馆。商定由唐才常上书谭继洵，请他利用自己的影响力说服湖南大吏，酌拨浏阳南台书院膏火之半，并亲自拨款予以倡导，以兴办算学；同时由谭嗣同写信给老师欧阳中鹄，请求支持在浏阳办算学馆。

四月初，刘善涵由武昌动身赴上海，了解国内外“洋学堂”的办学模式，考察新学堂的课堂开设及教学管理方法，并采购一些数理化的新书。返回武昌后，于四月下旬赶回浏阳，造访欧阳中鹄，与之畅论救亡之道，申述自己对旧书院当革新课程，方能培养有用人才的意见。后欧阳中鹄在《兴算学议》的批语中说：“唐生才常、刘淞芙秀才善涵，皆吾邑崛起英俊，才气奋发。唐生曾有书来，言必变法，淞芙亦屡面论，皆明白晓畅，得其大旨。盖由敏而好学，又外游阅历时变，故能知彼此胜负长短之数。”并在写给江苏学政龙湛霖的信中称刘善涵“天分甚高，所学与唐生同一门径”，将刘视作私淑弟子。

七月，由于兴算遭到陈长樞等人的反对，浏阳维新人士公推刘善涵撰写禀文《为创立算学馆上学院江建霞书》，趁湖南学政江标（字建霞）抵达浏阳主持岁考，由唐才常、刘善涵等向江递交。江标是个锐意革新的人，入湘后即以“变士风开辟新治”为己任，他阅后完全同意禀文所议，遂饬会浏阳知县照办。但浏阳知县唐步瀛存在顾虑，不敢立即遵办。加之欧阳中鹄与谭、刘之间的办学宗旨存在距离，所以他也没有催促唐步瀛遵办，而是采取了一个折中的权宜之法，即征得谭、唐、刘同意，在算学馆未设立之前，先办一个小规模的“算学社”，并聘请新化晏孝儒为教师。消息传出后，有十多个青年报名就学。浏阳算学社问世了，它是中国近代史上第一个自然科学团体，其创办揭开了湖南维新的序幕。

与此同时，刘善涵还别开生面，创办了一个“质学社”，研习物理、化学等学科。质学社的另一项重要活动，是刻印发行一批当时重要的西学、新学书籍。例如，将当时李提摩太等翻译的西学著作《三十一国志要》《列国变通兴盛记》《七国新学备要》《农学新法》等合刊为《广学会丛刻八种》，开风气之先。

办报、办矿

早在光绪二十年，刘善涵就开始从上海美华书馆邮购《万国公报》1200份，每月在长沙太平街“人和”豆豉号发售一百份，“才俊之士，争先快睹”，改变了湖南人所阅仅《申报》《汉报》两种报纸的状况，开发了湘人阅报求知的新风。

通过卖报，刘善涵产生了自办报纸以满足湘中士绅求知欲望的设想。次年秋九月，刘善涵从浏阳返回武昌两湖书院，决意创办《湘报》。十一月，他赴上海购置办报有关设备，并为浏阳矿务聘请矿师。十一月初九日，他拜访了上海维新人士宋恕，接着又拜访了康有为，带回康氏托送谭嗣同的《长兴学记》一书，然后返回浏阳。

这年的寒冬腊月，刘善涵在长沙加紧筹办《湘报》，起草了《湘报馆章程》，分别寄给两湖书院的老师邹代钧和在武昌的谭嗣同征求意见。次年正月，他就收到谭的回信和谭为《湘报馆章程》写的跋。回信中说："嗣同于此事应如何办法，实难远度。唯觉足下行数千里，费数千金，孤诣苦心，不计甘苦，在寒士中可谓绝无仅有，总期事必有成，乃不负尔。"并称赞章程"典赡详实，竟开报馆未有之奇"。没料到善涵将《湘报馆章程》登报刊出后，招股集资，响应者却很少，终因无法筹集足够的资金、迟迟不能开办而"竟作罢论"。早期《湘报》虽然流产，但它是湘鄂地区酝酿最早的维新派报纸，对此后湘鄂新报刊的陆续创办，提供了有益的借鉴。

光绪二十一、二十二这两年间，刘善涵还积极投入到由欧阳中鹄主持的浏阳矿务中，跋山涉水，不辞劳苦地帮助寻矿源、选矿址。但浏阳办矿，在由谁来经营矿务的问题上却发生了很大分歧。唐才常赞成官办，认为"硝矿锑矿概由官办，名正言顺"，欧阳中鹄也表示赞同。刘善涵则主张商办，反对官办，认为与其由官府插手而使其控制企业的管理权，不如让那些乡绅入股，团结他们共同管理企业。这样，他们不仅不会阻挠，相反还会主动想办法发展企业。显然，刘善涵的主张是正确的，按照他的主张去做，可吸引一些地主、绅士投资矿业，从而向资本企业转化，这是符合当时发展民族资本主义的趋势的。但唐才常等却不考虑刘善涵所提意见的合理性，坚决反对"私办"。正在唐、刘争执不下的时候，省矿务总局通过抚院接收浏阳矿务，将浏阳锑矿改为官办。这时，不仅刘善涵大为不满，决意离开浏阳，重返武昌两湖书院，连唐才常也大失所望，打算"退避"其事。

蛰云雷斋

刘善涵将白鹤庄的"一枝安"读书楼改名为"蛰云雷斋"。这是出于他对时局和社会变革的认识，觉得改革不能过于激进，要像"惟蛰乃定，惟雷乃奋"的"蛰云雷"那样持重待时，像春雷那样到时候去惊醒冬眠的蛰虫。为此，他请好友陈长樞书写了"蛰云雷斋"匾额，谭嗣同则为他亲手雕刻了一枚"云雷"石章。

光绪二十二年冬，谭嗣同要去南京赴任，出于对刘善涵 才学与人品的钦慕，便主动邀请刘到南京去教侄儿传炜读书。十二月十日，刘善涵与另一位浏阳学者黄祖勋一起随谭嗣同及其妻、嫂、侄子女搭乘张之洞提供的“楚材”号兵轮离鄂赴南京，十七日到达。

光绪二十三年的一至二月，刘善涵一面教其侄谭传炜读书，一面帮助整理校刻谭嗣同三十岁以前著作《旧学四种》。时谭嗣同与康有为、梁启超的关系日渐密切，而张之洞则正唆使亲信对维新派汪康年、梁启超在上海创办的《时务报》和正在兴起的维新运动，进行明的或暗的打压、破坏。谭从与刘善涵相处的谈话中，发现刘对康、梁等似有某种成见，而对张之洞似有好感。谭嗣同出于对挚友的关心，担心刘会被张之洞利用，便写信给汪、梁，说“倘晤淞芙，凡非常要语，皆莫令知”，即不要将一些张之洞所忌和涉及康有为的事告诉刘善涵，因为“渠近日似有心疾”。刘善涵自那年在上海见到以圣人自居的康有为起，不仅确有成见，且其政治倾向与康、梁的激进主张也存在一定距离，而坚持自己的“蛰云雷”观点。

二月十五日，刘善涵辞馆告归。临行惜别，谭嗣同将自己镌刻珍藏的二十六枚石印章钤印成一幅《寥天一阁印录》，题跋后赠给刘善涵留念。

光绪二十四年春三月，维新人士为革除妇女缠足恶习，在长沙成立湖南不缠足会，刘善涵参与其事，并与浏阳绅士黎宗鋆等在浏阳发起成立不缠足会，宣传和提倡男女平等。七月，谭嗣同应诏赴京参与新政。不意八月初六日慈禧太后就发动了政变。惊悉挚友谭嗣同惨遭杀害，刘善涵悲愤填膺，作《谭壮飞狱中题壁诗》一文，直书“戊戌之狱，康有为构成之，而诇察其事上书告密者袁世凯也”，认为康有为倡变法，“乃谋围颐和园，劫制太后”是政变之由，刺探其事告密者是袁世凯，而死难六君子中谭嗣同“志节最为明伟”。

光绪二十六年夏七月，同窗好友和姻亲唐才常领导自立军起义失败被杀害后，刘善涵思想上受到的刺激更大，常借酒以浇胸中之块垒，并作诗吊念。在《感事柬易硕甫观察》中，他发出“金牌枉断三言狱，铁案同归七日诛。黄鸟闻歌人百赎，赪鳞削简泪双枯”的怒吼，表明自己目睹好友谭嗣同的泣血书简，泪眼双枯。又以“山中莫奉更时诏，海上难逃裂地盟。空见素丝悲墨翟，更无净土葬田横”，借墨翟、田横以喻赞谭嗣同、唐才常二位好友为谋救国而慷慨赴死的精神。当时文网密布，他敢于秉持正义，不畏株连，而以诗直抒自己对谭、唐的感情，可见其气节之高昂！

出而为吏

经谭、唐二友殉难的伤痛之后，刘善涵为衣食所迫，不得不重拾举业，于光绪二十八年赴河南开封参加顺天乡试，考中举人，后以直隶州同知在湖北候补。光绪三十三年，他被湖北提学使黄绍箕委派为学务公所课员。宣统元年，刘善涵好友熊希龄任东三省清理财政正监理官，召他北上，到吉林参与清理财政。至宣统三年武昌起义爆发，清理财政局被遣散，刘善涵回浏阳闲居。

刘善涵虽赋闲在家，仍积极投身浏阳的教育事业。民国元年春节后，刘善涵出资鸠工置材，将县城破败的迎佛寺改建为女学堂。他亲自督工修建，整天忙在工地上不回家，由儿子每天从南市街过浏阳河为他送饭送衣物，经过差不多一年时间才完工。次年春开学，他聘请门人刘涤吾的胞妹刘静容、刘静涵任教，谭嗣同的夫人李闰为学监，欧阳中鹄的儿媳妇、欧阳予倩的母亲刘倚霞任修身、图画教员。他令女儿、儿媳和家族中的年轻妇女都报名入学。对亲友中不愿送女子入学的，他亲自上门劝说，讲明破除旧习俗，让女子读书的意义。女校工作进展顺利，培养出了如黄定慧、

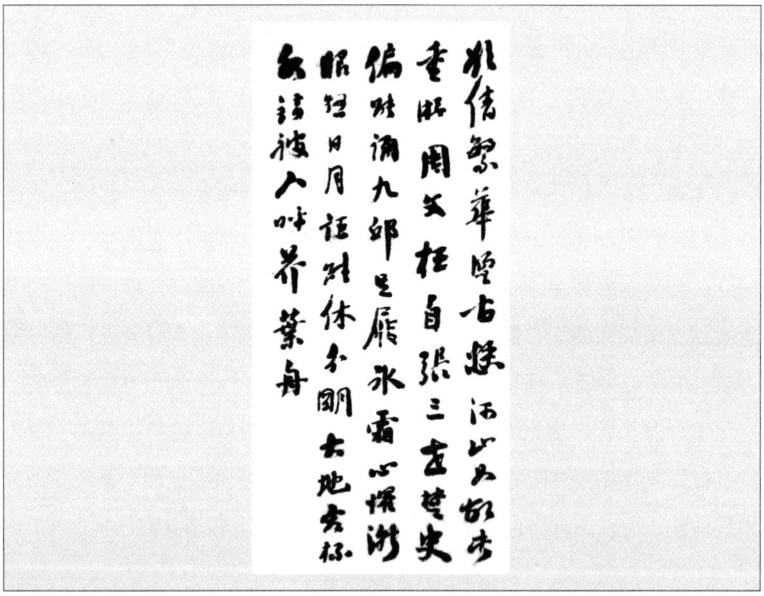

刘善涵手迹

邵振维等一批优秀人才，为男女平等、妇女解放作出了很大贡献。

1913 年 3 月，刘善涵应热河都统熊希龄之邀赴热河供职。9 月，熊就任国务总理兼财政总长，刘随之入京，任财政部盐务署佥事。1915 年，刘善涵调回长沙，在盐务署任秤放员，直至 1917 年因病辞职回家。辞职回家后，他有意编辑残存的作品为《汴游集》《鸡林集》《滦阳集》《大荒集》《丁戊之间吟草》等，命女儿豫璇誊抄，未及整理好，即抱病卧床，于 1920 年夏 5 月辞世，终年 54 岁。

刘善涵诗文、书法均佳，《大道半月刊》曾于 1934 年八次选登他的诗作。岳麓书社 2017 年出版的《刘善涵集》，包括《蛰云雷斋诗存》《词存》《文存》等。

刘善涵是晚清一位学殖渊博、品行高洁的维新志士。甲午战争后，为拯救民族危机，他与谭嗣同、唐才常等一同投身维新变法事业。在创办算学馆、办矿和创办《湘报》等诸多维新活动中，刘善涵均实心任事，卓有才识。他还借推广新式报纸和刻印书籍以传播西学和新学；又创办浏阳不缠足会和女子学堂，以倡导男女平等和妇女解放。终其一生，虽命途多舛，但其甘贫乐道、革新图强的蛰云雷斋精神却始终不渝。

黎尚雯

辛亥革命志士，民国参议院议员

“青山有幸埋忠骨”。位于长沙河西的岳麓山，风景秀美，埋葬着黄兴、蔡锷等多位湖湘英烈的遗骨，其中浏阳籍的有焦达峰、陈作新、余昭常和黎尚雯等人。黎尚雯1918年逝世，初葬长沙西洋湖周家湾，1930年，国民政府因其对革命有功，下令将其公葬于岳麓山。公葬是低于国葬而又高于民间私葬的一种丧礼规格，是对死者的一种褒扬，并以此向全社会介绍和推崇死者生前的事迹和美德。黎尚雯一生为革命奔走，呕心沥血，是近代政治活动家、教育家，他的事迹，足以为岳麓增色。

办　学

黎尚雯（1868—1918），字瑞章，号桂荪，晚号竞存轩老人。清同治七年闰四月出生于浏阳县城营盘里一个书香门第，后迁居西乡青草市元甲山。黎氏为浏阳望族，黎尚雯祖父黎宗学、父亲黎先杓和叔父黎先枢、黎先梯都是县学秀才，家学渊源。黎尚雯自幼聪颖，努力学习，读经史典籍，过目成诵。长大之后，潜心研究王夫之、顾炎武等人的学说，务求经世致用，于科举不屑一顾。20岁时留学日本，在东京法政大学攻读，实地考察先进宪政和教育制度。回国后，于光绪十八年考中秀才。

黎尚雯像

黎尚雯与同县维新志士谭嗣同、唐才常年龄相仿，交谊甚笃。谭嗣同曾撰联赠给他：

一鹗忽翔万云怒；
群虬相奋孤剑啼。[①]

① 谭嗣同：《赠黎桂荪联》。

中日甲午战争之后，黎尚雯深感清廷愚昧腐败，祸国殃民，非变法不足以救亡图存，于是决心以维新变法为己任。光绪二十一年，黎尚雯协助欧阳中鹄、谭嗣同、唐才常等人在浏阳成立算学社。同年，浏阳大旱，颗粒不收，民不聊生。在籍绅士欧阳中鹄奉湖南巡抚陈宝箴之命办理浏阳赈务，在县城设立筹赈总局，赈济灾民。黎尚雯积极参与，捐出薪俸和家产，购运粮食救济灾民，并组织灾民掘矿采煤，以工代赈，引进菜种，开展生产自救。因赈灾有功，被官府保举为光禄寺署正衔。

浏阳赈务结束后，欧阳中鹄报请截留赈灾“余款银八千两为算学馆经费”，将浏阳算学社扩充为算学馆，并公推黎尚雯与刘宗球、邹明沅、涂启先等六人共同管理此项经费。

此后，黎尚雯积极投身于湖南的维新运动，协助谭嗣同、唐才常等在长沙创立南学会、时务学堂，办《湘报》《湘学报》，在浏阳成立不缠足会。

光绪二十四年戊戌政变失败，谭嗣同等“六君子”殉难，有人担心黎尚雯的安危，他坦然说自己“不改素志，本性难移”！光绪二十六年，唐才常组织自立军，拟在湖北、安徽、江西、湖南等地同时起事，黎尚雯参与其中，往来于湘、鄂间，联络安排有关事宜。8 月，自立军起义事泄，唐才常等被捕就义，黎尚雯避居衡州。衡州知府唐步瀛慕其才学，聘他为衡州府中学堂监督（校长）。他以“知耻、立志、好学”勉励学生，使学校焕然一新。光绪二十九年，应胡元倓之聘，到长沙任明德、经正学堂管理员，与黄兴、张继等共事。次年，湖南创建高等实业学堂，他受聘为教务主任。

光绪三十一年，黎尚雯任教的经正学堂甲班学生陈超朗、张光棠、刘常治、朱道周等十余人，因不满主持校务者的措施而退学。他和石广权、华子模等人不忍心让他们失学，便在校外为他们义务授课。当时禹之谟正在长沙兴学，他与黎早有交往，与石、华等也颇友善。禹之谟见这些不愿受压迫的学生深堪造就，即借长沙新安巷湘乡试馆创办了惟一学堂，时为当年 4 月 12 日，禹自任学堂负责人（监督），黎主持教务。后租水风井小桃源巷内一栋民房为校舍。学堂以培养革命人才，推翻清朝统治，“保种存国”为宗旨。校内暗设阅览室，备有《孙逸仙》《新湖南》《警世钟》等革命书刊。

当时，学堂的所有设备都由教员和学生筹款购置，学生赤脚草鞋，节衣缩食，用节省下来的钱作为办学经费。遇有不足，或由禹之谟所办织布厂提供，或由黎尚雯在高等实业学堂所得的薪水补给；再不足，师生甚至典当衣服来补充。学生唐璜曾撰文回忆当时的情景：“黎（尚雯）先生冬季授课，仅着夹衣，瑟缩之状，恍然在目。”

次年4月，禹之谟由易本羲主盟加入同盟会，并接黄兴密函委托，与陈家鼎等在天心阁成立了同盟会湖南分会，被推为会长。黎尚雯拥护革命纲领，随即加入同盟会，协助禹之谟开展工作。当年5月，革命烈士陈天华、姚宏业的遗体运回长沙后，民众不顾当局阻挠，于29日公葬二烈士于岳麓山，“以彰义烈”。是日，长沙全城学生出动，送葬队伍几万人，长达10余里，大张民族正气。黎尚雯率领惟一学堂师生积极投入公葬活动，走在送葬队伍的前列。

8月10日，禹之谟被清廷借口“湘乡盐案”、率众“哄堂塞署”罪逮捕入狱，惟一学堂也被视为革命机关而遭强行封闭。黎尚雯一方面为营救禹之谟奔波，一方面与同盟会员罗介夫将学堂迁至潮宗街继续办学，改校名为“广益英算专修科”（今湖南师大附中前身），并出任监督。黎尚雯担任监督五年多时间，艰苦经营，使广益英算专修科得到清廷核准，改名为广益中学堂（今湖南师大附中前身），发展成为长沙名校。当时，谭延闿为湖南中路师范监督，黎尚雯受聘任斋务长。浏阳驻省同乡会也公推他筹办浏阳驻省中学。

是年冬，萍浏醴起义失败。次年，黎尚雯与同盟会员李剑农、曾杰等人认为起义之所以失败，主要是没有成立一个统一的领导机关，遂在长沙重组同盟会湖南支部。后来，武昌起义成功，湖南首先响应，与这个支部工作的成效分不开。

议　政

宣统元年夏，黎尚雯当选为湖南省咨议局议员。随后又当选为北京资政院议员。在此期间，他向省咨议局提交了速修粤汉铁路、大办实业、整理教育、禁止鸦片及改厘税为统捐等议案。如他的整理湖南全省教育议案，主张整理教育行政机关，大办小学，提高教育机关人员素质，统筹教育经费，加强教育监督，都切实可行。

任资政院议员时，他弹劾贪污，提倡民主，痛陈时弊，为民鼓与呼，“于人所讳者，尽言无隐”。他在资政院参加讨论时，曾倡言弹劾军机大臣首领庆亲王，“为朝廷先除一害”：“从前极言敢谏之士，因参劾庆亲王而去位者已非一人。自古君明臣直，何必隐言？本员主张此次上奏，先弹劾军机大臣首领庆亲王，要历数其误国殃民之过失，以昭示天下而儆将来。……我们资政院议员，对于朝廷是议员，对于人民是代表，本有兴利除害责任。现在既未能兴利，应为朝廷先除一害，也就可以上对朝廷，下对人民了。”

在与保守派反复的交锋中，黎尚雯曾针对刘廷琛上奏弹劾攻击资政院的谬论进行了反驳：“国家所以要立宪的缘故，就是要君民一气，保护国家。要使君民一气，必使民间信任朝廷。要使民间信任朝廷，就要使民间信任咨议局、资政院，然后才能信任朝廷是真立宪。当此危急时代，如果资政院上奏的奏案没有一点效力，民间就不信任资政院了，不信任资政院就不信任朝廷立宪了，如此看来，与立宪前途很有危险。”

宣统二年，黎应曹典球聘，任湖南高等实业学堂教务长，编制教程，分科教学，本“教育培国本，实业苏民困”之宗旨，加强爱国强种教育和科学技能培训，使学生出校后，均能不负所学，实业报国。

次年，邮传部大臣盛宣怀不顾全国人民反对，悍然将各省自建的铁路收归国有，引起川、鄂、湘、粤四省发生保路风潮，继而武昌起义爆发。10月25日，清政府内阁资政院召开会议，很多议员指责盛宣怀将铁路收归国有，向四国银行借款筑路一事，既没有交内阁讨论，又违背资政院章程。黎尚雯出席会议，言辞激越，他跳上台说：“盛宣怀罪大恶极，应该依法绞死。”

1912年，孙中山就任中华民国临时大总统，组织国会，黎尚雯被推为南京临时参议院议员。他建议巩固民权、废除不平等条约，主张以党治国，“建白尤多，以民为重”[1]。同年，湖南高等实业学堂更名为湖南高等工业学校（即今湖南大学前身），黎尚雯出任校长。他经常向学生进行革命教育，指出要振兴工业，必须先有政治保障。不久，当选为国会参议院议员，遂离校去京。由于刚直敢言，为袁世凯所忌。

1913年，黎尚雯离京到武汉，与李烈钧、宁调元等密商赣、粤、湘、苏、

①杨钧：《参议院议员黎君墓志铭》。

皖、闽数省反袁联防，并与谭延闿、周震鳞等商讨整顿湖南政治、讨伐袁世凯等重大决策。他还被推为江汉大学监督。他在校内设革命机关“铁血团”，欲为被袁世凯派人暗杀而死的宋教仁复仇，并加紧联络湘鄂驻军和洪门会党，拟组织联军讨伐袁世凯。不料，袁世凯相继免去赣督李烈钧、粤督胡汉民、皖督柏文蔚的职务，派北洋大军南下，形势骤然紧张。宁调元迫不及待，召集各省志士数十人在武汉密会，决定在三镇同时举行反袁起义。事泄，黎元洪派出军警、军队围捕，革命党人及起义官兵被捕杀 70 余人。6 月 26 日，宁调元在汉口德租界富贵旅馆被捕，入武昌湖北军法局陆军监狱。宁调元被捕后，引起社会各界关注。刘揆一、蔡锷、陈家鼎等纷纷致函黎元洪，要求释放宁；高旭联络参议员 22 人联名致函黎元洪予以营救；李烈钧致电黎元洪，愿以扣押的黎部军官交换。黎尚雯见黎元洪没有放人之意，就亲至省督署，涕泣陈词，为宁调元说情，但黎元洪置之不理。军法官知其营救心切，索要巨额银圆贿赂，黎尚雯与谭延闿、文斐商议，设法筹得三千金，遣人至鄂。人未救出，钱款被骗。9 月 25 日，袁世凯以陆军部名义下令枪杀宁调元。不久，江汉大学被当局解散，黎尚雯被捕入狱，幸得熊希龄（时任内阁总理）竭力营救，才免难出狱。然而，他在长沙的住所被袁世凯任命的湘督汤芗铭抄掠；堂弟黎尚莹被捕，惨遭杀害；儿子黎书履、黎书勋均被捕入狱，遭受酷刑。1916 年，蔡锷在云南组织护国军讨袁，黎尚雯与进步士绅龙璋等人在湖南积极响应，誓将汤芗铭逐出湖南。随着护国战争的节节胜利，在全国声讨、咒骂之中，袁世凯于 6 月 6 日忧惧病死，汤芗铭亦于 7 月 4 日仓皇逃出长沙。黎元洪继任总统后，参议院恢复，黎尚雯返回参议院，极力呼吁遵照孙中山主张，实行三民主义、五权宪法，尤其力争收回袁世凯用以抵借外债的湖南水口山矿等矿产。

1917 年 6 月，张勋逼迫黎元洪解散国会，复辟帝制并很快以失败告终，但段祺瑞主张“再造共和”，拒绝恢复国会，重新建立“临时参议院”，另行选举“安福国会”。黎尚雯满腔愤懑，回到长沙。8 月，“非常国会”在广州召开。9 月，选举孙中山为大元帅，唐继尧、陆荣廷为元帅，开始了护法战争。“非常国会”电召黎尚雯赴广州议政，他因积劳成疾，“日咯血数升”，未能成行。1918 年 3 月，黎尚雯病逝于长沙，时年 51 岁。国民党元老、著名书法家于右任为他书写过墓碑：“故参议院议员黎尚雯之墓。”黎尚雯墓现为长沙市文物保护单位。

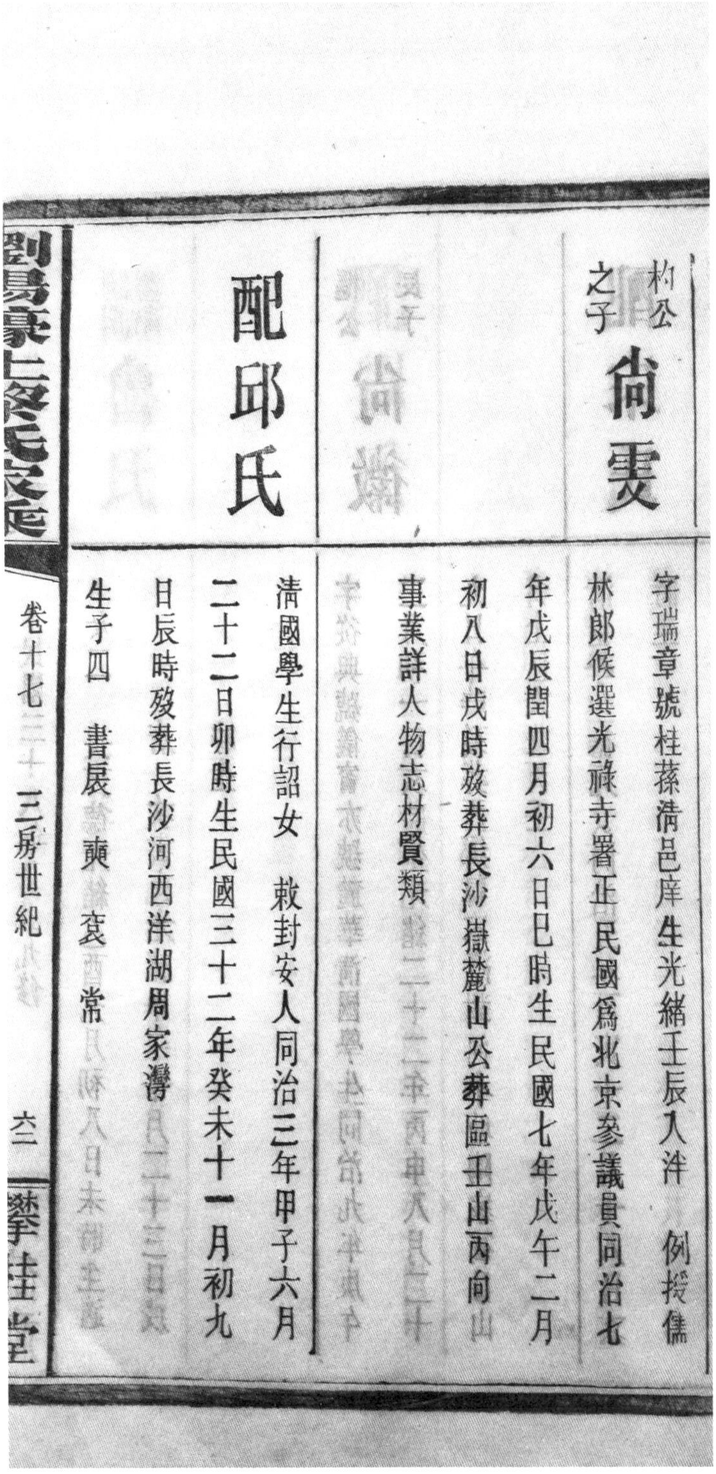
瀏陽壕上黎氏家乘 卷十七 三房世紀 六二 攀桂堂

杓公之子 尚雯

配邱氏

字瑞章號桂蓀瀏邑庠生光緒壬辰入泮 例授儒林郎候選光祿寺署正民國爲北京參議員同治七年戊辰閏四月初六日巳時生民國七年戊午二月初八日戌時歿葬長沙嶽麓山公葬區壬山丙向事業詳人物志材賢類

清國學生行詔女 敕封安人同治三年甲子六月二十二日卯時生民國三十二年癸未十一月初九日辰時歿葬長沙河西洋湖周家灣

生子四 書辰 爽 亥 常

民国三十八年九修《浏阳壕上黎氏家乘》关于黎尚雯的记载

诗　联

黎尚雯工诗文对联，是南社社员。柳亚子所编《南社诗集》收有他的诗作数首，其中《和张统领近感元韵》二首云：

一天风雨暂时收，乘醉登高独倚楼。
苌草无知徒自乐，芭蕉有茧苦他抽。
人民恍惚今犹昔，岁月蹉跎春复秋。
何事新亭齐下泪？莫愁湖上本无愁。

蓦地风云海上澜，茫茫国步正艰难。
太平歌舞齐天乐，偷尽人间旦夕安。

讥讽时事，沉郁顿挫，诚为佳作。

1911年10月22日，长沙起义一举推翻了清王朝在湖南的统治。当时，清廷派军南下进攻武汉，湖北军政府向湘求援。以焦达峰、陈作新为首的革命党人派遣湘军援鄂，巩固了武汉地区所取得的革命成果。援鄂湘军浴血苦战，协统刘玉堂、敢死队队长徐鸿斌壮烈殉难，贺汉云、文光斗、李国卿、彭安德等千余名官兵英勇牺牲。黎尚雯作有挽联曰：

拼命争长江上游，论功最多，其死亦烈；
招魂有异乡旧馆，准礼宜祀，取怀不忘。

被评为“词采劲质，恰如分际”[1]。

[1] 吴恭亨：《对联话》。

陈作新

中华民国湖南军政府首任副都督

与焦达峰并称为“三湘二杰”的陈作新，是辛亥革命湖南光复后的首任副都督。

陈作新是一个“多变”的人，单名字就改了好几回，他原名陈辅廷，是个醉心科举考试的书生；第一次改名陈汝弼，那时他赞成维新志士谭嗣同、唐才常的变法主张；第二次改名程秉钺，参加了唐才常领导的自立军；第三次改名陈竞存，假冒新军军官去报考湖南武备学堂而未被录取；第四次改名陈作新，投考武备学堂附设的兵目学堂，后来投身民主革命。

陈作新像

他的“多变”，其实是随着时代潮流的前进而不断完善自我的历程；正因为“多变”，他才与时俱进，勇立潮头，为运动新军、促成辛亥湖南起义做出了不可磨灭的贡献。

弃文就武

陈作新（1873—1911），原名辅廷，字敬臣（又作竟成），绰号梦天。祖籍安徽池州青阳县，其父陈肇元因在湖南经商，落籍浏阳永安。陈作新出生于同治十二年。（按：陈作新生年有1885年、1875年、1870年等说。阎幼甫《回忆陈作新》称“笔者比陈的年龄小十七岁”，而阎幼甫生于1890年，故知陈生于1873年。）他自幼过继给其伯父陈伊鼎为子，陈伊鼎学识渊博，主讲于浏阳狮山书院，陈作新随伯父就读，打下了深厚的国学根基。

陈作新青少年时代，专攻八股文，从14岁开始先后参加过6次秀才考试，每次都名落孙山；但在外县替人代考5次，却中了3次，曾得到过300多两银子的报酬。后来他还曾捐监生参加了湖南乡试，仍然以失败告终。由此，他认识到清朝科场的腐败，遂放弃了科举取士的途径。迫于生计，他于1895年到长沙东乡洋石潭李芳生家当塾师，教学之余，在李家藏书中，读了王夫之的《船山遗书》、黄宗羲的《宋元学案》《明儒学案》、魏源的《海国图志》等书。后又在贺家当塾师，在贺家藏书中，他又精读了《小仓山房全集》《龚定庵全集》《吴梅村全集》等书；长沙名士彭梅生在长沙东长街创立“国民教育阅书处”，邀陈作新当助手，陈又读了“许多翻译的新书”，他“开始对于世界的寥廓、文章的经世有所领悟”，从而产生了改造社会、变法图强的思想。

光绪二十三年，谭嗣同等维新志士在长沙创办时务学堂，陈作新准备投考，但被守旧派劣绅王先谦阻拒，未能如愿。他为此而愤愤不平，经常借酒消愁，醉后放言无忌，大骂守旧派王先谦等人，说今后“一朝得势，定要杀尽这些老朽”。随后，他改名陈汝弼，字荩诚，与一批志同道合的爱国之士组织“碧螺吟社”，吟诗作赋，砥砺气节，“启人爱国之思”。次年2月，谭嗣同、唐才常等人在长沙发起成立“南学会”，该会“专以开浚知识、恢张能力、拓充公益为主义”，与湖南守旧派展开激烈的斗争。陈作新经常去听“南学会”组织的讲演，赞成维新派的变法主张。

次年 9 月，戊戌政变发生，谭嗣同等维新志士殉难。陈作新认识到通过改良的道路很难达到救国的目的，于是便产生了“弃文就武”的想法。他拍案大呼：“天下正多事，男儿岂久事笔砚间哉！”他化名程秉钺，赴汉口投效唐才常领导的自立军。唐才常深知他狂放不羁，怕因酒误事，派他到湖北安陆一带组织自立军。因为安陆有一位名叫许行健的会党头目，此人是个“老江湖”，群众基础很好，可以协助他开展联络工作。陈作新到达安陆后，许行健劝他参加会党组织，他拒绝了。既不入会，留在安陆也无所作为，于是，他又回到汉口。然而自立军起事主要是依靠会党作为主力的，如果领导人不加入会党组织，就很难联络会众。唐才常得知陈作新不愿“卷入江湖”的想法后，表示“为事业而卷入江湖，不同于无目的耍江湖”，要他在对待会党的问题上“再考虑考虑”。其时，正值崇阳、通城一带会党统领谢大哥病危，群龙无首，唐才常又派陈作新去崇阳、通城一带接管。他刚到崇、通等地，变起仓促，光绪二十六年 8 月 22 日，唐才常等二十余人死难，汉口自立军机关被破坏。陈作新化装成游学先生逃回故里。这次以会党为主力的起事悲壮地失败了，他深切地感到：“非大改革不足以救亡，然救亡非拥重兵不可”，“徒恃会党无益也！”

运动新军

光绪二十七年9月，清政府连发两道谕旨，整顿兵制，“各省会设立武备学堂”，“先就原有将弁择其朴实勤奋者遴选擢用”，以培养将才，练成劲旅。陈作新认为这是一个极好的机会，次年，他改名陈竞存，字涤非，身穿一件酱色宁绸镶有青缎五云的得胜马褂（清末新军军官服），左右袖各有金边三道（表示官阶的），足登快靴，自提笔墨袋，前往报考。留日学生、湖南试用道俞明颐担任武备学堂总办，亲自主考，本拟录取，但因有人控告他“假冒军官”，当光绪二十九年5月武备学堂正式开学时，新生中又没有他的名字。同年11月，武备学堂附设兵目学堂，他更名陈作新，字振民，投考该校，因字写得好，加以进步士绅龙璋的推荐，陈作新得以如愿。

光绪三十年初，长沙高等学堂学生陈宗海等人在校内组织7人小团体，于贡院西街设立《俚语日报》馆，并发行《俚语日报》，宋云卿任总编辑，陈作新参与《俚语日语》报馆的编务工作，协助翻印并义务推销《警世钟》《猛回头》《革命军》等“禁书”。此时，黄兴在长沙组织华兴会，决定趁慈禧太后七十寿辰在长沙起义，武备学堂及其附设的兵目学堂则由陈作新负责联络，拟先夺取兵目学堂所储存的火炮和枪械，率先发动起义，外分五路响应，终因起义事泄而流产，《俚语日报》馆亦被查封。所幸陈作新未暴露，仍在学堂学习。

湖南革命志士中，在运动新军方面卓有成效者首推陈作新。

光绪三十一年夏，武备学堂宣告停办，陈作新被分配到岳州（今岳阳）信字营任教习，他自断其发，并改变原有的操练方法。因与统领陶某意见相左，遂辞职回长沙，在长沙县清泰都影珠学堂男子中学当教员。

次年初夏，黄兴密函禹之谟，命其组建同盟会湖南分会。陈作新由谢介僧、刘承烈主盟加入同盟会。为运动新军反正，陈作新设法打入新军，以谋求官衔。光绪三十三年初，陈作新充任湖南新军第25混成协炮兵营左队排长，在士兵中广泛开展宣传活动，播下了革命的种子。他待人热情，与列兵的关系很好，他说：“做革命工作，如果不联系下属军人是不会成功的。”同盟会机关报《民报》传到湖南，他从头到尾，读得滚瓜烂熟，见人就一段一段的背诵。《猛回头》《黄帝魂》等一类书籍在长沙秘密流行后，陈作新更加欣喜欲狂，到处宣传，他在这些革命读物封面上写明“兵目须知”四字，在新军中秘密散发。此事为炮兵营管带刘玉堂发觉，派炮兵营督队官陈嘉猷进行调查，陈嘉猷有意保护革命党人，一方面要求陈作新自动将革命书籍交出，焚毁灭迹；另一方面又规劝刘玉堂说：“此事一经正式揭露，牵涉必广，闹大了不可收拾。不如将陈作新调开，弭患于无形。”刘玉堂采纳了陈嘉猷的建议，以陈作新不适合在炮兵营任职为由，将其调离。次年，经革命党人多方斡旋，陈作新被调到步兵第四十九标二营前队任排长。

宣统元年，第四十九标创办随营特别班及测绘班，陈作新继续担任二营前队排长，并兼任随营特别班及测绘班教官。他常借授课时间“阐述民族主义，灌输革命思想”，并介绍先进士兵安定超、李金山、刘光莹等数十人加入同盟会。他性情直爽，常大谈革命幻想，士兵们与他亲密无间，戏呼他为“陈梦天”（浏阳有一句土话：“浏阳梦天，一发三年。”凡是性情直爽，幻想甚多，夸夸其谈的人，便呼之为“梦天”）。他字竟成，人们又戏呼他为“有志之士”，意指“有志者事竟成”。陈作新还利用节假日带领士兵们在岳麓山白鹤泉一带秘密聚会，向他们讲解革命的道理，士兵无不感动流泪，愿为效力，“列兵们只要听到他的命令，一呼百诺”，从而为辛亥长沙起义准备了骨干。

次年 4 月，长沙发生抢米风潮。第四十九标二营管带陈强奉令率部在省布政署附近警戒，当饥民焚烧抚署时，激进的陈作新要求陈强乘机反戈起事。陈强也是同盟会员，他没有接到同盟会的起义通知，不敢贸然采取行动。他考虑到陈作新锋芒显露易引人注意，留在军队中有危险，就借故将其革职。

陈作新离开军营后，寄居在长沙寿星街培元桥李培心堂。他借教书为掩护，继续在新军中开展工作，并与易堂龄等人成立了一个专为联络新军中的下级军官和士兵的革命团体“积健会”（后改名“积健社”），推李安国、李藩国负责，以研究军事学为名，实则讲解同盟会宗旨，宣传民主革命。为谋求军职，以便从内部瓦解清军，他曾一度到过湘潭，栖身于湘潭膏捐局，组织地方团练，但收效甚微。后来听说东三省陆军人才缺乏，他又打算去黑龙江投效。他的一些老同学、老同事集了一笔钱送给他作旅费并为他饯行。后因另有他事，陈作新推迟了行期。他爱交朋友，爱喝酒，出手大方，不久就把远游的盘缠花光。其时，焦达峰在湖南开展联络会党和运动新军的活动，得知陈进退维谷，虽自已经济拮据，仍陆续接济陈的生活费用，并劝陈不必去黑龙江，留在长沙负责运动军队，做好在长沙起事的准备。陈作新接受了这个建议，留在长沙。

十日千秋

宣统三年 1 月，黄兴自新加坡启程赴香港，准备广州起义，先后派谭人凤、谢介僧、刘承烈等人回湘谋响应。是年 2 月，陈作新与谢介僧、刘承烈、焦达峰、杨任等秘密聚会于长沙戥子桥刘文锦家。此时，同盟会员刘文锦和另一同盟会员伍任均已打入湖南新军，刘任马队排长，伍任四十九标文案。聚会时，由谢介僧、刘承烈传达同盟会的起义计划。刘文锦系刘承烈之弟，与陈作新交谊甚笃，遂决定由陈作新与刘文锦共同负责运动新军。3 月 31 日，由陈作新策划，刘文锦出面，在长沙天心阁召开有各标营代表 72 人参加的军事会议，准备响应广州起义。但很快传来了广州黄花岗起义失败的消息，为稳定新军士兵情绪，陈作新又约集同志于长沙清水塘聚会，以定“持久之计”。

同盟会在东南沿海领导的武装起义迭次失败，使一部分同盟会员深感忧虑，他们在总结失败教训的基础上，拟将战略重点转移到长江中下游一带地区。宋教仁、谭人凤等人于1911年7月31日在上海北四川路湖北小学校正式成立了中国同盟会中部总会。此时，声势浩大的保路运动席卷全国，两湖志士决定乘势发动武装起义，焦达峰从武汉返回湖南筹划，在长沙落星田定忠客栈成立革命机关，正式委任陈作新负责运动军队，自己则主持调集会党、策反巡防营和联络绅、商、学各界。陈受命之后，与新军代表安定超、王鑫涛、李金山、杨玉生、刘芝德等人在小吴门外军路侧，组织“日新社”，门口悬挂日新成衣社招牌，以此作为联络军队的专门机关。

10月10日，武昌起义一举成功。消息传到湖南，人们奔走相告，欢欣鼓舞。焦达峰在首义之后三天才获得确信，他立即召开紧急会议，讨论有关响应武昌首义事宜，并派人前往浏阳，通知洪江会准备进入长沙。14日，由陈作新出面，召集新军代表安定超等先后在紫荆街福寿楼和通泰街玉皇殿开会。当晚，又在杨家山小学召开包括立宪派人在内的各界代表会议，与会代表三十余人，湖北军政府派来的代表蓝综、庞光志应邀出席。会议决定：湖南成立以焦达峰、陈作新为首的同盟会战时统筹部，负责领导起义，定于10月20日举义，以响应武昌首义。次日，焦达峰在玉皇坪陈作新家再次召开革命党人会议，决定了新军各部指挥起义的人选，并派人运动抚署卫队，通知会党向长沙进军。嗣因会党徒众未能如期赶到，拟延期至23日起义。20日晚，新军第五十标代表饶运钧前往水陆洲运动巡防营时被捕，拘于五十标禁闭室待斩；巡防营统领黄忠浩敦请巡抚余诚格下令，限22日将新军一律调离长沙，再调集巡防营劲旅至省垣自卫。21日晨，陈作新得到警报，如不采取措施，革命党人便有被敌人一网打尽的危险。长沙局势异常紧张，巡警活动频繁，刀枪林立，抚署大堂已架设好大炮，炮口直接对准新军营防。事危时迫，焦达峰、陈作新商量决定提前至22日起义。

10月22日清晨，长沙新军正式宣布起义。8点20分左右，第四十九标代表安定超朝天放了三响信号弹，站在操坪石凳上宣布焦达峰的作战命令，起义队伍分两路攻城，一路由焦达峰、彭友胜率领四十九标二营后队，会同五十标及马队由北门进城，占领荷花池军装局；另一路由陈作新、安定超率领四十九标二营前队、右队、左队，会同辎重、炮兵、工程三营由小吴门进城，占领咨议局。北路军未鸣一枪，迅速入城攻占军装局，东路军开始因巡防营长官督率士兵闭城相抗，相持了一段时间，但在义军强大的宣传攻势下，陈作新与巡防营管带交涉，打开了小吴门城门，东路军亦未开一炮就攻占了咨议局。下午3点钟，东路军与北路军会合，由焦达峰、陈作新、曾杰、成邦杰、安定超、李金山等率领一部分新军，驰赴抚院辕门及附近又一村、四堆子、五堆子一带，包围巡抚衙门。当焦、陈进入抚院时，发现巡抚余诚格已经潜逃。炮兵营正目李金山将巡防营统领黄忠浩刺伤，押解至小吴门城楼斩首示众。抚院门前的旗杆上挂出了第一面“汉”字大白旗，一时间，长沙城内到处白旗招展，长沙起义就这样顺利成功了！

当天晚上，各界代表涌入咨议局，商议成立临时革命政府的问题，会议由同盟会员文斐主持，在讨论组织新政府人选时，陈作新提议由焦达峰充任湖南军政府都督，表示自己愿意出任副都督一职，焦达峰则表示：“原议没有副都督的设置，我让你当都督就是。”经过大家反复讨论，最后按照陈作新的提议，“公推焦达峰为都督，陈作新为副都督”。这一提议在一片掌声中获得通过。23日，焦达峰、陈作新在巡抚衙门就任中华民国湖南军政府正、副都督职。

湖南军政府成立后，陈作新便把主要精力用于组织湘军援鄂和援赣两个方面。在他和焦达峰的共同组织下，几天之内，自由招兵6万余人，编成4镇陆军。10月28日，首批援鄂军第四十九标1700多人由王隆中率领自长沙大西门码头乘船出发，焦达峰、陈作新亲至湘江河岸欢送将士，庄严誓师出征，各界代表至河岸欢送者达数百人。陈作新代表军政府颁宣了《讨满清檄文》，文曰：

为吊民伐罪，誓众出师，昭告于天下曰：呜呼！皇天不福，降乱中邦，满贼……覆我宗社，乱我神寝，僇戮我父母，臣妾我兄妹，丧昧人道，罔有天日。九万里宗邦，久沦伤心惨目之境；四百兆臣庶，不共戴天履地之仇。阅及近兹，益呈凶悍，毒屠诛杀，不遗余力。举天下之膏血，尽贶四邻；割神州之要区，归之万国。淫凶酷虐，炽于其前；刀锯鼎镬，随于其后。立足无地，偷生何从？罪恶滔天，奇仇不赦。普天同愤，草木皆问罪之师；动地兴悲，鱼龙感风云之会。况复黄炎神胄，忍堕狱城。爰举国民义军，歼除大盗，择日出师，当天誓众。……呜呼！黄冠草履之民，谁无尊亲之血气！四海九州之内，何非故国之山河！秉尔白旄，报尔先德，重新九鼎，再奠神京。灭此朝食，与诸君同为黄龙之饮；建兹民国，俾万邦共睹赤日之光。一念血诚，千秋伟业，传檄天下，共布皇言。

在组织援鄂军的同时，又组织第三镇统制易堂龄整军援赣，易堂龄与陈作新同学，关系极友善。陈作新自告奋勇，兼任援赣军总司令，并以第四镇阎鸿翥所部的一个协为援赣军总预备队。正当陈作新积极组织湘军援赣的时候，他万万没有想到，以留日士官生为主体的军官集团从小团体的宗派私利出发，在权力分配上对新生政权产生不满，一场内讧正在酝酿。早在第四十九标新军出发援鄂时，有人曾向陈作新建议，酌留首义军队以警卫家乡，他不以为然地说："吾族奴于鞑虏垂三百年，今日复见汉官威仪，如家人聚首耳，尚何戒备之有？"他还劝告焦达峰说："吾辈志在推翻专制，今湖南虽反正，而南北各省多在虏尘之中，公其请师援鄂，我则伐赣，何必与若辈争此鸡肋之食，使之局促不安乎！"表现出他大公无私的豁达胸怀，因而也放松了警惕，使留日士官生中的反动分子、原五十二标二营管带梅馨有机可乘。梅馨和蒋国经等人是留日士官生中的野心家和阴谋家，他们与以焦达峰、陈作新为代表的湖南革命志士素无往来，亦未能配合起义，因而没有能像王隆中、余钦翼那样参与起义，顺利升任标统等职（王、余都是留日士官生出身，因和革命党人早有联络和默契，并立有战功，所以能顺利提拔），心怀怨恨，于是，设下陷阱，凶残地将焦、陈杀害。

10 月 31 日，梅馨制造了和丰火柴公司纸币挤兑风潮（和丰发行一种钱票流通市面，信用素著，挤兑风潮纯属梅馨等人蓄意制造出来的），焦达峰接到有关发生风潮的报告后说："要城防司令快派人去弹压，并派人开导一下，说有都督府负责，挤兑的人自然就会散去。"此时，忽然有人大声对陈作新说："事关省城治安，挤兑之风，平息越快越好，副都督如果亲去弹压，群众看到副座的威风，一定可以放心，不会扩大风潮。"陈作新闻言，未加思索，急忙骑马前往调处，未带一兵一卒。刚驰至北门铁佛寺，即陷入梅馨预先所设的伏击圈。一凶手手持马刀向陈作新头上劈去，陈左额顿时被劈下一块，拔枪不及，忍痛下马，突入附近一成衣店，操起板凳一条，回向杀他的凶手当胸砸去，将凶手砸翻，并在凶手头上猛砸，凶手虽被砸死，但他自己却连中数弹，倒地气绝。随后，叛兵又赶至都督府将焦达峰杀害。任职仅十日的湖南军政府第一任正、副都督焦达峰、陈作新就这样惨死敌手。

焦、陈遇难后，湖南各界召开了隆重的纪念焦、陈二督的追悼大会，会场大门两侧，悬挂着"三湘二杰，十日千秋"的八字挽联，表达了人们对两位烈士无比崇敬的心情。谭延闿继任都督，为缓和民愤，拨给焦、陈家属恤银各一万两。中华民国临时政府成立后，追赠陈作新为左将军，并将其遗体归葬于长沙岳麓山，以供后人瞻仰、凭吊。

名士风流

陈作新“生有异资”，兴趣广泛，多才多艺。他喜欢骑马、舞剑、练拳、习武，擅长书画篆刻，“是一个有艺术天才的人”。他楷、草、篆、隶四体字都写得很好，尤擅长大、小篆书，苍劲遒丽，其所书篆书铁线文最有名气。民国初年，湖南有许多人家的客堂中悬挂着陈副都督的墨宝。

陈作新书画篆刻都学郑板桥，会画兰、石、梅、竹。陈作新篆刻时不用打稿本，可信手刻画。他将自己的镌印辑一印谱，名曰“陈大奏刀”，其中收有“英雄无奈是多情”“自称臣是酒中仙”“但愿长醉不愿醒”“温柔不住住何乡”“亦狂亦侠亦温文”“留与将军作虎看”“戎马书生”“游戏人间”“觉今是而昨非”“推陈出新”等作品。一些金石家见之，称赞“刀锋自然，古朴可爱”。

陈作新精通诗文对联，凭其旧学功底和过人才情，可以信手拈来。某年，陈作新因年近岁逼，债台高筑，乃在长沙犁头街翠筠轩刻竹铺对面，借得一轿子铺临街一席地，摆了个“代书春联”的摊子，想赚点笔墨费去还账。他见翠筠轩立有“精刻竹器”四字招牌，就立刻写了一块“鬼画桃符”的临时招牌。来来往往的行人见到这两块招牌趣然成对，不由得停步欣赏称赞。行人问起这位卖字先生的姓名，陈就回答说：名叫“吴斗魁”。他以“吴”字谐音作“无”，无“斗”之“魁”者“鬼”也。别人请他写字，他署款“星恒忘愁”四字，盖的图章是他星夜赶刻的阴篆“吴斗魁字曰忘愁”和阳篆“游戏人间”。陈收取润笔费较高，八字春联收费一百文（普通代书春联市价只有二三十文），字多加价，宣纸加倍。从腊月十六至二十四日过小年，只写了九天，就赚了十六七千文钱，相当于普通教书先生全年的收入。

其他对联作品，如“练兵先练将，擒贼必擒王”，“上马杀贼，下马草露布；左手持螯，右手把酒杯”，“幻想在九间以上；荒唐绝万古之伦”，“君不见泗上亭长，歌大风兮思猛士；我所期信陵公子，饮醇酒而近妇人”，等等，对仗工巧，见真性情，有名士风流。他曾写过一首颇有“名士”气的狂诗：

平生何事最关情？只此区区色与名。
若就两端分缓急，肯将铜像易倾城。

陈作新是周南女学堂（周南中学前身）的创办人周家纯（民国后改名为朱剑凡）的座上宾。周家纯评价他“为人豪爽，才华卓越，过目成诵，领悟力奇强”。周家纯的儿子朱伯深回忆说：“他当年蹄声得得，跃马来访，谈笑风生，语惊四座的英姿，在我幼小的脑海中留下了极为美好的印象。”[1]陈在周家还演绎了一段姻缘佳话。一日，陈作新在周家见到一位清秀女子，为其高婉的气质、绝美的容姿所吸引，他主动上前攀谈，两人一见钟情。这位女子是周家姻亲“汤姓的寡妾”。不久，经周家纯夫妇撮合，陈作新娶得“倾城”归，于宣统三年初成婚。陈作新的铜像于1913年铸成，被安放在湖南烈士祠供人瞻仰。

① 朱伯深：《我的父亲朱剑凡》。

民国初年，用曾国藩祠改建的烈士祠及北兵站前立有焦达峰、陈作新铜像

黄 征

清末民初学者，《浏阳乡土志》主编

浏阳最后一部旧方志是《浏阳乡土志》。乡土志，是晚清兴起的一种方志新体裁。《浏阳乡土志》成书于光绪三十三年。有学者做过统计，清朝末年全国修纂了400多部乡土志，而《浏阳乡土志》"在体例、内容及观点诸方面都有过人之处"，"被誉为晚清乡土志之翘楚"[①]。

① 何孝积：《清末乡土志之佼佼者——浅议<浏阳乡土志>》，载《湖南地方志通讯》1986年第4期。

然而，《浏阳乡土志》却是一本"秘籍"。因为《乡土志》成书后并未马上出版，而是尘封了六十年才在台湾出版，又过了二十多年，20世纪80年代才传回浏阳。现在距它成书已经一百多年，了解它、读到它的人也并不多。也就是说，在长达一百多年的时间里，大多数浏阳人并不知道有这样一部书。《乡土志》是清末修志局的集体成果，但主要编者是黄征。黄征的生平经历，也鲜为人知。

与谭嗣同共事

黄征（1873—1932），原名祖勋，字颖初，号聿园，生于清同治十二年五月，浏阳城关人。浏阳人民医院的门诊楼叫颖初门诊楼，是他儿子黄彰任捐资修建，以他的字命名的。

黄征像

黄征的祖父黄瑞麟是浏阳名医，以医济贫，乐善好施，给穷苦病人免费看病和赠药，去世时很多百姓到黄家哭丧吊孝。1921 年，大总统徐世昌明令褒扬他的事迹，并赠“一乡善士”匾给黄家。父亲黄焕吾也以医药救济贫苦百姓，置家财于不顾，乡里人士戏称其为“疯子老太爷”。

黄征幼年聪颖，有“神童”之誉，但家道中落，父亲常年在外地，母亲刘氏带着他寄居在外公家，纺纱织布挣钱，维持生计，供其上学。黄征在 12 岁时所作《促织诗》云：

促织复促织，夜阑应噤声。
母劳嗟可息，窗畔已鸡鸣。

大意是：促织不停地叫，好似在催促母亲织布。夜将尽了，窗外已有鸡鸣声，促织啊，你们不要再叫了，母亲已经劳作了一整夜，十分辛苦，让她停下来休息吧。这首诗既体现了黄征少时的才思敏捷，又可见他体贴母亲的孝心。

15 岁时，黄征因家贫而准备辍学，乡邻戚党感念他祖父黄瑞麟的恩德，共同资助他完成学业。17 岁的他就到私塾教书，贴补家用。光绪十八年，黄征 20 岁，考中秀才，租住到县城南市街。光绪二十年参加乡试未中。在中日甲午战争中，清政府败给了日本，被迫签订了丧权辱国的《马关条约》。黄征作《闻和议成抒愤》诗四首，第一首云：

禹甸全疆索，伊谁启觊觎。
九州轻铸错，万姓亦何辜。
敌已无中夏，人曾乏远图。
老谋兼暮气，端不暇捐躯。

光绪二十二年九月底，谭嗣同回到浏阳（时谭氏在南京候补），与小八岁的黄征见面，他欣赏黄征的才华，聘请黄征“典其签记”（相当于现在的文字秘书）。十二月十日，谭嗣同和黄征、刘善涵等于武昌搭乘兵轮前往南京，十七日到达目的地。

在南京时，黄征写成《传音快字简法》一书，谭嗣同为之写叙，称赞“其音学之渊浚，体要之灿著，词翰之茂密，思致之锐入”[①]。

① 谭嗣同：《黄颖初<传音快字简法>叙》，《秋雨年华之馆丛脞书》卷一。

清末，许多爱国知识分子认为汉字难学，阻碍科学文化的普及，主张将汉字改为拼音文字。曾任驻美公使馆翻译官的蔡锡勇以北京话为标准，设计了一个汉语速记方案，编成《传音快字》一卷，以速记符号作拼音字母，声母符号二十四个，韵母符号三十二个，合声韵以切一字，变换符号位置以表示四声。黄征认为该书还不够简便，在该书的基础上编成《传音快字简法》，“取其二十四声而十八之，三十二韵而十二之，取其未备之声韵而摄之，取其辨四声之界线而无之，简几倍矣”。谭嗣同在光绪二十三年二月十四日写给别人的信中说：“同县有黄颖初，精韵学，近造《传音快字简法》，将蔡氏字母减去一倍，而其用转加数倍，是近日一大奇事。”[①]可惜此书失传了。

①谭嗣同：《致汪康年梁启超》二。

谭嗣同还在黄征的帮助下设计出《管音表》，目的在于以长沙方言为基础，对比各省方言的声调，从而在全国范围推行《传音快字简法》。尽管黄、谭二人在改革汉字方面的探索有其局限性，但精神可嘉，也是晚清维新变法的一个组成部分。

据邓潭洲先生《谭嗣同和黄颖初》[②]，在南京前后，黄征还曾为谭嗣同重要著作《仁学》的撰写、定稿和校对做过贡献。谭嗣同被委任为江南筹防局提调（光绪二十三年二月初旬）后，推荐黄征任文牍。“此时，他既要处理日常公文，又要赶紧润饰和校对《仁学》，务使早日告竣。”

②载《船山学报》1987年第2期。

谭嗣同曾赠联给黄征：“去天五尺城南杜；如月之初江夏黄。”

光绪二十三年三月某日，是黄征母亲刘氏的周年忌日，黄征感念母亲养育之恩，“伏地恸哭不已”，由于哀伤过度，以致精神错乱。谭嗣同请医生治疗，没有效果，就派人护送他回浏阳。回浏阳后不久，黄征便奇迹般地康复了。有人说，这是黄征母亲有灵，不想让儿子与谭嗣同一起去冒戊戌政变的危难。

黄征虽然和谭嗣同共事的时间不长，但谭嗣同重视经济事业及科学技术的思想与主张，却对他有所熏陶和激励。

为铁路建设建言

戊戌政变后，好友谭嗣同罹难，黄征韬光养晦，与同邑的蒋文焕、李德镛、江德森等人结颐社，诗文唱和。光绪二十八年，他参加乡试又未中。光绪三十年，黄征增补为廪生（由公家给以膳食的秀才）。宣统元年，黄征考取优贡（优贡，每三年各省从秀才中选拔文行俱优者，贡入京师国子监，经廷试合格后可任职）。次年在京参加廷试，获二等，以盐运司经历签分两广补用，到广州候补，曾任职于官报局。辛亥革命爆发后返湘。

1912年，黄征任株萍铁路局文牍。当时铁路局的工资待遇和银行一样，比其他部门要优厚很多。据黄征的女儿黄慕兰回忆，当时黄征每月的工资是六十块银圆，而买一百五十斤大米只要三块银圆。一个月工资可以买三千斤大米。

1914年，交通部征求全国铁路干线意见书，黄征根据其条例，拟出铁路干线意见及图表，陈述倚靠外债修铁路非长久之策，应该开发国内盐铁五金，发展经济，并建议将宁湘干线扩展为浙滇横贯干线。意见上呈后，获部颁奖金500元、文虎奖章一枚。1917年，黄征调任湘鄂铁路局车务处文牍长，到武汉居住。1918、1919年之际，黄征写信给粤汉川铁路督办兼总工程师詹天佑，寄上他所草拟的铁路运输管理规则和工程审核规则。詹阅后表示赞同，立即建议交通部采用施行。1922年夏，黄征开始编辑《词林韵准》，成书七十一卷。该书选录历代名家词作，以考察填词用韵之法。

1926年，黄征建议速集款项，修通粤汉铁路。1927年，上书国民党中央执委会，请索还英国庚子赔款，用以修通粤汉铁路，因为宁汉分裂，未能成功。三月，任武汉政府财政部统计处审计主任，准备编《国家应用统计学》，未成。黄征还曾上书国民党高层、湖南人谭延闿，具陈国计民生。《民国日报》特于这年夏天发表《黄征先生访问记》，赞其为“富有爱国主义思想的实业家”，并登其照片。

黄征后来历任湖北电政总务科长、株萍铁路局和京汉铁路局的秘书，代拟《京汉路政整理扩充意见书》，著有《京汉铁路之过去现在与未来》，起草《文化基金建设谈》，为铁路建设与管理建言献策。1930年，黄征回长沙，任职湖南省政府建设厅，很快又到陇海铁路局任职。1931年冬，因病辞职。农历十二月十八日（1932年1月25日）卒于武昌寓所，享年60岁。

黄征的一生，前半生历经坎坷，后半生主要在铁路系统工作，为我国铁路建设作出了一定的贡献。其子黄彰位评价他“气度恢宏，宽和正直，才华卓绝，治学专精。凡有建言著述或以诗咏抒怀，字字皆见贾赋忧时，屈骚忠爱”。意思是说：黄征像屈原、贾谊一样，不管是建言献策还是吟诗抒怀，都充满着爱国忧民之心。

值得一提的是，黄征的儿女们都卓有建树：黄慕兰是中共早期的妇女运动领袖和特科重要成员，后任上海市政府参事；黄彰任是著名实业家，热心资助浏阳的教育和医疗事业，设有黄彰任奖学金，捐建人民医院颖初门诊楼、住院大楼彰任楼；黄彰健是台湾“中央研究院”院士、历史学家；黄彰位曾任美国密苏里州东南大学教授。

主编《浏阳乡土志》

光绪三十二年，黄征参与纂修《浏阳乡土志》，后由他负责编辑，于次年成书。

乡土志是清末出现的一种新方志体裁。光绪三十一年，当时的学务大臣张百熙奏请天下郡县撰辑乡土志，供乡里小学编辑教科书取材。其目的在于通过乡土志的教育，“务使人人由爱乡以知爱国”。京师编书局为此拟定了《乡土志例目》，颁行全国。于是，在全国范围内兴起了一股纂修乡土志的热潮。据学者统计，这一时期，全国共修有乡土志450部，其中湖南有20部左右，《浏阳乡土志》即其中之一。

关于纂修经过，黄征在《浏阳乡土志例言》中有记叙。《浏阳乡土志》发起于光绪三十二年。是年初春，知县朱国华（字蔚亭）得京师编书局所拟《乡土志例目》后，即命县总学务、直隶补用道李鸿枎，拣选知县、湖北补用州同刘善涵“集议组织成书”，于是成立了修志局。当时综理志事出过力的有职贡邹明沅、附生黎先枢、廪贡刘昌隽，负责缮写校勘的有附生聂隆俊、职员邹肇麟、监生李衍麟。

因为《乡土志例目》中氏族、宗教、实业、道里、物产、制造、商务等门，以前的县志“皆阙略不备，无可据为诠次”，即便有的也应该补充详细，因此由志局拟具提纲，四乡各推举两名廪贡生员实地调查，东乡为廪贡涂儒翯、附生卢彤，南乡为附贡刘善渥、优贡陈长镞，北乡为副贡刘信庚、廪生邓振元，西乡为附生徐苏、廪生黄祖勋。黄祖勋即黄征。

春夏之际，黄征刚好住在县城，靠近志局，于是众人推举他整理调查采访获得的资料，担当编辑之任。几个月下来，采访调查基本告成。但当年冬天发生了萍浏醴起义，乡土志的编纂因此中止。

到了光绪三十三年，黄征在长沙中路师范任教，课余纂辑，终于成书。浏阳名儒刘人熙曾撰对联“消暑便成乡土志，说经能辨古今文”赠给黄征。

此联既是写实，又巧妙地赞扬了黄征在经史方面的造诣。

《浏阳乡土志》志局的成员都是一时之选，普遍具有维新思想，如李鸿枎是江西巡抚、署两江总督李兴锐之孙，刘善涵精通文史，涂儒翯是名儒涂启先之子，卢彤后来成为全国著名的舆图专家，黄征更是有着出色的学识和史才。在他们的努力下，《浏阳乡土志》成为一部体例完备、翔实可靠的优秀志书。

《浏阳乡土志》正文分3门15目，一目一卷，共15卷，其属历史者共8目：沿革、政绩、兵事，耆旧、户口、氏族、宗教、实业；属地理者共4目：区域、山、水、道里；属格物者共3目：物产、制造、商务。体例上，《浏阳乡土志》并未拘泥于京师编书局所颁《例目》，而是糅合了传统方志体例与新颁《例目》之优点，根据浏阳的具体情况，进行了必要的调整与创新。如作者鉴于工业制造日趋重要，于格物部分加设“制造”一目。

黄征受谭嗣同等人的思想影响，故《浏阳乡土志》的字里行间充满时代气息和维新思想。黄征在“比勘旧志”时，对充斥旧志的诸如天人感应之类的迷信荒诞之说，均能持批判态度而概从刊落。如在区域篇中批判了旧志中“以星野辨封域”之不当，力主以“经纬分度”取代之。他还特别注重记述浏阳经济商业的发展情况，迫切希望学习西方的科学技术，为振兴中国经济创造有利的条件。他在《例言》中说：

方今中外互市，东西各国，于森林、畜牧、五金之利，工艺、制造、商战之术，靡不锐意研求，日新月盛。四邻集矢，以我为的。我乃坐听朘削，不谋相抵；或徒艳其富强，而不师其格致，非特莫能与竞，恐亦无救危亡。兹所为物产、制造、商务三志，不过稍引其端。以云格物，实有未副。改良精进，与事推移，弥有望于后来之居上矣。

大意是：如今中外通商，东西各国追求科学技术的进步、工艺制造的精美、商业策略的领先，日新月异，而中国却一直落后，好比箭靶子，成了众矢之的，国家税利不断外泄，人民生活越发穷困。只有急起直追，主动学习西方科学技术，改良精进，才有可能后来居上。

至于在物产篇中主张用西方科学方法区分动植物之种类，在制造和商务篇中力陈闭关锁国及重农轻工抑商之非策，惊叹“利源外溢”，“卮漏无涯”，而力倡振兴实业，“极人工以良其品”，“为营业竞争之具”，加强商品出口，

“尽地利以极其源”，“祛他族之垄断”，不仅表现了黄征的远见卓识，也是他爱国主义思想的流露。

从内容上讲，《浏阳乡土志》优点很多。

首先，内容较为丰富。据学者比较研究，《浏阳乡土志》约15万字，比一般乡土志多两至三倍，篇幅之长，为海内所少见。《浏阳乡土志》之前的上一部县志成于同治十二年，下一部县志1994年出版。《浏阳乡土志》填补了晚清三十多年浏阳历史的空白，有着特别重要的意义。其次，取材态度严谨。本书资料除取自旧志外，主要靠调查所得。“事为其创，虽有不尽，究无不实。”作者在使用旧志资料时，并非简单地转引摘抄，而是按照乡土志体裁的特定要求，“去粗取精，去伪存真”，重新改造制作，为我所用。如“政绩”一目，一反旧志分为两卷记载的做法，改用新例，以“兴利、去害、听讼”三类标准收录历史上在浏阳任职而有政绩的官吏。又如旧志记叙山水，往往首尾脉络不清，《浏阳乡土志》仿照《水经注》的方法记述，“山循干以达枝”，“水承源而达委”，脉络清楚，源流分明。全志十五目中，氏族、宗教、实业、道里、物产、制造、商务七目，旧志阙略，全靠调查资料排比成篇，具有较高的史料价值和学术水平。如通过调查所编氏族篇，将浏阳境内居住的196个姓氏的历史源流、迁徙传承脉络、人口繁衍状况逐一详加记述，翔实可信。此外，《浏阳乡土志》特别注重经济内容的辑录。全书专门记述浏阳经济情况的有实业、物产、制造、商务四篇，约占整个篇幅的五分之一，这在同时代志书中实不多见。其记述方式除各篇缀以简要的序论外，实业分士、农、工、商四大类，将104种职业逐一条列，其余三篇均分类登诸表格，以求文约事丰、简洁明了。物产分动物、植物、矿物三表，分载生物、矿产301种。制造按所用原料分为动物制造、植物制造、矿物制造三表，胪列产品130多种，每种产品又分别载明其原料、工艺、产量、产地。商务则分本境自相销售货物、本境运出外销货物以及本境销售他境货物三表，列具商品213种，除本境自相销售者外，均标明运销渠道及销售数量，有的并附有产地。如浏阳外销之“棉布”，小注说：“水运销售长沙，陆运销售江西萍乡、万载。近岁调查，约岁可外销25000匹。”又如本境销售他境之“洋布”，小注说：“来自外洋及湖北织造局，由汉口水运转销内地。岁销约120000匹。”

作者对浏阳土特产之记述，更是浓墨重彩，不吝笔墨。如书中多处记载浏阳鞭爆，指明其为浏阳著名“特产”，系“合本境所产之纸料、硝磺数质而成，有广庄、西庄二种”，其销路甚广，为浏阳出口之大宗，“水运销售广东、烟台。近岁调查，约岁可外销 3200 箱”。对浏阳菊花石雕的记述也很详尽：菊花石“产邑东永和市侧大溪流中。石亘如洲，凸凹万状。肤理晶莹，现菊花，跗、萼、根、茎，惟妙惟肖”，“取其石琢之为砚，有甚大者。其菊花之茎或透石背，最为雅观”，“取其石之最大者，琢以为屏，最为珍玩，不易得”，“此数者官绅商旅用相赠遗”，“以其为浏阳特产，可珍玩，故出口颇多”。读之如睹其物，令人兴味盎然。书中所辑存的丰富经济资料，有裨于浏阳传统名优产品的开发，对研究中国近代经济发展的历史也具有重要的参考价值。

《浏阳乡土志》成书后，因时局动荡，未能刊印，其稿本后为黄征之子携往台湾，直至 1967 年才在台北刊印。除《浏阳乡土志》外，黄征还著有《聿园诗稿》《词林韵准》等。2007 年，黄彰健将黄征《浏阳乡土志》和《词林韵准》的手稿、《汲古阁六十名家词》手校本等捐赠给浏阳图书馆，成为该馆的镇馆之宝。尤其是《浏阳乡土志》稿本，经过一个世纪的漂泊之后，终于又回到了它的起点。

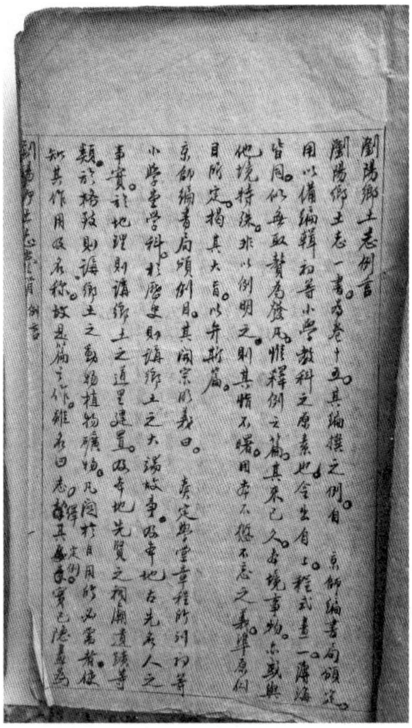
瀏陽鄉土志例言

《浏阳乡土志》稿本书影
浏阳市图书馆藏

孔昭绶

两度担任湖南一师校长的教育家

孔昭绶是我国近代著名教育家、诗人和政论家。他两度担任湖南第一师范学校校长，提倡学生自治，编练学生军、童子军，促进了毛泽东、蔡和森、任弼时等青年英才的成长；他是南社社员，其诗豪放雄浑；他是《长沙日报》的社论主笔，持论切中时弊，为反帝反封建的舆论先锋；他参与新文化运动，主持湖南省议会，有“议会圣人”之称；他主持“湘民移垦西北合作社”，创办《西北汇刊》，辅助冯玉祥主办西北“辅治宣讲研究所”，宣传冯玉祥的平民主义主张和爱国爱民的政策；最终在南京国民政府考试院《中国考试制度史》编纂任上溘然逝世。他的生平、思想与近代中国的命运紧密相连，但一直湮没不显，近年才随着电视剧《恰同学少年》的热播而广为人知。

孔昭绶像

载《长沙市新闻记者联合会年刊》，1933年出版

早年求学，初露锋芒

孔昭绶（1876—1929），字明权，号竞存，别名攘夷子。浏阳东乡达浒人，孔子七十一世孙，生于清光绪二年九月初八日。幼聪慧过人，读书二三遍，即能成诵。年十四，就外傅，学益力，业益精。曾随业师孔芷轩先生祭祀圣祖孔子，老师想试试他的才学，命他读祝文，而老师仅以红纸叠如祝状，放在读祝所。小昭绶知道这是老师在故意考他、他稍加寻思，即朗声诵曰："与天合德，为圣之时，虽百世而可知，推四海而皆准。故《易》倡革命，《书》厚民生，《礼运》详大同，《春秋》张三世。天不变，道不变……孙等仰承先绪，虔荐馨香。学《诗》《礼》以绍儒宗，施声名及于蛮貊。"在场者莫不叹服其博学多才，遇事机敏。

孔昭绶 16 岁那年考中秀才。光绪二十一年，补廪生。随后，他在家乡以教书授课为业。

光绪三十四年，湖南为造就初级师范及中学堂师资而筹建的湖南优级师范学堂，于 8 月开始招生。那次招本科（实为专修科）生、预科生共 240 名，分理化、博物、数学、史地四个班，每班 60 名，学制两年。孔昭绶被保送入师范学堂，读史地预科。次年冬，他从优师预科毕业，升入史地专科。宣统二年冬，孔昭绶毕业。清朝的科举制度虽已于光绪三十一年宣布废除，但清政府仍对学生进行科名奖励。高等小学毕业奖给秀才，中学毕业奖给贡生，高等学堂毕业生奖给举人，大学毕业生奖给进士。优级师范与高等学堂平列，毕业生奖给举人。故《孔氏族谱》记载，宣统三年春，孔昭绶"照钦章奏奖举人"。他在优级师范学习期间，孙中山组织的中国同盟会正在各省扩大革命队伍，孔昭绶加入了同盟会。

主笔《长沙日报》，一任一师校长

孔昭绶在湖南优级师范学堂毕业后，很快投身到同盟会在湖南的主要言论机关《长沙日报》的工作。《长沙日报》的前身为《湖南官报》，1905 年 4 月 19 日更名。辛亥革命后，由同盟会员接收改组，文斐任社长，傅熊湘任总编辑，孔昭绶和黄钧、刘谦、谭艺甫等任编辑。设新闻、副刊、广告等，同时设"专论""社论"及"大陆观""湖南观"等短评专栏。孔昭绶在 1912 年的主要活动是办《长沙日报》。他是"专论""社论"栏目的主笔，拥护共和，持论正大，言论激切，很快受到社会欢迎。尤以副刊中的“大言小言”栏，专登他那些三言两语的杂感文字，文笔犀利，颇具特色。他署名“攘夷”或“孔攘夷”，表明其反帝反封建的心迹，在报界和社会颇负盛名。

1912年，孔昭绶（二排右二）与《长沙日报》同人合影

1912年10月，他加入辛亥革命前后的著名文学团体《南社》。南社发起人是同盟会员陈去病、高旭和柳亚子。按南社条例规定，每年“定于春秋佳日，开两次雅集”。那年9月，陈去病为秋瑾归葬浙江事，从浙江来到湖南长沙，于9月25日（夏历中秋）在长沙烈士祠举行了南社社员临时雅集，共19人出席，孔昭绶在其列，并发言。据说正当他慷慨演说之时，在1910年长沙饥民暴动中被焚毁的湖南第一师范学校的新校舍，恰于此时修复落成。他后来回忆那次雅集，说自己与陈去病、傅熊湘、李澄宇等“一见如故，遂联社谱”，即这次雅集后不久，他就填写入社书，加入了南社。

1913年4月，孔昭绶由湖南都督谭延闿任命为湖南第一师范校长。他具有近代民主教育思想，一上任就忠实地贯彻民国首任教育总长蔡元培的教育思想和南京临时政府教育改革的法令与措施，积极规划学校教育和校园建设的蓝图。

新建造的一师虽校舍为西式建筑，宏伟壮丽，可容千人，但仅是一座空楼，各种教育设施和图书资料都在大火中荡然无存，许多教员也因停课停薪离去，一切都要从零开始。孔昭绶上任后，逐步添置和完善校园基础设施，延聘不满北洋军阀而富有正义感的教职员，如杨昌济、徐特立、方维夏、王季范、袁六吉等。他还利用暑假期间，修葺旧教室，装木隔壁，请款建筑新寝室一栋，上下 24 间，创设电灯，筑后山围墙，积极改善教学与生活设施，使办学条件更加完善。

他提出用严格的规章制度管理学校，因而全面制定和完善学校章程。如对学生操行、学业、体格考查的一套完善制度，就是在他的主持下制定的。他还倡导学生自动与自治，创设“技能会”。该会设 11 部，确定教员为部长，指导学生开展课外学术、体育活动。他对教育部所定的学制年限、课程设置，作了适当的变通，设立预科班，招收预科班学生 120 人，并组建了附属小学。

那时的一师，还制定了统一的校歌、校旗和校服。校歌旨在“唤起学生讲学兴味，并涵养其高尚之思想”。歌词为：“衡山西，岳麓东，城南讲学峙其中。人可铸，金可熔，丽泽昭高风。多材自昔夸熊封。男儿努力，蔚为万夫雄……”学校门口还书写着“德、智、军、美”四个大红字，好一派勃勃生机！他的这些卓有成效的工作，为一师开创了民主教育的前景，也为他后来进一步发展一师教育打下了良好的基础。

孔昭绶还大力提倡蔡元培倡导的“军国民教育”。1913 年 5 月中旬，长郡中学举行第一届学校运动会，请各界知名人士及各校校长参加开幕式，孔昭绶应邀参加，还受聘为总裁判。他在运动会闭幕式致辞，高声疾呼要推行军国民教育。说：“一校有一校之精神，一国有一国之精神。中国以数千年来之文弱，不亟提倡铁血主义、尚武精神，决不能雄视世界。”“民国同胞四万万，苟人人有尚武精神，何难披靡一世。”他还举例说，瑞士为小国，却能存于世界，德国陆军能冠绝世界，在于“其学校特征，即着重军国主义”。他赞扬湘中各校对军国民主义教育的大力推行，更希望军国民教育进一步发展，将中国建设成一个“青年中国”。[①]

孔昭绶担任一师校长期间，仍兼任《长沙日报》编辑，其所撰政论，切中时弊，使北洋军阀恨之入骨。如 1913 年宋教仁在上海被刺身亡案，孔昭绶义愤填膺，曾著《讨袁檄文》数千言，历数袁世凯二十四大罪恶，一

①见《长郡中学运动会纪盛》，《湖南教育杂志》1913 年 5 月 21 日第 9 期“纪录”，转述于冯象钦、刘欣森总主编，周秋光、莫志斌卷主编：《湖南教育史 1840—1949》第 2 卷，岳麓书社，2002 年版，第 311—312 页。

师同学争相抄录传阅，影响甚大。又尝著《攘夷》一篇，对于帝国主义侵略中国与军阀之祸国殃民，掊击不遗余力。

1913 年 9 月，袁世凯走狗汤芗铭驻兵岳州后，威逼湖南都督谭延闿取消湖南独立。时一师招考第六、七班新生，孔昭绶以《湖南取消独立感言》为国文试题，借以激发学生的反袁心理，进行革命教育。10 月 24 日袁世凯任命汤芗铭为湖南都督后，北洋政府控制湖南，汤芗铭大肆捕杀革命党人，被之为“汤屠夫”。汤想在教育界杀几个首要人物，查出孔昭绶有前述反袁事实后，于 12 月底派兵到一师包围、搜捕。孔昭绶先化装成油印工人避开检查，黄昏时又化装成挑水工得离险境。孔离校后，即离湘东渡日本。《长沙日报》也因坚持反袁立场，于 1913 年底被查封停刊。

求学日本，倍怀祖国

孔昭绶是 1914 年初到达日本东京留学的，入法政大学大学部法律科。留日期间，孔昭绶与南社诗友多有往来。同留东京的南社社友醴陵文灰有《攘夷汝沧过访喜作》诗曰：“僻居东海意憔然，旧雨偏逢鲁仲连。话到暴秦称帝事，箧中剑气欲腾天。”就是写孔昭绶等革命党人在异国谈论袁世凯窃国一事时的同仇敌忾。他们相约效仿日本明治天皇历法改革，将公历的 12 月 31 日（农历十一月十五日）作为“除夕”，一同相聚于东京庆岁。就在那天，孔昭绶作《客倭除夕感怀》四首。其一曰：

太平洋里太平舟，汽笛声声此壮游。
一稗海环衣带水，三神山拥暮云秋。
鹃因望帝流丹血，乌悯亡燕也白头。
故国萧萧无限意，不堪回首眺神州。[1]

① 柳亚子主编：《南社诗集》第一册，中学生书局，1936 年版，第 31 页。

诗中借古蜀帝杜宇死后化为杜鹃鸟，昼夜悲鸣，直至嘴角出血，以及燕国太子丹在秦国做人质，“求归”不得，“乌白头、马生角”的典故，表达自己思念祖国的深情。其四曰：

大地风云起大争，东西洋卷战涡生。
腕挥毕相禁持铁，颈斩楼兰不系缨。

秋影远书惊雁断，血痕两剑化龙轻。

何时梦也狮王醒，怒向群雄吼一声！[①]

① 柳亚子主编：《南社诗集》第一册，中学生书局，1936年版，第31页。

诗中“腕挥”二句，写诗人憧憬人们奋起反对帝国主义侵略，使德国毕相（俾斯麦）那样的战争贩子放下武器，斩杀帝国主义头子就像汉代斩杀楼兰王首级一样。最后两句，他向国人发出吁告，问中国这只沉睡的巨狮何时才能惊醒，表现了他渴望祖国强大和对祖国前途担忧的爱国热忱。

他的这四首诗，在南社诗友中影响很大，文灰奉和诗中有“道穷世乱同浮海，千古多情是孔先”，就是赞扬孔昭绶爱国情深。

孔昭绶留日期间创作的诗歌还有《樱花竹枝词四绝》《留别旅日诸君绝句》及《东游仙诗留别邦人诸友》二十首等，均刊于柳亚子主编的《南社丛刻》之中。

孔昭绶1915年7月从日本法政大学毕业，回到家乡浏阳，并捐建了书江小学（在今达浒镇书香村）。

二任一师校长，践行教育改革

1916年夏，袁世凯在全国上下的声讨声中忧惧而死，汤芗铭仓皇离湘，谭延闿被北京政府再次任命为湖南省长兼督军。谭鉴于孔昭绶的声望和办学经验，委派孔再度出任一师校长。

9月初，孔昭绶正式就任一师校长，学校举行了隆重的欢迎仪式暨新学期开学典礼。他在新任学监方维夏的陪同下登上主席台，台下1000多名师生起立，报以热烈的掌声，欢迎这位反帝英雄和老校长的归来。在会上，孔校长饱含热泪，作了激动人心的演讲，提出了自己重返一师的“施政纲领”——顺应新文化运动的潮流，在一师推行民主教育，提倡自治、自勉，改善教学环境，宽松学术氛围，培养合格人才，以新的姿态树立于长沙学界。

于是，孔昭绶汲取在国外考察教育的成果，坚持“崇尚民主”的办学方向，开始了对一师大刀阔斧的改革。他坚持“有治人然后有治法，然无治法未必有治人”的观点，调整教职员队伍，规范学校规程。重新聘用那些不满“汤屠夫”统治而正直敢为的教职员，如方维夏、王季范、王范、王昌麟任学监，黎景湘任庶务，吴观明任会计，杨昌济任修身教员，徐特立任教育学教员，还聘请美国人钱伯斯、德国人费尔廉分别担任英文、音乐教员。

与此同时，他开始全面制定学校教育方针，修改各项章程，调整教学内容及方法。为了突出新文化运动的主题，他确定“采最新民本主义规定教育方针”，“以人格教育、军国民教育、实用教育为实现救国强种惟一之教旨”。前任校长张干提出以“诚”字为中心的“公诚勤俭”校训，他针对日本侵略中国、国家蒙受奇耻大辱的现实，改以“知耻”二字为校训中心。

为践行“军国民教育”，孔昭绶于1916年10月致书谭延闿《呈试办学生课外志愿军文》，经谭批准后，一师学生军遂于10月底正式成立。他将全校志愿军编为一个营，营下辖二连，一连三排，一排三班，每班14人，共计269人。他亲任志愿军总指挥，下设纠察员，由学监担任。营长、副营长由兵式操教员担任，连、排长由学生充任。孔昭绶注重学生志愿军日常训练，不时进行野外演习。一师的学生志愿军曾参与智退北军王汝成部等军事活动，守护了一师和长沙城，训练了一师学生的军事能力，促进了毛泽东等人的成长。孔昭绶还在一师附属小学创办了长沙童子军第七团。萧三任团长，陈绍休（即陈赞周）任副团长，团员有任培国（即任弼时）、任培安（弼时弟弟）等。童子军锻炼了小学生的自治能力，培养出任弼时等国之栋梁。

孔昭绶还在湖南一师实施了以学生自治为核心的民主教育，所有校内重大措施都与师生协商，被誉为“民主教育的先驱”。他第一次任一师校长时创办的“技能会”，后改名为“学友会”。1917年10月，一师学友会改组，选举毛泽东为学友会总务兼教育研究部部长，全面管理学友会事务。当时一师附近工厂林立，孔昭绶和方维夏决议开办夜学一所，由学友会下教育研究部主管。毛泽东撰有《夜学招生广告》《夜学日志首卷》等，反映了他在孔昭绶支持下开办夜学的情况。

1917年10月，孔昭绶被推荐和朱剑凡一道出席了在杭州召开的第三次全国教育联席会议，会后不久他曾向教育部呈交了一份万言《意见书》。后来又按《意见书》中创设的改革基调，率先在一师进行了一系列的改革尝试，如改革旧学制、创新教学体制、吁请迁移校址、改善计分标准等，并逐步使之章程化、制度化。1918年3月，张敬尧进驻长沙，充任湖南省长兼督军，并于9月派其弟旅长张敬汤驻扎一师，暗中监视孔昭绶的行动。孔昭绶被迫托病辞职，离开了他苦心经营的湖南一师。

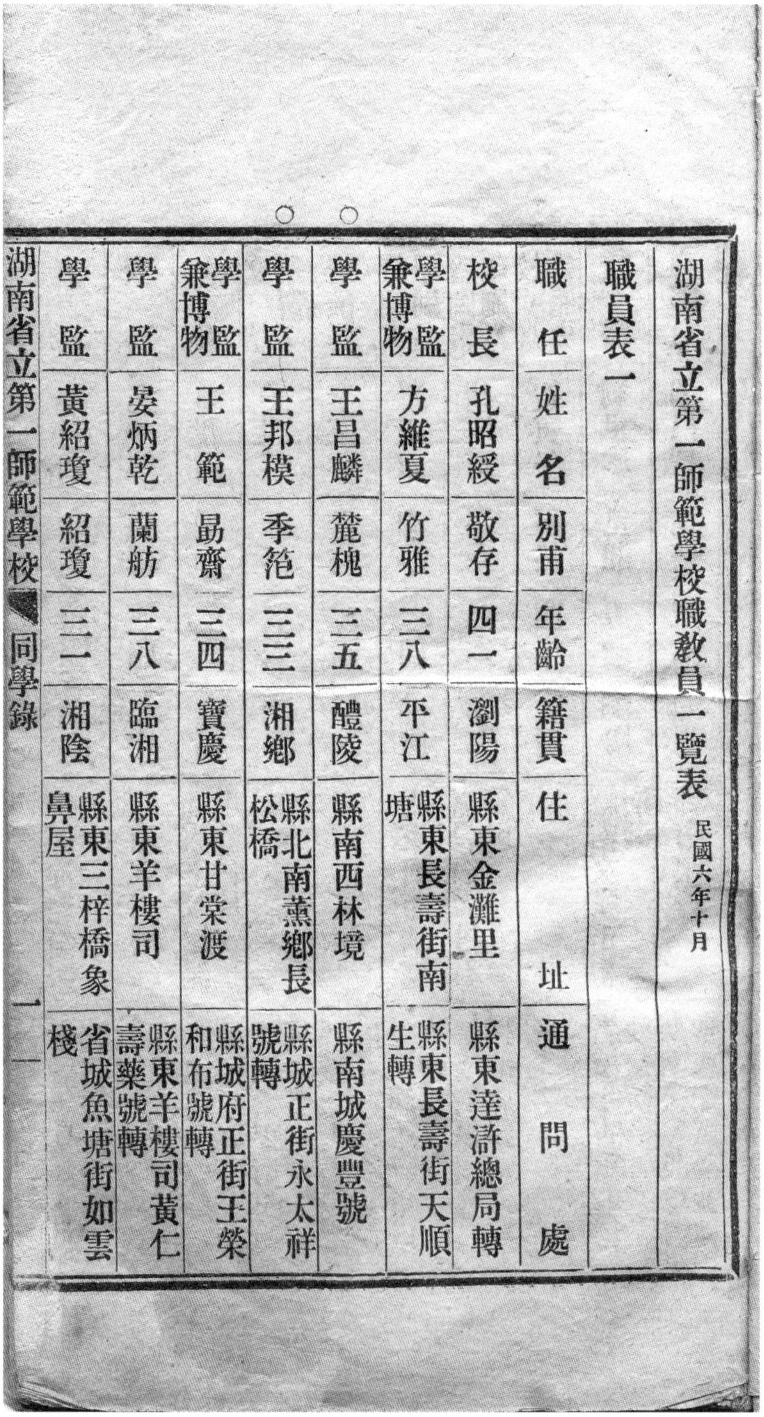

湖南省立第一師範學校職教員一覽表 民國六年十月

職員表一

職任	姓名	別甫	年齡	籍貫	住址	通問處
校長	孔昭綬	敬存	四一	瀏陽	縣東金灘里	縣東達滸總局轉
學監兼博物	方維夏	竹雅	三八	平江	縣東長壽街南塘	縣東長壽街天順生轉
學監	王昌麟	麓槐	三五	醴陵	縣南西林境	縣南城慶豐號
學監	王邦模	季笵	三三	湘鄉	縣北南薰鄉長松橋	縣城正街永太祥號轉
學監兼博物	王範	勗齋	三四	寶慶	縣東甘棠渡	縣城府正街王榮和布號轉
學監	晏炳乾	蘭舫	三八	臨湘	縣東羊樓司	縣東羊樓司黃仁壽藥號轉
學監	黃紹瓊	紹瓊	三一	湘陰	縣東三梓橋象鼻屋	省城魚塘街如雲棧

湖南省立第一師範學校 同學錄 一

孔昭绶遗物——民国六年《湖南省立第一师范学校同学录》

主持湖南议会，推动西北屯垦

1919年“五四运动”在北京爆发后，孔昭绶积极参与新文化运动，大力推进湘省学生留学海外，并致力于刷新湖南思想，促进教育改革。1919年底，因不堪忍受张敬尧独裁统治，作为湖南省教育会副会长的孔昭绶，与会长陈润霖等相继离开湖南。

孔昭绶于1920年初在上海担任华法教育会湖南分会的干事，积极推进湖南学子赴法勤工俭学。6月，张敬尧被驱离湘，谭延闿第三次主政湖南，孔昭绶被委任为省教育委员会委员，负责主持湖南省教育改革诸事宜，学界为之一新。正是此年10月25日至11月2日，世界大思想家杜威、罗素一同来长沙讲学，蔡元培、张东荪、李石岑、章太炎、吴稚晖等思想大家集聚一堂。这一场刷新湖南思想、促进教育改革的学术盛事，正是湖南省教育会及孔昭绶等人推动的结果。朱凤蔚评价他：“所至有声，振顽立懦，学风为之丕变。胡子靖（元倓）外一人而已。”[1]

1920年10月，湖南推行“自治”和“宪政”。11月，赵恒惕就任湘军总司令，省议会通过林支宇为临时省长，于次年一月通电宣布湖南筹备自治。至1922年5月，省议会按中南西三路代表选举，选西路代表林支宇为议长，中路代表孔昭绶、南路代表雷铸寰为副议长。三人之中，唯孔昭绶是既有议会民主的政治理想，又最遵循议会规程的人。他在议会中没有特别势力，秉公中允，是省议会的“中间派”，公认他“操守很好”，有“议会圣人”之称。1923年9月，谭延闿、赵恒惕战争爆发，湘省议会解散。孔昭绶借病告假，回浏阳家乡教书。12月，赵恒惕胜，湘省局面恢复，省议会因议长林支宇和副议长雷铸寰均未返职，以至群龙无首，故请孔昭绶到长沙主持会务。然而林、雷两系议员争斗激烈，内讧不断。孔昭绶虽还勉强支撑了几个月，但已认识到议会政治的缺陷，两次请辞副议长职。1924年10月，湖南议会正式通过辞职案。

军阀混战以来，湖南人民生活在兵灾、天灾所造成的困苦之中。为了改善湘省人民的生产生活状况，孔昭绶在辞去副议长后，与郭皋、马邻翼、王季范等18人在长沙发起成立了“湘民移垦西北合作社”，宗旨是“集资移民，开辟西北”。他们选择了“塞北四省”（热河、察哈尔、绥远、宁夏）中的绥远省，向绥远垦务局挂号申领了达拉特旗地50余顷，并将临黄河以北70里六合公作为湘省移民开垦的地区。从此，湘民移垦西北便具体实施

① 朱凤蔚：《南社人物小志（二）》，《社会月报》1935年第12期，第5页。

起来了。

孔昭绶到西北后不久，便投到西北督办冯玉祥的帐下，创办并主编西北地区核心刊物《西北汇刊》，并主办“辅治宣讲研究所”。《西北汇刊》从1925年9月到1926年7月共出了两卷。孔昭绶在《西北汇刊》使用“竟存”与“舌存”二笔名发表文章。他在《湘民移垦计划书》中详细阐释了推动湘民移垦西北的理由，从“自然”与“人合”两方面论证了移垦的合理性。辅治宣讲研究所是冯玉祥施政系统中的宣传和建议机构，主要负责向冯治下的西北民众宣讲冯的平民主义主张和爱国爱民的政策。冯玉祥在辅治宣讲研究所成立式上说，冯军的宗旨是“要建设真正的中华民国，就是实行平民主义，真正以百姓为主体的国家”。孔昭绶撰写了大量宣讲文章，是冯玉祥施政的一大辅助力量。

1926年，孔昭绶50岁。8月，《西北汇刊》停刊，孔昭绶随冯玉祥加入了北伐战争。1927年5月冯玉祥出任国民革命军第二集团军总司令后，率西北军出潼关，收复河南，在洛阳设立豫陕甘三省考核院，举行县长考试。孔昭绶以国民革命军第二集团军总司令部少将参议身份，担任豫陕甘三省考核院考核官。这次考县长，录取30余人，皆知名人士。

1928年12月，北伐战争成功后，同人都争相从政，唯独孔昭绶不肯做官，也未再入冯玉祥帐下。1929年2月，他应南京国民政府考试院院长戴季陶之聘，编撰《中国考试制度史》，不久即因病而辍。8月20日，孔昭绶病逝于南京康济医院，终年53岁。但没料到，这么一位叱咤风云的人物，竟“身后萧条，几无以殓”，是在戴季陶和湖南同乡考试院铨叙部部长仇鳌的帮助下才得以成礼，葬于长沙湖迹渡大极坡狮茅冲。20世纪60年代，其后裔为方便祭扫，将其迁葬回浏阳（在今达浒镇书香村大坟坪），并于1994年立碑。

罗介夫

有“铁面御史”之称的民国监察委员

罗介夫是民国时期赫赫有名的风云人物。他的一生有着多重角色，他是清朝的秀才，能写八股文；他是日本留学生，精通现代政治经济学；他是教育家，数度担任湖南广益中学的校长；他是辛亥革命湖南光复的功臣，当选为省参议院议员；他是国民党高干，曾任国民党湖南省党部指导委员会委员；他还是民国监察院首批监察委员之一，弹劾贪官污吏，有“铁面御史”之称，也因此得罪何键，被何派人暗杀身亡。

教育名家

罗介夫（1880—1938），原名罗良干，古港沔江人。生于清光绪六年。少时诚实好学，聪慧过人，曾求学于举人李德镛门下，深受青睐。后就读于长沙岳麓书院，光绪二十五年中秀才。后被选为官费生派赴日本留学，入京都大学（一作日本法政大学）攻读政治经济学。在东京，他结识了革命领袖孙中山先生，并于光绪三十一年加入同盟会。同年归国，到革命党人禹之谟在长沙创办的惟一学堂任教。

罗介夫像

惟一学堂以造就革命人才，推翻清朝统治，实现资产阶级民主政治，“保种存国”为宗旨，租水风井小桃园巷内一栋民房作为校舍，禹自任学堂负责人（监督），浏阳人黎尚雯主持教务。学堂按照清廷于光绪二十九年颁布的《奏定学堂章程》的规定，开设修身、读经讲经、中国文学、算学、历史、地理、博物、图画、体操等课程。罗介夫和禹之谟、黎尚雯等同盟会员以惟一学堂为基地，宣传革命思想，培养反清革命人才，积极开展反对清朝封建统治的革命活动，“其学生皆有自尊独立之风，校风为全省各校之冠”。

光绪三十二年8月10日，禹之谟被清政府逮捕入狱，被视为革命机关的惟一学堂遭查封。黎尚雯、罗介夫等人一面尽力营救禹之谟，一面不负同志嘱托，在潮宗街继续办学，推举张少荃为名誉监督，黎尚雯为监督，更校名为“广益英算专修科”，暗中继续鼓吹革命。为避政府耳目，学堂对于呈报官厅之例行公文、表册，务求详尽。清廷学部检定其所报表册，认为办理合法，命更名为“广益中学堂”，并令湖南提学使按年拨给津贴实银200两。学堂在经费十分窘困的情况下得以勉强维持，但无法兴建校舍。任邦柱在《广益校史纪略》中说：“黎、禹、罗、廖诸公虽惨淡经营，奔走呼号，而经费短绌，未能创构校舍，故自丙午（1906）迄辛亥（1911）六年间，校舍凡五迁焉。”

宣统二年，罗介夫又协助浏阳人黄征等创办浏阳驻省中学堂。

广益中学

辛亥革命后，湖南都督谭延闿以广益中学堂系革命党人所创办，教员多是革命党人，师生为民主革命出力较多，拨长沙湘春门外熙宁街原校经书院为永久校舍，并优给办学经费。1912年，教育部颁布《普通教育暂行办法》，将学堂一律更名为学校，总管学校的监督改称校长。2月，罗介夫任广益中学首任校长。他竭尽全力发展校务，“于固有中学外，增办大学预科及法政经济特科，来学者多三湘有志之士”。当时一些成绩优秀、思想进步的青年争相慕名前来，大、中两部学生多达700余人，校誉日隆。

广益学生“于研究高深学问之余，仍注意当时政治”。袁世凯为消灭民主革命力量，向英、法等五国大肆借款扩充军备，“全校师生愤慨异常”，纷纷发表言论揭露和声讨袁的卖国罪行。据记载，广益学生唐拓庄曾与罗介夫、曾伯欣等组织暗杀团，“欲炸袁世凯”，以烟台为根据地制造炸弹，不幸被炸成重伤而身亡。

1913年，“二次革命”失败，汤芗铭督湘，屠杀革命党人，因而嫉视广益中学，收回已拨之校舍，停发学校津贴，欲迫使学校自行解散。同年7月，罗介夫被迫辞去校长职务。1920年2月至1922年6月，罗介夫第二次任广益中学校长。时值军阀赵恒惕统治湖南，对广益中学“仍摧残不遗余力”，学校在艰难中前进。1928至1936年，罗介夫任湖南私立广益中学董事会的董事长。“马日事变”后，学校遭受严重破坏，经费奇缺，私立学校的董事会要筹款集资、延聘教师。在他的鼎力支持下，学校得以稳步发展。1933年全省第三届毕业生会考，高、初中第一名均为广益学生。第五届会考，广益学生又获高中亚军。文体活动也开展得有声有色。1935年4月12日学校30周年校庆时，湖南省政府以广益中学“办学有方”，发给奖金1万元。“要学习，进广益”的谚语在社会上广为流传。1937年至1938年8月，罗介夫第三次任广益中学校长。罗介夫此时担任了国民政府监察委员，不能常驻学校，便聘请老教育家王季范为代理校长，主持校务；聘请老校董苏慧荪主持财务，禹之谟之子禹宣三为会计。在他的统筹安排下，学校得到进一步发展，培养了大批人才。

广益中学后于1955年1月2日改为湖南师范学院（今湖南师范大学）附属中学。如今，湖南师范大学附属中学的校史馆里，还陈列着两个由罗介夫亲笔题词和捐赠的铜墨盒。一个是1936年秋季湖南私立广益中学英文会考的奖品，上面刻着“自强不息”；另一个是1937年春季国文会考的奖品，上面刻着“人心之正”。

监察委员

罗介夫是缔造、推动广益中学发展，兴学育才的教育家，在湖南教育界颇孚众望。与此同时，他也是一位活跃在民国政坛的政治家。

1911 年，罗介夫与立宪派李达璋、粟勘时、易宗羲等人组织湖南铁路协赞会，作为半公开的革命联络机关，以争路权为名，在长沙教育会坪召开万人大会，宣布清廷二十条罪状。10 月 10 日武昌起义后，他参加了革命党人焦达峰、陈作新在长沙贾太傅祠举行的秘密会议，共商响应武昌起义的办法。湖南光复后，当选为省参议院议员。

1912 年 8 月，同盟会改组为国民党，罗介夫任湖南支部总务副主任、湖南党报《国民日报》总经理，反对国民党内少数人专政独裁。1913 年“二次革命”失败，袁世凯派汤芗铭督湘，解散参议院，查封《国民日报》报社，罗介夫被通缉，只得匿居上海。1914 年再赴日本，入早稻田大学学习政治经济，1917 年回国。1920 年，赵恒惕主湘，他任省参议员两年。

1926 年 1 月，在广州出席国民党第二次全国代表大会，会议推罗介夫与包惠僧、董必武等 18 人组成提案审查委员会。北伐战争开始后，他任国民革命军第三军政治部主任、湖南大学法科学长，又曾任“中央军事政治学校第三分校”（即黄埔军官学校长沙分校）政治科主任教官。1927 年 7 月，任国民党湖南省党部改组委员会委员，国民党湖南省党校校务委员、教务处主任。1928 年任国民党湖南省党部指导委员会委员，在《指导》刊物上著文，一方面反对国民党“以官驭党”“朕即国家”的独裁统治，一方面又主张“整理团防，铲共殆尽”。还曾在《革命》半月刊发表《苏俄革命成功之研究》。后又任陆军第五十师特别党部执行委员。1929 年夏秋，与王祺等旅京湘人向南京政府请愿，支持彭国钧、张炯等国民党省党部头目，反对何键暗中支持的“反小组织”派别活动。

1931 年 2 月 16 日，南京国民政府任命刘三、朱庆澜、周觉、周利生、刘成禺、萧萱、于洪起、吴忠信、高一涵、袁金铠、李梦庚、姚雨平、叶荃、王平政、刘莪青、田炯锦、邵鸿基、高友唐、乐景涛、奇子俊、罗介夫、谢无量、郑螺生等 23 人为监察院监察委员。罗介夫成为民国政府首届监委中的一员。罗任监察委员期间，“对于弹劾案件，极为认真，有铁面御史之誉”，对祸国殃民、借权谋私、鱼肉百姓的官员毫不留情。

时任湖南省政府主席的何键重用省党部宣传部长谭常恺，拉其为省政府委员兼建设厅长。“九一八”事变发生后，举国共愤，一致主张对日经济绝交。这时，谭常恺在何键的纵容下，不顾国家民族的利益，竟将湖南所产锰矿砂悉数售与日本。这种丧心病狂的卖国肥私行为，经湖南旅沪人士函电揭发后，民情愤慨，舆论沸腾。罗介夫等人查出谭常恺卖砂资敌之事属实，呈报国民政府并提出弹劾。1932 年秋，行政院作出将谭常恺撤职查办、停止任用十年的处分。

他还曾查办王家鼎、陈维周受贿、违法病民案。王家鼎前任湖南榷运

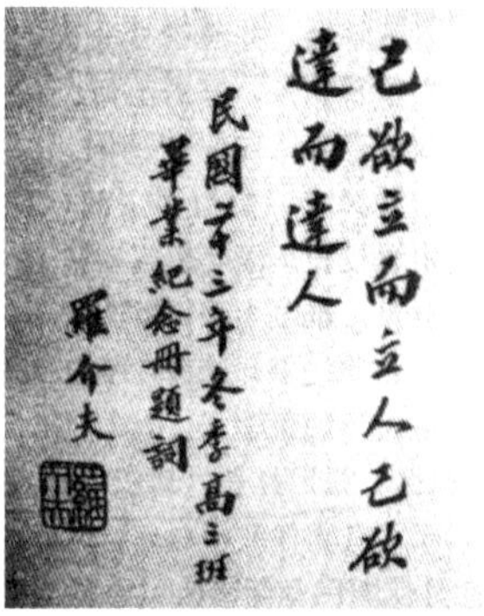

罗介夫手迹

局长，陈维周时任两广盐运使。该二人在任职期间，被当地民众以“贪图贿赂、不顾民生、违法病民”等罪状上告于监察院。监察院接报后，派罗介夫实地查核。罗介夫根据湘南、粤北各代表呈控，对王家鼎、陈维周二人提出弹劾，后经审查属实，1934 年 2 月由监察院交付中央公务员惩戒委员会。中央公务员惩戒委员会议决：王家鼎、陈维周分别记过一次。另外，他在 1934 年就放盐改秤，变相加税问题质问财政部；1936 年提案弹劾卫生署长刘瑞恒等舞弊侵占公款。

罗介夫还与其他监委审查了多起弹劾案，如北平市官产局局长张鸿藻违法拘押租户蹂躏人权案、福建闽侯县政府等违反部令勒征捐款案、河南特税处长李慕青公然提倡贩运吸食鸦片案、南京土地局长常鸿钧荒淫溺职案等。

湖南省政府主席何键一再宣布延续和加征产销税，民怨沸腾，激起公愤。罗介夫多次对何键的横征暴敛行径进行弹劾，但何键置之不理。1937年11月，何键调南京任内政部长， 罗介夫与方克刚、宾步程等人发起组织湖南各界

清算委员会，对何主湘 9 年搜刮民财、贪污公款、盗卖矿砂等事予以上告、弹劾。罗介夫大声疾呼：要代表湖南几千万民众与之清算到底，又在湖南各界清算委员会所办的刊物上题词：“抗战必胜，首在铲除贪官污吏”。何千方百计疏通关系，并派人携巨款以为罗妻治病为名进行拉拢，遭罗拒绝。何键对罗痛恨已极，于 1938 年 8 月初密派内政部警察总队中队长刘明善回长沙侦察罗介夫的行动，收买杀手实施暗杀。

1938 年 8 月 13 日，罗介夫乘轿由长沙河西三叉矶寓所到河东熙宁街广益中学（一说进城至省政府开会），途经长沙城外云母乡之观沙岭（一作干杉岭）时，被杀手狙击，身中数弹而亡，时年 59 岁。

1938 年 10 月 17 日，国民政府下令褒恤罗介夫：

监察院监察委员罗介夫，早年参加革命，卓著勋勤，近任风宪之职，纠弹建议，罔避劳怨。乃以在湘工作，突遭暴徒袭击，竟致殒命，殊深悼惜。除命令严缉凶手外，应予举行公葬。着由行政院转令湖南省政府遵照办理，并交考试院转令铨叙部从优议恤，以彰忠荩。

湖南省主席张治中严令查办凶手，并开会追悼，将罗介夫公葬于岳麓山下的凤凰山。

政经学者

罗介夫是政治经济学方面的专家，著作很多。他的《中国财政问题》一书，1933年由上海太平洋书店出版。该书分总论、财政机关、岁出入、各种租税、内外公债、结论6编，论述清末及民国的财政问题。他在《自序》中说：“财政为国家的血液、政治的基础，不惟凡百政务，非财莫举，就是一般国民的经济生活，都与财政有密切连带的关系。故国家的盛衰、人民的苦乐，恒视乎财政的能够整理与否。”该书论述精辟，被称为“具有相当价值之著作”。如第四编“各种租税”第三章“盐税”论及私盐，云：

从前私盐，大概分七种，有所谓场私、船私、漕私、邻私、枭私、功私、商私等名目。辛亥革命后，军阀横行，更有所谓军私。场私，系制盐业者，私自贩卖。船私，系商船所有者，私自装运。漕私，系运漕米的船舶，回时私运。邻私，系邻境商人，超过行盐区域密卖。枭私，系匪贼私饭。功私，系官吏将没收私盐自行发卖。商私，系盐商贿通官吏，或加引斤，或越引地贩卖。军私，系握兵符者，藉口军米私运。私盐既甚，于是政府在销地，设立种种机关，如榷运局，缉私队等，以维护盐商。盐务机关太多，而所开支的征收经费，实在太大。查各国通例，内国消费税的征收费用，大概只占总收入百分之五以下，而现在我国各盐务机关的经费，竟占了总收入的百分之十六以上。这种浮滥开支，于实际上，更属毫无益处。如缉私营队，从前惟置重于消费地。革命以来，更于产盐地设置警察，谓之场警。民国三年十二月，施行私盐治罪法，处罚极重。……而所谓缉私队，且有贩私、护私、放私等种种的弊害，非借缉私的地位，自行贩卖私盐，就是护送私盐出境，及放出私盐通过，与之勾结，朋分利益，是不惟不能阻止私盐，反使私盐增加。这种原因，纯在官盐价高，私盐价廉，大利所在，人民趋之，严刑峻法，实无所用。根本疗治，除刬除苛征，减轻盐价以外，别无方法。

对私盐的种类、缉私的弊病进行了简要的阐述，再提出解决办法——“刬除苛征，减轻盐价”，有理有据，令人信服。

罗介夫还著有《整理湖南银行意见书》《政治学概论》《中国财政整理论》《政治经济大要》《政治讲义》等书。

刘善泽

湖外诗人第一刘，诗才如海纳群川

浏阳南乡杨花长口塅人刘向铦，字焕琼，秀才出身，为学不仕，著有《四书章句补义》十九卷，为地方名绅和刘氏族长。他热心公益事业，杨花的关口桥、火石桥都是他主持筹资修建的，至今传为美谈。刘氏世代为儒，刘向铦父亲刘祖昂，号台垣，植品励学，著有《南村素心野人集》。正是刘家的社会地位和影响，所以“门当户对”，刘向铦之子刘善泽得配浏南柘溪市六栋堂名儒李德新（号雨亭）的女儿李行芳。刘善泽胞兄刘善渥，民国成立后任湖南都督府参事、湖南图书馆馆长。胞妹刘韵秋，是欧阳中鹄之孙、现代戏剧大师欧阳予倩的夫人，能诗善画，被欧阳予倩赞为“诗文、绘画都比我高明，且极识大体而好学”的大家闺秀。于此可见刘善泽之书香门第和家学传承。

浏阳大瑶镇杨花村关口桥

笃嗜作诗，耽于文献

刘善泽（1885—1949），字腴深，晚号天隐，光绪十一年二月出生于浏阳南乡杨花湾长口塅玉屏山庄。自幼聪慧，6 岁就傅读书，10 岁就能写文章、诵经史，14 岁就会写诗，18 岁补县学生员（秀才）。他一心向学，读书广博，经传子史及稗官小说，无所不读。尤其喜欢诗歌，博览汉魏、唐宋以及元明清人所作，手录口吟，摘其精要，因而笃嗜作诗，每有所感，辄付吟咏，自成风体。山川风物，史实人文，莫不收诸笔底；历代兴亡，百年忧虑，复见字里行间。因此诗名远扬。清光绪、宣统之际，常熟孙雄撰《道咸同光四朝诗史》，写信向刘善泽征诗，称其诗“雄横兀傲，不可一世”，于是便将他的诗辑入《同光十子诗选》，与萍乡文廷式、义宁陈三立、嘉应黄遵宪等并称“同光十子”。时刘善泽年龄最小，才二十五六岁。

刘善泽像

清道光年间，新化邓显鹤编有《沅湘耆旧集》二百卷。由于喜欢诗，刘善泽在 24 岁之前，广搜道光之后的湖湘诗人诗作，编辑成了《沅湘耆旧集续编》二百卷。当年他精力充沛，财力也宽裕，故能广征博采，分人抄写，亲自校定，以与邓氏所编媲美。此稿编成后，曾被友人衡阳蔡渔春借去，蔡未归还而即病故。刘善泽曾向蔡家家属探询，但其家属可能没有见过此书稿，便没有回信，而此时武汉、广州相继沦陷，日军飞机频繁轰炸衡永一带，刘善泽便以为书稿已散失于兵燹了。在其《天隐庐诗集》中有己卯（1939）所作诗并序纪实：

廿年前，尝辑《沅湘耆旧集续编》二百卷，依原例以诗存人，搜访专著外，余多从故家子姓抄录。顷岁兵燹散失，怆深于怀。

皕卷抄成蠹不侵，沅湘耆旧萃南金。
常存敬梓恭桑意，未副登梨寿枣心。
人死本期名可续，书亡宁有箧能寻。
当年分写曾亲校，灯火山窗落叶深。

谁也没有料到，此稿并未散失，而是由蔡渔春生前转借给了有同窗之谊的醴陵人张翰仪。蔡死后，张便起心窃为己编，将刘编原稿挖补删节，并故意更改、增补了一些内容，而将书名改为《湘雅摭残》，署名“醴陵张翰仪编”。张死后，其妻将稿本送交文管会，后文管会移交给湖南图书馆保存。1988 年，岳麓书社将稿本标点出版时，发现此稿即刘善泽所编《沅湘耆旧集续编》被删改掩饰后的残本，所用稿纸之式样、行数、框线颜色，均与刘氏其他遗著稿纸相同。较之《续编》虽损失过半，但仍保留沅湘作者五百余家，存诗八千余首，省文史馆名誉馆长陈云章曾感慨曰：“腴丈一心礼佛，此稿历尽沧桑，失而复得，岂真冥冥中果有佛光照映也。幸哉！幸哉！”

刘善泽在续编《沅湘耆旧集》时，为弘扬中华民族之高尚气节，又选明末忠义之士，作《沅湘遗民咏》一卷，共咏明末遗民 59 人。大致一人咏七律一首，诗前各有小传，诗史并存，堪称双绝，是研究明末湖湘人物的珍贵文献。此书于 1913 年刊于长沙。

精于注疏，兼通内典

刘善泽自幼好读书深思，14 岁即自订课程，尽购张之洞《书目答问》所列诸书，按《四库提要》反复研读，看到书中“惬意处”，便时加甄采；久而久之，各书批注灿然，知识也日益丰富。他读书尤注重经书的注疏，牢记父亲的教导，治经当先研习《说文解字》，然后究心经注，才能真正弄清经书的古义和名物制度等。

他研读《诗》《书》《易》《礼》《春秋》等五经及其注疏本，发现清代乾隆、嘉庆以来，朴学鸿儒确实出了一些超越前人的“正义”“注疏”杰作，但对东汉郑玄《礼记注》以来的诸家注疏疏漏和讲汉代典章制度的“宿滞沉疏”很不满。于是他甄采群籍，转相发明，析音义，审名实，补缺略，正违失，综合礼经与传注，于 1923 年撰成《三礼注汉制疏证》一书，后于 1997 年在岳麓书社出版。除治《三礼》外，他还有《毛诗郑笺释例》十六卷、《谷梁稗钞》四卷、《论语郑注疏》十卷等，可惜未及刊行，都在乱离中散失了。

他 40 岁以后开始研读佛经内典，对《金刚经》《心经》《楞严经》等佛教哲学深有研究，但并不迷信。常与杨树达、王啸苏、李肖聃等先生讲经于麓山寺。抗战时期，刘善泽、杨树达等任教的湖南大学避难西迁辰溪，刘善泽没有随往，一心礼佛，新构湖南佛教居士林于长沙城东浏城桥。居士们又有了一个谈经礼佛的新禅林，佛教界都佩服刘善泽的才能，推他任林长达 20 年。

身处乱世，志节皎然

刘善泽身处清末民初这一段社会极不安定的时代，憎恶现实，独善其身，即使是讲学于湖南国学馆、湖南大学期间，也只潜心著述、教学，发愤为诗，所谓“乱世头颅刀底活，平生心血笔端枯”者，正是刘善泽对自己一生的深刻写照。正因为他才高学富，清介自持，辛亥革命后被选为湖南省议会议员，连任九年。期满改选，听说有以贿赂获选者，他立即痛斥之，从此再不相闻问。

1912 年，贝允昕、任凯南、黎锦熙等创办《湖南公报》，刘善泽即与李抱一、曾运乾等共主笔政。他们的社论、短评，“力摧乱民之逆焰，虽手枪炸弹有所不避；痛陈民生之疾苦，虽封闭勒停在所不惜”。刘善泽稍后还出任总经理。后汤芗铭督湘，残暴特甚，报纸一言不合其意，即勒令停刊，《湖南公报》于 1916 年夏被查封停刊。刘善泽从此绝意政治，肥遁自甘，颜其居曰“半醒庐”，购书万卷，埋首治学，只与耆旧遗老、文章巨公如王闿运、吴雁舟、程颂万等人相交，尤善方外诗僧海印，相与共振碧湖诗社于开福寺，王闿运任社长，湘中鸿儒无不参加。

刘善泽目睹军阀混战，苛政暴行，国无宁日，不愿与当权者为伍，不同流合污，保持自己一介书生的皎然志节。1921年，吴佩孚占据五省之地，派人送来聘书和礼金，再三请刘善泽任秘书长，这在当时是他人求之不得的事，他却坚决不就。1925年，时任民国教育总长的彭允彝招刘善泽北上任要职，他婉辞拒绝，并写有七律《书怀》二首。其一之“试看窃食仓中鼠，何以佣舂庑下鸿”，是用仓鼠窃食和东汉隐士梁鸿居人小屋之下为人舂米的故事，表明自己不愿北上任职；其二之“故人厚禄招寻急，剩欲移家避麓西”，则写自己想迁居麓山之西以躲避招寻。1936年，他从长沙城内玉皇坪迁居其在岳麓山牌楼口侧营建的“刘庄”。刘庄楼房两层，共二十余间，由庄前马路行走里许，直达岳麓书院，到他受聘任文学教授的湖南大学很方便。他主持组织的麓山诗社，社址也设在刘庄。

抗战期间，日军侵入湖南，长沙失守，刘善泽避居长沙西乡的云盖寺僧舍。日寇探知他的住处，扬言将以湖南省维持会会长相劫持。刘善泽闻讯，立即变服改名，匿居他处，才得以幸免。他这种严敌我之辨、忠于中华民族的高尚气节，尤为世人所推重。我国书画艺术大师傅儒，是清恭王溥伟的胞弟，与末代皇帝溥仪是堂兄弟。他虽与刘善泽一直未见过面，但自从听到宁乡海印法师言刘善泽之“盛德”之后，便书信往来酬唱不绝，神交数十年，彼此渴慕不已。后来还为刘善泽撰墓志铭，称刘善泽“淡泊不仕，博学而守约。以经术教授乡里，身无畸行，端敬可度。读书务明道，不踔矫以为异，乐道人之善，循循有儒者风”，由此亦可见刘善泽品德学问之受人敬重。

爱国忧民，诗歌传世

刘善泽以诗歌名世，其诗歌创作自光绪二十四年开始，至1949年初去世，共50年，可以说贯穿了中国历史一个激变的时代。洋务运动、戊戌维新、辛亥革命，直至新民主主义革命，刘善泽的诗真实地反映了这一时期的社会矛盾和冲突，同时表现了他对这些社会矛盾和冲突的评价，可以说是一部反映这一时期民族矛盾、阶级矛盾等社会矛盾的诗史。

反映洋务运动的诗，如《武昌重过南皮相国抱冰堂》三首之二，说张之洞“俨然元老裕奇猷，冠盖当年类沐猴。力赞维新新政改，惜公初不效杨彪”，就惋惜张之洞不能学东汉杨彪那样力谏，阻止董卓专政。之三的“九原谁报王夷甫，赤县神州莽战尘”，更是借西晋大臣王衍的清谈误国讥讽洋务派。因为当时以李鸿章、张之洞为代表的封建官僚统治集团，主张依靠外国援助，建立近代军事工业来镇压农民运动，维护封建政权，对外却丧权辱国，签订割地赔款的不平等条约，导致国弱民穷。

戊戌维新这一重大历史事件，则在他于1908年所作的《德宗皇帝挽诗》中有所反映。诗曰：

励治多新法，惊闻辍万机。
悇憛天不语，黯淡日无晖。
总为垂帘数，翻教驭政稀。
紫宫应有恨，血迹染龙衣。

此诗首先肯定了光绪帝接受维新派“变法图强”的新政，接着指出由于慈禧太后擅权专国，致使光绪帝不能亲政，变法不能实现。终因慈禧发动政变，光绪帝被幽禁，谭嗣同、刘光第、杨锐等殉难。他还有《落叶诗》写珍妃事，也是表现自己对光绪帝变法的肯定和对慈禧太后的愤恨。

清朝末年，由于外国资本主义对中国人民的残酷掠夺，清政府为支付赔款和维持它的封建统治，也加重对人民的压迫和剥削，迫使人民不得不用各种方式进行反抗和斗争。1910年，江苏、江西、湖北、湖南发生的抢米事件，就是这种斗争的反映。在长沙，一个晚上，饥民就捣毁了一百多家米店，焚烧了巡抚衙门。刘善泽的《纪事》诗写了这一事件，说：“谁使细民作盗贼，毋乃故为渊驱鱼……春秋责备自有在，谓罪在民宁非诬？”尽管他当时还不可能理解这是人民抗议的正义斗争，但他借“为渊驱鱼”比喻清政府的吏治腐败，激起民变，强调人民是无罪的。

1916年，袁世凯阴谋复辟帝制，不少“社会名流”和清室旧臣组织“筹安会”上书劝进，刘善泽对此无比憎恨，作《见洪宪劝进表有作》二首。其一曰：

妄图分余润，奸雄事可嗟。
描头翻类犬，添足不成蛇。
君背何尝贵，人心已自邪。
遗民空怫郁，天下属谁家？

不仅对袁世凯反人民的本质进行了辛辣的讽刺，同时对那些劝进者进行了严厉的谴责。诗的首句就指出，他们都想依附袁成为洪宪王朝的功臣来“妄欲分余润”，但尽管他们在劝进表中对袁加以“描头”“添足”的美化，也不可能掩盖袁的丑恶本质。

1937 年，日军发动侵略战争以后，刘善泽看到中国大片领土被侵占破坏，成千上万的人民遭受历史上从未有过的灾难和痛苦，心情十分悲愤。“蒿目皆灾眚，忧来逭更加。农村新鬼冢，民屋旧官衙。几载艰谋粟，三春罕见花。”“谁云烽燹重，焦土独吾乡。膏血涂千里，灾黎遍八方。”“战场凶凶风走沙，头颅掷地如抛瓜。骄虏千群逐北去，往来啄肉飞乌鸦。相逢楚老不暇揖，刀剑输边鬼神泣，夜夜髑髅作人立。”刘善泽以诗记录了新冢、焦土、灾黎、髑髅等战争带来的惨状，从而以百倍的仇恨来揭露和控诉日本侵略者带给中国人民的苦难。

刘善泽诗史般的众多诗歌反映了广泛的社会生活，国家的安危，人民的疾苦，亲人的聚散，以及山川的登临和个人意志的抒发，都表现了时代和个人创作的特征。

若从艺术风格上分析，他的诗歌是在渊博的学识和丰富的社会生活经验的基础上，继承自《诗经》至汉魏以迄唐宋元明一切优秀传统而进行的

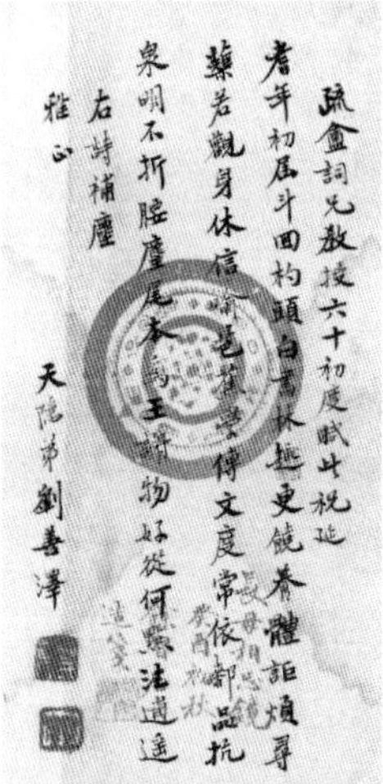

刘善泽手迹

据吕芳文《刘善泽诗札手迹四首》，载《湖南科技学院学报》2015 年第 6 期

创造探索。故所作诗，境多独造，词必己出，形成了自己独有的思想艺术风格，即杨树达所称“自为风体”，亦即刘善泽在《自定历年所作诗都为一集漫题》中所说：“作诗不解追正始，譬如江沱自为水。斯道何必能悦人，但抒襟怀亦可喜……操觚回首四十年，读万卷书行万里。”

“纵有微名何与我，百无聊赖以诗传”，这是刘善泽《自题诗稿》的结句。杨树达则称颂他为“湖外诗人第一刘”，挚友陈天倪称他“余事犹堪雄一代，诗才如海纳群川”。总之，刘善泽诗作有如其名句“江海狂澜尽东倒，却输浏水尚能西”那样独领风骚，含着湖南人敢为人先的精神。

焦达峰

中华民国湖南军政府首任都督

达向九霄云路近；

峰高五岳众山低。

这是一副嵌名对联，上下联的第一个字组成了一个名字——“达峰”。这副对联的作者正是辛亥革命烈士焦达峰。他以此联表达了自己“向九霄”“高五岳”的高远志向和革命气概，可谓壮志凌云，其气势丝毫不逊于杜甫的名句“会当凌绝顶，一览众山小”。人如其名。这位浏阳大地孕育出来的一代英杰，以救国救民为己任，矢志革命，置生死于度外，艰苦备尝，终于以其超凡胆识和才干，领导了辛亥革命湖南起义，起义胜利后出任中华民国湖南军政府首任都督。虽然他仅做了十天的都督便惨遭杀害，年仅25岁，但其光辉的一生，无疑已经“达向九霄”“峰高五岳”，令人“高山仰止，景行行止”。

壮志凌云

焦达峰（1887—1911），号大鹏，字鞠荪，亦作鞠森、掬森，又号焦煜，曾化名冈头樵、左耀国等。光绪十三年出生于浏阳北乡焦家桥一个开明士绅家庭。父亲焦舜卿曾担任过族长、乡团总等职，家境殷实，有田产五百

焦达峰像

多亩。

焦达峰自幼聪慧异常，4岁入私塾读书，9岁即能作诗，才思敏捷。一次，老师命学生属对“子女好”，焦达峰不假思索，答以“日月明”。10岁时，随母亲到外婆家，和舅父的女儿沈菁莪相遇，表兄妹甚为欢洽。两人做文字游戏，焦达峰出对：“菁莪眉翠”，沈菁莪对答：“掬森手高。”一时传为佳话。

光绪二十五年，焦达峰进入浏阳县立南台高等小学堂学习。他除学好功课之外，课余时间还练习跑步、跳高、跳远、爬山等活动，并从本地武师江庇佑学习拳棒，练就一身过硬的武功。

浏阳是一个富有革命斗争传统的地方，是谭嗣同和唐才常的家乡。正当焦达峰在高等小学读书前后，戊戌变法和自立军起事相继失败，“浏阳二杰”谭嗣同、唐才常先后殉难。他们的献身精神给焦达峰以极大的影响，他非常崇拜谭、唐，曾以二杰的后继者自居。他慨然宣称：“吾惟有从谭嗣同、唐才常之后耳。”同学中有人干脆称他为“谭唐”，他亦默许，立誓报国，并作联明志：

一点心思，做出千年事业；
两个目的，看破万里乾坤。

他还写了一首壮志凌云的七律：

天下英雄启汉邦，留侯百世姓名张。
运筹帷幄赢千里，收拾山河守四方。
楚户虽三兴有杰，秦皇莫继政无良。
致令昼锦还乡客，贻笑猴冠号霸王。

他猛烈鞭挞封建君主专制，在《书<礼运篇>后》一文中尖锐地指出：“君主专政，暴政之源也，是当革也。”光绪二十八年，焦达峰在南台高小毕业后，经浏阳洪福会首领姜守旦介绍，加入洪福会，邀约志趣相投的师友、同乡、亲朋、故旧在浏阳黄公桥设立经馆，由黎尚姜以讲学授徒为名，开展接纳会党的活动。

焦达峰为掩人耳目，每逢吉日喜庆，便在黄公桥经馆以喝酒道贺为名，邀各地会首商议反清大计。日久风声外泄，引起各方窃窃私议。焦达峰的父亲担心经馆的活动被县衙侦悉，身家难保，便假意对儿子的行为表示“赫然震怒”，扬言赶他出门，暗地里却为儿子出主意，支持他外出革命。焦达峰也假意表示与家庭决裂，对外声称当自“家庭革命始”，毅然离开家乡，投入到广阔的革命天地。

光绪二十九年，焦达峰只身来到长沙，进入长沙高等学堂游学预备科学习日文，准备赴日留学。这年冬天，黄兴、刘揆一在长沙筹备成立华兴会，设立东文讲习所，焦达峰入东文讲习所学习。次年 2 月 15 日，华兴会正式成立，为更好地联络会党，又设外围组织“同仇会”，焦达峰亦加入了“同仇会”，因而受黄兴革命思想的影响极深。同时，焦达峰与禹之谟的关系也很亲密。禹之谟对焦达峰极为器重，凡秘密筹划的事，多让他参与，焦达峰因此增益不浅。同年 10 月 24 日，华兴会策动长沙起义事泄失败，东文讲习所停办，黄兴、刘揆一、宋教仁等亡命日本，焦达峰因年龄较小，没有引起清吏的注意，得以继续求学。

1905年春，焦达峰与沈菁莪完婚后自费留学日本。焦父卖掉水田三百亩，为焦达峰提供费用。他原想进军事学校，但限于自费留学不得入军校的规定，只好就读于东京东亚铁道学校。他一方面学习铁道管理和爆破等技术，一方面从事反清革命活动。同年8月20日，中国同盟会在东京正式成立，他毅然加入。后同盟会设十部，中有联络部，负责联络各省秘密会党，他被推为部长，从此走上职业革命家的道路。

统一会党

光绪三十二年春，萍浏醴起义爆发之前，焦达峰奉黄兴之命回国重整会党，联络新军。途经武汉时，参加了湖北革命党人刘静庵等组织的日知会。是年夏，蔡绍南等人为统一会党各派，在萍乡蕉园洞欧阳满家聚会，决定成立“六龙山洪江会”，推龚春台为“大哥”。焦达峰受日知会派遣到醴陵，加入“六龙山洪江会”，在第三路码头官李金奇部下任联络参谋。10 月 8 日，李金奇被清兵追捕，坠醴陵白兔潭遇难。清吏搜捕革命党人甚急，焦达峰再度亡命日本，在东京组织“四正社”，“四正”即“心正、身正、名正、旗正”，用同盟会的纲领统一革命党人的行动。

光绪三十三年，焦达峰化名冈头樵，入东京东斌步兵学校学习。这所学校是同情中国革命的日本朋友寺尾亨博士和宫崎寅藏等人出资创办的，专收中国留学生，两湖志士居多数。他们不满意孙中山只注重在东南沿海进行武装暴动，而不注意在长江流域发难的做法。为适应新的斗争形势发展需要，同年 3 月，刘揆一接替宋教仁代理黄兴庶务职后，便约集在东京的各省同志谈话，计议对同盟会本部进行改组，“新设十部，中有联络部，专以联络各省秘密会党为职志”。以吕志伊为部长，张百祥为副部长，焦达峰为调查科长，约期 5 天之后开会。至期吕志伊不到，会议未能开成。张百祥在归途中与邓文辉、彭汉遗诸人商量，决定在同盟会外另约一部分同盟会员，组织一个新的革命团体，定名为“共进会”，并委任熟悉会党情况者，分途接纳会众。这年 8 月，共进会在东京清风亭正式成立，以张百祥为总理。为避免与同盟会的总理相抵触，引起误会，乃改称会长，焦达峰被推举为交通部长，专门负责联络会党。共进会仍奉孙中山为领袖，以同盟会的宗旨为宗旨。所不同的只是更重视会党的地位。在其所制定的《法则十条》中加上“平均人权”一条，“如果人权不平均，平均地权只是一句空话”。焦达峰写有“人地两平均”的五言排律，描绘了自己对未来大同社会的美好憧憬。诗云：

人地两平均，乾坤一转旋。
九州归禹贡，五族戴尧天。
男女齐参政，耕耘各有田。
智愚千虑得，文武百科全。
治国仁为本，和民礼进先。
去污夷发辫，解厄放金莲。
患难兴华夏，江湖起俊贤。
大同齐共进，团结作中坚。

焦达峰特别重视在长江流域发难的准备工作，认为东南沿海活动面太狭窄，缺乏群众基础，且易招致帝国主义干涉，腹背受敌，孤立无援，而在长江流域发难，“则可以联络当地较多的会党群众，而清军中的革命分子多与会党有联系，里应外合，相机行事，可操胜算”。

光绪三十四年11月，光绪皇帝和慈禧太后先后病死。12月2日，宣统即位，政局动荡。焦达峰认为这是推翻清朝统治的极好时机，提议派人回国，分赴各省运动军队，联络会党。东京共进会遂推焦达峰、孙武负责两湖军事、党事，推杨任负责湘西党事。为使将来起义后能迅速掌控政权，又推焦达峰为湖南都督，刘公为湖北都督。共进会成员在富士酒楼为焦、刘等饯行。

次年春，焦达峰与孙武商定，在武汉建立四个通讯机关，在上海、长沙、岳州、宜昌也建立机关。于4月又成立了湖北共进会，总机关设在汉口法租界长清里。总机关成立后，经费拮据，难以为继。适有焦达峰的浏阳老乡布商刘肯堂、周海文贩夏布抵达汉口，他们在焦达峰的劝说下，将贩卖夏布所得现款全部捐献，并加入共进会。

为统一长江流域会党各派，焦达峰仿照会党的方式，以“中华山”统一之，采取开堂、烧香、结盟、入伙的办法，将会党组织起来，秘密编成五镇军队，拟于这年9月举行两湖暴动，号召长江南北同时举义。湖北部署就绪后，焦达峰偕周海文、刘肯堂等回到湖南，于8月在长沙太平街马家巷同福公栈设立共进会湖南总机关，组织会党与湖北互相策应。但由于会众纪律涣散，不受约束，事泄失败。湖北共进会负责人有鉴于此，认为会党成事难，遂转向新军。焦达峰则不因两湖暴动的失败而气馁，于运动新军的同时，继续加强联络会党的工作。他沿用光绪三十二年萍浏醴起义时洪江会统一会党的做法，将湖南、江西会党统一到共进会的旗帜下。宣统元年冬，焦达峰返抵浏阳，在普迹市举行了盛况空前的“开堂”仪式。参加开堂的有本省湘阴、平江、长沙、醴陵、浏阳以及江西萍乡、万载等地的哥老会龙头三十余人，焦达峰被众龙头推举为龙头大哥。从此，湖南的哥老会在王四爵主、马福益、肖克昌被害，龚春台、姜守旦等人出逃之后，又有了自己的总头领，为发动会党参加湖南辛亥长沙起义，奠定了广泛的群众基础。

筹划起义

宣统二年，长沙发生抢米风潮，大批饥民、难民砸米店、烧洋行、围攻官署衙门。当时，焦达峰正组织会党成员分段承包由长沙至易家湾段的铁路接轨工程。焦达峰以修铁路作掩护，对会党成员进行训练。他经常赤足草鞋，青衣短裤，手持油布雨伞，出没于铁路公司、贾太傅祠等处。权绅们以为他只是一名工头，未加注意。焦达峰在事变初起时，拟乘机发动会党起义，并派杨任、黎先诚等在浏阳组织3000名会众，又电约湖北共进会负责人之一的黄申芗等同时起事，后因斗争复杂而及时中止。

风潮之后，湖南统治者派出巡防兵勇巡街，搜查客栈、饭铺、码头，四处抓人。焦达峰被迫和周海文、刘肯堂、黎先诚避走醴陵，委胞弟焦达人留驻长沙，负责保管共进会的名册和文件，并往来长沙、醴陵传递消息。风声稍懈，他们又返回长沙，栖身于湖迹渡的李氏墓庐，继续从事革命活动。这段时间，他们生活极为艰苦，甚至将衣物都典当了，轮流换穿外衣。焦达峰仍然情绪乐观，斗志昂扬，他撰写了一首长歌：

念世纪大英雄，呼号奔走闹沉沉，一声长叹，泪落纷纷。人何在？国何在？千思万想倍伤心……造我新世界，还我旧乾坤。民国立，土地平，处处歌功颂义军。那时节，借衡门以栖迟，假盘谷以怡情，耳听两岸猿啼，四面风声。快哉乐哉吾志成，优哉游哉上天庭，身随赤松子，学得长生不老春。

他还在李氏墓庐书联，表达自己的革命豪情：

千年事业方寸内；
万里乾坤掌握中。

宣统三年春，焦达峰、陈作新、刘文锦、杨任等计划在长沙响应同盟会发动的广州起义。由于巡抚部院的密探侦悉了革命党人天心阁会议情况，焦达峰等被迫逃往汉口。4月27日，广州起义失败，消息传到武汉，焦达峰和两湖志士在共进会机关召开紧急会议。他们提出：“原准备由广东首先起义，我们两湖急起响应。现在广东既无望了，自应由我们两湖首先起义，号召各省响应。我们先是‘被动’的，今日我们要做‘主动’了。”会议遂作出了中国革命以两湖为主动的决定。根据孙武的提议，两湖志士应“约盟信守”，“如长沙先发难，武汉立即响应；武汉先发难，长沙也要立即响应”。焦达峰欣然同意，相约十日内互相响应，并拟订了联络暗号。以“指示机宜，莫久使故国衣冠沦于夷狄；挥戈举义，快团结中原豪杰还我山河”30个字为初一至三十日的代替字。

紧接着，滞留湖北的湖南革命党人又专就湖南起义作了具体研究。确定由西、南、中三路同时发动起义，西路由杨任、王炎主持；南路由焦达峰、黎先诚主持；中路由邹永成、谢介僧主持。湖南起义胜利后立即成立湖南都督府，由焦达峰出任都督。这时老革命党人谭人凤在广州起义失败后由上海抵达武汉，心志俱灰，准备“从此不问党事”。焦达峰“慰劳而力阻之，谓湖南风潮险恶，断不可归。事在人为，何可尽弃前功，使我辈进退失据，务仍仗主持”。谭人凤为焦达峰的热忱所感动，革命斗志又重新振奋起来。

7月下旬，焦达峰和杨任等人回到长沙进行策划。此时，保路风潮高涨，迅速扩大到全省，从学、绅、商扩展到社会中下层。焦达峰见民气如此旺盛，至为振奋，立即恢复了因天心阁会议泄密停止活动的同盟会湖南分部的工作，并召集陈作新、杨任、邹永成、谢介僧等20余人“商定进行方略，并分任联络军队、会党及政、商、学界诸项工作”。随后，又和焦达人、彭友胜等在太平街孚嘉巷成立“四正社”，作为洪江会的领导核心。7月31日，谭人凤、宋教仁等在上海正式成立同盟会中部总会，着手领导长江流域的革命斗争，两湖辛亥起义遂纳入中部总会的重大工作，委焦达峰、曾杰、杨任等正式设立湖南分会。分会机关设在落星田定忠客栈，由袁剑非主持，为同盟会会员提供住所伙食并与各方联络。另外，还设有秘密机关多处。

湖南光复

10月10日，武昌起义爆发。消息传到湖南，人们欣喜若狂。10月12日，清政府紧急谕令陆军大臣荫昌、海军大臣萨镇冰等率水陆两军赴鄂镇压义军。在敌我力量对比悬殊的情况下，如果没有邻近各省的及时响应、迅速组织兵力援鄂，武汉三镇即有得而复失的危险。焦达峰在首义之后3天才获知确讯，他马上召开紧急会议，商讨响应之策。会上，焦达峰提出要履行原定10日内响应武昌起义的诺言，然而，不少人犹豫不决。他大声疾呼：“武昌首义多日，我们湖南岂可袖手旁观？中国存亡在此一举，再不动手，更待何时？”

10月14日，由陈作新出面，约集包括立宪派在内的各界代表开会，到会代表达三十余人，会上成立了以焦达峰、陈作新为首的同盟会战时统筹部，负责领导起义。为履行十日内响应武昌起义的诺言，决定10月20日举事，由会党在城内指定地点以放火作信号，城外新军看见火起，便可大举攻城。后因浏阳洪江会党未能如期赶到，起义一再延期，最后决定10月23

日举义。不料10月21日清晨，起义计划泄露，湖南巡抚余诚格指令留在长沙的新军限于次日开往株洲，以防兵变，并紧闭城门，妄图将长沙革命党人一网打尽。在此千钧一发之际，焦达峰、陈作新召开紧急会议，决定提前至10月22日举义。

22日清晨，一个决定湖南命运的时刻到来了，长沙新军在驻地协操坪宣布起义。按原计划，第四十九标代表安定超宣读了焦达峰的作战命令，兵分两路迅速攻城。北路军由彭友胜率领四十九标第二营后队，会同五十标和马队攻北门。守城的巡防营士兵与革命党早有默契，立刻打开城门，欢迎新军入城，此时大约为上午8时。新军一进城门，就发给巡防营士兵每人白布袖章一个，大家齐声欢呼，声彻云霄。接着，他们占领了荷花池军装局，获取了大量枪支弹药。东路军由安定超率领四十九标第二营前队、左队、右队，会同辎重、炮兵、工程三营攻小吴门。当新军接近城门时，城楼上巡防营管带下令关闭城门。新军一方面采取攻城态势，架起火炮，佯装轰击城垣；另一方面展开宣传攻势，向该管带晓以革命大义。相持到午时，巡防营才冲破长官约束打开城门。安定超率军入城，随即占据咨议局，与彭友胜部会合。

长沙新军迅速破城，完全出乎湖南当局的意料，余诚格还以为是新军开往株洲。驻扎在先锋厅的巡防营统领黄忠浩听说新军起义，急忙赶往抚署，以为只要调集巡防营和水师各部围剿，即可改变大局。午后，新军扑向抚台衙门。焦达峰带队进入抚院时，辕门口和平日一样，仍然站列着卫队卫兵。他们见到焦达峰和新军，不但不加拦阻，反而举枪致敬，表示欢迎。焦达峰等进入余诚格住处后，发现他已携家眷从一墙洞潜逃。与余诚格商谈的黄忠浩仓皇从后院东侧逃至又一村，恰逢起义军炮兵营的李金山等人正在巡逻。黄忠浩的卫兵杨泳淞（会党成员）大呼："黄军门在此，休得无礼！"这实际上是向起义军暗示他就是黄忠浩。李金山立即将黄从马上刺落下来，押解至小吴门城楼。黄忠浩不降，遂被斩首示众。

长沙起义，一举成功！长沙起义的成功，使湖南成为首先响应武昌起义的省份。

当日晚，各界代表涌入咨议局，商讨成立临时革命政府。会议由同盟会会员文斐主持。在一片欢呼声中，焦达峰登台演说，声称自己是奉孙中山的指示来湖南革命的，现在起义已经取得初步胜利，应当立即组织新政府。在讨论组织新政府人选时，立宪派本来想拥戴其首领谭延闿为都督，但由于革命党人特别是新军代表的反对，立宪派的目的未达到。文斐等人说：“焦达峰奉同盟会令来湘主持军事，响应武汉，厥功甚伟，应推为都督。”此时，陈作新对焦达峰说：“你当都督，我来当副都督。”焦达峰回答说：“原议没有副都督的设置，我让你当都督就是。”当场就有人喊：“不能让，不能让。”立宪党人黄锳和陈作新素来相好，就说：“还是设正副两都督的好。”便向常治说：“请你宣布一下。”常治提高嗓音唱道：“公推焦达峰为都督，陈作新为副都督。”全场报以热烈掌声通过。翌日，焦达峰、陈作新在原抚台衙门（改为“中华民国军政府湖南都督府”）就任正、副都督职，中华民国湖南军政府正式宣告成立。

长沙起义成功后，摆在新政府面前的有两件大事，一是号召各部属迅速起义，光复全省。当即由军政府电告各道、府、州、县，饬令即时投效，并发布《中华民国湖南军政府讨满清檄文》，揭露清廷“淫凶酷虐，炽于其前；刀锯鼎镬，随于其后”，表示要“重铸九鼎，再奠神京，灭此朝食”。接着又发布《湖南军政府示》，郑重声明：“对于军、民、学、商各界，极行保护主义，秋毫无犯，以昭大公。”很快使全省光复。二是迅速出兵援鄂，保卫武昌起义成果。焦达峰、陈作新自就职之日起，即下令招兵，长沙城内，大街小巷，到处飘扬着招兵的旗帜，广大民众包括会党成员纷纷投效。几天之内，即招兵达 6 万余人，编成四镇陆军。10 月 28 日，首批援鄂军 1700 余人由王隆中率领自大西门码头乘船出发，各界代表至湘江河岸欢送者达数百人。

悲壮殉难

以谭延闿为首的湖南立宪派，在夺取都督职位失败之后，心甚嫉恨，乃一面操纵成立参议院，以削弱都督权力，一面散布谣言，说焦“贪污军饷，利用会党排挤新军”，煽动旧军官反焦。早在援鄂军尚未动身前的 10 月 25 日，留日士官生中的反动分子、原第五十标二营管带梅馨从益阳返回长沙时，往见焦达峰，两人意见不合，又见焦的左右及所招士兵多会党成员，极为不满，气冲冲而退，并在大庭广众之中狂叫：“焦非元帅，陈酒疯也！”

10月31日，梅馨受立宪派指使，利用湘军授鄂、省垣空虚之机，制造和丰火柴公司纸币挤兑风潮。陈作新亲往调处。丧失警惕的陈作新不带一兵一卒，“单骑行视”，刚驰至北门铁佛寺，便被梅馨所设伏兵杀死。接着，梅馨所派的另一队叛兵逼近都督府，声言要杀焦达峰，为巡防营统领黄忠浩复仇。有人劝焦达峰暂避，焦慷慨激昂地说："避将往焉？我为种族革命，凡我族之附义者，不问其曾为官僚、抑为绅士，余皆容之。今咨议局绅煽动黄某残部造反，已杀副都督，今又欲杀余。悔不用谭石屏之言，将若辈先除，竟为若辈所算。余惟有一身受之，毋令残害我湘民。且余信革命终当成功，若辈反复，自有天谴！"说罢，焦达峰凛然步出府门，叛兵蜂拥而上，焦向叛军晓以大义，叛兵不听。焦从容不迫地说："你们要怎么办？"叛兵说："要杀你！"焦达峰斩钉截铁地说："要杀就在这里！"言毕，他向高悬在旗杆上的革命旗帜行了一个军礼，以蔑视一切的大无畏精神，昂然挺立在都督府前坪。叛兵一拥而上，用刺刀一阵乱戳，焦达峰悲壮殉难，年仅25岁。

谭延闿取得都督职位后，一方面把杀害焦、陈二督的罪名加在乱兵身上，提拔梅馨；另一方面，为缓和民愤，惺惺作态，向群众宣言："焦、陈二督尸首，应即派员以都督礼敬谨殡殓"，"其家属各给恤银一万两。"

湖南各界为焦、陈举行了盛大的追悼会。会场入口挂着这样一副挽联：

三湘二杰；
十日千秋。

据说，这幅挽联是革命党人成邦杰所作。成邦杰痛挽焦、陈，又作一联：

抱寿亭侯扶汉襟期，一鼓定长沙，后人过古吊桥应有感；
扶岳武穆吞胡气概，三字成冤狱，吾侪读南宋史能无伤？

谭人凤所撰挽联极为悲切：

生为革命，死为革命，旬日感沧桑，古之良史今何在？
成亦英雄，败亦英雄，垂老嗟麟凤，人皆欲杀我怜才！

周展成有联挽焦达峰：

将相宁有种乎？把臂三千豪士，共争故国山河，陈胜首揭竿，尔后论功凭汉帝；

男儿亦言死耳！伤心二百余年，失却中原旗鼓，叶公胡不胄，永留长恨在长沙。

1912年，南京临时政府成立，孙中山就任中华民国第一任临时大总统，追赠焦达峰为“开国陆军上将”，并令将其遗体归葬于长沙岳麓山。焦达峰墓的主碑刻楷书“陆军上将光复湖南大都督焦公达峰之墓”。墓后上方又有一碑，上有焦父请浏阳名儒刘人熙题写的“浏水堕泪之碑”六字，碑面两侧则刻着那副焦达峰自撰的嵌名联。

岳麓山焦达峰墓碑

1913年，湖南军政府曾铸造焦达峰、陈作新、杨任三烈士铜像，安放在湖南烈士祠供人瞻仰。

秦庆武

淞沪会战中血战殉国的上校团长

1937 年 8 月 13 日，淞沪会战开始。淞沪会战是抗日战争中的第一场大型会战，也是整个中日战争中进行的规模最大、战斗最惨烈的一场战役。国民革命军第 70 军第 19 师第 113 团在上海葛家牌楼阵地与日军激战，在日寇猛烈炮火与数倍于我之兵力冲击下，团长秦庆武率全团官兵寸土必争，浴血奋战，全团自团长以下 1400 余名官兵全部壮烈牺牲，用生命谱写了气壮山河、感天动地的壮烈篇章。秦庆武誓死卫国的精神和英勇血战的事迹，可歌可泣，必将永载史册。

模范团长

秦庆武（1903—1937），字炬冬，清光绪二十八年十二月二十四日（1903 年 1 月 22 日）出生于浏阳北乡丰裕山一个贫苦家庭。因家贫兄弟多，秦庆武只读了半年私塾，就辍学在家种田。他求学心切，白天种田，夜晚坚持攻读，且勤练书法，几年下来便大有长进，在当地小有名气。每逢集镇商店开业或遇有红白喜事，乡邻都登门请他写招牌或对联。他还博览群书，最爱读《三国演义》《东周列国志》《岳飞精忠传》等，尤其仰慕岳飞的精忠报国。

14 岁那年，为求生计，秦庆武随大哥秦炳勋到长沙城里学理发，三年出师后，挣钱糊口。尽管生活艰苦，可他不忘读书阅报，如饥似渴地获取知识，接受了不少新文化、新思潮。当时，正值“五四”运动爆发，爱国反帝的浪潮席卷全国，轰轰烈烈的学生运动在长沙兴起。秦庆武被学生们的爱国热忱所感动，不禁热血沸腾，加入学生的游行队伍之中。

1921 年，秦庆武毅然弃艺从戎，入湘军何键部。他吃苦耐劳，认真训练。1926 年秋，国民革命军北伐进入湖南，何键部被编为国民革命军第 8 军第 2 师，秦庆武随军参加北伐，因作战勇敢，屡立战功，由班长晋升为排长、连长。1927 年春，第 2 师扩编为第 35 军，何键升任军长，率部进军河南，与奉军作战。秦庆武时在 35 军第 2 师，师长刘建绪。该师政治部主任、浏阳人陈昌是中共党员，在陈昌的直接影响和教育下，秦庆武受益匪浅。1927 年夏，秦庆武由何键资送陆军军官学校（即黄埔军校）学习，三年毕业后回原部任营长。

1935 年，秦庆武升任国民革命军第 70 军第 19 师第 57 旅第 113 团上校团长。第 70 军当时实际只有第 19 师一个师，由何键女婿李觉任 70 军军长兼 19 师师长。该师辖两旅四团：第 55 旅（旅长唐伯寅）、第 57 旅（旅长庄文枢）、第 109 团（团长刘湘辅）、第 110 团（团长邬乐和）、第 113 团（团长秦庆武）、第 114 团（团长周昆源）。全师官兵约 1.2 万人。

秦庆武以身作则，廉洁自守，从不吃空额，且赏罚分明，对士兵和蔼相待，由此深受部下爱戴。在湘军各部队中，秦团能攻善守，秦庆武为诸团长中的佼佼者，被誉为模范团长，颇受何键、李觉器重。

蒋介石掀起内战期间，秦庆武常发“煮豆燃萁，内室操戈”之叹，几次打算弃军从商，未果。

血战殉国

1936 年 10 月，蒋介石调第 19 师驻扎浙江沿海，以防日本侵略军从东海入侵登陆。“七七事变”后，第 19 师奉命在温州、象山等地防守。

1937 年 8 月 13 日，淞沪会战开始。日寇凭陆海空军优势，猛扑上海。由于淞沪战局吃紧，急需部队增援，第 19 师奉命交防，在宁波集结待命。秦庆武日夜抓紧训练部属，密切关注着淞沪前线的局势。对于前来慰劳和宣传的爱国青年学生，他表现了极大的热情，欢迎他们向官兵讲解近百年来帝国主义侵华的罪恶史，请他们教唱各种抗日救亡歌曲，从而大大地激发了全团官兵的抗日士气。

此时，上海战事日益激烈，日寇第 1、第 11 师团分别在吴淞、川沙附近登陆，罗店陷落，9 月 6 日，宝山失守；17 日，中国军队全线退守北站、江湾和庙行一线，被迫转入阵地防御战。这时，113 团官兵慷慨激昂，誓死报国，秦庆武和全团官兵纷纷咬破手指写血书：“誓死保卫大上海！”秦庆武曾上书李觉，主动请缨，“虽赴汤蹈火，万死不辞”[①]。

9月23日晚，秦庆武奉命率113团从宁波出发，乘火车经杭州、昆山、南翔，于10月1日清晨抵达真如车站。下车后，步行到上海郊区的大场镇守御。这个镇自开战以来，经敌机百余架次轰炸，全镇只剩残垣败瓦，空无一人。秦庆武团按照上级作战部署，迅速在大场镇以北、蕴藻浜以南、沪太路以西的葛家牌楼一带设置防线，构筑工事。他与全团1400多名官兵一

① 黄季陆主编：《革命人物志》第四集，1970 年台北出版，第 60 页。

道，日夜抢修碉堡和战壕，准备迎战。上海近郊地势低，地下水位高，掘进一米就水涌不止，战壕里积水无法排出，官兵们的双脚整天浸泡在泥水之中。加之日军封锁，后方补给困难，每天只能吃上一顿晚餐。经过三天三夜奋战，修了一条四里多长的堑壕和葛家牌楼狮子桥畔的两座碉堡。

秦庆武率团直属部队和第1营固守葛家牌楼主阵地，令第2营、第3营守卫狮子桥北岸阵地，令配属该团的第114团第2营为预备队，集结在葛家牌楼附近棉田里待命。临战前夕，秦庆武带领全团官兵在阵地上庄严宣誓："死守阵地，寸土不让，尺地必争！""有死之荣，决无生还之辱！"

10月3日，一场血战开始了。日军陆空配合，集中火力，调集精锐2000余人强攻葛家牌楼秦庆武团防线，企图夺取狮子桥（狮子桥是保卫葛家牌楼的桥头堡）。日军与狮子桥阵地仅一河之隔，在前沿阵地指挥的秦庆武命令全团待日军进入最佳射程时再开火。当日军接近我前沿阵地时，全团官兵从碉堡内、战壕里跃出，机枪、步枪一齐猛烈开火，手榴弹遍地开花，接着以刺刀和大刀（在何键的倡议下，第19师设有武术教导总队，团、营、连、排均设有武术教导队或教导组，士兵都经过严格武术训练）与日军拼杀，日军伤亡惨重，仓皇败退。

日军受损后，便以飞机、坦克为依仗，更以数倍于我之兵力向狮子桥压来。在敌我力量悬殊的情况下，秦庆武沉着地指挥部队坚守阵地。直至10月9日，敌我双方激战了整整七个昼夜，狮子桥阵地却岿然不动。日寇不但未取得任何进展，反而付出很大代价，指挥进攻的军官曾三次被撤换。

14日，日军再次倾巢出动，向秦庆武团防线的各个要地进攻，重点攻击葛家牌楼阵地。秦庆武又与日军展开了三个昼夜的血战，屡挫敌锋，敌我伤亡均惨重。到17日，秦庆武率领的1400余名官兵仅幸存50余人，但他们仍固守阵地，不让日寇越过狮子桥头半步。

17日拂晓，日军用重炮向葛家牌楼一带集中轰击，同时出动20多架飞机不断投弹扫射。随后，700余名日军在多辆坦克的掩护下向秦庆武团阵地发起攻击，秦庆武同50多名官兵抱着与阵地共存亡的决心拼死坚守。正在这万分危急之际，奉命前来支援的114团第6连赶到了，秦庆武对6连连长汤启圣说："我们都是军人，现在是以身报国的时刻，我们要与阵地共存亡，誓死保卫祖国，要跟日寇拼到底！"他率余部和6连继续与蜂拥而至的日军展开血战。狮子桥头的战斗越来越激烈，日寇又以飞机低空轰炸、扫射，继而又以侵入黄浦江上的军舰助战。接着又以战车14辆为前导，

300 多敌军扑向桥头。我官兵伤亡惨重，狮子桥失守。秦庆武立即组织反攻。他一手挥刀，一手握枪，冲入敌阵，与日寇展开肉搏战，直至夺回桥头堡。在长达五小时的激战中，秦庆武率部 3 次从日军手中夺回狮子桥阵地。

至 9 时许，秦庆武不幸被流弹击中，右手和腿部数处负伤，血流如注，上级及部下劝其退至后方就医，他说："到了这时候，还想偷生耶？我宁可战死，也不能丢阵地！"稍加包扎后，以右手持刀，左手执枪，继续指挥作战。片刻之间，秦庆武腹部又受伤，但他仍不肯退出阵地就医。

激战至下午 5 时，113 团团副张季麟、欧阳鑫及营长刘演竞等人牺牲，子弹打光了，手榴弹扔完了，阵地上仅剩下秦庆武和 11 名官兵尚在炮火之下坚守阵地，待援反攻。因日机始终盘旋不去，不断袭击，故我援军不能立即开到。秦庆武目睹情况紧急，手握马刀，跃出战壕，高呼"杀呀！杀呀！"的口号，冲向敌群，同日军肉搏，他凭借自己的武功，一连砍死 4 个日兵。在奋勇拼杀中，他又中了一弹跌倒在地，当他挣扎着试图爬起来时，被一日兵从背后猛刺一刀，中了要害，当场身亡。时年 35 岁。其余 11 名官兵亦全部阵亡。

18 日，上海《申报》头版报道了秦庆武团奋勇抗日的英雄事迹：

蕴藻浜南岸，沪太公路以西之敌，自十二日惨败之后，心有未甘，经收拾残部，于十四夜起向东南两方大举进犯。我军则在沪太公路以西及蒋村塘北岸，扼守各要点，沉着应战，于是浜南塘北深一千四百公尺，广二千四百公尺之处，展开血战，互以全力相扑，激战三昼夜……昨日拂晓起，又以重炮向我葛家牌楼一带集中轰击……我军在团长秦庆武指挥下，奋勇迎击……是役恶战二十四小时未稍停止。我方牺牲虽大，全团官兵一千四百人，与阵地皆亡，悲壮惨烈，得未曾有，但敌军则伤亡在三千人以上，遗尸遍野，沟渠尽赤。

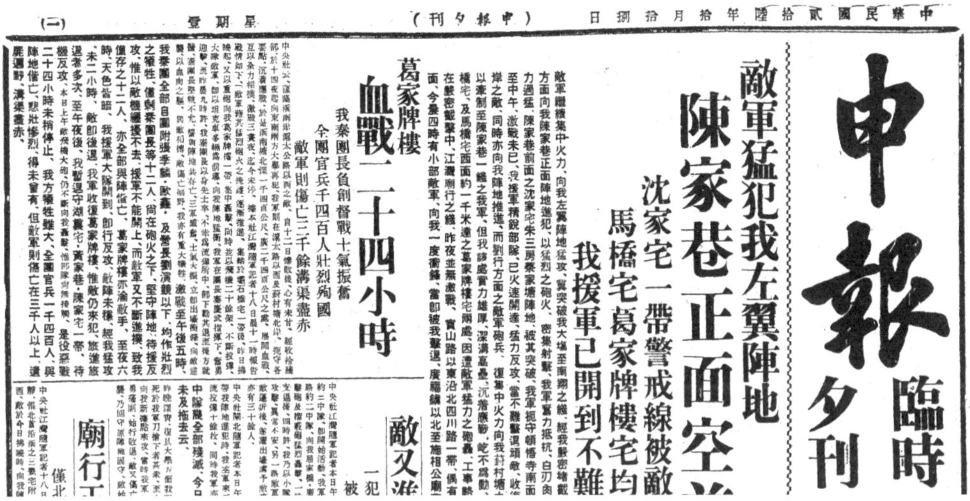

中華民國貳拾陸年拾月拾捌日 （申報夕刊） 星期壹 （一）

申報 臨時夕刊

敵軍猛犯我左翼陣地

陳家巷正面空前……

沈家宅一帶警戒綫被敵……

馬橋宅葛家牌樓宅均……

我援軍已開到不難……

敵軍繼續集中火力、向我左翼陣地猛攻、冀突破我大塲至南翔之綫、經我嚴密堵截……方面向我陳家巷正面陣地進犯、以猛烈之砲火、密集射擊、我軍奮力抵抗、白刃肉……力過猛、陳家巷前面之沈家宅朱三房秦家塘陣地、被其突破、我軍扼守頓悟寺南面……至中午、激戰未已、我援軍精銳部隊、已火速開達、猛力反攻、當不難擊退頑敵、收復……岸之敵、同時亦向我陣地推進、而劉行方面之敵軍砲兵、復集中火力向我封村塘……以牽制至陳家巷一綫之我軍、但我該處實力雄厚、深溝高壘、沉着應戰、屹不爲動、……橋宅、及馬橋宅西面約一千米達之葛家牌樓宅兩處、因遭敵軍猛力之砲轟、工事略……在嚴密監擊中、江灣廟行之綫、昨夜並無激戰、實山路以東沿北四川路一帶、偶有……面、今晨四時有小部敵軍、向我一度衝鋒、當即被我擊退、廣福鎮以北至施相公廟……

葛家牌樓

血戰二十四小時

我秦團長負創督戰士氣振奮

全團官兵千四百人壯烈殉國

敵軍則傷亡三千餘溝渠盡赤

我秦團全部自團附張季驎・歐鑫・及營長劉演競以下、均作壯烈之犧牲、僅剩秦團長等十二人、尚在砲火之下、堅守陣地、待援反攻、惟以敵機繼援不去、援軍不能開上、而敵軍又不斷進撲、致我僅存之十二人、亦全部與陣偕亡、葛家牌樓亦淪敵手、至夜六時、天色昏暗、我援軍大隊開到、即行反攻、敵陣未穩、經我猛攻、未二小時、敵即後退、我軍收復葛家牌樓、惟敵仍來犯、旋進旋退者多次、至午夜後、我暫退守湖巷宅・黃家巷・陳家宅一帶、待機反攻、……是役惡戰二十四小時未稍停止、我方犧牲雖大、全團官兵一千四百人、與陣地偕亡、慈壯慘烈、得未曾有、但敵軍則傷亡在三千人以上、遺屍遍野、溝渠盡赤、

敵又進……

中隊機全部殘滅、今日……未及拖去云

廟行……

1937 年 10 月 18 日，上海《申报》头版报道了秦庆武团奋勇抗日的英雄事迹

自此，秦庆武团的感人事迹传遍大江南北，激励着更多的中华儿女投身抗日洪流。蒋介石下令将秦团壮烈牺牲的事迹通报全军。1938 年 1 月，国民政府追赠秦庆武为陆军少将，从优抚恤其家属。1984 年，浏阳县人民政府报省民政厅批准，追认秦庆武为抗日阵亡烈士。

彭士量

抗日殉国伟烈士，死而何憾大丈夫

石门历来有湘西北门户之称，为战略要地，隶属于湖南常德市，是抗日战争常德会战的重要战场。国民革命军陆军第73军暂编5师少将师长彭士量，就是在坚守石门，与日军拼杀的战场上壮烈牺牲的。彭士量是常德会战中为国捐躯的第一位将军，国民政府追赠他为陆军中将。他是首批入驻中国人民抗日战争纪念馆和湖南革命烈士纪念塔的国民党抗日将领。1985年，中华人民共和国民政部追认彭士量为革命烈士。2014年，彭士量又被列入民政部公布的首批三百名著名抗日英烈和英雄群体名录。他抗日杀敌的英勇事迹和为国献身的崇高精神将永远留在人民的心中。

彭士量像

1985 年 6 月 11 日民政部颁发的革命烈士证明书

立志报国，激战华容

彭士量（1904—1943），号秋湖，浏阳西乡北星桥（今属镇头镇北星社区）人。幼时天资聪慧，6 岁入学直到中学毕业，成绩一直名列前茅。他从小好闻忠勇侠义故事，喜读历史书，仰慕民族英雄岳飞、文天祥的精忠报国，秉性刚强、豪放，富有正义感。

1923 年，彭士量考入汉口私立明德大学，在校期间正逢黄埔军校在武汉地区秘密招生，便决定投笔从戎。1925 年，秋入黄埔军校入伍生队受训，1926 年 1 月入第 4 期政治科学习。1926 年 10 月毕业。随部参加北伐战争，到国民革命军第 4 军第 10 师见习，后转入第 11 师任排长、连长、营长。中原大战后任第 1 军第 31 师步兵团副团长。1932 年 12 月，他考入陆军大学正则班第 11 期深造。毕业后历任第 83 师上校参谋处长，第 5 补训处上校团长，预备第四师参谋长、副师长。

1937 年 7 月 7 日，日军挑起卢沟桥事变，发动了全面的侵华战争。彭士量义愤填膺，率部投入抗日战争，参加了忻口战役、武汉会战等战役。在武汉保卫战中，他屡立战功，受到第六战区司令长官陈诚的嘉奖。

1941 年，彭士量在陈诚的延揽下，出任其长官司令部少将高级参谋兼干训团教育处处长。1942 年，他调任陆军第 73 师暂编第 5 师副师长，协助师长郭汝瑰指挥部队参加第三次长沙会战。战后，郭汝瑰、彭士量携手对暂5师这支来源于湘西地方武装的部队进行整训，严抓纪律养成和技术训练。1943年，师长郭汝瑰调往重庆国防研究院任研究委员，彭士量代理师长，不久升任师长。

1943年3月，日军发动鄂西湘北战役，进犯长江南岸各县，妄图占领两湖富庶地区，进而歼灭第六战区主力部队，打开通往抗战临时首都重庆的大门。10日，华容失守。为遏制日军南下攻势，第六、第九战区军队于3月下旬发动全面反攻。正在长沙郊区整训的暂5师奉命开赴华容，移驻华容、南县、安乡一线，与华容、石首的日军展开拉锯战。

4月2日，彭士量指挥所部向华容县城周围的日军据点发起猛烈攻击，先后夺回黑山铺、松木桥、三封寺等地，日军退守华容、石首、藕池口一线。为了控制黑山铺、三封寺一线交通要道，彭士量决定派第13团1营抢占制高点七女峰。该营官兵忍饥挨饿，在山上与日军激战一周，多次击退日军的进攻。由于武器落后和缺乏后援，该营损失惨重，从山上撤下来时，全营只剩下不到20人。七女峰之战，长了中国人的志气，灭了日本侵略军的威风，连后来占据那里的日军中尉山本，也叹服中国军队的勇敢，在广播中称暂五师为“战意坚强、不可轻侮之师”。

4月中旬以后，日军不断从石首派出部队增援华容，彭士量指挥官兵顽强抗击。5月，暂5师已面临被日军包围的危境，奉第九战区司令长官薛岳之令撤出华容休整，驻防鄂西湘北一带。不久，部队开往湖北沙阳前线时，抓获一个日军派来侦查抗日部队布防情况的和尚，经再三审问，和尚供出次日进犯沙阳地区的情报。彭士量根据情报作出部署。第二天，预先埋伏的部队将日军打得四处逃窜，大败而去。上级表彰彭士量，他却幽默、谦逊地说：“不应该表扬我，要表扬兄弟们，特别要表扬那汉奸和尚，是这和尚提供的情报才让我们打了胜仗的。”

常德会战，血洒石门

11月2日，驻扎武汉的日军第11军司令横山勇纠集10余万兵力，发起常德会战，在飞机、大炮的配合下，兵分三路向以常德为中心的洞庭湖西岸地区大举进攻。国民革命军第73军与一些友军部队担负常德外围的阻击任务。为阻止日军从常德以西迂回包抄，暂5师奉命调至石门县。彭士量率官兵赶挖工事，储备弹药，做好固守石门的战斗准备，誓死与阵地共存亡。

11月8日起，日军第3师团、第13师团在航空兵的配合下，开始猛攻石门，暂5师拼命阻击，残酷的战斗越来越激烈。敌军每次冲锋失败后，就开动猛烈的炮火对暂5师阵地狂轰滥炸，然后再发动第二次疯狂冲击。彭士量亲临第一线指挥，率部固守，浴血奋战，与日军相持八昼夜。11日，日军加强攻势。13日拂晓，日军兵力大增，在飞机、大炮的掩护下强攻石门，将73军各师从东、西分割包围，并以一部突过澧水，从南面堵住退路。在日军强大的攻势下，73军很快陷入混乱，军部与各师之间联系中断。上午8时，日军攻入石门城北73军军部指挥所，军部顿时大乱。彭士量临危不惧，带领一个警卫连，在混乱中找到军长汪之斌，果断请求率领暂5师坚守石门县城，掩护军长率部向西突围。

14日，日军再次向石门县城增派援军，攻势顿猛，石门北郊的笔架山、大山尖、孙家大山，战况尤为惨烈。敌人数次冲上阵地，彭士量亲临督战，与敌军展开白刃肉搏战，杀声震天。战至午后，日军进攻不停，兵力源源而来，而暂5师伤亡十之八九，已无兵力补充。傍晚，日军加紧围攻，对石门城狂轰滥炸，轮番冲击。暂5师将士伤亡殆尽，石门城墙被炸，阵地工事几乎全被摧毁。

15日拂晓，石门陷于敌手。第73军军长汪之斌下令向澧水以南撤退。彭士量集合残余部队向石门西郊突围，行至新安以南的岩门口附近时，被日军发现。日军即以大炮轰击，并用机枪扫射，彭士量身负重伤。弥留之际，彭士量怒目圆睁，大呼："大丈夫为国家尽忠，为民族尽义，死而何憾！"言罢，壮烈牺牲，年仅39岁。

在收殓彭士量的遗体时，发现了遗嘱，上面写道：

本师全体官兵：

余献身革命，念年于兹，早具牺牲决心，以报党国。兹奉令守备石门，任务艰巨，当与我全体官兵同抱与阵地共存亡之决心，歼彼倭寇，以保国土。倘于此次战役中得以成仁，则无遗恨。惟望我全体官兵，服从副师长指挥，继续杀敌，达成任务。

师长彭士量

十一月十二日

苏政吾妻：

余廉洁自持，不事产业。望余妻刻苦自持，节俭以活，善待翁姑，抚育儿女，俾余子女得以教养成材，以继余志。此嘱。

秋湖

十一月十二日

彭士量虽然牺牲了，但暂5师在石门的血战，大量消耗了日军的兵力，为常德会战大捷赢得了时间，他的功绩彪炳千古。

12月28日，重庆各界公祭彭士量，军政部长何应钦主祭，先后前往吊唁的市民达50万人以上。国民政府追赠彭士量为陆军中将。次年5月14日，湖南省各界人士在长沙中山堂举行隆重公祭，长沙市市长王秉丞主祭。彭士量遗体被公葬于南岳衡山。南岳忠烈祠享堂内立有彭士量灵位石碑。

图书在版编目(CIP)数据

浏阳名人 / 汤锐著 . — 长沙：岳麓书社，2021.6
ISBN 978-7-5538-1508-4

Ⅰ . ①浏…　Ⅱ . ①汤…　Ⅲ . ①历史人物—列传—浏阳
Ⅳ . ① K820.864.4

中国版本图书馆 CIP 数据核字（2021）第 109765 号

书　　名　浏阳名人
　　　　　LIUYANG MINGREN

著　　者　汤　锐
责任编辑　王文西
责任校对　舒　舍
书籍设计　绿光视觉艺术工作室
出版发行　岳麓书社
地　　址　湖南省长沙市爱民路 47 号
直销电话　0731-88804152　0731-88885616
邮　　编　410006
版　　次　2021 年 6 月第 1 版
印　　次　2021 年 6 月第 1 次印刷
开　　本　787mm × 1092mm　1/16
印　　张　21.5
字　　数　346 千字
书　　号　ISBN 978-7-5538-1508-4
定　　价　80.00 元
承　　印　雅昌文化（集团）有限公司